新科技革命
与中国特色社会主义理论体系

许先春◎著

浙江人民出版社

目　录

导　论

本书课题《新科技革命与中国特色社会主义理论体系的形成和发展》为2010年度国家社科基金项目(立项批准号10BKS016),是作者试图从科技角度研究中国特色社会主义理论体系的尝试。在一定意义上,也可以说是对中国特色社会主义理论体系的科技解读。

在申报立项时,作者将本课题的研究时段确定为1978年至2012年。课题于2013年12月完成。因此,本课题主要以1978年至2012年这个时间段为纵轴展开,具体地、历史地考察这一时期党对新科技革命的认识过程,分析我国科技发展战略的演变轨迹,挖掘中国特色社会主义科技思想的丰富内涵,分析新科技革命对中国特色社会主义理论体系形成和发展的影响。

1. 研究目的、方法及思路

本课题旨在研究中国特色社会主义理论体系形成和发展的科技背景,探寻中国特色社会主义理论体系形成和发展的科技因素,论述新科技革命如何影响、推动中国特色社会主义理论体系形成和发展的过程,揭示中国特色社会主义理论体系内在的科技逻辑。

本课题的新颖之处在于,将中国特色社会主义理论体系形成和发展过程置于新科技革命浪潮的宏观背景中加以考察。这是一项富有探索性的工作,既可以拓展中国特色社会主义理论体系的研究视野,又可以从科技角度深化对中国特色社会主义理论体系的认识。

本课题的特色是突出“一个视野”“两个维度”。“一个视野”,指的是“科技视野”。无论是对理论观点形成过程的梳理,还是对理论内容本身的分析,都注重从科技的角度来展开。在研究方法上,坚持理论和实践的统一、历史和逻辑的统一。“两个维度”,是指课题沿着“形成和发展的过程”和“理论体系建构”这两个维度展开。一方面,课题紧紧围绕着“形成和发展的过程”这个问题来构思,试图揭示新科技革命如何一步步推动中国特色社会主义理论体系的形成和发展。为此,本课题注重从思想史的角度分析新科技革命对邓小平理论、“三个代表”重要思想、科学发展观的影响,系统归纳了邓小平科技思想、“三个代表”重要思想科技理论、科学发展观科技思想的内容,并将其概括为中国特色社会主义科技思想。这是本课题的一个重要成果。另一方面,本课题还对“理论体系建构”问题展开探究、追寻,试图勾画支撑起中国特色社会主义理论体系这样一个博大精深的思想体系创立、丰富、深化的发展轨迹。为此,本课题选取中国特色社会主义理论体系中的二十个重大战略思想和决策,论述它们提出的背景、形成的过程、主要内容以及它们对科技工作提出的新要求,分析新科技革命与这二十个重大战略思想和决策之间的关系。在此基础上,进而揭示隐藏在庞大理论体系背后、贯穿于整个理论体系之中的科技逻辑。

本课题运用了比较丰富的文献资料,以我国经济社会发展中的重大科技问题为线索,对党和国家领导人关于科技工作的重要文献进行了深入研读;以党和国家关于科技工作的战略部署为依据,对重大科技战略决策的提出背景、形成过程、实施成效进行了分析。课题研究并不追求“大而全”,并不对中国特色社会主义理论体系展开包罗万象、面面俱到的分析,而是力图找准中国特色社会主义理论体系中的重大理论观点与新科技革命的“关联点”,试图从科技的视角对中国特色社会主义理论体系进行“精准”“到位”的分析。

在研究过程中,作者着重探索和思考了如下问题:(1) 对于新科技革命,我们党经历了一个由浅入深的认识过程。因而,首先必须研究我们党对新科技革命的认识和应对过程,从学理上把这个过程具体地、历史地梳理并展现出来。(2) 从科技角度论述邓小平理论、“三个代表”重要思想、科学发展观一脉相承又与时俱进的关系。(3) 研究新科技革命背景下我国科技发展战略的演变原因,探寻新科技革命中的重大科技事件对党和国家的决策产生的影响。(4) 阐述中国特色社会主义科技思想的内涵,分析它在中国特色社会主义理论体系中的地位。(5) 总结我们党应对新科技革命的模式及其演进关系。(6) 揭示中国特色社会主义理论体系形成和发展的科技逻辑。(7) 研究新科技革命与中国特色社会主义的双向互动作用，分析科技功能的新变化及科技发展的新取向。

课题共分十一个部分，按照“总分总”的结构展开论述。导论、第一章是概述，分析中国特色社会主义理论体系形成和发展的科技背景；第二至七章分别论述新科技革命对邓小平理论、“三个代表”重要思想、科学发展观形成和发展的影响；第八、第九章分析中国特色社会主义理论体系的理论建构和实践生成；最后一部分为结语，总结新科技革命与中国特色社会主义理论体系的内在联系。

2. 中国特色社会主义理论体系形成和发展的科技背景、实践基础

中国特色社会主义理论体系，产生于20世纪70年代末80年代初，在世纪之交得到丰富，进入21世纪后又有新的发展。这前后几十年的时间，正是新科技革命突飞猛进、科技进步日新月异的时期。无论是就时代背景还是就实践基础来说，中国特色社会主义理论体系的形成和发展都与世界新科技革命、我国科技工作密切相关。

由于视角不同，国内外学术界对科技史上所发生的科技革命有种种不同的分期和提法。本课题分析了“两分法”（把科技革命分解为科学革命、技术革命）、“综合法”（从科学与技术相结合的角度分析科技革命）、“生产力革命说”（以生产力发展变革作为科技革命分期标准）三种不同的分期视角，梳理并厘清了工业革命、产业革命、技术革命、第一次科技革命、第二次科技革命、第三次科技革命、第四次科技革命、第五次科技革命等概念的区别和联系，考察了新科技革命的发生时间、发展阶段和主要标志。本课题所指的新科技革命，是指20世纪中叶以来世界范围内蓬勃兴起的以信息技术为先导和核心的科学技术革命。这场新科技革命具有跨界融合、集群推进、信息化、加速化、一体化、人文化、生态化、全球化八个基本特征。

新科技革命给中国特色社会主义带来了“六个同时”的机遇和挑战：(1) 为我国发挥后发优势提供了机遇，同时也对如何实现生产力的跨越式发展提出了挑战。(2) 为推动我国科技进步和创新提供了机遇，同时也对如何坚持走中国特色自主创新道路、建设创新型国家提出了挑战。(3) 新科技革命把我国现

代化进程从工业化阶段直接提升到信息化阶段，为实现国民经济和社会发展信息化提供了机遇，同时也对如何坚持走中国特色新型工业化道路、实现信息化和工业化深度融合提出了挑战。(4) 为我国实施人才强国战略、培养造就创新型科技人才提供了机遇，同时也对如何确立人才竞争比较优势、加快建设人才强国提出了挑战。(5) 新科技革命使得科学技术日益渗透于经济社会发展过程，成为推动我国经济社会发展的强大动力和重要契机，同时也对如何依靠科学技术驱动引领经济社会持续健康发展提出了挑战。(6) 新科技革命给党的建设提供了机遇，同时也对信息化条件下如何加强党的执政能力建设、提高党的建设科学化水平提出了挑战。

面对上述“六个同时”的机遇和挑战，我们党坚持与时俱进，不断探索应对新科技革命、推进我国科技事业发展的方针政策和战略措施，进行了一系列重大的理论创新和实践创新，丰富了中国特色社会主义理论体系，发展了中国特色社会主义。本课题集中研究了我们党在探索过程中提出的二十个重大战略思想和决策。这二十个重大战略思想和决策，就是我们党从不同层面、不同角度对“六个同时”的科学解答。

3. 新科技革命对邓小平理论的影响、对中国特色社会主义理论体系奠基的意义

20世纪七八十年代，以邓小平为核心的党的第二代中央领导集体开创改革开放伟大事业之时，正值世界新科技革命渐入佳境、取得长足进展之际。对于刚刚走上改革开放征途的中国来说，新科技革命浪潮可谓是一股劲风扑面而来。国门甫一打开，中国一下子就被卷入了新科技革命的快车道。在扑面而来的新科技革命浪潮面前，第二代中央领导集体举办了“中南海科技讲座”和“新技术革命知识讲座”，掀起了全党学习科技知识的热潮，为迎接新科技革命挑战积累了必要的知识储备；组织实施了新技术革命对策研究及“2000年的中国”研究，积累了必要的政策储备和应对方案。邓小平提出，科学技术是第一生产力；坚持“依靠、面向”的科技工作基本方针；启动科技体制改革；尊重知识，尊重人才；发展高科技，实现产业化；扩大科技工作对外开放；等等。这些形成了邓小平科技思想。邓小平科技思想本身就是邓小平理论的有机组成部分，它给邓小

平理论增添了富有时代特色的新内容，极大地丰富了邓小平理论的内容。

邓小平理论是中国特色社会主义理论体系的开创之作、奠基之作。这个开创、奠基之功，最重要的就体现在邓小平提出了社会主义本质论、社会主义改革开放论、社会主义初级阶段论、“三步走”发展战略、和平与发展的时代主题观。邓小平提出的这些重大思想，科学回答了建设中国特色社会主义的根本任务、发展动力、发展阶段和发展战略、外部条件等一系列基本问题，在理论上为中国特色社会主义理论体系奠定了基础。这五个重大战略思想的形成及其实践应用，是开辟中国特色社会主义道路的重要标志。新科技革命为邓小平提出这五个重大战略思想提供了宽广的时代背景和实践基础，而且还为回答这些理论观点、解决这些现实问题提供了科技支撑。

比如，邓小平提出社会主义本质论，有一个重要的视角，这就是新科技革命。社会主义本质论的提出绝非偶然。提出社会主义本质论，是基于对世界新科技革命形势和国际竞争的科学把握。邓小平从新科技革命的发展趋势、我国与发达国家的差距、我国过去一度不重视发展生产力的教训出发，充分认识到科学技术在社会主义本质论中的重要地位和作用，强调要把生产力摆到突出地位来把握社会主义本质。新科技革命凸显了科学技术作为第一生产力的社会功能，为完成社会主义的根本任务、体现社会主义本质和优越性提供了突破口，为社会主义和科学技术相结合提供了实践基础。邓小平正是在深刻洞察世界经济科技形势、总结我国历史经验的基础上，紧紧抓住“什么是社会主义、怎样建设社会主义”这个首要的基本问题，深刻揭示了社会主义本质。

邓小平之所以能提出一系列具有突破性、开创性的重大战略思想，与他关于应对新科技革命挑战的思考密切相关。在邓小平理论创立、邓小平理论为中国特色社会主义理论体系奠基的过程中，新科技革命都发挥了重要的作用。新科技革命促进了邓小平理论的形成，参与了中国特色社会主义理论体系的创立和奠基。

4. 新科技革命对“三个代表”重要思想的影响、对丰富中国特色社会主义理论体系的意义

20世纪90年代以来，新科技革命迅猛发展并形成新的高潮。面对这一态

势，以江泽民为核心的党的第三代中央领导集体强调要“顺应潮流，乘势而上”。江泽民提出，科学技术是先进生产力的集中体现和主要标志；实施科教兴国战略；建设国家创新体系；人才资源是第一资源；深化科技体制改革；建立和完善高尚的科技伦理；建设有中国特色的科技法制；等等。这些形成了“三个代表”重要思想科技理论。“三个代表”重要思想科技理论是“三个代表”重要思想的有机构成部分，是“三个代表”重要思想在科技领域的具体体现。

“三个代表”与科学技术有着内在的联系。科学技术是先进生产力的集中体现和主要标志，是先进文化的基石，是实现、维护和发展最广大人民根本利益的重要手段。江泽民对因海湾战争、亚洲金融危机、抗洪抢险斗争、“法轮功”邪教组织、世界性经济结构调整、新军事变革等一系列重大事件而引发的科技思考，是“三个代表”重要思想提出并不断深化的一个重要原因。由科技创新而不断拓展深化的创新思想、与时俱进精神，成为“三个代表”重要思想形成和发展的重要方法论原则。

“三个代表”重要思想是中国特色社会主义理论体系承上启下的极为重要的组成部分。以江泽民为核心的党的第三代中央领导集体确立了社会主义市场经济体制的改革目标，作出走新型工业化道路的战略决策，提出建设社会主义政治文明，制定并实施可持续发展战略，积极推进中国特色军事变革。这五个创新的重大战略思想，拓展了中国特色社会主义事业总体布局，在理论上丰富和发展了中国特色社会主义理论体系，在实践上打开了我国改革开放和社会主义现代化建设的新局面。其中，社会主义市场经济将社会主义和市场经济有机结合起来，体现了中国共产党人独特的创造。建立社会主义市场经济体制是中国特色社会主义的点睛之笔，为中国特色社会主义理论体系写下了浓墨重彩、彰显特色的一笔。走新型工业化道路，是立足中国国情、辩证处理信息化和工业化关系而作出的重大决策，是中国特色社会主义的谋势之着，为我国当下和未来的发展奠定了坚实的基础。建设社会主义政治文明，使中国特色社会主义事业总体布局由“两位一体”跃升到“三位一体”。可持续发展战略的制定和实施，为我们党后来提出生态文明建设奠定了理论基础和实践基础，也使中国特色社会主义事业总体布局更加明确地由“四位一体”跃升到“五位一体”。积极推进中国特色军事变革，是科学分析世界新军事变革强劲发展的态势，正确判定我军在世界新军事变革进程中的历史方位而作出的重大决策，谱写了马克思主义军事理论发展的新篇章。

上述这五个重大战略思想的提出及实践，都与新科技革命密切相关。建立社会主义市场经济体制、走新型工业化道路、建设社会主义政治文明、实施可持续发展战略、积极推进中国特色军事变革，都对我国科技工作提出了新任务、新要求。同时，科学技术又为实践、实施这些重大战略思想提供了强大的科技支撑，奠定了雄厚的科技基础。科学技术已经深深地渗透在这些重大战略思想中，成为丰富中国特色社会主义理论体系的一个极其重要、必不可少的要素。新科技革命推动了"三个代表"重要思想的形成和发展，影响着"三个代表"重要思想的内容。新科技革命就是这样通过参与"三个代表"重要思想的形成和发展，进而参与了中国特色社会主义理论体系的建构，推动了中国特色社会主义理论体系的与时俱进、丰富发展。

5. 新科技革命对科学发展观的影响、对深化中国特色社会主义理论体系的意义

新世纪新阶段，我国进入了"两个重要战略机遇期"，即经济社会发展的重要战略机遇期和科技发展的重要战略机遇期。新科技革命发展的势头更加迅猛，科技创新不断涌现，自主创新成为世界主要国家的基本战略。面对这一态势，胡锦涛强调要"把握机遇，赢得主动"。以胡锦涛为总书记的党中央提出，走中国特色自主创新道路，建设创新型国家；贯彻经济建设和社会发展必须依靠科学技术、科学技术发展必须面向经济建设和社会发展的方针；实施创新驱动发展战略；加快培育和发展战略性新兴产业；实施人才强国战略，走人才强国之路；等等。这些形成了科学发展观科技思想。科学发展观科技思想是科学发展观的重要组成部分，是科学发展观在科技领域的具体体现。

科学发展观反映了我们党对发展问题的新认识，但这种认识不是凭空产生的。科学发展观既总结了改革开放和现代化建设的成功经验，又吸收了抗击"非典"斗争等实践经验的启示。抗击"非典"斗争体现了科学技术的巨大力量。随后，抗击南方低温雨雪冰冻灾害、四川汶川特大地震以及举办北京奥运会（绿色、科技、人文奥运）等，都彰显了科技的力量和新功能，科学发展观在实践中进一步深化。科学发展观在应对国际金融危机和加快转变经济发展方式的历史进程中不断得到充实和丰富。可见，正是在促进经济社会又好又快发展的进程中，在应对突发重大事件、服务国家重大需求的科技实践中，我们积累了在复杂环境中推动科学发展的重要经验，不断丰富科学发展观的内涵。新科技革命是科学发展观形成和发展的新契机。

科学发展观是中国特色社会主义理论体系的新成果。以胡锦涛为总书记的党中央提出了加快转变经济发展方式的战略任务，强调要以科学发展为主题、以加快转变经济发展方式为主线；适应农业发展“两个趋向”，提出走中国特色农业现代化道路，建设社会主义新农村；高度重视文化软实力，提出走中国特色社会主义文化发展道路，建设社会主义文化强国；提出构建社会主义和谐社会，使中国特色社会主义事业总体布局由“三位一体”拓展到“四位一体”；坚持把党的建设新的伟大工程同中国特色社会主义伟大事业结合起来，提出全面提高党的建设科学化水平的新任务。加快转变经济发展方式、建设社会主义新农村、建设社会主义文化强国、构建社会主义和谐社会、提高党的建设科学化水平这五个重大战略思想和决策，拓展了中国特色社会主义理论体系的理论视野，深化了中国特色社会主义理论体系的内容。

上述五个重大战略思想与新科技革命息息相关。科技进步和创新为实施这些重大战略思想提供了坚实的科技支撑、解决方案。比如，新科技革命深刻影响着经济发展方式。加快转变经济发展方式，最根本的是要靠科技的力量，最关键的是要大幅度提高自主创新能力。必须坚持把科技进步和创新作为加快转变经济发展方式的重要支撑，依靠科技的力量推动经济发展方式转变。比如，建设社会主义新农村，必须大力实施科教兴农战略，“进行一次新的农业科技革命”，为走中国特色农业现代化道路提供坚实的科技基础。比如，科技创新是文化发展的重要引擎，必须实施文化与科技融合战略，大力推动文化科技创新，为坚持中国特色社会主义文化发展道路、建设社会主义文化强国提供科技支撑。又比如，构建社会主义和谐社会为我国科技工作提出了新的方向，以人为本、服务民生成为科技事业的根本出发点和落脚点，必须把科技进步与改善民生结合起来，使科技发展成果惠及广大人民群众，切实解决关系民生的重大科技问题。再比如，全面提高党的建设科学化水平，必须努力建设学习型、创新型、服务型的马克思主义执政党，加强信息化条件下的执政能力建设，推进基层党建工作信息化，不断提高反腐倡廉工作的科技含量。

由此可见，新科技革命不仅推动了科学发展观的形成和发展，而且还推动了中国特色社会主义理论体系的创新发展和深化。

6. 中国特色社会主义理论体系的逻辑建构和实践生成

任何一个理论体系都是由一系列相互联系的概念、文献、理论观点构成的思想体系。本课题从四个层次研究中国特色社会主义理论体系的理论建构。(1)中国特色社会主义理论体系中的科技概念。这些科技概念具有四个特点：迅即认同，及时部署；作出中国特色的应用；形成中国特色的理解框架；提出中国特色的新概念。(2)中国特色社会主义理论体系中关于科技工作的重要文献。从文本研究的角度对这些文献进行关联研究、组合研究，可以了解重大战略思想和决策的制定原因、形成过程、主要内容、实施方案和成效经验。(3)中国特色社会主义科技思想。中国特色社会主义科技思想，就是包括邓小平科技思想、"三个代表"重要思想科技理论、科学发展观科技思想等在内的关于发展我国科学技术的理论体系，探索和回答了"发展什么样的科技、怎样发展科技"这个基本问题。(4)中国特色社会主义理论体系内在的科技逻辑。在本课题所分析的二十个重大战略思想中，社会主义本质论、社会主义改革开放论、社会主义市场经济论、社会主义初级阶段论是中国特色社会主义理论体系的理论基石，全面建设小康社会、加快转变经济发展方式、走新型工业化道路、建设社会主义新农村、建设社会主义政治文明、建设社会主义文化强国、构建社会主义和谐社会、实施可持续发展战略(建设生态文明)、推进中国特色军事变革、建设和谐世界、提高党的建设科学化水平是中国特色社会主义理论体系的主干、基本内容，实施科教兴国战略、建设创新型国家、实施创新驱动发展战略、培育和发展战略性新兴产业、实施人才强国战略是中国特色社会主义科技思想的重要内容，同时又深深渗透在社会主义现代化建设的各个领域、各个方面。中国特色社会主义理论体系的科技逻辑，是指推动中国特色社会主义理论体系形成和发展并贯穿始终，同时又体现在中国特色社会主义理论体系一系列重大战略思想之中的逻辑。

科技逻辑就是支撑起中国特色社会主义理论体系这样一个庞大体系、隐藏在一系列重大战略思想背后的理论建构逻辑。深入探究新科技革命与中国特色社会主义理论体系的内在科技逻辑,可以看出,科学技术深深渗透于中国特色社会主义理论体系之中,深刻地影响着中国特色社会主义理论体系的重大战略思想、重大理论观点。同时,中国特色社会主义理论体系又具有理论指导作用,它反过来又作用于我国科技工作实践。

这一科技逻辑清晰地展现了中国特色社会主义理论体系的实践生成机制。随着新科技革命的迅猛发展,随着科学技术社会功能的拓展,随着科技在国家社会生活中重要性的凸显,科技在中国特色社会主义理论体系的理论建构中发挥着越来越重要的作用:重大战略思想的提出,都有深厚的科技背景;重大决策部署的制定,都有科技因素的考量;重大战略思想和决策的实施,都离不开科技的支撑;经济社会的发展进步,都离不开科技的驱动引领……中国特色社会主义理论体系中的科技因素也日渐增多、强化,科技逻辑也日渐明朗、清晰,实践生成机制也愈益明确、成型。新科技革命与中国特色社会主义呈现出双向互动关系。科学技术深刻地影响着中国特色社会主义理论和实践的同时,自身也受中国特色社会主义的影响而发生了变化。科学技术形成了新的功能、新的价值取向。

本课题对我们党应对新科技革命的模式进行了归纳,认为“跟踪—规划”“触发—回应”“前瞻—引领”是我们党应对新科技革命的三种模式,这三种模式相互联系,三者之间呈现一定的动态演进。从长期看,“跟踪—规划”始终是应对新科技革命的基本模式。近些年由于国际经济与科技形势的变化,各国越来越强调超前部署,因而“前瞻—引领”模式愈益突出、愈益重要。而由于新科技革命突飞猛进,发达国家竞相频繁提出新的科技战略,我国需要及时作出回应,因而“触发—回应”模式也由过去的偶发状态、小概率事件变得逐渐常态化。这就给我们以启示:既要同步跟踪世界科技,又要随时回应突发挑战,更要主动前瞻部署。

7. 新科技革命与中国特色社会主义理论体系之间的内在联系

第一,中国特色社会主义理论体系有着极为深刻的科技背景和实践基础。中国特色社会主义理论体系的形成和发展与世界新科技革命、我国科技工作实践密切相关。从科技的角度看,中国特色社会主义理论体系是我们党在顺应世界科技发展潮流、准确把握新科技革命趋势、立足我国科技工作实践的基础上形成和发展起来的。新科技革命为中国特色社会主义理论体系的形成和发展提供了新契机。

第二,新科技革命为中国特色社会主义提供了强大动力,推动了中国特色社会主义理论体系形成和发展的进程;同时,新科技革命又影响着中国特色社会主义理论体系的内容,给中国特色社会主义理论体系增添了富有时代特征的新内涵。新科技革命给中国特色社会主义理论体系打上了深深的"科技烙印"。正是在解决关系经济发展、社会进步、民生改善、国家安全的重大科技问题的过程中,中国特色社会主义理论体系不断丰富和发展。新科技革命给中国特色社会主义理论体系提供了鲜活而富有时代感的"素材""营养",中国特色社会主义理论体系从新科技革命中吸收了这些"素材""营养",并使之成为自身"理论细胞"的一部分。

第三,新科技革命之所以能对中国特色社会主义理论体系产生推动和影响作用,关键在于我们党善于发挥主观能动性并进行独特性创造。我们党进行独特性创造的奥秘在于:准确把握新科技革命的发展趋势;始终坚持与时俱进、开拓创新;紧密结合我国基本国情,立足我国科技工作实践;尊重专家,民主决策。

第四,在应对新科技革命挑战的过程中,我们党围绕着"发展什么样的科技、怎样发展科技"的基本问题进行了不懈的探索。这种探索形成了紧密联系、相辅相成的实践创新与理论创新:在实践上,开辟了中国特色科技发展道路;在理论上,形成了中国特色社会主义科技思想。中国特色社会主义科技思想是中国特色社会主义理论体系在科技领域中的反映,它一经形成之后又发挥着理论指导作用。

第五,新科技革命在参与中国特色社会主义理论体系建构的同时,中国特色社会主义又给我国科技工作提出了新要求、新任务。我们党深化了科学技术社会功能的认识,我国科技发展有了更加明确的新理念、新取向。随着科技作用力量的凸显,科学技术在中国特色社会主义中的地位也在发生"质变",从传统的“推动器”“支撑器”，逐步转变为“驱动器”“引领者”的角色。在当代中国，科学技术日益承担起驱动引领经济社会发展、服务国家重大需求、应对突发重大事件、参与全球公共治理的功能。在科学把握新科技革命发展趋势、实现人民对过上美好生活新期盼的基础上，我们党形成了创新为民、科技惠民的科技价值观，形成了大力发展民生科技、生态科技的新主张、新取向、新抓手。

第六，新科技革命与中国特色社会主义理论体系的内在联系，彰显了科学技术在中国特色社会主义建设中的重要作用，也给我们提出了提升科技治理能力的时代课题。提升科技治理能力，是推进国家治理体系和治理能力现代化的题中应有之义，是推进我国科技实践创新的必然要求，同时更是在新的起点上推进理论创新的客观需要。

第七，中国特色社会主义理论体系中的重大战略思想和决策，凝聚着科技界的心血和智慧。高度重视和加强国家科学技术思想库建设，是推进科技理论创新的一条宝贵经验。必须大力加强中国特色新型科技智库建设，努力建设一批高端科技智库、一大批高水平科技创新智库，推进科技决策的科学化、民主化。

本课题提出了深入实施创新驱动发展战略、提升科技治理能力、大力发展民生科技和生态科技、加强中国特色新型科技智库建设等对策建议，这对于党和国家科技决策，对于贯彻落实中央关于科技发展的战略部署，对于坚持走中国特色自主创新道路、建设创新型国家，具有一定的参考价值。当前，各国纷纷抢占科技制高点、争创新优势，我国尤其要增强自主创新能力，以科技创新驱动引领经济社会持续健康发展。

第一章 | 时代浪潮:中国特色社会主义理论体系形成和发展的科技背景

中国特色社会主义理论体系产生于20世纪70年代末80年代初,在世纪之交得到丰富,进入21世纪后又有新的发展。这前后几十年的时间,正是新科技革命突飞猛进、科技进步日新月异的时期。新科技革命推动着世界范围内生产力、生产方式、生活方式和经济社会发生了前所未有的深刻变化。无论是就时代背景还是就实践基础来说,中国特色社会主义理论体系的形成和发展都与世界新科技革命、我国科技工作密切相关。中国特色社会主义理论体系有着极为深刻的科技背景和实践基础。

一、新科技革命的发展进程

科学技术是人类认识世界和改造世界的强大武器。一部科学技术史,就是科学技术的产生、发展和变化的历史。纵观科学技术发展的历史,可以分为古代科学技术时期、近代科学技术时期和现代科学技术时期。16世纪以前是古代科学技术时期。这一时期自然科学虽然早已产生,但还没有得到独立的、系统的发展。科学技术主要表现为经验形态,还没有形成比较完备的理论体系,没有在社会生活中占据重要地位。16至19世纪是近代科学技术发展时期。近代科学技术开始于16世纪资本主义萌芽时期的意大利,是文艺复兴的产物。恩格斯在《自然辩证法导言》中热情称赞:这是一次人类从来没有经历过的最伟大的、进步的变革,是一个需要巨人而且产生了巨人——在思维能力、热情和性格方面,在多才多艺和学识渊博方面的巨人的时代。近代科学技术时期大体到19世纪70年代结束，前后约400年。从封建社会末期到资本主义生产方式取得主导地位，这一时期的自然科学获得了独立的、系统的发展，科学技术得到全面的、迅速的进步，并且显示出它对生产力和经济社会发展的巨大推动作用。19世纪末20世纪初是科学技术发展史上的一个重要转折时期。这一时期爆发了物理学革命，产生了现代物理学的两大基础理论——相对论和量子力学，开辟了科学技术发展的新纪元。这样，19世纪末20世纪初以来，科学技术进入了现代科学技术发展时期。这个时期的自然科学，无论在宏观领域还是在微观领域，都取得了辉煌的成就，并且转化为一系列尖端技术和新兴产业，科学技术在经济社会发展中的作用更加突出。

1. 关于科技革命分期的三种视角

科学技术的发展同其他事物的发展一样，有一个由量变到质变的发展过程。当科学技术发展过程中发生质变，获得重大突破时，就产生了科技革命。由于视角不同，学术界对科技史上发生的科技革命有种种不同的分期和提法。这些分期和提法大体可以分为三种视角，从每个视角出发又可细分为不同的观点。

第一种视角是“两分法”。所谓“两分法”，是指把科技革命分解为科学革命和技术革命两部分，分别从这两部分界定和描述科技革命。关于科学革命，学者们认为，在人类的历史长河中，曾发生过多次科学革命。第一次科学革命是指从哥白尼天文学革命开始，以牛顿、伽利略为代表的经典力学体系的建立为标志的科学革命。第二次科学革命始于19世纪中叶，以热力学、电磁学、化学、生物学为代表。现代科学革命始于19世纪末20世纪初，到20世纪中叶在各个领域得到迅速发展。现代科学革命是以物理学革命为先导，以现代宇宙学、分子生物学、系统科学、软科学的产生为重要内容，以自然科学、社会科学和思维科学相互渗透形成交叉学科为特征的一次新的科学革命。[①]关于技术革命，西方科学家根据近代以来科学技术史的分析、科学与技术及其与生产力

① 吴光宗：《现代科学技术革命与当代社会》，北京航空航天大学出版社1991年版，第28—37页。

相互关系的研究，认为近代以来发生了三次技术革命。这种观点很有影响。在我国，很多学者持这种观点。持这种观点的学者们认为：18世纪中叶开始的以蒸汽机发明为标志的技术革命是第一次技术革命，19世纪后期开始的以电力技术与无线电通信技术为主要内容的技术革命是第二次技术革命，20世纪四五十年代电子技术的兴起引发了第三次技术革命。[①]对于第一次技术革命，学者们又称之为工业革命、第一次工业革命、产业革命。对于第二次技术革命，学者们又称之为第二次工业革命。对于第三次技术革命，学者们又称之为第三次工业革命、现代技术革命。还有学者认为技术革命与产业革命是相对应的，科技革命促成了持续不断的产业革命和产业结构升级，第一次技术革命引发了第一次产业革命，第二次技术革命引发了第二次产业革命，第三次技术革命引发了第三次产业革命。[②]

第二种视角是“综合法”。所谓“综合法”，是指从科学与技术相结合的角度分析科学技术革命。持这种立场的学者们认为，近现代以来科学技术经历了三次重大的科技革命，分别是18世纪中叶开始的以蒸汽机发明为标志的第一次科技革命，19世纪后期开始的以电动机发明为主要标志的第二次科技革命，20世纪中叶开始的以原子能、电子计算机和空间技术的发展为标志的第三次科技革命。[③]这种观点影响也很大。很多学者往往将第三次科技革命称之为现代科技革命或当代科技革命。有的学者还将第三次科技革命进一步细分为几个不同的阶段，因而出现了第四次科技革命（20世纪70年代以来的信息化

① 钱三强、仓孝和、许良英、李佩珊、杜石然：《科学技术发展的简况》，知识出版社1980年版，第8、12页；钱时惕：《新科技革命的特点及发展趋势》，《新科技革命与社会发展》，科学出版社2000年版，第31—32页。

② 全国干部培训教材编审指导委员会组织编写、朱丽兰主编：《21世纪干部科技素养必备》，人民出版社2001年版，第110—115页；段伟文、肖显静编著：《走近科学》，党建读物出版社、中国科学技术出版社2004年版，第232—233页。

③ 代表性的著作如：朱丽兰等编著：《科教兴国——中国迈向21世纪的重大战略决策》，中共中央党校出版社1996年版，第118—119页。

革命[①])、第五次科技革命(20世纪90年代以来的智能化革命[②])的提法。有的学者对未来更长一段时间的科技革命作出了预测,提出了第六次科技革命(2020—2050年前后的新生物学革命[③])、第七次科技革命(2050—2100年的新物理学革命[④])。

第三种视角是"生产力革命说"。这是一种比较独特的视角。所谓"生产力革命说",是指有些学者从生产力发展的角度分析科技革命的进展及分期。持这种立场的学者认为,科学技术是生产力发展的历史过程。历史上发生过六次生产力革命。农业时代及其以前,有三次生产力革命[⑤];工业时代以来,又有三次生产力革命,将这三次生产力革命放到整个生产力革命的历史长河中,分别称之为第四次生产力革命、第五次生产力革命和第六次生产力革命。第四次生产力革命以蒸汽机的发明应用为标志,这次生产力革命又可称为第一次工业革命。第五次生产力革命以电学理论和电力技术的发现发明及其应用

① 第四次科技革命以信息技术为标志。关于第四次科技革命的分期,学界存在意见分歧。有的学者认为,第四次科技革命兴起于20世纪70年代。有的学者认为,第三次科技革命发生于19世纪末和20世纪初的几十年间,而第四次科技革命是在第二次世界大战结束以来的若干年中发生的。顾肃:《第四次科技革命》,江苏人民出版社2003年版,第14页;陈筠泉、殷登祥:《科技革命与当代社会》,人民出版社2011年版,第44、85页。

② 陈筠泉、殷登祥:《科技革命与当代社会》,人民出版社2011年版,第44、102页。

③ 何传启依据分析认为,目前第五次科技革命尚未结束,大约会持续到2020年。21世纪大约有三次科技革命,即第五次科技革命的下半部、第六次科技革命和第七次科技革命。第六次科技革命很可能发生在生物学领域,是一次新生物学革命。可以预测,第六次科技革命的时间是2020至2050年前后。何传启:《科技革命与世界现代化》,《江海学刊》2012年第1期。

④ 何传启认为:第七次科技革命有可能发生在物理学领域,有可能是一次新物理学革命。它发生的时间是2050至2100年前后。有人认为,新物理学革命的发生,有可能先于新生物学革命;也有人认为,新物理学革命有可能与新生物学革命同时发生。何传启:《科技革命与世界现代化》,《江海学刊》2012年第1期。

⑤ 李万忍认为:第一次生产力革命大约发生在公元前5000—公元前3000年的新石器时代,以新石器的磨制和使用为主要标志;第二次生产力革命大约发生在公元前2200—公元前1600年间,以青铜器的冶制和使用为主要标志;第三次生产力革命大约发生在公元前500—公元前200年间,以铁器冶制技术的发展和使用为主要标志。李万忍:《邓小平科技革命思想研究》,人民出版社1997年版,第389、390、394、397页。

为标志,又称为第二次工业革命。第六次生产力革命以微电子和计算机技术的发明应用为标志,又称为第三次工业革命。[①]在"生产力革命说"中,还有一种与上述分法有所不同的观点,可以概括为"生产力高潮说"。持这种观点的学者用历史上形成的几次生产力高潮来分析科技革命的历史进程。世界首次生产力高潮发生在中国封建社会时期的3至13世纪,以唐宋盛世的科学为代表。世界第二次生产力高潮发生在17世纪到1830年,世界科学技术中心由意大利转到英国,在英国发生了前所未有的科学革命、技术革命和产业革命。这些学者将第二次生产力高潮称为产业革命。世界第三次生产力高潮发生在19世纪中叶到20世纪初,德国成为世界科技与经济的中心。这些学者将第三次生产力高潮称为化工技术革命。世界第四次生产力高潮大致发生在1879年到1930年间,世界科学技术中心由欧洲转移到美国。这些学者将第四次生产力高潮称为电力技术革命。持这种观点的学者们认为,第五次生产力高潮则将人类推进到技术综合创新的高技术时代。[②]

以上只是略举一些代表性的视角和观点。从中可以看出,尽管学者们对有关科学革命、技术革命的称呼不同,对某些科学革命、技术革命的具体表现形态的描述不同,但是由于它们发生的时间大体相近、主要标志基本相同,因而实际上指的是同一次科技革命进程。比如,18世纪中叶开始的、以蒸汽机发明为标志的科技革命,学者们从不同的角度出发,称之为第一次技术革命、第一次工业革命、产业革命、第一次科技革命。

我们认为,上述代表性的看法,都是很有见地的,都从不同侧面反映出科技革命的发展进程。我们同时还认为,这些不同的分期和提法,涉及科学与技术的关系问题。

2. 科学与技术的关系

科学是运用范畴、定理、定律等思维形式反映客观世界各种现象的本质和

---

① 李万忍:《邓小平科技革命思想研究》,人民出版社1997年版,第389、404、413、419页。

② 宋健主编:《现代科学技术基础知识》,科学出版社、中共中央党校出版社1994年版,第14—40页。

规律的知识体系。科学的发展表现为渐进与飞跃两种基本形式的辩证统一。科学发展的渐进形式是科学进化，即人类对客观世界规律性认识没有突破原有科学的规范和框架。科学革命是科学发展的质变形式，是指人类对客观世界规律性的认识发生具有划时代意义的飞跃，其表现形式主要包括科学基本原理的新发现，科学知识的新的大综合，原有的理论框架的突破和新理论体系的建立，等等。技术是人类根据生产实践和自然科学原理而发展出来的各种物质手段及工艺、方法、技能等。技术发展有两种情况：技术革新和技术革命。技术革新是指技术发展中渐进性的局部变革。技术革命是指技术发展中具有飞跃性质变特点的重大技术变革。毛泽东曾经指出，一般小的技术改进叫作技术革新；而在技术上带有根本性的、有广泛影响的大的变化，叫作技术革命。技术革命表现为新兴技术的产生、旧技术体系的扬弃和新技术体系的确立。

科学回答的是“是什么”“为什么”。技术回答的是“做什么”“怎么做”。科学的任务是不断探求和系统总结关于客观世界的知识。技术的任务是不断创造出改造客观世界的手段和方法。在历史上相当长的时期中，科学家并不关心其成果的实际应用，技术大致上是在没有科学帮助的情况下发展的。在19世纪中叶以前，科学与技术是分离的，它们各自独立发挥社会作用。它们都有自己独特的文化传统，它们的发展往往是脱节的。科学的发展往往落后于技术和生产的发展，以致在科学理论上尚未搞清楚的东西，在技术和生产上却可以首先实现它。技术往往走在科学的前面，技术决定着科学。19世纪60年代，麦克斯韦建立了电磁场理论（1865年），为电力技术的发展奠定了理论基础，促进了发电机的改进和完善。1866年，德国的西门子制成第一台自激式发电机，1875年电动机广泛应用于工业生产。以此为标志，19世纪中叶以后，科学才开始真正指导技术的发展，技术发明越来越依靠科学。科学与技术的关系从此密不可分，并由此开启了科学技术一体化进程。一方面，现代的技术完全是建立在科学理论的基础之上的，现代技术的发展要应用科学理论的成果，技术研究要应用科学研究的方法与手段；另一方面，现代科学也装备了复杂的技术设施，现代科学必须依靠一定的技术手段才能进行深入的研究，比如基本粒子物理学必须借助于高能加速器。科学革命与技术革命逐渐相互渗透，而且在客观上出现了紧随发生或同步发生的趋势。科学技术化和技术科学化就是现代科学技术的鲜明特征,以致有人说科学是理论形态的技术,技术是实践形态的科学。

考察科学与技术的关系可以看出,从科学革命与技术革命两个维度来分析科技革命的历史进程是有其合理性的,因为在19世纪中叶以前科学革命与技术革命的确是分别发生的。"两分法"是有史实依据的。我们认为,使用"两分法"对19世纪以前的科技革命进行分析,是可行的。但是到了19世纪中叶以后,随着时间的推移,科学与技术之间的联系越来越紧密。在科学与技术联系越来越紧密的情况下,如果仍将科技革命分为科学革命和技术革命两部分,从"两分法"的视角出发界定和描述科技革命进程,则会导致两种后果:一是很容易使人产生误解,以为现代科学革命和现代技术革命是两次革命;二是模糊、淡化了现代科学技术的鲜明特征——科学技术化和技术科学化。因而,我们更倾向于使用"综合法"来分析科技革命的进程,这样更符合科技革命发展的实际。这也给我们以启示:随着实践和认识的发展,需要对科技革命的进程作出新的整合和概括,使之更符合规律——既符合科技自身发展的规律,也符合人类认识的规律。

"生产力革命说"认为科学技术是生产力的历史发展过程,每一次重大的科技革命都极大地促进了生产力的发展。"生产力革命说"关于历史上几次生产力革命的分期,简洁形象地勾勒出人类历史上几次重大的生产力发展的飞跃,揭示了科技革命对于生产力发展的促进作用,表明科学技术本身就是生产力这个大系统中极为重要的一个关键因素。"生产力革命说"有其合理之处,有其特色所在。但是,科学技术对人类社会的推动作用,固然首先表现为对生产力的推动作用,但是又不仅仅局限于生产力方面,还体现在生产方式、生活方式以及经济社会发展的方方面面(比如社会形态的更替、政治经济格局的变化等)。如果仅仅将生产力高潮作为判断科技革命是否发生的标志,似乎还不能完整地揭示科学技术对于人类社会发展所起到的巨大推动作用。所以,我们认为,探讨科技革命分期还是以科技本身的质变为宜。我们可以吸收并借鉴"生产力革命说"中关于生产力革命、生产力高潮分期的观点。

3. 历史上的三次重大科技革命

本课题所指的新科技革命，指的是20世纪中叶以来世界范围内蓬勃兴起的科技革命，即第三次科技革命。关于这场科技革命，如前所述，学术界有种种不同的提法，如“新技术革命”“第三次技术革命”“现代科学技术革命”“当代科学技术革命”等，其实指的都是同一场科技革命。

新科技革命起源于何时？学术界对此有不同的看法。有的学者将某一重大标志性事件看作新科技革命的起点。我们认为，新科技革命是一个连续、动态的过程，其起点不是一两件事，而是一系列重大科技事件。这些科技事件显示了未来科技发展的基本学科，表征了未来科技发展的方向，共同汇合成新科技革命的潮流。新科技革命开始的标志性事件主要包括：1942年，第一座原子能反应堆建成，标志着人类在利用能源上的革命性变化；1946年，世界上第一台电子计算机问世，为信息技术的发展奠定了基础；1948年，系统论、信息论、控制论问世，标志着人类思维方式发生了革命性变革；1953年，DNA双螺旋结构的发现，开辟了现代生物技术的新纪元；1957年，第一颗人造卫星发射成功，开创了人类的太空时代。根据这些重大的标志性事件，可以认为新科技革命始于20世纪中叶。

在我们党的文献中，也是将新科技革命的起点界定为20世纪中叶的。早在1994年，江泽民在为《现代科学技术基础知识（干部选读）》一书作序时指出：“本世纪以来，特别是二次世界大战以后，以电子信息、生物技术和新材料为支柱的一系列高新技术取得重大突破和飞速发展，极大地改变了世界的面貌和人类的生活。科学技术日益渗透于经济发展和社会生活各个领域，成为推动现代生产力发展的最活跃的因素，并且归根到底是现代社会进步的决定性力量。”[①]2006年1月，胡锦涛在全国科学技术大会上指出：“发轫于上个世纪中叶的新科技革命及其带来的科学技术的重大发现发明和广泛应用，推动世界范围内生产力、生产方式、生活方式和经济社会发展观发生了前所未有的深刻变革，也引起全球生产要素流动和产业转移加快，经济格局、利益格局和安全格

① 江泽民：《论科学技术》，中央文献出版社2001年版，第42页。

局发生了前所未有的重大变化。”①

对于新科技革命或者说现代科技革命、当代科技革命,有的学者进一步细分为第四次科技革命、第五次科技革命,甚至对第六次科技革命、第七次科技革命作出了预测。我们认为,新科技革命从20世纪中叶开始,一直持续到现在,其间确实高潮迭起,风起云涌。将新科技革命进行细分,也是可行的、合理的。这样可以更加生动地描述新科技革命的发展进程,更加详细地展现新科技革命所发生的细微变化,更加清晰地点明新科技革命在何时出现了何种新的走向和趋势。但是需要指出的是,这些学者们所指的第四次科技革命、第五次科技革命、第六次科技革命、第七次科技革命,总体上仍属于新科技革命的范畴。理由有二:其一,从主导技术来看,主导技术仍是第三次科技革命中起主导作用的信息技术、生物技术等,只不过在不同时期主导技术的发展程度、突破范围及应用广度、深度有所不同罢了,但是这个主线是清楚的、明晰的;其二,第四次、第五次、第六次、第七次科技革命,其实都是第三次科技革命的延续、深化和拓展。

总之,我们认为,从科学技术对生产力的作用和经济社会发展的影响来看,近现代科学技术经历了三次重大的科技革命。每一次科技革命都使生产力发展产生一次飞跃,对经济社会的发展、对人们的生产和生活方式产生巨大而深远的影响。与这三次科技革命相对应,人类渐次进入大机器工业时代、电气化时代、信息化时代。

第一次科技革命开始于18世纪中叶。这次科技革命由纺织机的出现拉开序幕,又由蒸汽机的发明推向高潮。其科学技术基础是牛顿力学及机械技术,其主要标志是蒸汽机的发明和广泛使用。第一次科技革命发端于英国,是与英国工业革命同时发生的,因而又被史学界称为产业革命或工业革命。这次科技革命确立了以蒸汽动力技术为主导的工业技术体系,极大地推动了纺织业、交通运输业、钢铁工业和机械工业的发展,实现了生产方式从手工工具到机械化的转变,人类由此进入大机器工业时代。第一次科技革命促使社会生

① 中共中央文献研究室编:《十六大以来重要文献选编》下,中央文献出版社2008年版,第184页。

产发生革命性变革，生产力飞速发展，在不到100年的时间里，创造出比过去一切世代总和还要多得多的物质财富。这场科技革命在促进生产力巨大发展的同时，使社会面貌发生了翻天覆地的变化。资本主义生产体制得以确立，资本主义最终战胜了封建主义，率先完成工业革命的西方资本主义国家逐步确立起对世界的统治地位。

第二次科技革命开始于19世纪后期，其科学技术基础主要是电磁理论及电力技术，其主要标志是电力的发明和广泛应用。发电机、电动机的发明和应用，形成了以电力技术为主导的工业技术体系，促成了化工技术、钢铁技术、内燃机技术等技术的发展，进而相继出现了汽车制造、石油化工、新型冶炼等一系列工业部门。第二次科技革命使生产工具从蒸汽机转变为发电机、电动机，实现了生产方式的电气化，人类由此从大机器工业时代进入电气化时代。这次科技革命创造了巨大的生产力，推动了资本主义国家经济的大发展，同时也给整个世界带来了广泛而深远的影响。

第三次科技革命开始于20世纪中叶。这次科技革命是在现代自然科学的基础上，以信息技术为核心和先导，进而形成以信息技术、新能源技术、新材料技术、生物技术、空间技术、海洋技术等高技术为支柱的综合性科技革命。第三次科技革命使人类的生产方式加速向工业化与信息化相融合转变，劳动生产率得到极大提高，社会生产力和人类文明达到了前所未有的新高度，人类由此进入信息化时代。从影响范围和功能来看，这次科技革命是以往历次科技革命所无法比拟的，因而又被称为新科技革命。新科技革命可以说是名副其实的世界性的科技革命。这场新科技革命发生于20世纪40年代末50年代初，首先从美国开始，然后扩大到西欧和日本，进而扩散到其他国家。无论是发达国家还是发展中国家，各国的生产、生活方式乃至经济、社会、文化等各个领域，都受其影响而发生了巨大而深远的变化。

4. 新科技革命的四个发展阶段

从宏观上看，新科技革命的发展日新月异、突飞猛进，这是总的趋势。从微观上看，科技发展的广度和深度、科技突破的领域、科技竞争的重点，在不同时期、不同阶段又有所不同、有所侧重，因而使新科技革命又呈现出阶段性的特点。

通过对学术界关于新科技革命发展进程有关文献的研究，我们认为，第二次世界大战后发生的新科技革命，经历了四个发展阶段。

20世纪40年代至60年代是第一阶段，其间原子能、电子计算机和空间技术逐渐走向成熟。正因为如此，不少学者指出：新科技革命是以原子能、电子计算机和空间技术的发展为主要标志的。这场影响深远、声势浩大的新科技革命，首先是从原子能技术的突破开始的。原子能的利用是在人工控制的条件下，将物质内部结构的能量释放出来加以利用。1942年，第一座原子能反应堆建成，人类开始依靠科学技术的力量开发和利用原子能，这对于经济社会发展具有不可估量的影响。1946年，世界上第一台电子数字计算机（ENICA）诞生，它的运算速度为每秒钟5000次。此后，电子计算机开始迅速发展并广泛运用于社会各领域，极大地改变了人类的生产方式和生活方式。1953年，美国生物化学家沃森和英国物理学家克里克提出了脱氧核糖核酸分子结构的双螺旋模型，证实了基因就是脱氧核糖核酸分子，从此生命科学研究在分子水平上展开，分子生物学成为生命科学基础研究的前沿，开辟了现代生物学的全新局面。1957年，苏联成功发射了第一颗人造卫星，此后空间技术迅速发展，把人类的科学研究和生产实践的领域扩展到宇宙空间，这对社会生产力的发展具有划时代的意义。

20世纪70年代以后，新科技革命进入第二阶段，各个领域出现了异常活跃的形势，其中信息技术、新能源技术、新材料技术、生物技术、激光技术、空间技术、海洋技术等高新技术得到迅猛发展，并呈现出集群发展态势。学科交叉和技术融合趋势不断增强，一系列边缘学科、交叉学科不断涌现。这一时期兴起的科学技术，成为新科技革命的支撑技术和骨干技术，为其后新科技革命的迅猛发展奠定了坚实的基础。

到20世纪90年代，新科技革命进入第三阶段。这一时期最突出的标志是信息技术的广泛应用。信息技术成为新科技革命的先导和核心技术，成为世纪之交新科技革命的主要标志。“信息技术的发明创造和广泛应用，有效地促进了硬件与软件开发相结合，物质生产与服务管理相结合，实体经济与虚拟经济相结合，形成了经济社会发展的强大驱动力。”[①]信息技术引发了全球范围的信息革命和信息浪潮，推动着世界从传统的工业社会向现代信息社会转变。在信息技术产业的发展中，互联网的发展最令人瞩目。自1996年以来，全世界互联网用户每9个月就增长一倍，信息流量和带宽翻一番。到1999年底，全球互联网用户已达2.6亿。与互联网的迅速发展相对应，网络经济应运而生，电子商务在全球迅猛发展。信息网络化推动了远程教育、远程医疗、电子商务、电子邮件、虚拟现实的发展，使人们的生产、学习和生活方式发生深刻的变化。这一时期，除了信息技术快速发展并广泛应用外，生命科学和生物技术也取得重大进展。1997年2月，英国科学家宣布，爱丁堡卢斯林研究所采用细胞克隆（无性繁殖）技术培育出世界上首只克隆绵羊“多莉”。同年7月24日，英国科学家又宣布，他们成功地培育出第一批无性繁殖转基因羊，其中一只名为“波利”的羊携有人类基因。许多科学家认为克隆技术是生物科学上的一个进步，是生物工程技术发展史上的一个里程碑。但同时，很多人担心克隆技术可能产生复制人的机会并由此带来伦理危机。

进入21世纪，新科技革命进入一个新的更高的发展阶段，新科技革命发展的势头更加迅猛。信息技术快速发展的势头始终不减，正处于新一轮重大技术突破的前夜。在信息技术继续保持快速发展态势的同时，又出现了一个新的、不容忽视的特点：科技创新不断涌现。科技创新出现群体性突破态势，表现为新的技术群和新的产业群蓬勃发展。2000年，被誉为生命科学“阿波罗登月计划”的国际人类基因组计划（1990年10月启动）传来重大喜讯：人类基因组工作草图绘制成功。这是人类取得的一个重大科技进展。近年来，科学家通过研发应用最先进的科学装置和观测手段，取得了发现“夸克胶子等离子体”、绘制出宇宙暗物质图、完成人类第一号染色体基因测序等一系列振奋人心的进展。在重大创新中起核心作用的已不再是一两门科学技术，而呈现出信息科学与技术、生命科学与生物技术、新能源技术、纳米与新材料技术、航空航天科技、先进制造和新能源与环保技术等前沿技术领域群体突破的态势，并推动

① 江泽民：《论中国信息技术产业发展》，中央文献出版社、上海交通大学出版社2009年版，第13—14页。

了千万亿次超级计算机、转基因农作物、纳米电机、火星探测器、生物芯片等重大创新成果相继涌现。“人类社会步入了一个科技创新不断涌现的重要时期，也步入了一个经济结构加快调整的重要时期。”[①]在信息科学、生命科学、脑与认知科学、地球与环境科学、数学与系统科学，以及自然科学与社会科学的交叉领域中，正在形成新科学前沿，孕育新的重大突破。当今世界，学科交叉融合加速，新兴学科不断涌现，前沿领域不断延伸，物质结构、宇宙演化、生命起源、意识本质等基础科学领域正在或有望取得重大突破性进展。信息技术、生物技术、新材料技术、新能源技术广泛渗透，带动几乎所有领域发生了以绿色、智能、泛在为特征的群体性技术革命。“传统意义上的基础研究、应用研究、技术开发和产业化的边界日趋模糊，科技创新链条更加灵巧，技术更新和成果转化更加快捷，产业更新换代不断加快。科技创新活动不断突破地域、组织、技术的界限，演化为创新体系的竞争，创新战略竞争在综合国力竞争中的地位日益重要。”[②]自主创新能力已经成为国家核心竞争力的决定性因素，各国更加注重科技创新尤其是自主创新，纷纷把推动科技进步和创新作为国家战略。

总之，20世纪50年代兴起的新科技革命，始终保持着蓬勃发展的态势。经过半个多世纪的发展，新科技革命取得了长足进展，给人类社会带来了前所未有的深刻变革。科学技术作为支撑、驱动、引领经济社会发展的主要力量，比历史上任何时期都更加深刻地决定着经济发展、社会进步、人民幸福。

以上我们分析了新科技革命的四个发展阶段。在此，还有必要谈一谈目前影响较大的一种观点：第三次工业革命论。美国未来学家杰里米·里夫金认为，人类已经经历了两次工业革命，现在正处于第二次工业革命和石油世纪的最后阶段，“互联网信息技术与可再生能源的出现让我们迎来了第三次工业革命。”[③]英国经济学家保罗·麦基里认为，一种建立在互联网和新材料、新能源相

① 中共中央文献研究室编：《十六大以来重要文献选编》下，中央文献出版社2008年版，第184页。

② 习近平：《在中国科学院第十七次院士大会、中国工程院第十二次院士大会上的讲话》，人民出版社2014年版，第6页。

③ [美]杰里米·里夫金：《第三次工业革命》，张体伟、孙豫宁译，中信出版社2012年版，第31页。

结合基础上的工业革命即将到来，它以“制造业数学化”为核心，并将使全球技术要素和市场要素配置方式发生革命性变化。

里夫金认为：所谓“工业革命”，参考已经被各界广泛认知的第一次和第二次工业革命的情况，必须包含三大要素：新能源技术的出现、新通信技术的出现以及新能源和新通信技术的融合。19世纪，世界迎来了一次通信技术与能源技术的融合，这就是所谓的第一次工业革命。当时以蒸汽为动力的印刷机代替了手工印刷，这使得人类可以以低成本制作大量的印刷品。此时，学校大量出现，知识得以传播，新的经济模式日益崛起，最终造就了密集的城市核心区和拔地而起的工厂。20世纪，电信技术与燃油内燃机相结合，人类经历了第二次通信技术与能源技术的融合，即第二次工业革命。电视、电话、广播等新型通信技术的出现以及电力、石油等新能源的使用，极大地改变了经济形态以及人们的生活，催生出城郊大片的房地产业以及工业区的繁荣。

里夫金指出：“如今，我们正处在信息技术与能源体系相融合的时代。”[①]“第三次工业革命”就是目前新兴的可再生能源技术和互联网等新通信技术的出现、使用和不断融合后，带给人类生产方式以及生活方式的巨大变革。里夫金认为，我们目前面临的全球性经济危机，其本质是以化石燃料以及相关技术为基础的第二次工业革命已经日薄西山，无法再支撑世界经济的发展。而第三次工业革命是摆脱经济危机的必由之路。

里夫金《第三次工业革命》出版后，很快在国际社会引起反响。该书中文版出版后，里夫金的观点在国内很快受到关注。新华社主办的《经济参考报》曾推出特别报道，分析和报道新一轮工业革命的背景、特征、趋势、风险和机遇，推动了国内关于第三次工业革命的研究。很多学者参与了这场讨论。里夫金在其《第三次工业革命》中文版序言《第三次工业革命与中国的机遇》中，对中国未来的经济发展提出了建议，指出：“如果选择了第三次工业革命，那么中国极有可能成为亚洲的龙头，引领亚洲进入下一个伟大的经济时代。”他认为，“中国也将成为第三次工业革命的主要力量，推动整个亚洲实现

---

① ［美］杰里米·里夫金：《第三次工业革命》，张体伟、孙豫宁译，中信出版社2012年版，第31页。

向后碳社会的转型”[①]。

国内许多学者参与了第三次工业革命的讨论。有的学者对第三次工业革命的概念给予了高度评价，如：互联网与可再生能源相结合的第三次工业革命模式堪称“绝对精妙的构想”；第三次工业革命通过信息革命为全球产业注入新的活力。不少学者认为，即将到来的第三次工业革命是一次科技革命和产业革命的重叠，是信息技术、新能源、新材料的融合。它既是一次工业革命，又是一个新经济模式，将对全球发展理念、生产和生活方式产生革命性的变革。国内也有学者不同意里夫金的观点。比如，有的学者并不认同第三次工业革命的观点，认为即将到来的是第四次工业革命。第一次工业革命是内燃机革命即机械革命，第二次工业革命是电气化革命，第三次工业革命是信息革命，第四次工业革命则是机器智能化和社会化的工业革命。

这里谈一谈我们对里夫金第三次工业革命论的看法。

第一，里夫金关于工业革命划分的标准与我们通常所说的标准有所不同。过去，学者们一般认为，工业革命与技术革命是相对应的，甚至是同义的，第三次工业革命就是第三次技术革命、第三次科技革命。而里夫金关于工业革命的划分与我们通常提到的划分标准不同，他是将通信技术与能源技术的结合作为划分工业革命的标志。他认为，历史上新型通信技术与新型能源系统的结合，预示着重大的经济转型时代的来临。在里夫金看来，第三次工业革命是建立在互联网和新能源相结合基础上的。我们必须注意划分标准的不同，决不能以里夫金的第三次工业革命去套用过去我们一般使用的第三次工业革命概念。

第二，里夫金所说的第三次工业革命，实质上属于第三次科技革命的延续。第三次工业革命的概念在科技史上早已有之。今天国内外所热议的“第三次工业革命”，在某种程度上说，是第三次科技革命的继续，实质是新一轮工业革命的统称。第三次科技革命，是以信息技术为核心和先导，以新能源技术、新材料技术、生物技术、空间技术、海洋技术等高技术为支柱的综合性科技革命。今天，里夫金等人讲的“第三次工业革命”中的主要标志性技术，如互联

---

① ［美］杰里米·里夫金：《第三次工业革命》，张体伟、孙豫宁译，中信出版社2012年版，序言第XVI页。

网、新能源、新材料、生物技术等技术,在过去一直被认为是,而且确实也是第三次科技革命的支撑技术。这些技术,实际上在自20世纪50年代以来的第三次科技革命中已有萌芽并飞速发展。更为重要的特征是,这些技术以前所未有的速度、广度和深度相互融合。这种融合绝不是简单的交叉、交汇,而是深度融合。所以,历史地看,新一轮工业革命是第三次科技革命累积的过程和结果,并非今日才开始,也并非一日之功。第三次工业革命的理论基础、标志性技术,就蕴含在第三次科技革命之中。

第三,为什么里夫金将即将开始的科技革命单独作为一个阶段,并从经济发展模式的角度将其定义为"第三次工业革命"?主要的历史背景还是国际金融危机。这场危机的影响之大、持续之久,使人们认识到,世界经济发展方式和世界产业结构需要进行重大调整,要依靠科技的力量走出危机。历史经验表明,经济危机都孕育新的科技和产业革命。面对这场国际金融危机,各国纷纷开展了新一轮竞争。各国尤其是主要大国都在进行战略筹划,纷纷把发展新能源、新材料、信息网络、生物医药、节能环保、低碳技术、绿色经济等作为新一轮产业发展的重点,加大投入,着力推进。正是在这种背景下,应对国际金融危机与新科技革命两者相互结合,成为新趋势,进而催生了"第三次工业革命"浪潮。可以说,国际金融危机,大大推动了新一轮科技革命、工业革命的进程。金融危机使人们认识到:世界迫切需要一场新的工业革命。里夫金恰恰在这个时期酝酿并提出了第三次工业革命的概念,为金融危机下的西方各国提供了关于发展方向和模式的新思考、新观点,因此得到广泛的认同。

第四,里夫金关于第三次工业革命的分析,为我们提供了可资借鉴的思想。无论对里夫金第三次工业革命观点的理解有何不同,里夫金的贡献是很显然的。其一,他揭示了新一轮工业革命来临的趋势、表现。其二,他指明了新一轮工业革命在技术上的主要标志。其三,里夫金从能源科技入手,对新一轮工业革命、科技革命作出了新的解释。其四,更为重要的是,他详细地分析了新一轮工业革命带来的革命性变革。

在我们看来,也许称"第三次工业革命"为"新一轮工业革命"可能更为合适。第三次工业革命,实际上已经成为目前新科技革命、新一轮工业革命的代名词。大多数人也正是在这个意义上接受并使用"第三次工业革命"一词的。

但是，用“第三次工业革命”这一表述，确实也有其优点：它点明了新一轮工业革命的主要标志、发展趋势等。“第三次工业革命”这一概念之所以引人热议、引发关注，主要是在于，它契合了人类在国际金融危机后的探索取向——低碳、节能、绿色、环保、数字化。这些都契合了科技革命的发展趋势。当今世界的科技革命，正是在沿着这些趋势前进。

二、新科技革命的基本特征

20世纪中叶以来，新科技革命在全球范围内蓬勃发展。学术界经常用“日新月异”“突飞猛进”之类的词来形容新科技革命发展的态势。总体上讲，新科技革命具有如下基本特征。

第一，跨界融合。科学技术向着更加分化、更加综合的方向发展。

在20世纪中叶以前，科学内部结构发展的主要方向是学科的分化。由于研究对象不同，从总体的科学中分化出一个个具体研究某一领域的学科，各门学科都在发展中形成了各具特点的科学方法和知识体系，比如数学、物理、化学、天文学、地球科学与生命科学等。随着科学的发展和深化，现代科学呈现出分科越来越细、知识越来越专的局面。而到了20世纪中叶新科技革命兴起后，科学在继续分化的同时，开始呈现出交叉、综合的新趋势。各门学科之间发生了研究方法与知识体系的融合、综合，并由此产生了新的科学前沿和充满活力的新兴科学、交叉科学。这些新兴科学、交叉科学的研究对象不再局限于某一狭小的领域，而是涉及自然与社会各方面的复杂系统。目前，科学技术在分化与综合两个方面都得到进一步的发展。一方面，继续沿着本学科的结构进一步分化和深入，比如：研究极端时空尺度的物质结构、相互作用及其运动规律，研究非常规条件下以至极端条件下的物质性状和规律，等等。另一方面，向着更加综合的方向发展。科学技术的综合主要包括这样几种形式：一是将某些学科中具有普遍性的知识加以抽象概括而建立新的学科，如控制论、信息论等；二是将诸多学科的知识运用于某个复杂对象的研究而建立新的学科，如环境科学、空间科学等；三是将一门学科的某些理论、方法或手段移植于另一门科学之中而产生新学科的综合，如工程控制论、遗传工程等；四是技术的融合、集成。技术的融合、集成不仅表现在单一的技术领域之内，而且表现在不同的技术领域之间，比如纳米、生物、信息等技术领域愈益深入、全面的融合。

第二，集群推进。新科技革命是全方位的科技革命，以科技集群的形式向纵深推进。

以往历次科技革命中先后出现的新的科学技术，比如蒸汽动力技术、电力技术，虽然也带动了其他技术的发展，但它们出现时，多是单一的，各门科学、各项技术之间的联系还较为松散。而这次新科技革命却不是这样。新的科学技术的突破，不只是表现为单一学科、单一技术的发展，而是表现出集群发展的新态势，表现为新的学科群、技术群和产业群的竞相崛起。新科技革命中产生的新学科、新技术、新产业，是一群一群出现的，因而被称为科技集群。这些科技集群不仅数量众多、门类广泛，而且相互之间还呈现出极强的关联性、综合性、交叉性。科技集群的研究对象不仅仅局限于客观世界的某种物质结构及其运动形式的某个共同方面，其概念和方法在多门科学中都具有普遍的适用性和意义。比如海洋科技就是综合众多科技而不断发展的，电子技术、遗传工程技术、光导纤维技术的迅速发展提高了海洋开发的能力。人类开发海洋的活动已在海底、海面和海空全面展开，进入了一个综合、立体开发的时代。海洋地质学、海洋水文学、海洋气象学、海洋生物学和海洋探测技术、海洋采矿技术、海洋电力技术、深海技术等，逐渐成为一个庞大的科技集群。目前，新科技革命向纵深发展，已经形成了许多新的科技集群，主要包括信息科技集群、新能源科技集群、新材料科技集群、生物科技集群、空间科技集群、海洋科技集群、节能环保科技集群、地球深部开发利用科技集群、激光科技集群、先进制造科技集群等。当然，科技集群的划分标准可以有许多种，但无论具体的划分标准有何不同，都揭示了新科技革命呈现出集群发展的新态势。科技集群的大量出现，是新科技革命发展的新特点。特别是进入21世纪以来，“信息技术、生物技术、新材料技术、新能源技术广泛渗透，带动几乎所有领域发生了以绿色、智能、泛在为特征的群体性技术革命”①。

① 中共中央文献研究室编:《十八大以来重要文献选编》中，中央文献出版社2016年版，第19页。

第三,信息化。信息技术是新科技革命的先导和核心技术,信息化是新科技革命的最突出特征。

新科技革命出现了很多新的科技集群,在这些科技集群中有带头的技术,这就是信息技术。20世纪90年代以来,以微电子和计算机技术、通信和网络技术、软件和系统集成技术为代表的信息技术一马当先,飞速发展并得到广泛应用。信息技术成为当代最先进、最活跃的生产力,成为创新速度最快、通用性最广、渗透性最强的高技术。"信息技术已渗透到各个学科和领域,有力地带动着物质科学、生命科学以及新能源、新材料、航空航天等工程技术的进展,促进了各学科广泛交叉、融合发展,极大地提高了人类认识、保护、适应和改造自然的水平。"[①]特别是互联网的普及,使知识积累和传播的速度明显加快,为科学技术的全面突破创造了条件。信息技术向最广泛的应用领域进军,同科技、经济和文化结合形成了新的产业,即信息产业。20世纪90年代以来,世界信息产业以前所未有的速度飞速发展。世界电子信息产品制造业总产值从1990年的6721.94亿美元提高到1999年的11500亿美元。进入21世纪以来,信息产业的增长势头更加迅猛。信息产业具备增长速度快、技术进步快、经济效益好、产业关联度强等主导产业所应有的基本特征。在信息技术的推动下,信息产业已成为世界上增长最快、规模最大、渗透性最强的主导产业,成为拉动经济社会发展的火车头。随着信息技术和信息产业的发展,信息网络扩展到全世界,深刻地改变着人类的生产方式和生活方式。信息网络的应用,使得传统的生产方式逐步让位于信息化的生产方式,人们的生活方式、思维观念也受到越来越广泛和深刻的影响。信息技术引发了全球范围的信息革命和信息浪潮,信息化是新科技革命的最鲜明特点、最主要标志、最强大驱动力。正是在这个意义上,新科技革命又被人们称为信息革命,我们所处的时代被称为信息化时代。特别是进入21世纪以来,随着新一代信息技术的迅猛发展和深度融合,"移大山"(移动互联网、大数据、3D打印)、"制云雾"("智云物"的谐音,指智慧城市、云计算、物联网)给人类社会传统的生产、生活方式乃至人们的思维、消

---

① 江泽民:《论中国信息技术产业发展》,中央文献出版社、上海交通大学出版社2009年版,第14页。

费方式带来了翻天覆地的革命性变化。

第四,科技发展加速化。

科技发展的加速化是指科学技术的成果越来越多、科技创新速度明显加快的趋势。其一,科学技术成果的增长呈现指数增长的特点。由于科学知识的积累具有继承性,生产能力不断提高,科学实验的手段越来越先进,科学探索的领域不断拓展,近代以来尤其是新科技革命爆发以来,科学技术发展明显地呈现出加速的趋势。资料表明,1880年人类认识的化合物约1200种,1976年急增到375万种之多,进入20世纪80年代后,已增加到500多万种。现在每年发现的人工合成的新化合物已超过30多万种。据粗略统计,人类的科技知识在19世纪是每50年增加1倍,20世纪中叶是每10年增加1倍,20世纪八九十年代是每3年至5年增加1倍;目前有的科学家估计是每2年至3年增加1倍。有人将20世纪70年代以来科学技术如此迅猛发展的态势形象地称为“知识大爆炸”。进入21世纪,全球知识创新速度明显加快。据统计,国际论文数量增长率从20世纪90年代的年均4.5%提高到21世纪前8年的年均6.7%,同期发明专利授权量年均增长率从2.5%提高到4.4%。[①]其二,科技投入不断增加,科研队伍不断扩大。第二次世界大战后,所有经济发达国家的科研经费投入以指数速度增长。20世纪60年代末比20世纪初增长了400倍,现在已达每年4000亿美元。发达国家的研究与发展经费通常约占国内生产总值的2.5%。当前除了政府的科技投入外,各国企业界也将大量的投资用于研究与开发活动,企业研究与开发投入高达企业总费用的50%至70%。由于社会对科技的投入不断增加,科研人员人数大幅增长。据统计,美国科学家人数每10年翻一番,西欧发达国家是每15年翻一番。20世纪八九十年代,全世界的科学家和工程师人数已达5000万人。进入21世纪以来,各国科研人员数量大幅增长。世界银行WDI数据库资料显示,高收入国家每百万人中研究人员数由2000年的3417.8人增加至2005年的3756.4人,中等收入国家每百万人中研究

① 中国科学技术部:《中国科学技术发展报告2010》,科学技术文献出版社2010年版,第9—10页。

人员数由2000年的499.6人增加至2005年的606.6人。[①]其三，科技创新更加活跃，科技知识更新频率越来越快，一系列高新科技纷至沓来，发展速度令人惊叹。统计资料表明，知识陈旧率随着时间推移呈现出日益增长的趋势。20世纪50年代知识陈旧率为25%，60年代知识陈旧率为33%，70年代知识陈旧率为40%，而到80年代知识陈旧率则上升为50%。据美国麻省理工学院统计，1965年毕业的大学生经过10年即到1975年，所学的专业知识有70%老化了；1976年的大学生经过4年即到1980年，所学的专业知识有50%过时，到1986年则完全失效。“还有人说，在农耕时代，一个人读几年书，就可以用一辈子；在工业经济时代，一个人读十几年书，才够用一辈子；到了知识经济时代，一个人必须学习一辈子，才能跟上时代前进的脚步。”[②]随着新科技革命的推进，各种学科相互交叉、渗透、融合，导致新技术不断涌现。信息技术快速发展，计算机、微电子、软件、通信、互联网等领域的新技术层出不穷。生命科学和生物技术取得重大突破。新材料、新能源、先进制造、航空航天、海洋等高新技术的发展方兴未艾。科学发现、技术突破及重大集成创新不断涌现，呈现出群体突破态势。当代科技创新还呈现出协同发展的态势，若干关联度高的科技领域几乎同时或先后取得重大突破。

第五，一体化。科技成果的产业化周期越来越短，科学、技术、生产愈益呈现出一体化趋势。

科学技术的加速发展，促使科学技术转化为生产力的速度越来越快。科学发现、技术创新到商业应用的周期不断缩短，科技对经济社会发展的引领作用愈加显著。从1905年爱因斯坦提出狭义相对论、1915年完成广义相对论到第一颗原子弹诞生，相隔30年至40年；从1953年沃森和克里克提出生物大分子的脱氧核糖核酸双螺旋结构模型到生物技术的开发应用，相隔20年；从1947年发明晶体管到1959年发明集成电路相隔12年；20世纪70年代以来，在微电子等许多领域的科技创新使从发现、发明到产业化的周期更短，一般为2年至3

---

① 中华人民共和国国家统计局：《2010国际统计年鉴》，http://www.stats.gov.cn/tjsj/qtsj/2010/t20110704402736344.htm。

② 习近平：《在中央党校建校80周年庆祝大会暨2013年春季学期开学典礼上的讲话》，《人民日报》2013年3月3日，第2版。

年，从激光的科学发现到技术应用仅1年。20世纪90年代以来，信息技术迅猛发展，信息技术领域的成果转化周期已缩短到1年甚至几个月的时间。据国外有关专家所作的调查和统计，从科学发现到技术发明，再形成批量生产，变成商品，在18世纪大约需要100年，19世纪缩短为50年，20世纪上半叶缩短为30年，第二次世界大战以后缩短为7年。随着科学技术发展，科技成果转化为商品的周期逐渐缩短为3年至5年，有的甚至2年至3年就可以商品化了。现在一个最新的趋势是，某些技术在研发之初就已充分考虑到市场应用问题，新技术研发出来后，很快就可以实现市场化。科研、开发和产品更新几乎同时进行的例子俯拾皆是。比如，人类基因组、超导、纳米材料等许多基础研究成果，在研究中间阶段就已申请了专利，正以前所未有的速度转化为产品投入市场，产品更新速度与技术更新速度几乎同步。由于科学技术转化为现实生产力的周期大大缩短，科学、技术、生产的关系越来越密切，科学研究、技术创新、产业发展、社会进步相互促进和一体化发展趋势更加明显，一系列重大科技成果以前所未有的速度转化为现实生产力。

第六，人文化。科学技术与社会、自然科学与社会科学的联系愈益紧密。

20世纪中叶以来，随着科学技术对社会的影响日益广泛、科学技术成为越来越重要的社会现象，科学技术与社会、自然科学与人文社会科学紧密结合的趋势也愈益明显。(1) 科学技术与社会的关系日益密切和复杂。随着新科技革命的发展，科学技术越来越成为解决复杂的社会问题的重要手段。一方面，科学技术极大地提高了社会生产力水平，推动了经济社会发展。另一方面，伴随着生产力的提高而出现的许多复杂的社会问题，如贫富差距扩大、环境污染等，不仅没有随着科学技术的进步而消失，反而还有进一步加剧的趋势。解决这些复杂的社会问题，需要科学技术发挥更加重要的作用。因此，必须加强对科学技术的社会治理，使科学技术与经济社会同向发展、同向进步，使科学技术进步真正服务于人类社会。(2) 自然科学与人文社会科学紧密结合。科学当然包括社会科学。自然科学是人类认识、利用、适应、改造、保护自然的科学。社会科学主要是帮助人们解决世界观、人生观、价值观，解决理论认识和科学思维，解决对社会发展、社会管理规律的认识和运用的科学。社会科学是人类认识世界、改造世界的重要工具，是推动历史发展和社会进步的重要力量。社会科学的研究能力和成果，也是综合国力的重要组成部分。当今世界，各种学科的综合化趋势日益深入，自然科学与社会科学相互结合、相互促进明显加强。在认识世界和改造世界的过程中，社会科学与自然科学同样重要。当代科学技术的发展，使得自然科学、技术科学与社会科学相互影响、渗透，联系愈来愈紧密，由此产生的综合学科、交叉学科层出不穷，社会经济和科技已经形成一个复杂的大系统。自然科学的发展丰富了社会科学理论，社会科学理论为自然科学研究提供了方法论、认识论。当代社会历史的客观进程、当代重大的科学技术问题以及经济社会发展问题，都具有高度的综合性和复杂性。解决这些综合性问题、复杂性问题，单靠某一门学科、某一种技术是不可能的。必须通过自然科学、技术科学和社会科学的各主要部门进行多方面的广泛合作，综合运用多学科的知识和方法，把自然科学、技术科学和人文社会科学结合成为一个创造性的综合体，才能真正解决这些综合性、复杂性问题。当代人类面临的需要解决的问题的高度综合性和复杂性，决定了当代自然科学、技术科学与人文社会科学的结合，是当今科学技术发展的新趋势和新特点。自然科学、技术科学和社会科学的相互渗透与结合形成了共同研究的重大课题。这些课题的解决对于推动经济社会发展具有十分重要的作用。科学技术的概念、方法和手段向人文社会科学的渗透，以及人文社会科学的价值、伦理观念和理论在科学技术中的广泛应用，都会引起自然科学、技术科学和社会科学的深刻变革。当代许多富有创造性的理论成果正是出现在各门自然科学、技术科学和社会科学相互交汇之处。

第七，科技生态化。

科学技术具有二重性，一方面能极大地促进生产力的发展，另一方面，如被不正当利用，将给人类带来灾难性的影响。大机器工业时代以来，人类无限制地使用的生产技术，大多都是以征服自然为基本目的发展起来的，而忽视了自然资源和生态环境的承载能力。人类在物质生产取得巨大发展的同时，对地球资源的索取超出了合理的范围，对地球生态环境造成了破坏。资源枯竭、生态系统退化、环境污染、气候变暖等全球性问题越来越严重，引起了人类的反思。20世纪60年代，罗马俱乐部登高一呼，发表了《增长的极限》，提出了引人深思的全球问题。经过反省和探索，20世纪80年代，以联合国世界环境与发展委员会发表《我们共同的未来》为标志，人类终于认识到可持续发展是解决全球问题的根本出路。1992年，联合国环境与发展大会通过了《21世纪议程》，强调人类应走可持续发展之路。此后，人类逐渐探索科学技术如何促进可持续发展，并开始转变传统的科技观念，树立生态科技的新观念。正是在这样一种背景下，科学技术出现了一种新的趋势——科技生态化。所谓科技生态化，是指科技发展趋向于生态科技形态，生态科技居于科技体系的核心，以生态科技推动可持续发展进程。科技生态化是人类对过去非生态科技、反生态科技的反思，也是人类立足今天放眼未来努力追求的目标。当前，人类加大了生态科技的研发力度，在低碳技术、节能环保技术等领域形成了许多科技成果。同时，人类加大了环境领域的双边、多边科技合作，比如应对气候变化的国际科技合作。可以预见，科技生态化将愈益成为人类发展科学技术的重要取向和价值追求。

第八，科技全球化。

经济全球化是社会生产力和科学技术发展的客观要求和必然结果。其显著特征是，经济资源跨越国界在全球范围内流动和配置，世界各国的经济相互依赖和联合的程度日益加深，整个经济呈现一种全球化的趋势，相互渗透，交往、联系更加密切。信息技术和网络技术的发展，为经济全球化进程提供了坚实的技术基础；反过来，经济全球化造成经济资源的全球流动，提高了世界范围内各种经济主体的相互依赖性，必然带动科技资源的全球流动，从而促进全球性技术合作与竞争关系的发展。在经济全球化的大背景下，科技扩散的速度不断提高，范围不断扩大，科技全球化的趋势越来越明显。科技全球化是指科技活动的议题、目的和范围在全球范围内的广泛认同，科技活动要素在全球范围内自由流动与合理配置，科技活动的成果全球共享，科技活动的规则与制度环境在全球范围内渐趋一致的发展过程。[①]经济全球化促进了科技全球化。反过来，科技全球化的发展，又进一步促进了经济全球化的发展。科技全球化从人类科技活动的初期就开始萌芽，在20世纪得到较快发展。尤其是20

① 《中国科技发展研究报告》研究组：《中国科技发展研究报告（2000）：科技全球化及中国面临的挑战》，社会科学文献出版社2000年版，第191页。

世纪90年代以来,随着信息技术的发展和冷战的结束,科技全球化以其更加迅猛的速度冲击着世界的每一个角落,几乎每个国家都不同程度地参与了超越国界的科技合作,从而使各国的科技发展进入了国际性战略调整的新阶段。江泽民在分析世界科技和经济发展趋势时指出:"经济与科技的结合日益紧密,国际间科技、经济的交流合作不断扩大……科技、经济越来越趋于全球化。"[①]他强调:"面对经济、科技全球化趋势,我们要以更加积极的姿态走向世界。"[②]科技全球化主要表现在四个方面:一是科技人员在全球范围内流动;二是科技人员及全球科技活动日趋活跃;三是跨国公司的研发全球化、联盟化趋势加速发展,推动技术创新的国际扩散;四是国家间的科技合作不断深入,"大科学"项目的国际合作持续发展。

三、新科技革命带来的机遇和挑战:"六个同时"

日新月异的新科技革命给中国特色社会主义带来了前所未有的机遇,也带来了前所未有的挑战。以下,我们用"六个同时"来概括新科技革命带来的机遇和挑战。

新科技革命为我国发挥后发优势提供了机遇,同时,也对我国如何缩小与发达国家的科技差距、努力实现生产力的跨越式发展提出了严峻挑战。

从西欧现代化的发端至今约500年的历史中,先后出现了内发型、内发外生型和外生型三类现代化发展模式。一是内发型的西欧现代化发展模式。美国社会学家G.哥迈尼在《现代化的社会学》一书中将其称为原生型现代化,M.列维在《现代化与社会结构》中则将其称为内源发展型现代化。但不论冠以何种名称,其大致含义都表现为:西欧的现代化作为一种没有先例的历史过程,是在自身内部现代性因素不断成熟的条件下逐步演进的。二是内发外生型的现代化发展模式。这一类型主要包括从18世纪中后期开始现代化的国家,如美国、加拿大、澳大利亚、丹麦、意大利等国。一方面,这些国家内部有一定的

① 江泽民:《论科学技术》,中央文献出版社2001年版,第100页。
② 《江泽民文选》第2卷,人民出版社2006年版,第26页。

基础;另一方面,先行的西欧现代化国家对它们产生示范作用,使得这些国家的现代化进程往往包含着一系列的引进、移植、消化和吸收,受西欧先行现代化国家影响较大。三是外生型的现代化发展模式。这一类型的国家如日本等国,并不是由于其内部的现代性因素已经成熟到足以使自身走上现代化道路,相反,这些国家的现代化主要是由于来自外部的刺激与挑战。

人们一般将那些早已开始现代化进程并且已经实现社会结构的现代转型的国家称为先发国家、现代化国家。与此相对应,那些正在开始现代化进程的国家则被称为迟发国家、后发展国家。后发展理论就是研究后发展国家如何发挥自己的优势,实现现代化的一种理论。后发展理论中一个最有代表性的概念是"后发优势"(或"迟发优势")。后发优势有三层含义:一是现代化国家由于起步较早,客观上给后发展国家形成一种"示范效应"。二是由于后发展国家所面临的条件已经与发达国家开始现代化进程时面临的条件大不相同,因此后发展国家不必照搬发达国家模式,完全重复发达国家所走过的道路。三是后发展国家应该根据各自不同的条件,在借鉴发达国家现代化经验的基础上,充分发挥自己的优势,选择自己的现代化道路。

那么,后发展国家到底具备什么样的后发优势呢?一是后发展国家可以通过学习、引进、消化、吸收,在短时期内掌握先进国家经过长时期探索而获得的知识、技术。二是最先开始现代化进程的国家,由于没有经验可遵循,它们在探索过程中经历了种种曲折,走了不少弯路。而后发展国家则可以从发达国家的现代化进程中吸取经验和教训,少走弯路,减少不必要的代价。后发展国家由于具备上述优势,因而能在较短时期内走完发达国家在几百年间走过的历史进程,实现生产力的巨大跨越。这也正是后发展理论、后发优势对我们的启示意义。

在总结世界现代化进程历史经验的基础上,江泽民指出:"从世界近现代史看,不少贫弱的民族和落后的国家,能在不太长的时间内实现经济起飞,虽然有着各不相同的具体条件和有利因素,但重视教育,善于采用先进科学技术,则是其共同特点。"①这就敏锐地抓住了落后国家快速发展的共性和规律,

① 江泽民:《论科学技术》,中央文献出版社2001年版,第43页。

从而为我国实现跨越式发展指明了方向。江泽民对我国实现生产力的跨越式发展充满信心。他以中国的“两弹一星”、印度的软件出口业为例,指出:“世界历史上曾经有过许多通过技术创新后来居上的成功范例,我国在一些领域也有这样的范例。”①“实践证明,即使是整体科技水平相对落后的国家,也有可能在某些领域、某些环节取得突破。”②

在看到机遇的同时,我们也必须清醒地看到,我国科技的总体水平同世界先进水平相比仍有较大差距,同我国经济社会发展的要求还有许多不相适应的地方。经过长期努力,我国科技事业发展取得长足进步,但自主创新能力还不强,农业科技水平还比较低,重要产业对外技术依赖程度仍然较高,科技投入不足,尖子人才比较缺乏,有利于科技进步和创新的充满活力的体制机制还没有完全形成,科技成果还不能更好更快地转化为现实生产力。我们党在分析国内外形势的基础上,明确提出了“双重压力”的论断:“在国际经济竞争和国际关系中,我们既面临着西方发达国家的经济和科技优势的压力,又面临着霸权主义和强权政治的压力。”③在这样一种情况下,能否制定正确的科技发展战略,依靠科技创新实现社会生产力发展的跨越,将决定我国未来在国际社会中的地位,决定中国特色社会主义事业的兴衰成败。“我们必须抓住新科技革命的机遇,大力推进我国的科技进步和创新,尽力缩小同发达国家在科技发展水平上的差距。”④我们必须以高度的历史责任感和时代紧迫感,充分发挥科学技术的重大作用,大幅度提高我国的经济实力和综合国力,不断发展和壮大自己。

新科技革命为我国推动科技进步和创新、提高自主创新能力提供了机遇,同时,也对我国如何坚持走中国特色自主创新道路、建设创新型国家提出了严峻挑战。

自主创新是科技发展的灵魂,是支撑国家崛起的筋骨。注重自主创新是新科技革命发展的一个重要特点和趋势。新科技革命迅猛发展,不断引发新

① 江泽民:《论科学技术》,中央文献出版社2001年版,第152页。
② 江泽民:《论科学技术》,中央文献出版社2001年版,第121页。
③ 江泽民:《论科学技术》,中央文献出版社2001年版,第74页。
④ 江泽民:《论“三个代表”》,中央文献出版社2001年版,第67页。

的创新浪潮，科技成果转化和产业更新换代的周期越来越短。国际竞争从根本上说是科技的竞争，是自主创新能力的竞争。在新科技革命的推动下，知识在经济社会发展中的作用越来越突出，国民财富的增长和人类生活的改善越来越有赖于知识的积累和创新。谁在知识和科技创新方面占据优势，谁就能在激烈的国际竞争中掌握主动。世界各国尤其是发达国家纷纷把推动科技进步和创新作为国家战略，加大科技投入，加快科技事业发展，重视基础研究，重点发展战略高技术及其产业，加快科技成果向现实生产力转化，以利于为经济社会发展提供持久动力，从而在国际经济、科技竞争中赢得主动。世界科技发展的实践告诉我们：一个国家只有拥有强大的自主创新能力，才能在激烈的国际竞争中把握先机、赢得主动。在世界各国尤其是发达国家大力提高自主创新能力的同时，我们该怎么办？

我国正处于社会主义初级阶段，经济社会发展水平不高，人口、资源、环境对经济社会发展的压力越来越大，进一步发展还面临着一些突出的问题和矛盾。从我国发展的战略全局看，调整经济结构，转变经济发展方式，缓解能源资源和环境的瓶颈制约，加快产业优化升级，促进人口健康和保障公共安全，维护国家安全和战略利益，我们比以往任何时候都更加迫切地需要坚实的科学基础和有力的技术支撑。解决前进中遇到的深层次问题，实现经济社会全面协调可持续发展，必须依靠科技进步和创新找出路、找办法。如果我们不提高自主创新能力，我们就难以在国际上争取平等地位，就难以获得应有的国家尊严，甚至难以自立于世界民族之林。我国是一个发展中的社会主义国家，在一些战略性、基础性的重大科技项目上，必须依靠自己，必须拥有自主创新的能力和自主知识产权。不能靠别人，靠别人是靠不住的。特别是在关系国民经济命脉和国家安全的关键领域，真正的核心技术、关键技术是买不来的，是花钱也买不到的，必须依靠自主创新。因此，如何大力提高自主创新能力，走出中国特色自主创新道路，建设创新型国家，是我们必须面对的严峻挑战。

新科技革命把我国现代化进程从工业化阶段直接提升到信息化阶段，为实现国民经济和社会发展信息化提供了机遇，同时，也对我国如何坚持走中国特色新型工业化道路、实现信息化和工业化深度融合提出了严峻挑战。

新中国成立后，我国开始了工业化的进程。经过半个多世纪的发展，我国初步建立了门类齐全且具备相当规模的工业化体系,经济实力和综合国力大大增强。但是,我国的工业化进程与发达国家相比,还存在着很大的差距,其中最突出的表现就是产业结构不合理,相当一部分主导产业尚处在初始发展阶段。“中国的工业化、现代化取得了前所未有的成就,但完成中国的工业化、现代化,还需要进行长期的艰苦奋斗。”[①]工业化是我国经济社会发展最基本的物质技术条件和基础。工业化过程可分为两大阶段:第一阶段是工业化初步发展,工业比重超过农业;第二阶段是工业化深度发展,农业比重进一步下降,工业比重也下降,服务业比重超过工业。从我国三次产业增加值占国内生产总值的比重变化看,我国工业化发展总体上尚处于中后期阶段,完成工业化仍是我国现代化进程中的历史性任务。

信息化是新科技革命的突出特征和鲜明标志,是时代发展的大趋势。随着新科技革命的发展,信息技术更新换代势头更加迅猛,产业集聚和融合趋势更加明显。信息技术的广泛应用已成为促进经济社会发展的重要手段。美国、日本、欧洲国家等发达经济体相继推出了信息技术产业发展的国家战略,在发展核心技术、垄断信息资源、控制互联网络、制定国际标准方面出台了很多政策。信息技术产业已经成为经济增长的倍增器、发展方式的转换器、产业升级的助推器,是国际竞争力、国防实力、综合国力的集中体现。我们应该充分认识信息化的发展趋势,充分认识信息技术产业在经济社会发展中的作用和地位,努力做强做大信息技术产业,为经济社会发展提供有力支撑。

改革开放以来,我国在信息化建设方面取得很大成绩。信息技术产业已成为国民经济的重要支柱产业,移动电话、程控交换机、计算机等产品的产量位居世界前列;信息化迈上新台阶,信息技术对经济社会发展的支撑作用明显增强,信息技术与传统产业的加速融合成为推动经济结构调整、经济发展方式转变的重要动力;电子政务逐步推进,电子商务快速发展,信息化对人们的工作、生活、学习以及文化传播方式产生深刻影响。但我们也要看到,我国信息产业大而不强,自主创新能力较弱,核心技术和关键装备受制于人;信息技术应用总体水平不高,重建设、轻应用的问题突出,信息化对工业化的带动作用

---

① 江泽民:《论科学技术》,中央文献出版社2001年版,第227页。

尚未充分发挥；信息化法律法规滞后于实际需要，体制机制尚需完善，信息安全保障能力需要加强。这些都是亟待解决的问题。

我国的国情和时代特点，决定了我们既不能走西方国家的传统工业化道路，也不能走计划经济时代的工业化道路。发达国家是在完成工业化以后实行信息化的，而我国则是在工业化过程中就出现了信息化问题。我们不能像发达国家那样，先走完工业化，然后再推进信息化，更不能用信息化取代工业化。我国的工业化进程正处于从工业化中后期向后期纵深推进阶段。在这个阶段，如何根据我国国情，处理好信息化与工业化的关系，在工业化过程中促进信息化发展，是一个难度很大的问题。党的十六大报告提出，“以信息化带动工业化，以工业化促进信息化”，走新型工业化道路。党的十七大报告提出，“大力推进信息化与工业化融合”。这是总结我国走新型工业化道路的实践得出的科学结论。信息化与工业化融合的本质，就是在我国实现工业化的过程中，在国民经济各个部门和社会各个领域广泛应用信息设备、信息产品、信息技术，充分发挥信息化的作用，做到既使信息化带动工业化，又使工业化促进信息化，工业化和信息化都能又好又快发展，进而促使经济社会又好又快发展。我国信息化建设已经取得了一定的成绩，具备了与工业化进一步融合、发展的基础，表明了工业化和信息化已经到了相互渗透、不能分割的阶段。离开信息化，我国的工业化就无法真正完成。离开了工业化，信息化也很难持续发挥作用。如何坚持走中国特色新型工业化道路，大力推进信息化与工业化深度融合，是我们必须面对的严峻挑战。

新科技革命为我国实施人才强国战略、培养造就创新型科技人才提供了机遇，同时，也对我国如何确立人才竞争比较优势、加快建设人才强国提出了严峻挑战。

当今世界各国的竞争，实质是科学技术的竞争，而科技竞争的决定性因素则是人才。人才资源是第一资源。随着新科技革命迅猛发展，人才的全球化、市场化、国际化趋势日益加强，国际上围绕着人才的竞争越来越激烈。在知识创新、科技创新、产业创新不断加速的时代条件下，人才资源已成为最重要的战略资源。谁拥有了人才优势，谁就拥有了竞争优势。谁能把人才优势转化为知识优势、科技优势、产业优势，谁就能够赢得竞争的主动权。一场没有硝烟、没有国界的人才争夺战正在全球范围展开。发达国家凭借强大的经济和科技实力，对高技术人才和高级管理人才纷纷放宽移民、定居等限制，以优厚条件在全球范围内加紧吸引人才。例如，美国通过增加H-IB(许可外国专门人才在美工作的签证)等方式大批吸引海外优秀人才，德国出台“绿卡计划”招聘国外人才，英国、芬兰、瑞典等国纷纷调整移民政策吸引人才，澳大利亚等国大量吸引外国留学生并从中挑选人才高薪聘用，韩国推出“金卡工程”大量吸引外国科技人才，许多跨国公司千方百计地吸引各类人才。我国人才发展总体水平与世界先进水平相比还有很多不适应的地方，特别是高层次创新人才匮乏，人才创新创业能力不强，人才资源开发投入不足。激烈的综合国力竞争和国际人才竞争，既给我国人才工作提供了难得的机遇，同时也给我国人才工作提出了严峻的挑战。

在新科技革命的推动下，人才竞争出现了国内竞争国际化、国际竞争国内化的新变化。世界各国纷纷制定本国的人才战略，同时积极参与国际人才竞争。发达国家各出奇招，从世界各国抢夺所需人才，一些国家甚至不惜重金聘用和通过修改移民法等手段以争夺和引进人才。新兴工业化国家或地区不甘示弱，积极延揽本国所需要的人才。广大发展中国家也在为留住本国人才和吸引人才回归而积极努力。许多发展中国家用选派留学生的办法来提高本国科技水平。然而，由于科研基础落后，缺少必要的科研条件如设备、资金、环境等，使得留学人员回来后很难发挥作用，从而导致大量留学人员学成不归。全球人才争夺总的态势是，大量人才从发展中国家流向发达国家特别是流向美国。发展中国家成为西方发达国家人才争夺的目标，在发达国家享受人才流入收益的同时，发展中国家面临着人才大量流失和巨大的经济损失。中国的优秀人才是发达国家争夺的重点之一。国际人才竞争对我国造成的直接冲击就是严重的人才外流，包括流向国外和流向外企。中国加入世界贸易组织后，发达国家及其跨国公司与我国的人才竞争已经成为面对面的“零距离”竞争。人才外流进一步加剧了我国的人才短缺现象，严重削弱了我国的国际竞争力。

我国虽然是人口大国，人力资源丰富，但是人才资源并不丰富，结构不尽合理，创新能力还亟待提高。发达国家的经验证明，人力资本是保持经济强劲增长和经济社会长期发展的主要动力。改革开放以来，我国凭借丰富的人力资源吸引外资企业到我国投资设厂。我国的劳动密集型产品在国际上有着自己的比较优势，我国出口的价廉物美的产品给世界各国消费者带来了实惠。随着我国经济社会的不断发展和人民生活水平的提高，我国对资本密集型、技术密集型和知识密集型的产品的需求不断增长。今后一个时期，我国劳动力工资等要素价格将不断上升，单纯依靠廉价劳动力资源的发展模式难以为继。随着高科技的发展，世界经济向知识密集型和智力密集型转化，经济产品中的劳动力成分所占比例越来越小，再加上科技发展使每个劳动力所创造的价值大幅度上升，因此发达国家对发展中国家廉价劳动力依赖性减少。对于作为发展中国家的中国来说，高科技的发展正在使我国逐渐失去劳动力密集和劳动成本低这两大传统优势。在此压力下，提升人力素质的重要性日益凸显。其核心就是要通过加大教育培训等培育更高质量的人力资源，并与其他生产要素更有效地结合在一起，形成我国的人力资源优势和人才竞争比较优势，逐步实现由人力资源大国向人才强国的转变。如何更好地实施人才强国战略，大力培养造就能够顺应时代发展要求、具有开拓创新能力的宏大的高素质人才队伍，为中国特色社会主义事业提供有力的人才保证，是一项重大而紧迫的任务。

新科技革命使得科学技术日益渗透于经济社会发展过程，成为推动我国经济社会发展的强大动力和重要契机，同时，也对我国如何充分发挥科学技术对经济社会发展的支撑作用、如何依靠科学技术驱动引领经济社会持续健康发展提出了严峻挑战。

科学技术是第一生产力，是经济社会发展的重要动力源泉。党和国家历来高度重视科技工作。改革开放一开始，我们党就深刻认识到，面对世界发展大势，面对日趋激烈的国际竞争，只有把科学技术摆在国家发展的战略地位，才能赢得发展的战略主动权。在1978年3月召开的全国科学大会上，邓小平全面阐述了科学技术的重要地位、发展趋势、战略重点，以及科技人员的政治地位、人才培养等重大问题，旗帜鲜明地提出科学技术是生产力、知识分子是工人阶级的一部分、四个现代化关键是科学技术现代化等著名论断。从那时以来，党和国家高度重视并大力推进科技事业，强调科学技术是第一生产力，是先进生产力的集中体现和主要标志，作出了实施科教兴国战略、建设创新型国家的重大决策，强调要走中国特色自主创新道路、实施创新驱动发展战略、人才强国战略，实施一系列推进科技发展的重大方针政策，不断深化科技体制改革，推动了我国科技事业的快速发展。改革开放以来，我国整体科技实力和科技竞争力已位居发展中国家前列，有些科研领域已达国际先进水平。我国科技发展为我国经济发展、社会进步、民生改善、国家安全提供了重要支撑，在中国特色社会主义建设中发挥了重要的驱动引领作用。

随着新科技革命迅猛发展，科技在经济社会发展中的作用日益凸显，科技已经成为经济社会发展的主要驱动要素，成为引领未来经济社会发展的主导力量。这就要求我们既要充分发挥科技的支撑作用，更要注重发挥科技的驱动引领作用，着力增强创新驱动发展新动力，推动我国走上科学发展、创新驱动、内生增长轨道。

新科技革命对中国特色社会主义经济建设、政治建设、文化建设、社会建设、生态文明建设等提供了难得的发展机遇，也提出了严峻挑战。

比如，在经济建设方面，新科技革命给我国加快转变经济发展方式提供了机遇，但是也给我国提出了如何紧紧抓住加快转变经济发展方式这一主线，为加快转变经济发展方式提供强大科技支撑的严峻挑战。世界新的农业科技革命给社会主义新农村建设提供了机遇，但也给我国提出了加快农业科技创新，构建适应高产、优质、高效、生态、安全农业发展要求的技术体系的严峻挑战。

在政治建设方面，新科技革命丰富了人民当家做主的形式，网络问政、信息公开平台、政务微博等拓展了人民群众参政议政的途径和渠道。但是，新媒体的应用也给民主政治建设带来了一定程度的负面影响。如何加强对互联网等新媒体的管理和运用，有效引导网络舆情，促进网络民主、科学、理性、健康、有序发展，已经成为社会主义民主政治建设的新课题。

在文化建设方面，数字技术、新型显示技术、虚拟现实技术在文化领域广泛应用，科技创新从文化内容、文化表现、传播形式，以及社会、大众文化形态等各个方面，不断推动着文化的发展与演变。如何深入实施科技带动战略，推动文化与科技融合，加快构建技术先进、传输快捷、覆盖广泛的现代传播体系，构建结构合理、门类齐全、科技含量高、富有创意、竞争力强的现代文化产业体系，已经成为建设社会主义文化强国的重要任务。现代信息技术突飞猛进，带来了人类传播方式的革命性飞跃，互联网已经成为思想文化信息的集散地和社会舆论的放大器。这既为做好宣传思想文化工作开辟了新阵地，也对网络文化建设带来了挑战。如何用社会主义核心价值体系引领社会思潮，如何加强和改进网络文化建设、唱响网上思想文化主旋律，是需要认真对待的问题。

在社会建设方面，新科技革命和构建社会主义和谐社会，给我们提出了大力发展民生科技，加快推进涉及人民健康、食品药品安全、防灾减灾等领域科技创新的任务。如何大力发展健康科技，让广大人民群众吃得更放心、住得更舒适、出行更便捷、身心更健康、生活更幸福，已经成为党和政府高度关注的重要问题。加强和创新社会管理，要求我们提高社会管理科学化水平。建立健全基本公共服务体系、加强虚拟社会管理，都成为社会建设的新任务，而这些工作都离不开科技的强大支撑。

在生态文明建设方面，如何建设资源节约型、环境友好型社会，如何发展节能环保、节能减排和循环利用技术，如何着力推进绿色发展、循环发展、低碳发展，如何形成节约资源和保护环境的产业结构、生产方式、生活方式，都是推进生态文明建设绕不过、避不开的重大问题。大力加强生态环境保护科学技术，切实增强可持续发展能力，已经成为建设美丽中国的重大战略任务。

在国防和军队现代化建设方面，我们是在世界科技革命蓬勃发展的条件下，在世界军事领域正在发生以信息技术为基础和核心的深刻变革的背景下，从事军队现代化建设的。“信息技术是新军事变革的核心驱动力。”[①]许多国家都在调整军事战略，以适应新的国际形势和军事斗争的需要。世界范围内的新军事变革给我们提供了大发展的历史机遇，也给我们提出了如何加紧完成机械化和信息化建设双重历史任务，如何建设信息化军队、打赢信息化战争，如何提高以打赢信息化条件下局部战争能力为核心的完成多样化军事任务能力，如何加快转变战斗力生成模式等严峻挑战。紧跟世界新军事变革加速发展的潮流，推动中国特色军事变革深入发展，始终是新世纪新阶段国防和军队建设面临的重大挑战。

---

① 江泽民：《论中国信息技术产业发展》，中央文献出版社、上海交通大学出版社2009年版，第19页。

在外交和国际战略方面，当今世界，随着政治多极化、经济全球化深入发展，科技进步日新月异、社会信息化持续推进，国际社会关注的许多问题不仅与政治、经济、文化因素交织在一起，还越来越多地与科技因素交织在一起。科技在回应国际社会重大关切、解决国际事务中的作用日益增强，这是21世纪外交工作的一个新动向、新趋势。解决这些问题都离不开科技。随着我国综合国力上升，我国在国际社会的地位日益提升。中国作为负责任的大国，始终高举和平、发展、合作、共赢的旗帜，始终不渝走和平发展道路。更好地实施互利共赢的开放战略，维护和发展开放型世界经济，离不开科学技术的支撑。完善全球经济治理，推动国际金融体系改革，夯实世界经济长期稳定发展基础，同样离不开科学技术的支撑。积极参加气候变化领域的国际合作，加强应对气候变化能力的建设，更是离不开科技进步和创新。如何通过发展科技事业为我国外交工作奠定坚实的物质基础和科技基础，如何依靠科技手段解决应对气候变化等国际社会关注的重大问题，如何开展国际科技交流与合作，始终是我国外交工作的重要内容。

新科技革命给党的建设提供了机遇，同时，也对信息化条件下如何加强党的执政能力建设、提高党的建设科学化水平提出了严峻挑战。

新科技革命引发了人类社会生产方式和生活方式的深刻变化，对经济、政治、文化和社会发展产生了重大而深远的影响。新科技革命不但深刻影响着人们的思想观念与生活方式，改变着经济社会发展方式，而且深刻改变着政党的生存发展环境和执政环境，影响着政党建设的方式与方法，影响着政党的执政理念、执政方式，影响着政党的执政能力。面对现代科学技术尤其是信息网络技术的迅猛发展，西方国家一些政党较早作出反应。比如，1995年德国社会民主党在互联网上建立网页，允许在网上登记入党。此后，欧洲和北美洲一些国家的政党建立了政党网站，宣传自己的政治主张。在我国，信息化发展、信息网络技术在党建领域的应用虽然略晚于西方发达国家，但是发展也很迅速。目前，从中央到基层、涵盖各级党委各个部门的“四级党建网站”已经建成。越来越多的现代科学技术尤其是信息技术运用于党的建设领域，极大地推动了党的建设。

新科技革命对党的建设产生了重大而深远的影响，这种影响不仅仅体现在技术层面对党建方式、方法的影响，如建立党建网站、推行电子党务等，还涉及党的建设理念、思路等深层次内容。[1]我们党高度重视新科技革命对党的建设带来的机遇和挑战。早在2000年3月，江泽民就指出："各地各部门的领导干部必须加紧学习网络化知识，高度重视网上斗争问题。我们的党建工作、思想政治工作、组织工作、宣传工作、群众工作，都应该适应信息网络化的特点，否则是很难做好的。"[2]党的十七大提出："在全国农村普遍开展党员干部现代远程教育。"党的十七届四中全会提出，"推进基层组织工作信息化"，"健全反腐倡廉网络举报和受理机制、网络信息收集和处置机制"。这些要求，拓展了党建工作的领域和内容。

新科技革命给党的建设提出了许多新的课题。比如：如何敏锐地把握新科技革命的发展趋势，大力推动科技进步和创新？这是我们党代表先进生产力发展要求必须履行的职责，是党站在时代前列、永葆先进性的一个重要表现，因而也是新科技革命给党的先进性建设提出的客观要求。如何在多元多样多变的信息社会中增强党的凝聚力、增强党的阶级基础和扩大党的群众基础？如何加强网上思想舆论阵地建设，加强和改进党的思想政治工作？如何坚持党管人才原则，切实激发包括科技人才在内的一切人才的积极性、创造性？这就给党的执政能力建设提出了新的课题。如何利用信息技术加强对流动党员的教育、管理和服务？如何利用信息技术推进党务公开？如何推进基层党建工作信息化？这就给基层党组织建设提出了新的课题。如何运用管理学、组织学、心理学等现代科学方法和信息网络等现代科技手段，推动党建工作方式、方法的创新？这也是新科技革命给党建工作提出的新课题。总之，积极运用现代科技手段加强和改进党的建设，努力提高党的建设科学化水平，已经成为党的建设的重要内容和新课题。

面对上述"六个同时"的机遇和挑战，我们党坚持解放思想、实事求是、与时俱进、求真务实，不断探索应对新科技革命、推进我国科技事业发展的方针政策和战略措施，进行了一系列重大的理论创新和实践创新，丰富了中国特色

---

① 刘红凛、张垚：《深刻认识信息化对党的建设的影响》，《人民日报》2012年9月14日，第23版。

② 江泽民：《论中国信息技术产业发展》，中央文献出版社、上海交通大学出版社2009年版，第263页。

社会主义理论体系，发展了中国特色社会主义。本课题集中研究了我们党在探索过程中提出的20个重大战略思想和决策。这二十个重大战略思想中，社会主义本质论、社会主义改革开放论、社会主义市场经济论、社会主义初级阶段论是中国特色社会主义理论体系的理论基石，全面建设小康社会、加快转变经济发展方式、走新型工业化道路、建设社会主义新农村、建设社会主义政治文明、建设社会主义文化强国、构建社会主义和谐社会、实施可持续发展战略（建设生态文明）、推进中国特色军事变革、建设和谐世界、提高党的建设科学化水平是中国特色社会主义理论体系的主干、基本内容，实施科教兴国战略、建设创新型国家、实施创新驱动发展战略、培育和发展战略性新兴产业、实施人才强国战略是中国特色社会主义科技思想的重要内容，同时又深深渗透在社会主义现代化建设各个领域。这二十个重大战略思想和决策，就是我们党从不同层面、不同角度对"六个同时"的科学解答。本课题的研究将表明，这二十个重大战略思想和决策，展现了中国特色社会主义理论体系形成和发展的历史轨迹，展现了中国特色社会主义理论体系建构的内在科技逻辑。

第二章 | 开创之作:新科技革命与邓小平理论

邓小平理论是中国特色社会主义理论体系的开创之作,是最基础的重要组成部分。邓小平理论的形成和发展,与党应对新科技革命息息相关、相伴相随。

20世纪七八十年代,以邓小平为核心的党的第二代中央领导集体开创改革开放伟大事业之时,正值世界新科技革命渐入佳境、取得长足进展之际。对于刚刚走上改革开放征途的中国来说,新科技革命浪潮可谓是一股劲风扑面而来。国门甫一打开,中国一下子就卷入了新科技革命的快车道。在扑面而来的新科技革命浪潮面前,邓小平对迎接新科技革命挑战、发展我国科技事业进行了思考和论述。这些思考和论述,给邓小平理论增添了富有时代特色的新内容,使得邓小平理论的内容日益丰富,最终促进了邓小平理论的形成和发展。

本章主要研究邓小平对新科技革命的认识和应对,论述新科技革命对邓小平理论形成和发展的影响。

一、邓小平对新科技革命形势的分析和判断

新科技革命兴起于20世纪四五十年代,首先从美国开始,然后扩大到西欧和日本,到20世纪七八十年代取得长足进展,进入21世纪又得到新的发展。在第一章,我们曾将新科技革命划分为四个发展阶段。20世纪40年代至60年代是第一阶段,其间原子能、电子计算机和空间技术逐渐走向成熟。20世纪70年代以后,新科技革命进入第二阶段,各个领域出现了异常活跃的态势,其中

信息技术、新能源技术、新材料技术、生物技术、激光技术、空间技术、海洋技术等高新技术得到迅猛发展,并呈现出集群发展的态势。20世纪90年代,新科技革命进入第三阶段。这一时期最突出的标志是信息技术的广泛应用,信息技术成为新科技革命的先导和核心技术,成为世纪之交新科技革命的主要标志。进入21世纪,新科技革命进入一个新的更高的发展阶段,新科技革命发展的势头更加迅猛,人类社会步入了一个科技创新不断涌现的重要时期。这就是我们对于20世纪四五十年代兴起的新科技革命的大体分期。

从时间上看,20世纪七八十年代正是新科技革命的第二阶段。以邓小平为核心的党的第二代中央领导集体,抓住了20世纪七八十年代新科技革命发展的机遇,极大地推动了我国科技事业和改革开放伟大事业的发展。

1. 20世纪七八十年代新科技革命发展的特点

新科技革命经过了二三十年的发展和积累,到20世纪七八十年代,已经取得了相当重要的进展,涌现了许多重要的成果。具体地说,这一时期的新科技革命呈现如下四个鲜明的特点,可以用十六个字简要概括,即:直接推动、七大支撑、交叉融合、产业升级。

第一,直接推动:科学技术愈益成为生产力和经济社会发展的直接推动力。

20世纪七八十年代,科学技术突飞猛进,并且得到迅速应用,这极大地推动了社会生产力的发展。20世纪前期相对论和量子理论的创立,20世纪50年代半导体技术的突破和脱氧核糖核酸双螺旋结构的发现,引发了科学技术的迅猛发展。尤其是在第二次世界大战以后,新科技革命蓬勃兴起,随着时间的推移,科学研究不断深入,科技成果不断涌现。许多科学技术不断走向成熟,进而从实验室走向现实社会生活,得到广泛应用。科学技术越来越融入到人类的生产、生活中,科学技术越来越直接地转换为生产力,成为经济社会发展的内生变量。在影响生产力发展的诸多因素中,新科技革命的成就真正成了具有决定性作用的因素,科学技术对生产力发展的贡献不断增加,人们越来越认识到科学技术对于生产力和经济社会发展的直接推动作用。当然,我们把科学技术直接推动生产力和经济社会发展作为这一时期科学技术发展的一个显著特点，并不意味着只是到了此时科学技术才直接对社会生产力发挥推动作用。事实上，从科技发展史的角度看，科学技术很早就已经发挥出对社会生产力的促进作用。尤其是在进入近代科学技术发展时期以来，科学技术不断显示出它对生产力和经济社会发展的巨大推动作用。进入现代科学技术发展时期，特别是新科技革命兴起后，科学技术更加显示出对生产力和经济社会发展的直接推动作用。而到了20世纪七八十年代，经过了二三十年的积累、孕育，科学技术对生产力和经济社会发展的直接推动作用更加明显、更加充分、更加频繁地体现出来。邓小平提出“科学技术是第一生产力”的论断，不是凭空产生的，而是根据新科技革命的特点提出来的，有着坚实的科技实践基础。“科学技术是第一生产力”正是对新科技革命发展态势的高度概括。

第二，七大支撑。七大支撑技术迅猛发展，初步构建了新科技革命的技术框架体系。

这一时期，一大批高新技术迅速发展。其中代表性的技术主要包括信息技术、新能源技术、新材料技术、生物技术、激光技术、空间技术、海洋技术等高新技术。以信息技术为例，20世纪70年代以来，随着微电子技术（特别是大规模集成电路芯片的制作）、计算机技术、通信技术、光电子技术等的发展，围绕着信息的产生、收集、传输、处理、存储、检索等，形成了开发和利用信息资源的高技术群——信息技术。在20世纪七八十年代，信息技术飞速发展。有关统计表明，在1985年前后，全世界的电话已有4亿多台，已发射卫星3000多颗（其中我国发射26颗），已有跨国通信卫星系统50个左右，计算机局域网（LAN）已趋完善，广域网（RAN）和电子邮件已在发达国家中普及。[①]这些数据显示当时的计算机技术、通信技术已有相当程度的发展。当然，信息技术的大发展尤其是互联网的广泛应用是在20世纪90年代以后，但是其基础却是在20世纪七八十年代打下的。1974年，国际商用机器公司（IBM）发明了网络体系结构（SNA），以满足局域的统一通信要求。1981年微型计算机的出现，为办公和家用计算机通信和运算创造了条件，并逐渐使办公、家用、实验和自动化生产连成了计算机网。到20世纪80年代出现了电子邮件和传真等，计算机网的应用

① 中共中央办公厅调研室编：《新科技革命的趋势和对策》，法律出版社1991年版，第99页。

更加广泛。互联网是由电话网和计算机网相互连接而形成的远程通信及信息处理网络。由于其英文是Internet,故常译成因特网。实际上,Internet一词大约在1976年才首次公开使用。此后经过十几年的发展,到20世纪90年代中期,互联网走入千家万户,进入了人类社会生活的方方面面。又比如,在20世纪70年代,生物技术领域取得重大突破,出现了基因重组技术。所谓基因重组技术,就是将生物特定的基因按照人的意愿经过体外重组后再转入生物体内,使这个基因能在受体生物内复制、转录、翻译、表达,从而产生人们所期望的产物或达到某种目的。由于基因重组技术的出现,人类可以克服物种之间的遗传屏障,根据人类的需求用工程的方法来改造现有的生物物种或制造新的生物种类。不少科学家认为基因重组技术是20世纪生命科学研究中最伟大的成就。再比如,空间技术是高科技集群中具有宏观作用的一个重要领域,具有重大的科学、经济,特别是军事上的意义。20世纪70年代以来,空间技术成为苏联和美国竞争的一个重要领域,这就导致空间技术迅速发展,成为新科技革命中带头的高科技领域之一。总之,在20世纪七八十年代,信息技术、新能源技术、新材料技术、生物技术、激光技术、空间技术、海洋技术等高新技术迅猛发展,成为新科技革命的支撑技术和骨干技术,为其后新科技革命的迅猛发展奠定了坚实的基础。

第三,交叉融合。学科交叉和技术融合趋势不断增强。

新科技革命经历二三十年的发展进程,研究越来越深入,问题越来越复杂。科学家们认识到单一的理论和方法暴露出局限性,难以解释复杂的现象和问题。这也促进了不同领域的科学家之间的交流与合作,多学科交叉研究极大地推动了各领域学科的发展。新科技革命催生了许多新的学科,而且强化了学科之间的交叉性,一系列边缘学科、交叉学科不断涌现。以激光技术为例,激光自1960年问世以来,几乎每隔10年就有新的光学分支学科被开发:20世纪60年代,发现非线性光学效应;70年代,出现非线性激光光谱学;80年代,产生量子光学。将激光和物质相互作用的研究扩展到生物大分子和生物组织后,产生了激光生物学。又比如,在生命科学方面,出现了分子发育生物学、分子神经生物学、分子进化生物学、分子生态学等新兴科学。新科技革命不仅促使一大批高新技术兴起,而且还推动高新技术之间不断融合。以新材料为例，新科技革命的发展，支持和推动了新材料的开发和应用，新材料与其他相关技术相融合，不仅拓展了新材料的种类，发掘了新材料的新功能，而且有力地推动了其他相关技术的发展。1970年，美国率先研制出世界上第一根有实用价值的光导纤维，这项新材料研制成果使信息技术领域出现了一个重要飞跃——光纤通信逐渐代替电缆通信。光导纤维的使用使人类通信跨越了时空局限，深刻地改变了人类生活，光导纤维因此被称为信息时代的“神经”。新材料技术与生物技术相融合，产生了生物陶瓷材料、医用高分子材料、医用复合材料等现代生物医用材料。这些现代生物医用材料具有仿生结构和生物功能，可实现人体缺损或病变组织、器官的永久修复，人类得以利用新材料技术和生物技术重塑健康人体。新科技革命发展的历史表明，任何一项新技术的突破，都要有相应的新材料作前提保证，而且某些新材料的研制过程本身就是新技术的发展。光导纤维和激光材料对于光通信，半导体材料和磁性材料对于计算机技术，光电材料对于新能源技术，生物功能材料对于生物工程等，都表明新材料与其他新技术相融合能带来激动人心的神奇效果。又比如，激光技术在多个学科、多项技术中的应用，推动了一系列高新技术的迅猛发展。激光技术应用于信息技术并与信息技术融合，形成了激光通信技术、激光存储技术；应用于新材料领域并与新材料技术融合，形成了激光加工技术；在能源开发中，利用激光技术可以调谐共振辐射作用，大大简化同位素分离程序，激光分离同位素独特的优越性引发原子能技术的新进展；在生物工程中，用激光处理过的植物种子和昆虫的卵会产生永久性遗传变异，可用来培育优良品种；在空间技术方面，用激光冷却技术制成的最精密的原子钟对于设计卫星和航天飞船轨道极为重要，激光测距仪与激光陀螺仪相结合，可以灵巧地测定飞行体自身的位置、姿态。有专家甚至评论说：原子钟和激光陀螺仪是现代导航和全球导航系统的核心设备。有些新技术往往不是一两门学科、一两项技术，而是多门学科、多项技术交叉融合的产物。比如，生物芯片是20世纪80年代末迅速发展起来的一项高新技术。它主要是通过微加工技术、微电子技术在固格体芯片表现构建的微型生物化学分析系统，以实现对细胞、蛋白质、脱氧核糖核酸以及其他生物组分的准确、连续、快速、微型、大信息量的检测。20世纪七八十年代，学科交叉、技术融合的趋势特别明显，为人类的生产生活提供了广阔的前景。

第四,产业升级。高新技术促进了产业升级和经济结构调整。

随着高新技术的发展及应用,新的产业不断涌现,产业结构不断升级,经济结构不断调整、优化,社会结构、生产方式、生活方式乃至人们的思维方式都发生了巨大变化。比如,20世纪70年代以来,人类越来越认识到海洋对于人类生存发展的重要性。人类除了向空间发展之外,还大力发展海洋科学技术,开发利用海洋资源。海洋技术的发展,使海洋产业有了新的拓展。在传统的海洋渔业、海洋运输业和盐业之外,一些新的海洋产业如海洋油气开发、海底采矿、海水淡化、海洋能开发、海上旅游等得到迅速发展。据有关资料统计,1980年世界海洋经济总量为3400亿美元,而到1990年则增加到6700亿美元,增加了将近一倍。[①]一些有着悠久历史的产业,如海洋养殖与捕捞,自20世纪70年代以来广泛采用现代科学技术。在海洋养殖方面,根据海洋生物学与海洋生态并配合海上建筑如海洋渔场、牧场、飞机场等,进行科学性、规模化的养殖。在海洋捕捞方面,利用现代科学技术如超声波鱼探仪、雷达导航及水下摄影、录像、通信等,进行捕捞作业。在20世纪七八十年代,新科技革命对于经济结构的调整产生了巨大影响。面对新科技革命迅猛发展的态势,发达国家在20世纪80年代开始进行产业结构、经济结构的战略性调整。发达国家将一些传统的、落后的、技术含量不高的产能逐渐转移到发展中国家,转而大力发展高新技术产业。在发达国家,方兴未艾的高新技术及其广泛应用,使得信息、教育、研究开发、咨询、服务等第三产业异军突起,成为产业结构中居主导地位的经济部门。信息技术的快速发展使得信息产业在国民经济中的比重不断上升。生物技术的发展,使得基因工程、细胞工程、酶工程、蛋白质工程广泛应用在农业、食品、医药、能源、环境、化工等领域,生物产业成为新兴的高科技产业,产生难以估量的社会效益和经济效益。随着高科技在社会各领域的渗透和扩散,高科技因素在经济形态中的含量不断提高,知识、技术、智力、管理等生产要素的重要性日渐凸显,经济形态正酝酿着向新的经济形态飞跃。正因

① 全国干部培训教材编审指导委员会组织编写、朱丽兰主编:《21世纪干部科技素养必备》,人民出版社2001年版,第135页。

如此，到了20世纪90年代，一些国际组织和专家学者提出了知识经济、新经济的概念。无论是知识经济，还是新经济，尽管叫法不同，其实都是新科技革命的产物，是新科技革命在经济形态上的综合反映。

2. 邓小平对新科技革命趋势的科学把握

以邓小平为核心的党的第二代中央领导集体作出改革开放伟大决策时，新科技革命正在如火如荼地开展，以七大支撑技术为代表的高新技术迅速崛起并产业化，带来了新一轮全球性的产业结构调整和经济增长，对人类社会的生产、生活产生了剧烈的影响。这样就形成了强烈的反差：国外，世界性的新科技革命浪潮风起云涌、席卷全球；国内，刚刚实行改革开放，百业待兴。新科技革命对中国来说，既是机遇，又是挑战。面对风起云涌的新科技革命浪潮，中国该如何应对？处在改革开放前夕、即将作出改革开放决策的中国共产党最初是如何认识新科技革命并作出反应的？

新时期探索的逻辑起点。

学术界一般认为，新时期我们党应对新科技革命的探索，起始于党的十一届三中全会。我们认为，还可以往前追溯到邓小平主持的1975年整顿。从1975年整顿、1977年科学和教育工作座谈会，到1978年党的十一届三中全会，邓小平对科技和教育工作进行了深入的思考和论述。这些思考和论述，为后来应对新科技革命奠定了思想基础，构成了新时期探索我国科技事业发展的逻辑起点。

1975年邓小平复出并主持中央日常工作，召开了军委扩大会议和解决工业、农业、交通、科技等方面问题的一系列重要会议，着手对许多方面的工作进行整顿。他亲自抓了当时处于半瘫痪、半取消状态的科研机构的整顿工作。他在听取中国科学院的工作汇报时，肯定了中国科学院《关于科技工作的几个问题》（汇报提纲）中关于“科学技术也是生产力”的观点，明确指出：“科学技术叫生产力，科技人员就是劳动者！”[①]他强调：科学研究工作必须走在国民经济的前面；对有水平的科技人员要爱护和鼓励，发挥其作用；要选党性好、组织能

---

① 《邓小平文选》第2卷，人民出版社1994年版，第34页。

力强的人给科技人员搞后勤;要办好教育,调动教师的积极性,选数理化好的高中生进入科技大学。邓小平在工业、军队的整顿中也都要求把调动科技人员积极性、发展科技作为整顿的重要环节抓紧抓好。邓小平整顿科技工作的努力,激发了长期受到压抑的科技工作者的积极性,初步打破了科技战线万马齐喑的局面。但是邓小平的观点却被"四人帮"歪曲为"科学决定论",是反对"以阶级斗争为纲"的"唯生产力论"。科技战线已经取得成效的整顿工作中断了。

粉碎"四人帮"后,广大干部群众强烈要求彻底扭转十年内乱造成的局面,使党和国家从危难中奋起。1977年7月,邓小平再一次复出。复出后的邓小平自告奋勇抓科学教育方面的工作。1977年8月,邓小平主持召开了科学和教育工作座谈会,听取科学、教育工作者的意见。"科学研究怎样才能搞得更快更好些,教育怎样才能适应我国四个现代化建设的要求、适应赶超世界先进水平的要求"①,是邓小平当时关注的问题,也是召开科学和教育工作座谈会的目的。他指出:"我们国家要赶上世界先进水平,从何着手呢?我想,要从科学和教育着手。"②这表明他对科学和教育工作的高度重视。他指出,知识分子"无论是从事科研工作的,还是从事教育工作的,都是劳动者"。他强调:"要尊重劳动,尊重人才。"③这些重要论述振聋发聩,打碎了"四人帮"强加于广大知识分子身上的沉重枷锁,极大地调动了知识分子的积极性,也为后来科技、教育战线拨乱反正奠定了思想基础。

在这一时期,邓小平也在观察世界科技革命,思考中国与世界的差距,不止一次地谈到差距问题。1977年5月24日,邓小平语重心长地指出:"科学技术这么落后怎么行?要承认落后,承认落后就有希望了。现在看来,同发达国家相比,我们的科学技术和教育整整落后了二十年。"④1977年9月29日,邓小平会见英籍华人作家韩素音时说:"世界科学技术在六十年代末期七十年代初

① 科学技术部、中共中央文献研究室编:《邓小平科技思想年谱(1975—1994)》,中央文献出版社、科学技术文献出版社2004年版,第24页。

② 《邓小平文选》第2卷,人民出版社1994年版,第48页。

③ 《邓小平文选》第2卷,人民出版社1994年版,第50页。

④ 《邓小平文选》第2卷,人民出版社1994年版,第40页。

期有个突飞猛进的发展。各个科学领域一日千里地发展,一年等于好几年,甚至可以说一天等于几年。一个新东西发明出来,可以带动其他方面走得很远。”[①]10月17日,他在谈话中又指出:“六十年代初,同世界先进水平比,我们在科技方面有差距,但不很大。……后来林彪、‘四人帮’破坏,我们在科技方面同世界先进水平的差距拉大,许多领域踏步不前,有些领域甚至是后退了。而最近十年世界科学技术的发展是一日千里,进步是以天计算而不是以年来计算的。”[②]这充分体现了邓小平的忧患意识和紧迫感。

1977年9月,中共中央发出《关于召开全国科学大会的通知》(以下简称《通知》)。尽管这个《通知》还带有一些“左”的色彩,比如《通知》中说“技术革命是无产阶级专政下继续革命的一个重要内容”,但是也提出了一些很有远见的思想。比如《通知》指出:“当代自然科学正在酝酿新的重大突破。随着自然科学的新的飞跃,将会给生产技术带来巨大的变革。”这反映了党那时对世界科技革命的判断。“能不能尽快地把科学技术搞上去,这是一个关系到社会主义建设的全局,关系到我们国家命运与前途的大问题。”这表明了党对科技革命的态度。为此,《通知》提出了恢复科研机构、成立国家科学技术委员会、开展科普工作、落实党的知识分子政策、恢复技术职称、抓紧制定科学技术规划、建设又红又专的科学技术队伍等举措。[③]

《通知》发出后,自然科学界、社会科学界组织了一些讨论,陆续发表了一些关于新科技革命的研究和介绍文章。专家们普遍认为,现代科学技术正经历着一场革命,新的科学技术领域不断出现。但是,对于技术突破的具体领域及其带来的社会影响,看法还不尽一致,认识有待深化。比如,当时很多专家都敏锐地注意到电子计算机大规模应用、渗透于工农业生产的趋势,但他们同时又认为:“现在原子能是技术革命。那么电子计算机技术是不是技术革命呢?我们要不要能动地推动这场技术革命呢?这是一个非常重要的问题,需

---

① 科学技术部、中共中央文献研究室编:《邓小平科技思想年谱(1975—1994)》,中央文献出版社、科学技术文献出版社2004年版,第39页。

② 科学技术部、中共中央文献研究室编:《邓小平科技思想年谱(1975—1994)》,中央文献出版社、科学技术文献出版社2004年版,第45页。

③《中共中央关于召开全国科学大会的通知》,《人民日报》1977年9月23日,第1版。

要我们来研究它。”这种看法是符合当时的实际的,它表明学术界对于新科技革命的认知正处在形成之中,有待深化。著名科学家钱学森当时就建议开展进一步讨论和研究,指出:“现代科学技术正面临着重大突破,是否还孕育着其他的、更新的技术革命呢?这也是发人深思的。”[①]

这一时期召开的一些重要科技会议,如1977年9月至10月召开的全国自然科学学科规划会议、1977年12月至1978年1月召开的全国科学技术规划会议,系统总结了20世纪以来各门学科的各个重大发现,分析了科技领域的新成就,使得学术界关于世界科技革命的表现、领域、发展趋势的看法大体趋于一致,廓清了许多认识问题。全国科学技术规划会议的另一个重大成果就是制定了《1978—1985年全国科学技术发展规划纲要(草案)》,即八年规划纲要(草案)。八年规划纲要(草案)来之不易,全国有2万多名专家参与酝酿和研究,1000多名专家参与起草和编制,其间经历多次讨论。该规划经全国科学大会审议通过,并于1978年10月由中共中央正式转发。八年规划纲要(草案)提出突出发展农业、能源、材料、电子计算机、激光、空间、高能物理、遗传工程这八个影响全局的科技领域,以推动整个科学技术和国民经济高速发展。这表明党对科技发展的重点领域和方向已经有所考虑、有所取舍。

这一时期,一些科学家积极介绍国外科技动态。比如,钱伟长1978年给武汉市科委、科协作报告讲到美国运用电子计算机时,形象生动地以在武昌存钱、在汉口取钱为例来说明[②],既使人们认识到了差距,又激起了全社会对发展科技的憧憬。科学家们的宣传介绍,在全社会形成了良好的氛围。

经过这一时期的讨论、研究、宣传,党对世界科技革命的认识不断深化,召开全国科学大会、阐述党的科技政策的条件日渐成熟。

党在改革开放前夕对新科技革命的总体判断。

1978年3月,中共中央在北京召开全国科学大会。这是在粉碎了“四人帮”、国家发展处于拨乱反正的关键时期,在各项事业百废待兴的新形势下召开的一次重要会议,是新中国科技发展史上的一座里程碑。邓小平在开幕式

---

① 钱学森:《现代科学技术》,《人民日报》1977年12月9日,第2版。

②《钱伟长文选》第1卷,上海大学出版社2004年版,第83页。

上发表重要讲话,对世界范围内兴起的新科技革命进行了深刻论述,反映了党在改革开放前夕对新科技革命的思考和总体判断。

第一,关于新科技革命的表现和发展趋势。作为一位富有战略眼光的领导人,邓小平密切关注着新科技革命的发展趋势和最新动态。他指出:“现代科学技术正在经历着一场伟大的革命。近三十年来,现代科学技术不只是在个别的科学理论上、个别的生产技术上获得了发展,也不只是有了一般意义上的进步和改革,而是几乎各门科学技术领域都发生了深刻的变化,出现了新的飞跃,产生了并且正在继续产生一系列新兴科学技术。”[①]这就从整体上揭示了科学技术蓬勃发展的态势。

第二,关于新科技革命涉及的领域。邓小平对当时代表性的科技领域进行了分析,指出:“一系列新兴的工业,如高分子合成工业、原子能工业、电子计算机工业、半导体工业、宇航工业、激光工业等,都是建立在新兴科学基础上的。”“特别是由于电子计算机、控制论和自动化技术的发展,正在迅速提高生产自动化的程度。”[②]邓小平提到的这些高新技术领域,都是当时科技发展的重要前沿。能够认识到这些科技前沿,反映了我们党在改革开放之初所具有的宽广视野和敏锐眼光,这在当时是难能可贵的。这就回答了此前讨论的“电子计算机技术是不是技术革命”等问题。当时的新科技革命并不仅仅只在上述这些学科和领域中发生。邓小平说:“不论是现在或者今后,还会有许多理论研究,暂时人们还看不到它的应用前景。”[③]显然,邓小平对新科技革命的未来前景充满了期待。既看到当前新科技革命发展的现状,又能科学把握未来科技发展的前景,这正是邓小平辩证思维的体现。

第三,关于科学技术的社会功能。邓小平在分析新科技革命时,特别强调了科学技术的社会功能。他指出:“现代科学技术的发展,使科学与生产的关系越来越密切了。”“现代科学为生产技术的进步开辟道路,决定它的发展方向。”“当代的自然科学正以空前的规模和速度,应用于生产,使社会物质生产

① 《邓小平文选》第2卷,人民出版社1994年版,第87页。
② 《邓小平文选》第2卷,人民出版社1994年版,第87页。
③ 《邓小平文选》第2卷,人民出版社1994年版,第87页。

的各个领域面貌一新。”[①]正确地认识科学技术的社会功能,给科学技术以应有的地位,这对于参与新科技革命、推动我国科技事业发展具有十分重要的意义。

邓小平在讲话中,全面阐述了科学技术的重要地位、发展趋势、战略重点,科技人员的政治地位、人才培养等重大问题,旗帜鲜明地提出“知识分子是工人阶级的一部分”“四个现代化,关键是科学技术现代化”等著名论断,重申了“科学技术是生产力”这一马克思主义基本观点。全国科学大会向全党发出了“树雄心,立大志,向科学技术现代化进军”的号召,要求“全党动员,大办科学”。大会澄清了长期以来束缚科学技术发展的重大理论是非问题,迎来了我国科学技术事业大发展的春天。

1978年12月,党的十一届三中全会召开。党的十一届三中全会确定了“解放思想、开动脑筋、实事求是、团结一致向前看”的指导方针,果断停止使用“以阶级斗争为纲”的口号,作出了把党和国家工作重心转移到经济建设上来、实行改革开放的历史性决策。关于科技工作,会议指出,要在自力更生的基础上积极发展同世界各国平等互利的经济合作,努力采用世界先进技术和先进设备,大力加强实现现代化所必需的科学和教育工作。这就为进一步发展科技事业提供了制度保障和政策条件。此后,科技战线的拨乱反正全面展开,科技事业逐步走上正轨,为迎接新科技革命挑战创造了有利条件。

从1978年党的十一届三中全会到1992年南方谈话,这期间邓小平关于科技工作的论述极为丰富。他根据国际政治、经济出现的新变化和世界科技革命发展的新趋势,对如何应对新科技革命挑战、推动我国科技事业发展作出了大量论述,表现了马克思主义者的深邃眼光和战略思考,表现了作为改革开放总设计师的远见卓识和雄图大略。

二、探索迎接新科技革命挑战的对策方案

以邓小平为核心的党的第二代中央领导集体对扑面而来的新科技革命经历了一个不断深化的认识过程。一开始对如何应对新科技革命并没有一个成

① 《邓小平文选》第2卷,人民出版社1994年版,第87页。

熟的方案,在相当长的一段时间内用“新技术革命”一词来描述世界范围内的科技革命。经历了两次大规模的学习高潮、两次大规模的研究之后,党才逐渐有了应对新科技革命的对策方案。

1. 开展学习科技知识活动

通过学习科技知识提高全党的科技素养,是党认识新科技革命的一个重要途径。在改革开放初期,两次大规模的学习科技知识活动,极大地丰富了全党的科技知识。第一次开始于1980年。这次学习起因于叶剑英的提议。1980年2月,叶剑英对新成立的中央书记处提出三点希望,其中之一就是“必须善于学习,勤奋学习”[①]。1980年3月,胡耀邦在中国科协第二次全国代表大会上指出:“叶剑英同志在五中全会讲话中,对我们书记处提出了三点要求。要求之一,就是希望我们勤奋学习。今天,我代表中央书记处正式向在座的科学家报名,我们准备邀请你们中的一些同志开开座谈会、专题研究会,请你们当我们的老师。”[②]他还举例说,30年前我们党成千上万名干部响应毛泽东《论人民民主专政》中关于学会自己不懂的东西、向一切内行的人学习的伟大号召,学得很好,因而取得了社会主义改造和社会主义建设的巨大胜利。现在我们面临的情况,很类似那个时候,但是任务更加繁重,也更加紧迫。他提出,“要组织一切干部认真学习与自己工作有关的科学技术和管理知识”,“掀起我们党历史上第二次更大规模的重新学习的热潮”。[③]中央强调要掀起新的学习热潮,这表明党中央对这次学习活动期待有加。

中央领导拜科学家为师,邀请科学家到中南海讲课,这一举动体现了各项事业百废待兴的新形势下党对科技知识的渴求。科技界很重视给中央领导同志讲课,中国科学院组织了中国科学院、二机部、七机部、农业科学院、医学科

---

① 中共中央文献研究室编:《三中全会以来重要文献选编》上,人民出版社1982年版,第392页。

② 中共中央文献研究室编:《新时期科学技术工作重要文献选编》,中央文献出版社1995年版,第63页。

③ 中共中央文献研究室编:《新时期科学技术工作重要文献选编》,中央文献出版社1995年版,第62页。

学院和北京大学等单位约50位专家参加撰写和审议讲稿,拟定了10堂课的内容。这10堂课的题目是:“科学技术发展的简况”“现代科学技术的特点和发展趋势”“现代科学技术和大农业的发展”“从能源科学看解决能源危机的出路”“资源和资源的合理利用”“人口的科学控制”“现代化和环境保护”“计算机和新的科学技术革命”“空间科学技术和国防现代化”“数学在现代化建设中的作用”。从中可以看出,那些代表世界科技前沿且又与我国现代化建设密切相关的领域,都被列入其中。

中央书记处拜师的4个月后,1980年7月,中南海开办了科技讲座,听课的是中央书记处和国务院的领导同志。第一课由著名科学家钱三强讲授,而其讲稿《科学技术发展的简况》则是由钱三强、仓孝和、许良英、李佩珊、杜石然5位著名科学家撰写,表明科学家力图给中央提供精彩而翔实的内容。同年8月举办的第二次讲座,听课的人除了中央书记处和国务院的领导同志,还有中央政治局委员,听课范围扩大到中央各部门的负责人。同年8月26日,中共中央宣传部发出《关于组织县、团以上各级干部学习科学家讲稿的通知》(中宣发〔1980〕28号),要求组织领导干部认真学习科技知识,逐步改变不懂科技、不重视科技的情况。上行下效,在中央领导的带动下,各级党政干部以及一些企业领导纷纷拜专家为师、请专家讲课,掀起了1980年至1981年全国领导干部学习科技知识的高潮。科学家们的讲稿,由知识出版社出版单行本,后来又结集出版,为全党提供了学习的教材。

1984年3月,中央组织部、劳动人事部、国家科委、中国科协、中直机关党委和中央国家机关党委联合举办了“新技术革命知识讲座”。举办这次讲座的背景有两个。一是在当时,新技术革命的形势咄咄逼人,“新技术革命”一时成为国内外思想、科技、经济等各界议论不已的一个主题,广大干部迫切需要了解这方面的知识。二是在改革开放过程中,一些领导干部特别是做经济工作的领导干部以内行自居,对世界新技术革命的动向不大感兴趣,甚至有忽视的倾向和事不关己的心理。举办这次讲座的目的,是使广大干部对正在兴起的新技术革命及其社会影响有所认识,以便迎接挑战、制定对策。讲座共20讲,钱学森等专家亲自授课,第一阶段从1984年3月上旬开始到5月中旬结束,第二阶段从1984年7月下旬开始。各地按照中央要求,结合实际开展了形式多样的学习活动，从而掀起了全国性的广大干部学习现代科技知识和管理知识的高潮。这次学习讲座的20讲，后来由湖南科技出版社编辑出版，名为《迎接新的技术革命》，分为上下两册。该书被认为是“一本向现代科学进军、学习现代科学知识与管理知识的入门书”①。

经过这两次大规模的学习活动，科技知识在中央高层和各级领导干部中得到普及，党对新科技革命的最新动态有了进一步了解，积累了必要的知识储备。

出国考察，了解世界科技前沿，是党认识新科技革命的又一个重要途径。从1978年起，中国改变了“文化大革命”以来党政领导人很少出访的状况，很多领导人纷纷出国考察，对国外科技发展有了直观、深入的了解。1978年5月2日至6月6日，谷牧率团去西欧访问，先后访问了法国、联邦德国、瑞士、丹麦、比利时。出发之前，邓小平专门找谷牧谈话，要求代表团广泛接触，详细调查，深入研究问题。其中，发达国家工农业和科技的现代化水平，是考察的重点内容之一。这次出访，谷牧印象最深的有三点，其中第一点就是“科学技术日新月异，工农业生产、交通运输、通信手段广泛采用电子技术，现代化水平很高”②。看了发达国家科技进步和劳动生产率的提高，他感慨万千：“这些国家的经济运作，政府对经济的调控和对社会矛盾的处理手段，都有些新变化，已不是我们从苏联列昂节夫《政治经济学》上获得的那些老概念了。”③回国后，谷牧在《关于访问欧洲五国的情况报告》中提出：欧洲经济的现代化，是一次新的工业革命，科学技术起了关键作用，“我们也必须进行这样的工业革命”④。中央于1978年6月下旬召开汇报会，听取谷牧的汇报。这次汇报会开的时间很长，从下午3点30分一直开到晚上11点。许多领导同志听了谷牧的汇报后，深有感触。聂荣臻元帅说：“过去我们对西方的宣传有片面和虚伪之处，这反过来又束缚了我们自己。”⑤1978年10月4日至10月21日，方毅出访联邦德国和法

① 杨沛霆：《帮助读者叩启现代化大门——〈迎接新的技术革命〉一书读后》，《人民日报》1984年7月26日，第5版。

②《谷牧回忆录》，中央文献出版社2009年版，第315页。

③《谷牧回忆录》，中央文献出版社2009年版，第316页。

④《谷牧回忆录》，中央文献出版社2009年版，第322页。

⑤《谷牧回忆录》，中央文献出版社2009年版，第327页。

国。回国后，方毅在《出访联邦德国和法国的情况汇报》中就与外国合办研究机构、大量派人出国参加研究工作、派遣留学生等问题提出了思考和建议。[①]

1979年1月28日至2月8日，邓小平出访美国、日本。邓小平在访问美国之前就曾指示：既然到了最发达的国家，参观活动要围绕着美国最先进的工业和高科技项目展开。[②]访美期间，邓小平参观了美国宇航博物馆、福特汽车公司、林登·约翰逊航天中心、波音747飞机装配厂。访日期间，邓小平参观了日产公司君津工厂、松下公司电子厂，并乘坐了新干线列车。这次出访，使邓小平进一步了解了世界现代化的水平和趋势，切身感受到中国与世界先进水平之间的巨大差距，深刻认识到学习国外先进技术和管理经验、加快现代化建设步伐的紧迫性。

此后，陈慕华率团考察联邦德国，李鹏率团考察罗马尼亚、匈牙利电力工业，江泽民率团考察美国、加拿大电子工业，朱镕基率团考察匈牙利、民主德国……一大批计划经济时代成长起来的专家型干部出访发达国家，大大开阔了视野。他们给中央和国务院提交的考察报告，为中央了解世界科技情况、正确研判形势提供了第一手材料。他们所提的建议，后来在实践中大多被采纳、逐渐得到完善。

2. 开展对策研究

考察科技史，可以发现一个有趣的现象：新科技革命虽然从20世纪四五十年代就开始兴起，但是直到20世纪七八十年代人们才开始对新科技革命本身——它的本质、影响、功能、未来等形而上的问题，进行总体把握和分析研究。也就是说，在相当长的一段时间内，科学家们埋头开展科研工作，以科研突破和技术应用的实际行动推动新科技革命的进程。这大概是一种“做而不述”“只做不说”的状态。但是，随着新科技革命的发展，迫切需要相应的思想、观点对科技发展的现状及其社会影响进行提炼、归纳，对科技的未来趋势展开分析、预测。

---

① 《方毅文集》，人民出版社2008年版，第225页。

② 唐龙彬：《融入世界现代化进程的重要一步》，《人民日报》2008年11月28日，第6版。

在20世纪七八十年代，国际上出现了一种新动向。随着新科技革命深入而广泛的开展，大量新兴技术、新兴产业的出现与发展，西方的经济学家、社会学家、未来学家纷纷评述这种经济现象和社会现象。一时间，国外谈论世界新的技术革命的文章连篇累牍。这些思潮、观点随着改革开放国门打开，于1983年左右被译介到国内来，引起了国内学者们的高度关注。其中影响较大的有美国社会学家丹尼尔·贝尔1973年提出的“后工业社会”论、阿尔温·托夫勒1980年提出的“第三次浪潮”论、约翰·奈斯比特1982年提出的“大趋势”论、日本经济学家松田米津1983年提出的“信息社会”论、美国企业家约翰·霍肯1983年提出的“信息经济”论。时任中国社会科学院院长的马洪指出：“这是在社会科学理论战线上向我们提出的挑战。我们马克思主义经济学家、社会学家，应当接受这个挑战。”[①]从1983年起，我国理论界对于世界新的技术革命所产生的各种社会思潮、西方学者关于科学技术即将出现重大突破的分析和预测、新技术对社会生产力和社会生活带来的影响进行了研究，并在此基础上结合我国实际，探讨相应的对策。

这场讨论自然引起了中央的高度关注和重视。陈云说，“这几年，国内外都在议论，认为世界上即将出现一次新的技术革命”，“这些说法有些道理”。[②]当时讨论的盛况，正如江泽民所言：“议论很热烈。”[③]

今天回过头来看，20世纪80年代国内外热议的“新技术革命”，的确是已经来临了、发生了。但在当时，这场以信息技术为先导的新技术革命还只是初露端倪，对它作出准确判断并拿出应对之策，并非易事。在世界新技术、新产业的兴起和发展面前，国内出现了三种态度。一种态度认为，那些新技术、新产业离我们还很遥远，对此不了解，也不想去了解这方面的新情况。另一种态度是急于求成，认为我们可以很快地完成这个技术革命，为此恨不得一下子发展所有最新的技术和产业。第三种态度是根据我国的国情，按照需要和可能研

---

① 《世界经济》编辑部编：《新的技术革命与世界经济发展趋势》，经济科学出版社1984年版，第23页。

② 中共中央文献研究室编：《陈云年谱》下，中央文献出版社2000年版，第350页。

③ 江泽民：《论中国信息技术产业发展》，中央文献出版社、上海交通大学出版社2009年版，第97页。

究开发新兴技术和产业。我们究竟该采取何种态度，怎样应对？

中央在经过分析、研究并综合国内外关于新技术革命讨论的基础上，认识到新技术革命“既是一个机会，也是一个挑战”，作出了“两种可能、两种前途”的判断：一种可能是时机利用得好，抓紧应用新的科技成果，发展我们自己的经济，使我们同发达国家在经济、技术上的差距缩小。也有另外一种可能，如果我们处理不当，或者漠然视之，那就会使我们同发达国家、同世界先进水平的差距扩大，我们有可能会被甩得更远。我们应当努力争取第一种可能，避免第二种可能。[①]“两种可能、两种前途”表明了党面临重大挑战时的忧患意识和战略取向。在1984年2月全国电子工业厅局长工作会议上，江泽民曾就新技术革命对我国电子工业的影响论述了“两种可能、两种前途”问题。江泽民指出：“国内外议论很热烈的新技术革命，与电子工业发展极为密切，应该引起我们高度重视。”[②]“在新技术革命到来的前夜，我们应该怎么办？近几个月来，我们正在考虑对于今后一二十年的发展规划采取什么样的发展战略和技术政策。这是我们正面临的一场挑战。”[③]“我国民族电子工业发展存在着两种可能、两种前途：一种可能和前途是，我们决策对头，抓住了机会并善于利用，积极引进和采用新的技术成果，大力推进我国电子科学技术进步，加快我国电子工业发展，从而使我们与发达国家的差距不断缩小，逐步适应我国四个现代化建设需要，并占有一定国际市场；另一种可能和前途是，我们思想守旧、对策失误，指导不当，发展不快，丧失了大好时机，其结果是我们同发达国家的差距日益拉大，影响我国四个现代化建设进程。但是，总的来讲，新技术革命对我国电子工业发展将是个有力推动，我们应该努力争取第一种可能和前途，避免第二

---

① 《世界新的技术革命与对策》编写组：《世界新的技术革命与对策》，科学普及出版社1984年版，第17—18页；哈尔滨工业大学自然辩证法研究室编：《新技术革命资料选辑》，哈尔滨工业大学出版社1984年版，第10—11页；熊映梧：《“翻两番”的经济学思考》，《人民日报》1985年7月8日，第5版。

② 江泽民：《论中国信息技术产业发展》，中央文献出版社、上海交通大学出版社2009年版，第97页。

③ 江泽民：《论中国信息技术产业发展》，中央文献出版社、上海交通大学出版社2009年版，第93页。

种可能和前途。"[①]一些报刊、文章还发出了"这个机会我们不能错过"[②]的呼声。

1983年10月，中央专门召开座谈会，中心议题就是"应当注意和研究世界新的技术革命和我们的对策"。中央提出，要组织专家集中一段时间进行分析探讨，提出正确的对策，使我国在新的技术革命来临的时候，能够措施得当，得到一个飞跃发展的机会。为贯彻中央精神，国务院技术经济研究中心于1983年11月组织1600多名专家讨论新的技术革命对世界和我国的影响，以及我国各个新技术领域发展的情况和远景。1984年1月和3月，先后两次共有400多名专家参与研讨对策，最后形成了长达150万字的《中国迎接世界新技术革命浪潮挑战和机会对策的研究》。该报告包括综合对策和八个分领域对策：微电子和计算机对策、光纤通信对策、信息系统对策、生物技术对策、新材料对策、机械电子技术对策、传统工业技术进步对策、航天技术对策。这个报告是我国开展新技术革命对策研究的一个重要成果，报告所提出的建议后来被吸收到《中共中央关于制定国民经济和社会发展第七个五年计划的建议》中。"'七五'计划的一个鲜明特点，是重视科学技术的发展，进一步使我国经济的成长建立在科技进步的基础上。"[③]这与这次新技术革命对策研究有着直接的关系。

这次对策研究对于后来论证"八六三"计划至关重要。报告所提出的八个分领域对策，中央经过比较、分析，在"七五"建议中进一步凝练为这样的对策："积极开拓新兴技术领域，重点开发微电子技术、信息技术和新型材料，同时加强对生物工程、航天技术、核能技术、激光技术、海洋工程等新兴技术的研究开发，逐步形成若干新兴产业。"[④]正是有了这些研究基础，后来在1986年，"八六三"计划才得以在半年之内经过论证迅速确定了7个领域的15个主题项目。

---

① 江泽民：《论中国信息技术产业发展》，中央文献出版社、上海交通大学出版社2009年版，第101页。

② 《世界新的技术革命与对策》编写组：《世界新的技术革命与对策》，科学普及出版社1984年版，第17页。

③ 中共中央文献研究室编：《十二大以来重要文献选编》中，人民出版社1986年版，第939页。

④ 中共中央文献研究室编：《十二大以来重要文献选编》中，人民出版社1986年版，第812页。

可以说，这次新技术革命对策研究为“八六三”计划提供了一个大致的技术领域框架。

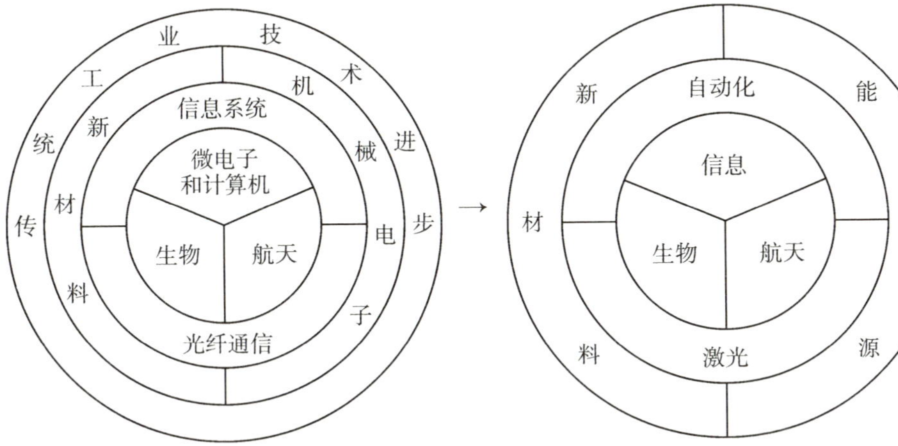

新技术革命对策八个分领域　　“八六三”计划七个领域

图2—1　新技术革命对策研究与“八六三”计划

另一个对策研究是规模浩大的跨学科研究——“2000年的中国”研究。这项研究是根据中央和国务院关于研究我国长期发展战略的指示而开展的，目的是制定我国在世界发生新技术革命的条件下为实现工农业年总产值翻两番的目标而采取的经济、科技、社会发展总体战略。从1983年起，国务院技术经济研究中心会同国家计委、经委、科委、中国社科院组织100多个单位的400多位专家进行了“2000年的中国”研究。时任国家经委副主任的朱镕基为研究领导小组副组长之一。参与这项研究的单位投入了大量的人力、财力，其中中国科协就组织了72个所属学会和有关省市科协，从科学技术角度来分析我国未来的趋势，论证应采取的措施，撰写了1300万字的调研报告。经过两年多的艰苦努力，1985年4月，研究组将“2000年的中国”研究总报告和12个分报告，上报中央和国务院。12个分报告分别是：2000年中国的人口与就业、经济、人民消费、科学技术、教育、自然资源、能源、环境、农业、交通运输、国际环境，以及2000年中国的总体定量分析。当年7月，国务院以参阅文件的形式将其转发给各部委和各地区。“2000年的中国”研究成果很快在全国引起强烈反响。值得注意的是，当时国际上未来学研究风靡一时，如美国政府的“2000年的全球”研究，挪威的“21世纪的人口与世界经济”研究，日本的“2000年的日本”研究，印度的“走向2000年的印度经济”研究。世界银行专家代表团也对我国进行了研究，形成了《中国：长期发展的问题和方案》的报告。把世界银行提出的推荐方案与我国“2000年的中国”研究成果相对照，得出的结论大体近似，但我们在政策分析和战略优选方面做的工作要深刻得多。国际社会认为中国开展的“2000年的中国”研究很有分量，给予了很高的评价。后来，研究小组对该项研究成果进行了修订和充实，撰写了“2000年的中国”丛书，共15册，约450万字，由中国社会科学出版社、上海人民出版社、经济日报出版社出版。

作为“2000年的中国”研究分报告之一的“2000年中国的科学技术”研究，在分析西方发达国家“高技术发展战略”，韩国、新加坡等国家“模仿战略”，发展中国家“适用技术发展战略”的基础上，根据我国国情创造性地提出了“复合型发展战略”的构想：继续发展传统技术；同时重视高技术的发展；大力开发适用技术为振兴地方经济服务；支持应用研究和基础研究。[①]这一构想后来被吸收到中央关于“七五”计划的建议中，为后来我国形成科技工作三个层次布局奠定了基础。[②]“复合型发展战略”对传统技术、高技术、适用技术、基础研究“四组合”同时兼顾，表明党关于我国科技体系的总体部署已经形成，以后在实践中的变动主要就是发展侧重点和战略取向的调整，比如高技术比重逐渐增加。“复合型发展战略”的精髓——用高技术改造传统技术，一直沿用至今，也为我们党处理信息化与工业化的关系、实现两者深度融合提供了理念支撑。

“2000年的中国”研究是一项庞大而复杂的系统工程，开展这样全局性、综合性、跨学科、跨部门的战略性研究，在我国还是第一次，也是我国应对世界新技术革命挑战、制定中长期发展战略取得的又一个重要成果。它提出的“选择重视科学技术的战略”，“选择迎接新技术革命挑战的技术结构”，“逐步形成一

---

① 杨维哲主编：《2000年中国的科学技术》，中国社会科学出版社、上海人民出版社、经济日报出版社1988年版，第72—82页。

② 进入20世纪90年代后，我国科技工作形成了面向经济建设主战场、发展高新技术及其产业、加强基础研究三个层次的战略布局。

个支撑整个国民经济健康发展的科学技术体系”[1]的建议,后来在《1986—2000年科学技术发展规划》(即十五年规划)、《中共中央关于制定国民经济和社会发展第七个五年计划的建议》和党的十三大报告中得到采纳和反映,同时也为各地区、各行业制定政策提供了综合性的参考。党的十三大报告中关于我国经济建设“肩负着既要着重推进传统产业革命,又要迎头赶上世界新技术革命的双重任务”的战略判断,就是直接来源于“2000年的中国”研究报告中提出的发展传统技术完成产业化、重视高技术迎接新技术革命挑战“两位一体的战略任务”[2]。

上述这些对策研究,为党迎接新科技革命挑战积累了必要的政策储备和应对方案。

3. 尊重专家,民主决策

考察党对新科技革命的认识与应对,不能不研究党在面临重大挑战关头、作出重大决策时所体现出来的科学态度和民主作风。正是由于具有这些优良素质,党才能制定并实施有效的对策。

新科技革命强劲发展,使得国际竞争空前激烈。一些主要的发达国家都在努力提高自身的科技实力,抢占世界科技制高点。邓小平深有感触:“世界新科技革命蓬勃发展,经济、科技在世界竞争中的地位日益突出,这种形势,无论美国、苏联、其他发达国家和发展中国家都不能不认真对待。”[3]

1983年3月,美国总统里根宣布了“星球大战”计划(即“战略防御计划”)。面对美国咄咄逼人的势头,其他国家也不甘示弱。1985年7月,西欧国家出台了“尤里卡”计划。1985年12月,苏联及东欧国家签署了《经互会成员国2000

---

① 马洪主编:《2000年的中国》,中国社会科学出版社、上海人民出版社、经济日报出版社1989年版,第366—367页。

② 马洪主编:《2000年的中国》,中国社会科学出版社、上海人民出版社、经济日报出版社1989年版,第367页;杨维哲主编:《2000年中国的科学技术》,中国社会科学出版社、上海人民出版社、经济日报出版社1988年版,第75页。

③《邓小平文选》第3卷,人民出版社1993年版,第127页。

年前科技进步综合纲要》[①]。1984年11月，日本制定了“日本振兴科技政策大纲”，1986年以后又进一步提出庞大的“人类新领域科学研究计划”。1984年，韩国制定了“走向2000年的科技发展战略”，1986年又制定了“面向2000年科学技术中长期计划”。其他国家也不甘落后，纷纷提出了发展科技的措施。比如，印度颁布了“科学技术政策声明”，南斯拉夫出台了“联邦科技发展战略”，等等。在这场和平时代里没有硝烟的战争中，谁在科学技术上落后，谁就有可能在经济上受制于人，在军事上被动挨打，在政治上成为强权政治的附庸。

“星球大战”计划作为一项高科技计划，理所当然地受到了中国领导人及科学家的高度重视。起初，邓小平是反对“星球大战”计划而肯定“尤里卡”计划的。1985年8月，邓小平会见罗伯特·马克斯韦尔一行时指出：“‘星球大战’干不得，它会使两个超级大国之间的军备竞赛发生质的变化。”[②]他在会见法国对外关系部部长罗朗·迪马时指出：“我们支持你们的‘尤里卡’计划。”[③]同年10月，邓小平会见联邦德国巴伐利亚州州长施特劳斯时说：“我们不赞成‘星球大战’计划。两个超级大国不管哪个搞，我们都不赞成。这是我们对‘星球大战’计划的态度。”[④]虽然中国不赞成美苏搞军备竞赛，但是，作为战略家的邓小平还是从美苏竞争的态势中看出了抢占科技制高点的重要性。因而，在1986年4月，他的认识发生了变化，强调我们也要发展高科技，指出：“现在世界上科学技术发展得很快，美国搞‘星球大战’，欧洲搞‘尤里卡’计划。不管成功的可能性多大，它代表了科学知识的飞跃前进。不只是在军事方面的作用，还可以带动整个社会工业和其他各个方面的发展。看到这一点，我们不能不搞。在高科技领域里要投点资，投资不能太少，起码要做到在若干领域里，人家有的我

① 这个综合纲要被称为“东方的尤里卡计划”。

② 科学技术部、中共中央文献研究室编：《邓小平科技思想年谱（1975—1994）》，中央文献出版社、科学技术文献出版社2004年版，第204页。

③ 科学技术部、中共中央文献研究室编：《邓小平科技思想年谱（1975—1994）》，中央文献出版社、科学技术文献出版社2004年版，第204页。

④ 中共中央文献研究室编：《邓小平年谱（1975—1997）》下，中央文献出版社2004年版，第1085页。

们也有,不一定比人家更好,但要有,如激光、生物工程、粒子束、计算机等。"[①]

从"不赞成"美苏军备竞赛到"我们不能不搞"高科技,表明党的态度、着眼点都有了重要变化。党既认识到"美国、西欧各国、日本、苏联和东欧国家等都在竞相把开发高技术列为政治战略的主题",同时又"鉴于我国目前财力有限,技术水平不高,各种体制机制尚未理顺,还难以把高技术开发列为首要的任务。但也不能甘愿落后"[②]。党已经敏锐地观察到,高科技正在成为衡量国家科技水平、掌握国际政治经济斗争主动权的重要手段,发展高科技正在成为国家综合国力较量的重要内容。党观察新科技革命的着眼点,已经不仅仅在于高科技对经济社会发展的推动作用,还在于高科技对国际政治经济格局、对我国未来国际地位的深刻影响。"星球大战"计划激发了全党的紧迫感和危机感,深刻地影响了党对世界科技形势的判断,加速了党应对新科技革命的进程。

明确了"不能不搞"的问题后,接下来需要探索的是"怎么搞"的问题。

美国提出"星球大战"计划后,国防科工委等有关部门多次组织专家学者,从各方面对"星球大战"计划进行分析、研讨。专家们普遍认为:从表面上看,"星球大战"计划只是一个针对苏联军事威胁的战略防御计划,但此计划囊括了大批新兴尖端科学技术,除了军事目的外,还有其深远的政治目的。美国试图通过"星球大战"计划的实施,促进国防科技的发展,进而带动高新技术和国民经济的全面振兴,以确保美国在世界军事、政治、经济中的优势地位。[③]

尽管形成了这个共识,但是专家们在对策选择上仍存在分歧。一部分专家认为,我们也应该有自己的高科技。另一种意见认为,我国国力还不具备全面发展高科技的实力,可以先搞一些短期见效的项目,等美国搞出来且我们也有经济实力的时候,可以利用美国的成果。绝大多数专家认为,虽然目前我国的经济实力还不允许发展高科技,但争取在一些优势领域首先实现突破则是有可能的。

---

① 科学技术部、中共中央文献研究室编:《邓小平科技思想年谱(1975—1994)》,中央文献出版社、科学技术文献出版社2004年版,第211页。

② 国家科学技术委员会编:《中国科学技术政策指南》,科学技术文献出版社1986年版,第7页。

③ 万钢主编:《中国科技改革开放30年》,科学出版社2008年版,第259页。

1986年3月3日，一直关注美国“星球大战”计划、曾经参与上述讨论、认为我国也应采取适当对策的四位科学家王大珩、王淦昌、杨嘉墀、陈芳允向邓小平等中央领导提交了《关于跟踪研究外国战略性高技术发展的建议》。3月5日，邓小平批示：“这个建议十分重要”，“找些专家和有关负责同志讨论，提出意见，以凭决策。此事宜速作决断，不可拖延”。[①]朱光亚后来回忆：“小平同志之所以能够这样果断地作出加强我国高科技发展的决策，是与他对世界高新科技发展动态的长期关注和深刻了解分不开的。我清楚地记得，早在20世纪70年代末的中央专委会上，当时大家的精力仍然主要集中在核武器、导弹、坦克、火炮等传统尖端武器和常规武器研究时，小平同志就提醒注意加强激光技术、电子技术等新兴技术领域的研究发展。”[②]

1986年4月，全国200多名科学家集中讨论《高技术研究发展计划纲要》，讨论中对选择高技术项目是以发展国民经济为主还是以增强军事实力为主，产生了不同意见。对此，邓小平作出批示：“我赞成‘军民结合，以民为主’的方针。”从1986年4月到9月，国务院开了7次会议，组织专家论证。随后又经过三轮极其严格的论证，最终形成了《高技术研究发展计划纲要》，即“八六三”计划。“八六三”计划从世界高技术发展趋势和我国的需要与实际可能出发，选择15个主题项目，分别属于七个领域，包括生物技术、航天技术、信息技术、激光技术、自动化技术、能源技术和新材料技术的一些领域，以此作为突破重点，在几个重要的高技术领域跟踪世界水平。“八六三”计划的方针是：有限目标，突出重点；瞄准前沿，目标驱动；军民结合，以民为主。同年10月6日，邓小平批示：我建议，可以这样定下来，立即组织实施。如有缺点或不足，在实施中可以修改和补充。10月，中央政治局扩大会议审议批准了纲要。11月18日，中共中央下发了〔1986〕24号文件，转发了纲要。1987年2月，“八六三”计划开始组织实施。时任国家科委主任的宋健对“八六三”计划这样评价：“‘八六三’计划

① 《邓小平文选》第3卷，人民出版社1993年版，第408页。

② 徐冠华主编：《春天常在 丰碑永存——邓小平同志与中国科技事业》，科学技术文献出版社2004年版，第119页。

完全具有划时代的意义，可以称得上是当代中国高科技的一面旗帜。”[①]

制定并实施“八六三”计划，是中国参与新科技革命的一个重大标志和生动实践。虽然美国提出“星球大战”计划对我们来说是一个意外事件，是一场突如其来的挑战，但是由于我们开展了新技术对策研究，有了基础，因而我们能从容应对。正所谓：机遇只偏爱有准备之人。“八六三”计划不单纯是一个科技计划，而是我国应对新科技革命挑战的一项重大工程、一个重要抓手。它科学选择了我国迎接新科技革命挑战的重点领域，用科学家们形象的话说就是抓住了牛鼻子；它催生了一大批重要科技成果，极大地提升了我国科技实力和国际竞争力。今天我们引以为豪的载人航天技术，就是那个时候列入“八六三”计划并在以后20多年中持续滚动发展起来的。[②]

党在制定决策时，还善于听取科学家们的意见，不断调整并寻找最佳方案。这里以高能加速器为例。邓小平多次强调高能加速器建造项目“立即开工，限期完成”，“应及早着手”。[③]最初的规划是建造当时世界上最大的、能量为4000亿电子伏特的高能加速器[④]，后来定下的方案是建造能量为500亿电子伏特的质子同步加速器(即“八七工程”)。邓小平一度表示“不能下马，应坚决按原计划进行”[⑤]。后来，当国内外出现不同意见、科学家建议深入论证时，邓小平批示：“我过去是积极分子，看来需要重新考虑。”[⑥]1980年底，在国民经济调整、基建规模收缩的情况下，中央果断决定停止“八七工程”，并提出高能物

---

① 胡士弘：《陈芳允》(“两弹一星功勋科学家”丛书)，河北少年儿童出版社2001年版，第221页。

② 航天技术领域是“八六三”计划中的第二个重要的高技术领域(代号为863-2)，100亿元经费中有40亿元用在航天领域的项目上。经过5年严格、反复的论证，中国载人航天工程于1992年9月21日由中央政治局常委会正式确定方案，故称之为“九二一工程”。

③ 科学技术部、中共中央文献研究室编：《邓小平科技思想年谱(1975—1994)》，中央文献出版社、科学技术文献出版社2004年版，第32、44页。

④《方毅文集》，人民出版社2008年版，第138页。

⑤ 科学技术部、中共中央文献研究室编：《邓小平科技思想年谱(1975—1994)》，中央文献出版社、科学技术文献出版社2004年版，第154—155页。

⑥ 科学技术部、中共中央文献研究室编：《邓小平科技思想年谱(1975—1994)》，中央文献出版社、科学技术文献出版社2004年版，第163页。

理研究不能中断，可用剩余经费进行较小规模的高能物理研究。一个庞大的、脱离我国国情的巨型高能加速器计划就此及时刹车。后来国内外科学家们反复论证，提出了建造2×22亿电子伏特正负电子对撞机方案。这是一个量体裁衣、在经济调整情况下仍能在高能物理领域迎面赶上世界先进科技水平的一个最佳方案。在当时议论纷纷、耗资巨大、成果未定、效果不明的情况下，邓小平果断拍板："我赞成加以批准，不再犹豫。"[①]1983年12月，北京正负电子对撞机工程（即"八三一二工程"）开始启动。从1975年国家计委向国务院提交《关于高能加速器预制和建造问题的报告》，到1977年"八七工程"上马，到1980年底"八七工程"下马，到1983年"八三一二工程"上马，到1988年10月，历时13年之久，这项在党内高层、科技界内部一度有些争议的大科学装置工程终于竣工。此后，北京正负电子对撞机跻身世界八大高能加速器中心。

"八六三"计划、北京正负电子对撞机的整个决策过程，体现了邓小平尊重科学、尊重专家的优良作风，是党在应对新科技革命挑战过程中集思广益、民主决策的两个经典范例。邓小平严谨的科学态度和民主的工作作风，在认识和应对新科技革命过程中发挥着重要的作用，为实现决策民主化、科学化创造了条件。

4. 制定实施中国特色的"规划＋计划"体系

制定和实施科技规划、科技计划是党应对新科技革命挑战的重要方式。第二代中央领导集体继承了我们党制定科技规划的优良传统，同时又结合新的实际制定了若干科技计划，从而形成了相互衔接的"规划＋计划"体系。1982年，我国将《1978—1985年全国科学技术发展规划纲要》的108个重点项目调整为38个攻关项目，以"六五"国家科技攻关计划的形式实施。这是我国第一个国家科技计划。1986年，国家正式实施《1986—2000年科学技术发展规划》（即十五年规划）。十五年规划贯彻"依靠、面向"的基本方针，突出重点，确定了今后科技发展的基本任务和主要措施、2000年要达到的目标，以及主要的

① 科学技术部、中共中央文献研究室编：《邓小平科技思想年谱（1975—1994）》，中央文献出版社、科学技术文献出版社2004年版，第167页。

技术路线和重点工作。

党还制定实施了一系列科技计划，如1984年为加强基础研究推出国家重点实验室建设计划，1985年面向农村实施星火计划，1986年为支持基础研究实施国家自然科学基金计划、面向高新技术研究开发制定“八六三”计划、为推动军转民科技成果产业化实施军转民科技开发计划，1987年为促进农业增产实施丰收计划，1988年面向高新技术产业化实施火炬计划、为引导企业开发新产品实施国家重点新产品计划，1989年为促进科技成果转化推出国家科技成果重点推广计划。其中，星火计划、“八六三”计划、火炬计划与1992年启动的攀登计划（即基础性研究重大关键项目计划）、1998年实施的“九七三”计划（即国家重点基础研究发展计划），并称为我国的五大主体计划。这些大多数至今仍在滚动实施的科技计划，对我国科研机构的设置和布局、科技队伍的培养方向和使用方式、科技资源的有效配置、科技管理的体系和方法产生了重大影响。

值得一提的是，党制定实施的这些计划都体现了鲜明的中国特色。比如，星火计划按照“短、平、快”的要求，将科技的“胚胎”植入农村经济，形成了一大批星火技术密集区，走出了一条符合国情、具有中国特色的、依靠科技进步促进农业和农村经济发展的成功之路。火炬计划是一个以市场为导向、以企业为主体，促进科技成果商品化、产业化、国际化的计划，在培育和发展民族高新技术产业等方面进行了有益的探索，形成了一大批各具地方特色而又优势互补的国家高新技术产业开发区。

总之，党坚持解放思想、改革创新，探索并初步形成了中国特色的“规划＋计划”体系。这一体系按照全方位、多层次、多功能、有重点、协调发展的要求，把近期目标、中期目标、长远目标融为有机统一的整体，成为国家科技发展战略的组成部分，成为中国特色自主创新的重要内容。

经过这一时期的探索，以邓小平为核心的党的第二代中央领导集体在如何应对新科技革命方面，思想认识上已经发生了许多新的变化，主要表现在四个方面：一是党观察新科技革命的着眼点，已经不仅仅在于科技对经济社会发展的推动作用，还在于科技竞争对国际政治经济格局、对我国未来国际地位的深刻影响。这就大大深化了对科学技术社会功能的认识。二是反思过去盲目追求“全面赶超”“国外有的我们都要有”的教训，确立了有限目标、突出重点的方针。三是根据国际形势的变化，和平与发展成为时代主题，逐渐改变了过去偏重国防科技力量的战略取向，提出了军民结合、以民为主的方针。四是在科技发展目标方面，由最初提出20世纪末赶超世界科技先进水平，到后来提出到20世纪末达到发达国家80年代中后期水平、少数领域接近90年代水平、个别领域居于世界前列，认识更为实际、更为稳慎了。

三、邓小平科技思想给邓小平理论注入富有时代特色的新内容

如何抓住新科技革命的机遇、迎接新科技革命的挑战，是摆在党的第二代中央领导集体面前的新的严峻考验。在扑面而来的新科技革命浪潮面前，邓小平对如何应对新科技革命、如何发展我国科技事业进行了思考和论述，形成了邓小平科技思想。邓小平科技思想本身就是邓小平理论的有机组成部分，它给邓小平理论注入了富有时代特色的新内容，极大地丰富了邓小平理论。

1. 科学技术是第一生产力

邓小平提出“科学技术是第一生产力”，为我国科技事业的长远发展奠定了坚实的思想基础。

“科学技术是第一生产力”这一重要论断，是邓小平总结第二次世界大战以来特别是20世纪七八十年代世界新科技革命发展的新趋势和新经验，经过长久思考而提出的一个重大战略思想。如前所述，早在1975年，他就对科学技术是生产力的问题进行了思考。此后经过10多年的观察和思考，特别是在深入分析新科技革命兴起后经济社会发展与国际竞争的新变化、新特点的基础上，邓小平逐渐丰富、深化了对这一问题的认识，并作出了新的理论概括。1978年3月，邓小平在全国科学大会上分析了新科技革命的发展变化，强调：“科学技术作为生产力，越来越显示出巨大的作用。”[①]1988年9月，邓小平在会见捷克斯洛伐克总统胡萨克时指出：“马克思说过，科学技术是生产力，事实证

① 《邓小平文选》第2卷，人民出版社1994年版，第87页。

明这话讲得很对。依我看，科学技术是第一生产力。”[1]随后，他在听取关于价格和工资改革初步方案汇报时，强调“对科学技术的重要性要充分认识”，指出：“马克思讲过科学技术是生产力，这是非常正确的，现在看来这样说可能不够，恐怕是第一生产力。”[2]1992年，他在南方谈话中再一次重申了这个观点，指出：“经济发展得快一点，必须依靠科技和教育。我说科学技术是第一生产力。近一二十年来，世界科学技术发展得多快啊！高科技领域的一个突破，带动一批产业的发展。我们自己这几年，离开科学技术能增长得这么快吗？要提倡科学，靠科学才有希望。”[3]“科学技术是第一生产力”这一重要论断，是对马克思“生产力中也包括科学”[4]思想的创造性发展，是对当代社会生产力发展规律的科学认识和时代特征的准确把握。

“科学技术是第一生产力”，是指科学技术是社会生产力中首要的因素。现代科学技术日益渗透到生产力各要素之中，影响和决定着生产力各要素的发展水平和性质，从而对生产力的总体发展起着关键性、决定性作用。“科学技术是第一生产力”的新论断，深刻揭示了科学技术在现代社会中的先导作用。19世纪后期发生的以电力的发展和广泛应用为主要标志的第二次科技革命，是科学、技术、生产三者关系发生变化的一个转折点。此前，生产往往走在技术、科学的前面。比如，蒸汽机主要是从工匠传统发展起来的，在生产经验积累的基础上摸索碰撞出技术发明，然后才总结概括出热力学理论。而自从第二次新科技革命以来，过去那种生产带动科学、技术发展的情况发生了改变，科学、技术越来越走在社会生产的前面，开辟着生产发展的新领域，决定着生产的方式，引导着生产力发展的方向。尤其是第三次新科技革命以来，蓬勃兴起的现代科学技术对世界范围内的生产过程和经济社会发展的各个方面产生广泛而深刻的影响。现代科学技术不仅决定着生产力的发展水平和程度、生产方式的效率和质量，而且还决定着产业结构、产品结构、经济结构；不仅使生产力在量上增加，而且还促使生产力产生质的飞跃；不仅推动生产力的发展和

---

① 《邓小平文选》第3卷，人民出版社1993年版，第274页。
② 《邓小平文选》第3卷，人民出版社1993年版，第275页。
③ 《邓小平文选》第3卷，人民出版社1993年版，第377—378页。
④ 《马克思恩格斯全集》第46卷（下册），人民出版社1980年版，第211页。

变革，而且还推动着经济社会的变革以及世界政治经济格局的调整。

"科学技术是第一生产力"是一个具有全局性、宏观性的重大战略思想，它不仅对我国科技事业的发展具有重要指导意义，而且对整个中国特色社会主义事业都具有重要指导意义。"科学技术是第一生产力"是邓小平科技思想的核心观点，是贯穿于邓小平科技思想中的精髓，也是制定我国科技政策和科技发展战略的一个重要指导思想。同时，"科学技术是第一生产力"还是邓小平理论最重要的理论出发点之一。

2. 新时期科技工作的基本方针："依靠、面向"

以邓小平为核心的党的第二代中央领导集体确立了新时期科技工作的基本方针，大力推动科技与经济结合。

邓小平是党内比较早地思考科技工作基本方针的领导人。早在1980年1月，他在中共中央召集的干部会议上的讲话中就指出："科学技术主要是为经济建设服务的。"[①]同年，邓小平等领导同志在听取国家科委的工作汇报时，提出必须把经济、社会发展计划与科技发展计划结合起来，克服它们之间相互脱节的毛病。

1981年1月，中国科学院党组向中共中央报送了《关于中国科学院工作的汇报提纲》。中国科学院党组根据多年来的经验，在汇报提纲中提出了中国科学院"两侧重、两服务"的工作方针："侧重基础、侧重提高，为国民经济和国防建设服务。"很快，中共中央于当年3月同意并转发了这个汇报提纲。《中共中央转发中国科学院党组〈关于中国科学院工作的汇报提纲〉的通知》指出：中国科学院"明确规定'侧重基础、侧重提高，为国民经济和国防建设服务'的办院方针，是完全正确的"[②]。这里虽然是对中国科学院办院方针的肯定，但由于中国科学院是代表国家科技水平的"国家队"，其所提出的对策、建议不能不对我国科技工作的基本方针产生影响。这里的核心服务，即科技工作要为国民经济和

① 《邓小平文选》第2卷，人民出版社1994年版，第240页。

② 中共中央文献研究室编：《新时期科学技术工作重要文献选编》，中央文献出版社1995年版，第72页。

国防建设服务。这就是后来我国科技工作"依靠、面向"基本方针的由来之一。

大约在同时,国家科委也在起草汇报提纲。1980年12月底,国家科委召开了全国科学技术工作会议,会议着重讨论了科学技术的发展方针问题。1981年2月,国家科委党组向中共中央报送了《关于我国科学技术发展方针的汇报提纲》,提出了我国新时期发展科学技术的新方针。这个方针包含五个方面的内容,其中第一条就是:科学技术与经济、社会协调发展,并把促进经济发展作为首要任务。1981年4月,《中共中央、国务院转发国家科委党组〈关于我国科学技术发展方针的汇报提纲〉的通知》指出:"坚定不移地贯彻执行科技工作为经济建设服务的方针。科学技术门类很多,应当为各个方面服务,但主要应为经济建设服务。"①这里更加明确了为经济建设服务的导向,体现了我们党对新时期科技工作的基本方针的进一步思考。

1981年4月,国务院针对中国科技发展与经济发展存在严重脱节的情况,强调指出:"发展国民经济必须依靠科学技术。科学技术必须为发展国民经济服务。"②这里,已经在内涵上明确了"依靠、面向"的要求。1982年10月,国务院负责人在全国科学技术奖励大会上的讲话中强调"经济振兴要依靠科学技术进步","科学技术要面向经济建设"。③1982年11月,五届全国人大五次会议对此予以确认:"经济振兴必须依靠科学技术进步,科学技术工作必须面向经济建设,这是一个根本性的原则问题。"④至此,我们党关于新时期科技工作的基本方针已经基本形成了。

1985年3月,邓小平在全国科技工作会议上的讲话《改革科技体制是为了解放生产力》中指出:"现在要进一步解决科技和经济结合的问题。"⑤根据这个

---

① 中共中央文献研究室编:《新时期科学技术工作重要文献选编》,中央文献出版社1995年版,第75页。

② 中共中央文献研究室编:《三中全会以来重要文献汇编》下,人民出版社1982年版,第1010页。

③ 中共中央文献研究室编:《十二大以来重要文献选编》上,人民出版社1986年版,第132页。

④ 中共中央文献研究室编:《十二大以来重要文献选编》上,人民出版社1986年版,第198页。

⑤《邓小平文选》第3卷,人民出版社1993年版,第108页。

精神,《中共中央关于科学技术体制改革的决定》提出了“经济建设必须依靠科学技术,科学技术工作必须面向经济建设”[①]的战略方针。这是在党的文献中第一次对“依靠、面向”基本方针的完整表述。

新时期科技工作基本方针的提出和贯彻实施,标志着我国科技事业的发展走上了健康发展的轨道。这一基本战略方针,适应了新科技革命发展和我国社会主义现代化建设的客观需要,正确地处理了科学技术与经济社会发展的关系,使我国科技事业的发展建立在牢固的基础上。“这个方针不仅是指导我国科技事业正确发展的方针,而且是我国社会主义现代化建设事业发展战略的重要组成部分。”[②]在这一基本战略方针的指引下,我国在经济、科技等方面都取得了一系列重大成就,充分证明了这一战略方针的正确性。

3. 启动科技体制改革

在邓小平的支持下,我国迈出了科技体制改革的步伐,积极探索新的科技体制。

新中国成立后,我国就建立了与当时的政治、经济体制相适应的科学技术体系。这一体系,曾在国力有限、科技资源匮乏和境外敌对势力封锁的情况下,成功地解决了国家经济建设和国防建设面临的一系列重大科技问题。在较长一段时间内,我国科技体制的运行机制、科研机构、科技资源、科技目标等,都是由政府主导控制,规划安排,从而能形成高度集中统一的力量,展开大规模的科技活动并取得相当可观的成绩,如“两弹一星”、人工合成牛胰岛素等。这些辉煌的成就,显示了社会主义国家集中力量解决重大科技问题的优越性。但是,随着社会主义建设事业的发展和改革开放的深入,高度集中的科技体制的弊端也逐渐显露出来,成为束缚科技生产力发展的障碍。传统科技体制的弊端,主要表现为科技与经济严重脱节、科研机构条块分割、科技投入与分配体制不合理等,严重制约着经济的发展和社会的进步。

---

① 中共中央文献研究室编:《十二大以来重要文献选编》中,人民出版社1986年版,第662页。

② 中共中央文献研究室编:《新时期科学技术工作重要文献选编》,中央文献出版社1995年版,第104页。

传统的科技体制带有浓厚的计划经济色彩。其运行机制的特征是：政府通过计划把科技资源（科研经费、仪器设备等）拨给科研单位；科研单位按计划进行科研；科研成果鉴定验收后由政府指定企业按计划进行生产。由于计划的盲目性，多年来，我国的科研机构与企业脱节，成为科技与经济脱节的一个重要表现。科研单位对企业的科技需求不了解，因而一些科研成果没有需要；而另一些有需要的科研成果，则由于缺乏信息沟通和联系不被企业所了解，因而难以转化为现实的生产力应用到企业的生产过程中。科技与经济脱节的另一个表现就是科研机构与市场脱节。长期以来，我国从事技术研究与开发的主体是作为政府事业单位的科研院所。这些科研单位一般根据国家计划开展项目研究，其人员工资收入和科研经费主要依靠国家财政拨款，因而无须面对市场的需要，不能感受来自市场的压力。另一方面，科研成果上报中央或地方主管部门，而不是通过市场直接产生经济效益，科研单位不能享受其科研成果可能带来的回报，因而缺乏积极创新的动力。这种科研主体与市场隔绝的状况，极大地影响了科技创新及其成果的适用性。

邓小平清醒地认识到，长期以来逐步形成的科学技术体制存在着严重的弊病，不利于科学技术工作面向经济建设，不利于科学技术成果迅速转化为生产能力，束缚了科学技术人员的智慧和创造才能的发挥，使科学技术的发展难以适应客观形势的需要。因此，他强调，在解决科技工作的方针问题、认识问题后，“还要解决体制问题”[①]。科技体制改革是我国改革开放的重要内容，是关系我国现代化建设全局的一个重大问题，决不能低估，更不能忽视。邓小平指出：“改革科技体制是为了解放生产力。”[②]这就从解放和发展生产力的角度阐明了科技体制改革的重要性。在当时，改革开放刚刚起步，很多人对经济体制改革的热情很高，而对科技体制改革在一定程度上重视不够。邓小平认为，决不能只推进经济体制改革而忽视科技体制改革。他强调：“经济体制，科技体制，这两方面的改革都是为了解放生产力。”[③]邓小平把科技体制改革放到与

① 《邓小平文选》第3卷，人民出版社1993年版，第108页。
② 《邓小平文选》第3卷，人民出版社1993年版，第107页。
③ 《邓小平文选》第3卷，人民出版社1993年版，第108页。

经济体制改革同等重要的位置来予以考虑，认为“双管齐下，长期存在的科技与经济脱节的问题，有可能得到比较好的解决”①。

1984年10月，党的十二届三中全会通过了《中共中央关于经济体制改革的决定》。随后，中央着手研究科技体制改革问题。1985年3月召开的全国科技工作会议，为中央作出科技体制改革的决定作了准备。邓小平在全国科技工作会议上高兴地说：“这个决议草案，我看是个好文件，这个文件的方向，同整个经济体制改革的方向是一致的。”②他提出了我国科技体制改革的任务和目标：“新的经济体制，应该是有利于技术进步的体制。新的科技体制，应该是有利于经济发展的体制。”③不久，中央颁布《中共中央关于科学技术体制改革的决定》，波澜壮阔的科技体制改革历程由此启动。在改革过程中，我们改革拨款制度，开拓技术市场，克服单纯依靠行政手段管理科学技术工作，国家包得过多、统得过死的弊病；我们充分运用经济杠杆和市场调节，使科学技术机构具有自我发展的能力和自动为经济建设服务的活力；我们调整科学技术系统的组织结构，鼓励研究、教育、设计机构与生产单位的联合，强化企业的技术吸收和开发能力；我们合理部署科学研究的纵深配置，以确保经济和科学技术发展的后劲；我们改革科学技术人员管理制度，扭转对科学技术人员限制过多、人才不能合理流动、智力劳动得不到应有尊重的局面，积极营造人才辈出、人尽其才的局面。我国科技体制改革不断深化，为我国科技事业发展提供了良好的体制环境。

4. 尊重知识，尊重人才

邓小平提出“尊重知识，尊重人才”④，为科技工作的发展提供了重要的政策导向。

国际上综合国力的竞争，实质上是科学技术的竞争，而科学技术的竞争，关键是人才的竞争。邓小平一贯重视人才的作用，要求把培养和尊重人才作为发展我国科技事业的关键，提高到关系社会主义现代化建设成败的高度来

---

①《邓小平文选》第3卷，人民出版社1993年版，第108页。
②《邓小平文选》第3卷，人民出版社1993年版，第108页。
③《邓小平文选》第3卷，人民出版社1993年版，第108页。
④《邓小平文选》第2卷，人民出版社1994年版，第40页。

认识。

邓小平历来重视人才问题。早在1977年5月,他就提出:我们要实现现代化,关键是科学技术要能上去。“靠空讲不能实现现代化,必须有知识,有人才。没有知识,没有人才,怎么上得去?”[①]他在深刻总结我们党对待知识和人才问题的经验教训的基础上,大声疾呼:“一定要在党内造成一种空气:尊重知识,尊重人才。”[②]他郑重提出:“革命事业需要有一批杰出的革命家,科学事业同样需要有一批杰出的科学家。”[③]在党的十一届三中全会确立正确的思想路线和政治路线之后,邓小平及时把人才问题作为党和国家面临的一个关键问题提了出来。他指出:“现在我们国家面临的一个严重问题,不是四个现代化的路线、方针对不对,而是缺少一大批实现这个路线、方针的人才。道理很简单,任何事情都是人干的,没有大批的人才,我们的事业就不能成功。所以,现在我们搞四个现代化,急需培养、选拔一大批合格的人才。”[④]党的十二届三中全会通过了《中共中央关于经济体制改革的决定》之后,邓小平高兴地说:“这个文件一共十条,最重要的是第九条,当然其他各条也都是非常重要的。第九条,概括地说就是‘尊重知识,尊重人才’八个字,事情成败的关键就是能不能发现人才,能不能用人才。”[⑤]1985年3月,他在全国科技工作会议上指出:“改革经济体制,最重要的、我最关心的,是人才。改革科技体制,我最关心的,还是人才。”[⑥]他还明确提出了“人才资源”[⑦]的概念,并指出:“人是最宝贵的财富。”[⑧]这些思想成为江泽民提出“人才资源是第一资源”[⑨]和以胡锦涛为总书记的党中央制定人才强国战略的理论先声。

---

① 《邓小平文选》第2卷,人民出版社1994年版,第40页。

② 《邓小平文选》第2卷,人民出版社1994年版,第41页。

③ 《邓小平文选》第2卷,人民出版社1994年版,第96页。

④ 《邓小平文选》第2卷,人民出版社1994年版,第220—221页。

⑤ 《邓小平文选》第3卷,人民出版社1993年版,第91—92页。

⑥ 《邓小平文选》第3卷,人民出版社1993年版,第108页。

⑦ 《邓小平文选》第3卷,人民出版社1993年版,第120页。

⑧ 中共中央文献研究室编:《邓小平思想年谱(1975—1997)》,中央文献出版社1998年版,第329页。

⑨ 《江泽民文选》第3卷,人民出版社2006年版,第319页。

邓小平极为关心人才的发现、培养和使用。他认为:“我们现在不是人才多了,而是真正的人才没有很好地发现,发现了没有果断地起用。”[①]他提出:“要创造一种环境,使拔尖人才能够脱颖而出。”[②]为此,他提出了一系列重要的主张和措施。一是要树立正确的人才标准。邓小平打破了长期以来“左”的思想禁锢,精辟地阐明了在人才问题上红与专的辩证关系:“致力于社会主义的科学事业,做出贡献,这固然是专的表现,在一定意义上也可以说是红的表现。”[③]“专并不等于红,但是红一定要专。”[④]这是对人才标准问题的根本上的拨乱反正,为起用大批现代化建设的专门人才廓清了道路。在评价人才的问题上,他要求破除求全责备的思想,正确地看待人才,善于发现人才。二是改革人事管理制度。他指出,要“坚决解放思想,克服重重障碍,打破老框框,勇于改革不合时宜的组织制度、人事制度,大力培养、发现和破格使用优秀人才”[⑤]。他强调要有严格的考核、培养、使用和晋升制度,选优汰劣,鼓励上进,多出人才。三是大力培养青年人才。他指出:“论资排辈的状况一定要改变。学术界、教育界应该在年轻化方面带个头。”[⑥]他提出要大批提拔年轻的技术人才,要为青年人才创造脱颖而出的良好环境。他强调:“我们要开一条路出来,让有才能的人很快成长,不要老是把人才卡住。”[⑦]“特别优秀的,要给他们搭个比较轻便的梯子,使他们越级上来。”[⑧]这些重要论述,为我们做好人才工作提供了指导。

5. 发展高科技,实现产业化

邓小平着眼于长远,提出“发展高科技,实现产业化”[⑨]。

---

① 《邓小平文选》第3卷,人民出版社1993年版,第369页。
② 《邓小平文选》第3卷,人民出版社1993年版,第109页。
③ 《邓小平文选》第2卷,人民出版社1994年版,第92页。
④ 《邓小平文选》第2卷,人民出版社1994年版,第262页。
⑤ 《邓小平文选》第2卷,人民出版社1994年版,第326页。
⑥ 中共中央文献研究室编:《邓小平思想年谱(1975—1997)》,中央文献出版社1998年版,第365页。
⑦ 《邓小平文选》第3卷,人民出版社1993年版,第18页。
⑧ 《邓小平文选》第2卷,人民出版社1994年版,第324页。
⑨ 《邓小平文选》第3卷,人民出版社1993年版,第409页。

高科技是高技术及其相关科学研究的总称。基础科学前沿领域的重大突破，常常是高技术发展的先导，而高技术的发展又为基础科学的研究提供了有效的实验手段和经济支持。高技术（High Technology 或 High-tech）一词最早出现于美国。高技术是一个相对概念。过去被称为高技术的技术，今天可能已成为常规技术；今天的高技术，经过几十年的发展也将成为常规技术。一般来说，高技术是指含有现代尖端科学成就的新技术，体现了科学技术最主要的特点和发展趋势。高技术，就其种类划分，主要指信息技术、新材料技术、新能源技术、空间技术、海洋技术、生物技术等。这些技术都具有高智力密集、高投入、高风险、高附加值、高效益的特点，因此称为高技术。

在国家综合国力的竞争中，科学技术特别是高科技竞争实力的影响越来越大，发达国家纷纷采取措施努力提高自身的高科技实力，抢占高科技发展的制高点。20世纪80年代以来，发展高科技成为国家综合国力较量的重要手段和重要内容，高科技正在成为衡量一个国家科学技术发展水平与状况的重要标志。邓小平极为关注世界高科技领域的发展动向，他的着眼点不仅在于高科技对各国政治经济文化的发展已经产生并正在产生愈来愈大的作用，还在于高科技对国际政治经济格局、对我国未来国际地位的深刻影响。邓小平敏锐洞察世界科技发展趋势，高瞻远瞩地预见到高科技发展将给人类社会带来的巨大变化。他指出："下一个世纪是高科技发展的世纪。"①这是邓小平对未来人类社会和科学技术发展的一个非常重要的战略判断。他关于我国科学技术特别是高科技发展的一系列战略思想正是根据这个基本判断作出的。

当时，发达国家纷纷制定并实施各自的高技术发展计划，如美国的"星球大战"计划、西欧的"尤里卡"计划等。面对这种严峻的形势，邓小平提出："中国必须发展自己的高科技，在世界高科技领域占有一席之地。"②作为一个伟大的战略家，邓小平始终将发展高科技同国家安全、政治地位、经济发展、人民生活改善紧密联系在一起。他认为"从长远考虑"③，"从长远发展的利益着眼"④，

---

①《邓小平文选》第3卷，人民出版社1993年版，第279页。
②《邓小平文选》第3卷，人民出版社1993年版，第279页。
③《邓小平文选》第3卷，人民出版社1993年版，第184页。
④《邓小平文选》第3卷，人民出版社1993年版，第279页。

中国“必须一开始就参与这个领域的发展”[①]。他强调:“搞科技,越高越好,越新越好。”[②]他审时度势,把握机遇,亲自领导了一系列重大项目的决策和科技计划的制定,如“八六三”计划的实施、北京正负电子对撞机的研制等。

高技术的发展和进入生产领域,必然导致一些新兴产业的诞生,这就是高技术产业。邓小平敏锐地看到,“高科技领域的一个突破,带动一批产业的发展”[③]。高技术产业化是从某项成熟的高技术成果,通过技术创新、技术扩散,直至与该项技术创新有关的高技术产品达到一定市场容量,形成一定生产规模,最终形成一个产业的过程。1991年4月,邓小平为“八六三”计划工作会议写下了“发展高科技,实现产业化”[④]的题词。在邓小平的支持和倡导下,我国高技术产业蓬勃发展,为我国科技事业和经济社会发展、国家安全作出了重大贡献,为我们参与国际竞争创造了有利条件。

6. 扩大科技对外开放

对外开放是我国的一项长期的基本国策。扩大对外开放,加强国际科技交流合作,是我国对外开放基本国策在科学技术领域的贯彻落实和具体体现。在邓小平关于对外开放的思想中,扩大科学技术的对外开放是其中的重要内容。邓小平强调要扩大对外开放,努力学习世界先进科学技术。

对外开放是时代的潮流,是现代科技发展客观规律的要求。世界科技发展史表明,近代科技和大工业兴起以来,每个科技和经济强国在其发展的历程中,都经历过学习和借鉴别国科技成果,从而确立和发展自己的科技实力,促进经济社会发展的过程。关起门来搞科学技术,注定是搞不好的。邓小平指出:“对外开放具有重要意义,任何一个国家要发展,孤立起来,闭关自守是不可能的,不加强国际交往不行,不引进发达国家的先进经验、先进科学技术和资金,是不可能的。”[⑤]他强调:“世界在发展,我们不在技术上前进,不要说超

---

①《邓小平文选》第3卷,人民出版社1993年版,第279页。

②《邓小平文选》第3卷,人民出版社1993年版,第378页。

③《邓小平文选》第3卷,人民出版社1993年版,第377页。

④《邓小平文选》第3卷,人民出版社1993年版,第409页。

⑤《邓小平文选》第3卷,人民出版社1993年版,第117页。

过，赶都赶不上去，那才真正是爬行主义。我们要以世界先进的科学技术成果作为我们发展的起点。我们要有这个雄心壮志。”①

科学是世界性的认识活动，科研成果是人类知识的重要组成部分。科学技术是一种国际性事业。一方面，科学技术是人类在认识自然现象、探索和利用自然规律的长期实践中发展起来的。自然现象及其规律在世界上任何地方都具有同一性。科学技术也必然要反映这种同一性，这就决定了科学技术的国际性。另一方面，从科学技术本身发展的情况看，科学技术具有共享性的特点，这种特点使科学技术可以在国家间转移，技术转让可以跨越国界。1978年3月，邓小平在全国科学大会开幕式上的讲话中指出：“科学技术是人类共同创造的财富。任何一个民族、一个国家，都需要学习别的民族、别的国家的长处，学习人家的先进科学技术。我们不仅因为今天科学技术落后，需要努力向外国学习，即使我们的科学技术赶上了世界先进水平，也还要学习人家的长处。”②

邓小平对如何扩大科技工作对外开放进行了思考。一是科技工作对外开放要着眼和落实于发展生产力。他指出：“我们引进先进技术，是为了发展生产力，提高人民生活水平，是有利于我们的社会主义国家和社会主义制度。”③二是必须坚持“独立自主、自力更生”的方针。邓小平重申了我们党在长期的斗争中提出的“独立自主、自力更生”的方针。他指出：“提高我国的科学技术水平，当然必须依靠我们自己努力，必须发展我们自己的创造，必须坚持独立自主、自力更生的方针。”④他反复强调：“我们一方面实行开放政策，另一方面仍坚持建国以来毛泽东主席一贯倡导的自力更生为主的方针。必须在自力更生的基础上争取外援，主要依靠自己的艰苦奋斗。”⑤三是正确处理引进学习与自主创新的关系。邓小平指出：“掌握新技术，要善于学习，更要善于创新。”⑥

---

①《邓小平文选》第2卷，人民出版社1994年版，第129页。
②《邓小平文选》第2卷，人民出版社1994年版，第91页。
③《邓小平文选》第2卷，人民出版社1994年版，第133页。
④《邓小平文选》第2卷，人民出版社1994年版，第91页。
⑤《邓小平文选》第2卷，人民出版社1994年版，第406页。
⑥《邓小平文选》第3卷，人民出版社1993年版，第51页。

他认为，引进国外先进技术，学习与创新缺一不可，学习外国先进技术不能照搬照抄，而是要在消化吸收的基础上，有所改变、有所创造，提高自身的创新能力，这样才能缩短与国际先进水平的差距。他对引进国外先进技术提出了两个要求："第一要学会，第二要提高创新。"[①]四是积极开展国际科技交流与合作。邓小平指出："我们要向资本主义发达国家学习先进的科学、技术、经营管理方法以及其他一切对我们有益的知识和文化，闭关自守、故步自封是愚蠢的。"[②]他强调："要利用外国智力，请一些外国人来参加我们的重点建设以及各方面建设。"[③]他提出："接受华裔学者回国是我们发展科学技术的一项具体措施，派人出国留学也是一项具体措施。我们还要请外国著名学者来我国讲学。"[④]在邓小平的指示和支持下，我国有目的、有计划地引进大批专家来华进行学术交流，同时安排专项资金资助大批有为青年到国外留学进修和从事合作研究，并对自费留学采取了鼓励政策。正是由于实行了对外开放，我国科学技术在短短的时间里大大缩短了同发达国家之间的差距，我国科技水平不断提升，国际竞争力不断增强。

总之，邓小平对科学技术的社会功能、地位与作用、发展方向、基本任务、战略重点、体制改革、人才培养、对外开放等作出了一系列论述。这些论述构成了邓小平科技思想。

就邓小平科技思想与邓小平理论的关系来说，邓小平科技思想是邓小平理论的组成部分。就邓小平科技思想与中国特色社会主义理论体系的关系来说，邓小平科技思想是中国特色社会主义理论体系关于科技思想的重要内容。可以说，邓小平理论的形成和中国特色社会主义理论体系的创立，一开始就是与应对新科技革命相伴相随的。

---

① 《邓小平文选》第2卷，人民出版社1994年版，第129页。
② 《邓小平文选》第3卷，人民出版社1993年版，第44页。
③ 《邓小平文选》第3卷，人民出版社1993年版，第32页。
④ 《邓小平文选》第2卷，人民出版社1994年版，第57页。

第三章 | 体系奠基：新科技革命与中国特色社会主义理论体系的创立

党的十一届三中全会以后，以邓小平为核心的党的第二代中央领导集体，面对世界经济快速发展、科技进步日新月异的形势，毅然决然地吹响走自己的路、建设中国特色社会主义的时代号角，成功开创了中国特色社会主义。邓小平坚持解放思想、实事求是，在理论上取得了一系列重大突破：深刻揭示了社会主义本质，提出了社会主义本质论；作出了改革开放的历史性决策，形成了社会主义改革开放论；分析了党所处的历史阶段，提出了社会主义初级阶段论；设计了分阶段、有步骤地实现现代化的宏伟蓝图，提出了"三步走"发展战略；分析了中国所处的国际环境，提出了和平与发展的时代主题观。邓小平提出的这些重大思想，科学回答了建设中国特色社会主义的根本任务、发展动力、发展阶段和发展战略、外部条件等一系列基本问题，在理论上为中国特色社会主义理论体系奠定了基础，在实践中开辟了中国特色社会主义道路。

邓小平之所以能提出社会主义本质论、社会主义改革开放论、社会主义初级阶段论、"三步走"发展战略、和平与发展的时代主题观，与他关于应对新科技革命挑战的思考密切相关。在邓小平理论创立、邓小平理论为中国特色社会主义理论体系奠基的过程中，新科技革命都发挥了重要的作用。新科技革命成为中国特色社会主义理论体系构建的一个重要背景、重要因素、重要特色。

本章主要阐述新科技革命与邓小平理论中五个重大战略思想的关系，揭示新科技革命是如何参与中国特色社会主义理论体系奠基过程以及在其中发挥了什么样的作用。

一、社会主义本质论

社会主义本质论，深刻回答了中国特色社会主义的根本任务问题。

什么是社会主义、怎样建设社会主义，这是邓小平理论首要的基本问题。邓小平在深刻洞察世界经济科技形势、总结历史经验的基础上，紧紧抓住这个首要的基本问题，深刻揭示了社会主义本质。

早在1980年，邓小平第一次使用了社会主义本质这个概念。他指出："社会主义是一个很好的名词，但是如果搞不好，不能正确理解，不能采取正确的政策，那就体现不出社会主义的本质。"[①]这里，他强调只有掌握了社会主义的本质，才能正确理解什么是社会主义的问题。1984年6月，邓小平指出："什么叫社会主义，什么叫马克思主义？我们过去对这个问题的认识不是完全清醒的。……如果说我们建国以后有缺点，那就是对发展生产力有某种忽略。社会主义要消灭贫穷。贫穷不是社会主义，更不是共产主义。"[②]1985年3月，邓小平指出："总之，一个公有制占主体，一个共同富裕，这是我们所必须坚持的社会主义的根本原则。我们就是要坚决执行和实现这些社会主义的原则。"[③]这两次讲话虽然没有使用"社会主义本质"的概念，但是从根本原则上回答了什么是社会主义的问题。1985年8月，他又一次使用了"社会主义本质"的概念。他指出："我们的经济改革，概括一点说，就是对内搞活，对外开放。""对内搞活经济，是活了社会主义，没有伤害社会主义的本质。"[④]这里，邓小平从实质上论证了改革开放是社会主义本质的内在要求。1990年12月，他再一次明确地使用了"社会主义本质"的概念。他说："社会主义最大的优越性就是共同富裕，这是体现社会主义本质的一个东西。"[⑤]这就说明了共同富裕是社会主义本质最集中的体现。1992年初，邓小平在南方谈话中对社会主义的本质进一步作

① 《邓小平文选》第2卷，人民出版社1994年版，第313页。

② 《邓小平文选》第3卷，人民出版社1993年版，第63—64页。

③ 《邓小平文选》第3卷，人民出版社1993年版，第111页。

④ 《邓小平文选》第3卷，人民出版社1993年版，第135页。

⑤ 《邓小平文选》第3卷，人民出版社1993年版，第364页。

了科学的、完整的概括,指出:“社会主义的本质,是解放生产力,发展生产力,消灭剥削,消除两极分化,最终达到共同富裕。”[①]邓小平关于社会主义本质的科学概括,结束了我们党对社会主义认识的“不完全清醒”的状态。后来,这个科学概括写进了党的十四大报告,被全党所接受。

邓小平的社会主义本质论,运用了马克思主义历史唯物论的基本原理,把生产力、生产关系及其发展方向紧密地联系在一起,构成了一个严密的科学整体。社会主义本质论包含着社会主义根本任务和根本目的两大部分。其中,社会主义的根本任务是由解放生产力和发展生产力两方面组成,它们是达到根本目的的基本手段和基本途径;社会主义的根本目的也由两方面组成,一是消灭剥削,消除两极分化,二是最终达到共同富裕。根本任务和根本目的这两大部分是互为条件、相互依存的。根本任务以根本目的为方向,离开了根本目的,根本任务就失去了灵魂,因而也就失去了它作为社会主义本质规定的意义。离开了根本任务,根本目的就失去了实现的可能性,因而也就失去了它存在的客观基础。社会主义本质论体现了生产力和生产关系的统一,体现了社会主义根本任务和根本目的的统一,社会主义物质基础和社会关系的统一,社会主义发展过程和最终目标的统一,从最深刻、最高的层次上揭示了社会主义本质。

邓小平提出社会主义本质论绝非偶然,而是他科学判断世界经济、科技形势,认真总结历史经验,经过慎重而周密的思考从实践中得出的科学结论。邓小平提出社会主义本质论,有一个重要的视角,这就是新科技革命。他从新科技革命的发展趋势、我国与发达国家的差距、我国过去不重视发展生产力的教训出发,充分认识到科学技术在社会主义本质论中的重要地位和作用。

第一,提出社会主义本质论,是基于对世界新科技革命形势和国际竞争的科学把握。第二次世界大战后,尽管美苏在全球争霸,但随着世界和平力量的增长,战争一时打不起来,和平与发展成为时代的主题。而就在这一时期,世界发生了一个巨大的变化,这个变化就是新科技革命的蓬勃兴起,世界范围的新科技革命日新月异。新科技革命的影响较之前两次科技革命要广阔得多、

① 《邓小平文选》第3卷,人民出版社1993年版,第373页。

深刻得多。新学科、新技术、新材料、新能源、新工艺、新产业不断涌现，产品不断更新，产业不断升级，世界发展可谓一日千里。新科技革命对我们既是挑战，也是机遇。如果我们抓住了机遇，将会迎头赶上发达国家；如果我们错过这次机遇，我们将永远落后于别人。新科技革命使世界生产力发展出现了很多新的变化。资本主义国家一方面存在诸多深刻矛盾，另一方面，在新科技革命中，不少发达资本主义国家、不少新兴工业化国家和地区的生产力有很大的发展和提高。这个情况使社会主义国家面临巨大的压力和挑战。在这样的压力和挑战面前，社会主义国家应该作出怎样的战略决策？邓小平科学地分析了我国生产力发展现状和科技现状，指出："科学技术这么落后怎么行，要承认落后，承认落后就有希望了。"[①]他反复强调："认识落后，才能去改变落后。学习先进，才有可能赶超先进。"[②]社会主义国家唯一可能和正确的决策，就是努力发展和提高自己的生产力，使社会主义在这方面应有的优越性进一步显示出来。新科技革命在促进生产力发展的同时，也深刻地改变了社会主义国家与资本主义国家共处和斗争的形式。新科技革命使社会主义国家与资本主义国家之间争夺军事优势的竞争，让位给了争夺综合国力的优势、特别是争夺经济和科技优势的竞争。在这场竞赛和斗争中，赢家将不是枪炮最多的国家，而是拥有先进技术和高素质人才的国家。在新科技革命日新月异的形势下，大力发展我国的科学技术事业，不断提高我国的科技水平和综合国力，显得尤为迫切。邓小平正是敏锐地认识到这种形势，把生产力摆到突出地位来把握社会主义本质。

第二，新科技革命凸显了科学技术的社会功能，为完成社会主义的根本任务、体现社会主义的本质和优越性提供了突破口。新科技革命的实践表明，科学技术是第一生产力，科学技术已经成为推动生产力发展和经济社会发展的决定性因素。邓小平正是在全面分析新科技革命现状的基础上，在准确把握新科技革命发展趋势的基础上，作出了"科学技术是第一生产力"的科学论断，从而为解放生产力、发展生产力找到了突破口，为体现社会主义本质、发挥社

---

① 《邓小平文选》第2卷，人民出版社1994年版，第40页。

② 《邓小平文选》第2卷，人民出版社1994年版，第91页。

会主义制度的优越性找到了突破口。不抓住第一生产力,不勇敢地迎接现代科学技术革命的挑战,就不是真正的马克思主义者,社会主义的本质就无法体现,社会主义制度就会在与资本主义制度相较量的过程中失去优势。对于社会主义国家来说,吸收和借鉴人类社会创造的一切文明成果,大力发展科学技术,并在此基础上不断提高人民的生活水平,赢得与资本主义相比较的优势,具有极为强烈的现实性、紧迫性。中国特色的社会主义,应该是高度重视科学技术在社会发展中的作用,大力推动科技进步和创新,比资本主义更能促进科学技术发展,并且保证科学技术发展的社会成果为广大人民群众所共享的社会主义。

第三,新科技革命为社会主义和科学技术相结合提供了实践基础。邓小平1988年首次提出科学技术是第一生产力这个论点时,就不仅是从科技和经济这个层次,而是提高到社会主义这个层次来观察这个问题的。他指出:"世界在变化,我们的思想和行动也要随之而变。过去把自己封闭起来,自我孤立,这对社会主义有什么好处呢?历史在前进,我们却停滞不前,就落后了。"他还强调:"我们的根本问题就是要坚持社会主义的信念和原则,发展生产力,改善人民生活,为此就必须开放。否则,不可能很好地坚持社会主义。拿中国来说,五十年代在技术方面与日本差距也不是那么大,但是我们封闭了二十年,没有把国际市场竞争摆在议事日程上,而日本却在这个期间变成了经济大国。"[①]这段话,凝结着沉重的反思和深刻的对历史经验教训的总结。正是从这个层次上来观察科学技术作为第一生产力的影响和意义,邓小平更加深切地认识到:在社会主义的诸多任务中要把发展社会主义生产力摆在第一的位置,在发展生产力的诸多任务中要把科学技术摆在第一的位置。他指出:"社会主义的中国在经济、技术、文化等方面现在还不如发达的资本主义国家,这是事实。但是这不是社会主义制度造成的,从根本上说,是解放以前的历史造成的,是帝国主义和封建主义造成的。……我们尽管犯过一些错误,但我们还是在三十年间取得了旧中国几百年、几千年所没有取得过的进步。"[②]过去我们社

① 《邓小平文选》第3卷,人民出版社1993年版,第274页。
② 《邓小平文选》第2卷,人民出版社1994年版,第166—167页。

会主义发展中的根本教训，就是没有把握住社会主义的根本任务，没有结合好社会主义发展和科学技术发展这20世纪的两大潮流。今天我们实行改革开放，就是要更好地促进科学技术和整个社会生产力的发展，更好地实现社会主义和科学技术这两大时代潮流的结合。可以说，蓬勃发展的新科技革命，为我们解放和发展生产力提供了坚实的实践基础。

以社会主义本质论为基础，邓小平对社会主义的根本任务进行了思考。他强调：社会主义的根本任务是发展生产力。生产力是一切社会变革和社会发展的最终决定力量。这是马克思主义关于社会发展包括社会主义发展的一条最基本原理。然而在社会主义发展史上，在传统的社会主义理论思维中，这一基本原理却被长期地忽视以至忘却。人们在分析社会主义本质特征的时候，往往注重生产关系和上层建筑，而把生产力排除在外，认为生产关系和上层建筑具有阶级性，只有它们才是社会制度本质的根本标志和判断社会是否进步的根本标准；生产力则没有阶级性，不能把生产力作为社会主义的本质特征，不能作为区别社会主义制度与资本主义制度的根本标准。脱离生产力抽象地谈论社会主义，这是社会主义发展史上“左”的思潮普遍存在并长期束缚人们思想的根本原因。针对这种情况，邓小平反复指出，“马克思主义最注重发展生产力”，“社会主义阶段的最根本任务就是发展生产力”[①]，“马克思主义的基本原则就是要发展生产力”，“社会主义的首要任务是发展生产力”[②]，“搞社会主义，中心任务是发展社会生产力”[③]，“社会主义的第一个任务是要发展社会生产力”[④]。无论是“首要任务”、“中心任务”，还是“第一任务”“最根本任务”，都是高度强调发展生产力的重要性以及它在中国特色社会主义建设事业中所处的重要地位。

如何发展生产力呢？邓小平强调：必须把发展生产力摆在首要位置，坚持以经济建设为中心；经济建设必须依靠科技进步和劳动者素质的提高；解放和发展生产力，必须运用高科技手段，把科学技术作为第一生产力，大力发展科学和教育，充分利用新科技革命的成果，加快产业结构调整和经济社会发展步

①《邓小平文选》第3卷，人民出版社1993年版，第63页。
②《邓小平文选》第3卷，人民出版社1993年版，第116页。
③《邓小平文选》第3卷，人民出版社1993年版，第130页。
④《邓小平文选》第3卷，人民出版社1993年版，第227页。

伐；判断各方面工作的是非得失，归根到底，要以是否有利于发展社会主义社会的生产力，是否有利于增强社会主义国家的综合国力，是否有利于提高人民的生活水平为标准。这些都表明，要发展生产力，就必须优先发展生产力的关键因素——科学技术，就必须大力抓好第一生产力——科学技术。

迎接新科技革命挑战、推动我国科技事业发展，为实现社会主义本质、体现社会主义制度优越性，提供了实践基础和技术支撑。

社会主义本质论对于中国特色社会主义理论体系的奠基意义还在于：以江泽民为核心的党的第三代中央领导集体和以胡锦涛为总书记的党中央在继承邓小平社会主义本质论的基础上，结合新的实际从新的角度对社会主义本质论作了进一步的阐释，从而丰富和发展了社会主义本质论。

江泽民继承和发展了邓小平关于社会主义本质的思想，把人的全面发展纳入社会主义本质理论之中，拓展了社会主义本质的科学内涵。江泽民指出："我们要在发展社会主义物质文明和精神文明的基础上，不断推进人的全面发展。"[①]他强调，努力促进人的全面发展"是马克思主义关于建设社会主义新社会的本质要求"。推进人的全面发展，同推进经济、文化的发展和改善人民的物质文化生活，是互为前提和基础的。社会生产力和经济文化的发展水平是逐步提高、永无止境的历史过程，人的全面发展程度也是逐步提高、永无止境的历史过程。这两个历史过程应相互结合、相互促进地向前发展。科学技术是第一生产力，而且是先进生产力的集中体现和主要标志。科学技术的迅猛发展，极大地推动了世界生产力和人类经济社会发展，从而为促进人的全面发展创造了坚实的物质条件。另外，科学技术的发展，也能极大地提高人的科学文化素质，而这也是人的全面发展不可缺少的内容之一。新科技革命与人的全面发展，就是这样紧密地、内在地结合在一起。

以胡锦涛为总书记的党中央提出"社会和谐是中国特色社会主义的本质属性"[②]，深化了对社会主义本质的认识。社会和谐是中国特色社会主义的本

---

① 《江泽民文选》第3卷，人民出版社2006年版，第294页。

② 中共中央文献研究室编：《十六大以来重要文献选编》下，中央文献出版社2008年版，第648页。

质属性这个重大判断，是总结国内外社会主义建设特别是我国社会主义建设历史经验得出的重要结论。胡锦涛强调："把社会和谐明确为中国特色社会主义的本质属性，有利于更全面地坚持科学社会主义的基本原理，有利于更全面地体现党的奋斗目标和全国各族人民的共同理想，从而也有利于更好地建设中国特色社会主义，更好地实现最广大人民的根本利益。"[①]社会要和谐，首先要发展。社会和谐在很大程度上取决于社会生产力的发展水平。必须坚持用发展的办法解决前进中的问题，大力发展社会生产力，不断为社会和谐创造雄厚的物质基础。扎实推进新农村建设、坚持教育优先发展、加强医疗卫生服务等，这些都离不开科学技术。科学技术在发展社会事业、改善民生中发挥着强大的支撑作用。在构建社会主义和谐社会的过程中，必须"大力推进自主创新，抓紧落实支持科技进步和自主创新的财税、金融、政府采购、科技成果转化、知识产权保护、人才队伍建设等方面的政策措施，健全自主创新激励机制"[②]。如果脱离了新科技革命，不注重提高自主创新能力，那么，构建社会主义和谐社会将会进展缓慢，甚至举步维艰。

二、社会主义改革开放论

社会主义改革开放论，深刻回答了中国特色社会主义的发展动力问题。

改革开放是决定当代中国命运的关键抉择，是发展中国特色社会主义的必由之路。中国特色社会主义之所以具有强大的生命力，就在于它是实现改革开放的社会主义。中国特色社会主义的命题，是在改革开放的伟大实践中提出的；中国特色社会主义道路，是在改革开放的伟大实践中开辟的；中国特色社会主义理论体系，是在改革开放的伟大实践中形成的。

新科技革命是党作出改革开放决策的时代背景，改革开放是党在世界新科技革命浪潮中为推进中国经济社会发展而作出的重大决策。

---

① 中共中央文献研究室编：《十六大以来重要文献选编》下，中央文献出版社2008年版，第674页。

② 中共中央文献研究室编：《十六大以来重要文献选编》下，中央文献出版社2008年版，第680页。

1. 新科技革命是党作出改革开放决策的重要背景

邓小平指出："现在世界突飞猛进地发展，科技领域更是如此，中国有句老话叫'日新月异'，真是这种情况。我们要赶上时代，这是改革要达到的目的。"[①]这清楚地表明了邓小平思考改革问题的一个重要视角——新科技革命。

新科技革命极大地推动了生产力的飞速发展，并引起经济、政治、文化、社会等各个方面的剧烈变化。无论是资本主义国家还是社会主义国家，都面临着一个严峻问题：必须对不适应新的生产力发展的生产关系、上层建筑及相应的体制进行改革。资本主义国家为了解决科技革命与生产力发展带来的经济社会发展方面的一系列问题，先后进行了内容广泛的改革。如：推行"经济计划化"，综合利用经济杠杆和经济法规，加强对市场的调节与控制；通过"国家干预经济"实行企业国有化，加强生产关系的自我调节，使生产社会化和生产资料私人占有之间的尖锐矛盾在一定程度上有所缓和；推行以国家福利为主要内容的社会改良措施，使资本家与工人阶级之间的矛盾有所缓和。这些自我调节和改良措施，使得战后资本主义国家的生产关系不仅能够容纳现实生产力，而且生产力还有新的很大发展。新科技革命也极大地推动了社会主义国家改革。面对新科技革命浪潮的冲击，社会主义国家与发达资本主义国家原来缩小的差距又被再次拉大。从20世纪50年代起，苏联及东欧社会主义国家开始认识到传统的社会主义体制已经不能适应新科技革命和生产力发展的需要，相继进行了改革。苏联经历了赫鲁晓夫、柯西金的两次改革，但只是体制范围内的小调整、小修补，传统体制模式的弊端仍然根深蒂固。戈尔巴乔夫推行的所谓"人道的民主的社会主义"改革，由于偏离了社会主义方向，最终导致苏联解体。东欧其他一些社会主义国家曾一度掀起了此起彼伏的社会主义改革大潮，进行了难能可贵的改革探索，但是由于种种复杂的原因，最终也走向失败。两种不同制度的改革为世人提供了正反两方面的经验教训：不适应新科技革命发展趋势和生产力发展要求及时调整生产关系，不改革传统的束缚生产力发展的体制，社会主义建设将停滞不前；改革不彻底，改革目标不明

① 《邓小平文选》第3卷，人民出版社1993年版，第242页。

确，改革中不坚持社会主义方向，社会主义建设将步入歧途。邓小平在分析资本主义国家改革、社会主义国家改革经验教训的基础上，在洞察世界新科技革命发展趋势的基础上，明确指出："不改革就没有出路"[①]，"如果现在再不实行改革，我们的现代化事业和社会主义事业就会被葬送"[②]。

新科技革命的迅猛发展，极大地加强了世界的联系和交往。科学技术的进步，先进的交通工具和通信手段的产生，为经济全球化创造了有利条件。经济全球化是社会生产力和科学技术发展的客观要求和必然结果，有利于生产要素在全球范围内的优化配置。科学技术是经济全球化的助推器。新科技革命极大地推动了经济全球化的进程。国与国、地区与地区之间的经济技术联系日益密切，任何一个国家、地区都不可能脱离世界经济而孤立地发展。正如邓小平所言："现在任何国家要发达起来，闭关自守都不可能。"[③]他强调，闭关自守是导致中国落后的一个重要原因。"我们吃过这个苦头，我们的老祖宗吃过这个苦头。"[④]"如果从明朝中叶算起，到鸦片战争，有三百多年的闭关自守，如果从康熙算起，也有近二百年。长期闭关自守，把中国搞得贫穷落后，愚昧无知。"[⑤]新中国成立初期，我们受到西方国家的政治、经济封锁，不可能与当时发达的资本主义国家开展经济交流，更谈不上主动应对当时世界上正在兴起的经济全球化潮流。新中国虽然不具备全面对外开放的条件，但是新中国并不拒绝、限制对外经济交往。新中国成立初期，对外开放主要是对社会主义阵营开放，开放的对象主要是苏联、东欧国家。我国从苏联获得贷款，确定156项重点工程，聘请了大批苏联技术人员和专家。同时，与波兰、捷克等国家也开展了经济合作与交往，包括进行贸易和兴办合营公司等。后来，中苏关系恶化，苏联撤走了专家、停止了合作项目，我们对苏联、东欧的开放也就停止了。此后，由于受国内极左路线的影响，我们长期关起门来搞建设，没能参与经济全球化，没有抓住世界新科技革命迅猛发展的大好机遇，以致我国与世界发达

① 《邓小平文选》第3卷，人民出版社1993年版，第237页。
② 《邓小平文选》第2卷，人民出版社1994年版，第150页。
③ 《邓小平文选》第3卷，人民出版社1993年版，第90页。
④ 《邓小平文选》第3卷，人民出版社1993年版，第90页。
⑤ 《邓小平文选》第3卷，人民出版社1993年版，第90页。

国家的差距进一步拉大。“文化大革命”期间，我国文化、教育、科技事业受到极大破坏。“文化大革命”结束后，以邓小平为核心的党的第二代中央领导集体深深认识到我国经济实力、科技实力大大落后于世界，我国面临着巨大的国际竞争压力。怎么办？是继续关起门来搞建设，还是勇敢地打开国门对外开放？邓小平语重心长地说：“中国在西方国家产业革命以后变得落后了，一个重要原因就是闭关自守。建国以后，人家封锁我们，在某种程度上我们也还是闭关自守，这给我们带来了一些困难。三十几年的经验教训告诉我们，关起门来搞建设是不行的，发展不起来。”①在深刻总结我国历史上，特别是新中国成立后的经验教训的基础上，邓小平深刻阐明了我国实行对外开放政策的必要性，明确指出：“总结历史经验，中国长期处于停滞和落后状态的一个重要原因是闭关自守。经验证明，关起门来搞建设是不能成功的，中国的发展离不开世界。”②“根据中国的经验，把自己孤立于世界之外是不利的。要得到发展，必须坚持对外开放、对内改革，包括上层建筑领域的政治体制的改革。中国执行开放政策是正确的，得到了很大的好处。如果说有什么不足之处，就是开放得还不够。我们要继续开放，更加开放。”③

综上所述不难看出，邓小平是在正确认识新科技革命和经济全球化发展趋势、深刻总结资本主义国家和社会主义国家改革的成败得失、认真反思我国社会主义建设经验教训的基础上，作出了实行改革开放的重大决策。蓬勃发展的新科技革命，就是邓小平作出改革开放决策的重要背景。邓小平把改革开放提到关乎社会主义中国生死存亡的高度，深刻揭示了改革开放的重大意义：“不坚持社会主义，不改革开放，不发展经济，不改善人民生活，只能是死路一条。”④

2. 邓小平改革开放思想的主要内容

邓小平指出：“十一届三中全会制定了这样的一系列方针政策，走上了新

---

①《邓小平文选》第3卷，人民出版社1993年版，第64页。
②《邓小平文选》第3卷，人民出版社1993年版，第78页。
③《邓小平文选》第3卷，人民出版社1993年版，第202页。
④《邓小平文选》第3卷，人民出版社1993年版，第370页。

的道路。这些政策概括起来,就是改革和开放。”[①]“坚持改革开放是决定中国命运的一招。”[②]

改革是社会主义社会发展的直接动力。按照历史唯物主义的基本原理,生产力与生产关系的矛盾是人类社会的基本矛盾,这个基本矛盾的运动推动着人类社会的发展。其中生产力是起决定性作用的因素。在阶级社会中,社会基本矛盾表现为阶级矛盾和阶级斗争。马克思主义经典作家论证并阐明了阶级斗争是阶级社会发展的直接动力。那么,社会主义社会发展的动力是什么?这是一个长期未能解决的重大问题。斯大林、毛泽东对这个问题进行了探索。党的十一届三中全会以后,邓小平在总结历史经验的基础上,重新对这个问题进行了探索。他科学地区分了基本制度和具体制度这两个概念,强调我们的社会主义基本制度是个好制度,必须坚持,但体制方面存在弊端,这些体制上的弊端束缚了生产力的发展。他指出:“不改革不行,不制定新的政治的、经济的、社会的政策不行。”[③]必须从根本上改革束缚生产力发展的体制,解放和发展生产力。这样就科学地阐明了社会主义社会的发展动力问题。

改革是解放和发展生产力的必由之路。邓小平分析了我国社会主义社会基本矛盾的具体表现形式,阐明了改革的重要性和必要性。他认为,我国社会主义社会基本矛盾具体表现为人民日益增长的物质文化需要同落后的社会生产之间的矛盾,这种矛盾是非对抗性的矛盾,解决这个矛盾是我们的中心任务,社会主义的根本任务就是发展生产力。“要发展生产力,经济体制改革是必由之路。”[④]我们的改革是全面的改革,“包括经济体制改革、政治体制改革和相应的其他各个领域的改革”[⑤]。“我们所有的改革都是为了一个目的,就是扫除发展社会生产力的障碍。”[⑥]

革命是解放生产力,改革也是解放生产力。邓小平指出:“改革是中国的

---

① 《邓小平文选》第3卷,人民出版社1993年版,第266页。
② 《邓小平文选》第3卷,人民出版社1993年版,第368页。
③ 《邓小平文选》第3卷,人民出版社1993年版,第266页。
④ 《邓小平文选》第3卷,人民出版社1993年版,第138页。
⑤ 《邓小平文选》第3卷,人民出版社1993年版,第237页。
⑥ 《邓小平文选》第3卷,人民出版社1993年版,第134页。

第二次革命。"[1]中国的第一次革命是中国共产党领导的新民主主义革命和社会主义革命,这场革命建立起了社会主义基本制度,为当代中国一切发展进步奠定了根本政治前提和制度基础。党的十一届三中全会开启了改革开放历史新时期。改革开放是党在新的时代条件下带领人民进行的新的伟大革命。相对于中国的第一次革命而言,改革是中国的第二次革命。这场新的革命,是在过去革命取得成功和建设取得成就的基础上进行的。邓小平强调:"改革的性质同过去的革命一样,也是为了扫除发展社会生产力的障碍,使中国摆脱贫穷落后的状态。从这个意义上说,改革也可以叫革命性的变革。"[2]这种改革,不是在旧体制范围内进行枝枝节节的修补,而是实现体制的根本性变革。1992年,邓小平在视察南方时的谈话中指出:"革命是解放生产力,改革也是解放生产力。""社会主义基本制度确立以后,还要从根本上改变束缚生产力发展的经济体制,建立起充满生机和活力的社会主义经济体制,促进生产力的发展,这是改革,所以改革也是解放生产力。"[3]他强调,过去只讲在社会主义条件下发展生产力,没有讲还要通过改革解放生产力,不完全,应该把解放生产力和发展生产力这两个讲全。

改革是社会主义制度的自我完善和发展。邓小平认为,改革作为一场新的革命,绝不是否定和抛弃已经建立起的社会主义基本制度,绝不是要改变我们国家的社会主义性质。社会主义社会的生产力与生产关系、经济基础与上层建筑存在着既相适应又相矛盾的状况,从实质上讲,社会主义经济体制和其他方面体制的弊端,是基本矛盾中不相适应的方面的反映,完全可以通过社会主义制度本身加以解决。改革"不是对人的革命,而是对体制的革命"[4],改革"要有利于巩固社会主义制度,有利于巩固党的领导,有利于在党的领导和社会主义制度下发展生产力"[5],"改革是社会主义制度的自我完善"[6]。邓小平阐

① 《邓小平文选》第3卷,人民出版社1993年版,第113页。
② 《邓小平文选》第3卷,人民出版社1993年版,第135页。
③ 《邓小平文选》第3卷,人民出版社1993年版,第370页。
④ 《邓小平文选》第2卷,人民出版社1994年版,第397页。
⑤ 《邓小平文选》第3卷,人民出版社1993年版,第241页。
⑥ 《邓小平文选》第3卷,人民出版社1993年版,第142页。

明了改革的目的，强调各项“改革的总目标是一致的，都是为了使我国消灭贫穷，走向富强，消灭落后，走向现代化，建设有中国特色的社会主义”[①]。

确立改革的原则和评判标准。改革是社会主义制度的自我完善和发展，因此，各项改革措施都要坚持社会主义方向，都要在坚持社会主义的前提下开展。邓小平指出：“在改革中坚持社会主义方向，这是一个很重要的问题。”[②]他强调：“一个公有制占主体，一个共同富裕，这是我们所必须坚持的社会主义的根本原则。”[③]他还强调要始终坚持四项基本原则。改革“是个很大的试验，是书本上没有的”[④]，国际上也没有完全成功的经验。“我们是在一个贫穷的大国里进行改革的，这在世界上没有先例。”[⑤]在没有现成经验可供借鉴，又不能照搬西方模式的情况下，改革不可能是一帆风顺的。邓小平清醒地指出：“现在我们搞的实质上是一场革命。从另一个意义来说，我们现在做的事都是一个试验。对我们来说，都是新事物，所以要摸索前进。既然是新事物，难免要犯错误。我们的办法是不断总结经验，有错误就赶快改，小错误不要变成大错误。”[⑥]因此，改革要在党的领导下有步骤地进行，既要胆大又要谨慎还要步子稳，不断发现问题，及时总结经验。“我们在确定做这件事的时候，就意识到会有这样的风险。我们的方针是，胆子要大，步子要稳，走一步，看一步。我们的政策是坚定不移的，不会动摇的，一直要干下去，重要的是走一段就要总结经验。”[⑦]他提出了著名的“三个有利于”标准：“改革开放迈不开步子，不敢闯，说来说去就是怕资本主义的东西多了，走了资本主义道路。要害是姓‘资’还是姓‘社’的问题。判断的标准，应该主要看是否有利于发展社会主义社会的生产力，是否有利于增强社会主义国家的综合国力，是否有利于提高人民的生活

---

①《邓小平文选》第3卷，人民出版社1993年版，第122页。
②《邓小平文选》第3卷，人民出版社1993年版，第138页。
③《邓小平文选》第3卷，人民出版社1993年版，第111页。
④《邓小平文选》第3卷，人民出版社1993年版，第130页。
⑤《邓小平文选》第3卷，人民出版社1993年版，第266页。
⑥《邓小平文选》第3卷，人民出版社1993年版，第174页。
⑦《邓小平文选》第3卷，人民出版社1993年版，第113页。

水平。”[①]

对外开放是我国一项长期不变的基本国策。邓小平依据新科技革命发展趋势和世界经济发展的客观规律，深刻地把握了当今世界的基本特征。他指出：“现在的世界是开放的世界。”[②]“任何一个国家要发展，孤立起来，闭关自守是不可能的，不加强国际交往，不引进发达国家的先进经验、先进科学技术和资金，是不可能的。”[③]只有实行对外开放，才能引进我国所急需的技术、资金和管理经验，才能让我国在国际竞争与合作中获得广阔的发展空间。邓小平根据国际大环境的改善和国内党在指导思想上的拨乱反正，论述了我国实行对外开放的可能性，指出：“经过几年的努力，有了今天这样的、比过去好得多的国际条件，使我们能够吸收国际先进技术和经营管理经验，吸收他们的资金。这是毛泽东同志在世的时候所没有的条件。”[④]他强调：“我们的根本问题就是要坚持社会主义的信念和原则，发展生产力，改善人民生活，为此就必须开放。否则，不可能很好地坚持社会主义。”[⑤]中国只有打开国门，积极扩大同世界的交往，才能得到过去难以得到的先进技术、管理经验、市场、资源和其他有利条件，发挥比较优势，加速经济发展，增强综合国力。邓小平指出：“中国要谋求发展，摆脱贫穷和落后，就必须开放。”[⑥]他强调对外开放是一项长期持久的政策。“我们现行的方针政策不会有任何变化，开放政策只会更加开放。不但本世纪如此，中国达到中等发达国家水平以后还会如此，以后更是如此。”[⑦]在邓小平看来，中国已经同世界经济紧密地联系在一起，而且今后还将更加紧密地联系在一起。他甚至作出这样的预测：到21世纪后50年，“我们同国际上的经济交往更加频繁，更加相互依赖，更不可分，开放政策就更不会变了”[⑧]。

① 《邓小平文选》第3卷，人民出版社1993年版，第372页。
② 《邓小平文选》第3卷，人民出版社1993年版，第64页。
③ 《邓小平文选》第3卷，人民出版社1993年版，第117页。
④ 《邓小平文选》第2卷，人民出版社1994年版，第127页。
⑤ 《邓小平文选》第3卷，人民出版社1993年版，第274页。
⑥ 《邓小平文选》第3卷，人民出版社1993年版，第266页。
⑦ 《邓小平文选》第3卷，人民出版社1993年版，第235页。
⑧ 《邓小平文选》第3卷，人民出版社1993年版，第103页。

“五十年以后，中国同外国在经济上将更加紧密地联系起来，千丝万缕的联系怎么能断得了呢？”[①]他还强调，我们的对外开放是全方位的对外开放，既向西方发达国家开放，也向发展中国家开放。

必须正确处理自力更生与对外开放的关系。邓小平指出，在对外开放中必须坚持独立自主、自力更生的原则。“我们一方面实行开放政策，另一方面仍坚持建国以来毛泽东主席一贯倡导的自力更生为主的方针。必须在自力更生的基础上争取外援，主要依靠自己的艰苦奋斗。”[②]独立自主，自力更生，无论过去、现在和将来都是我们的立足点。但是，“独立自主不是闭关自守，自力更生不是盲目排外”[③]。只有在自力更生的基础上实行对外开放，才能增强自力更生的能力，通过对外开放促进我国的经济社会发展。他指出：“像中国这样大的国家搞建设，不靠自己不行，主要靠自己，这叫做自力更生。但是，在坚持自力更生的基础上，还需要对外开放，吸收外国的资金和技术来帮助我们发展。”[④]

必须大胆吸收和借鉴人类社会创造的一切文明成果。各国之间经济上的联系与合作，也使社会主义与资本主义国家关系出现了新的特点。社会主义国家可以向资本主义国家学习，大胆吸纳它的一切先进成果，在与资本主义国家的竞争中体现自己的优势。邓小平指出：“我们要向资本主义发达国家学习先进的科学、技术、经营管理方法以及其他一切对我们有益的知识和文化，闭关自守、故步自封是愚蠢的。”[⑤]他强调：“社会主义要赢得与资本主义相比较的优势，就必须大胆吸收和借鉴人类社会创造的一切文明成果，吸收和借鉴当今世界各国包括资本主义发达国家的一切反映现代社会化生产规律的先进经营方式、管理方法。”[⑥]邓小平在强调对外开放的重要性的同时，也辩证地看到：

① 中共中央文献研究室编：《邓小平年谱（1975—1997）》下，中央文献出版社2004年版，第1026页。

② 《邓小平文选》第2卷，人民出版社1994年版，第406页。

③ 《邓小平文选》第2卷，人民出版社1994年版，第91页。

④ 《邓小平文选》第3卷，人民出版社1993年版，第78—79页。

⑤ 《邓小平文选》第3卷，人民出版社1993年版，第44页。

⑥ 《邓小平文选》第3卷，人民出版社1993年版，第373页。

“开放政策是有风险的,会带来一些资本主义的腐朽东西。”[①]针对有人说中国的开放政策会导致资本主义的观点,邓小平明确指出:“我们的开放政策不会导致资本主义。”[②]他还提出了“趋利避害”的思想,指出:“要重视广泛的国际交往,同什么人都可以打交道,在打交道的过程中趋利避害。”[③]如何做到趋利避害呢?他强调在对外开放过程中要防止资产阶级腐朽思想的侵袭,要坚持“两手抓、两手都要硬”的方针,加强社会主义精神文明建设。

3. 改革开放思想的新发展

党的十三届四中全会以来,以江泽民为核心的党的第三代中央领导集体结合新的实践,进一步发展了社会主义改革开放论。关于改革,江泽民指出:“我们的改革,是社会主义制度的自我完善和发展,是发扬优势、革除弊端、大胆创新的过程。”[④]江泽民深刻总结国际国内社会主义发展的经验教训,强调:一是必须坚持社会主义,二是必须进行社会主义改革,探索符合本国实际的社会主义发展道路。改革的实质是体制创新。不改革,不进行体制创新,很多问题的解决就没有出路。江泽民指出:“在社会主义的各个历史阶段,都需要根据经济社会发展的要求,适时地通过改革不断推进社会主义制度的自我完善和发展,这样才能使社会主义制度充满生机和活力。全党同志必须牢固树立社会主义改革和发展的基本观点和自觉性。”[⑤]

关于对外开放,江泽民强调,要不断丰富对外开放的形式和内容,不断提高对外开放的质量和水平,积极推进全方位、多层次、宽领域的对外开放。加入世贸组织,是以江泽民为核心的党的第三代中央领导集体面对经济科技全球化趋势作出的重大战略决策,是我国对外开放战略的又一重大举措,标志着我国对外开放进入一个新的阶段。江泽民提出要辩证地看待加入世贸组织的

① 《邓小平文选》第3卷,人民出版社1993年版,第139页。
② 中共中央文献研究室编:《邓小平思想年谱(1975—1997)》,中央文献出版社1998年版,第308页。
③ 《邓小平文选》第3卷,人民出版社1993年版,第260页。
④ 《江泽民文选》第1卷,人民出版社2006年版,第163页。
⑤ 《江泽民文选》第3卷,人民出版社2006年版,第274页。

利和弊。他还强调要通过开放促改革、促发展。实施“走出去”战略是对外开放新阶段的重大举措。江泽民指出:“引进来”和“走出去”是对外开放的两个轮子,必须同时转动起来。必须实施“引进来”和“走出去”相结合的对外开放战略。

党的十六大以来,以胡锦涛为总书记的党中央提出了科学发展观等重大战略思想,进一步发展了社会主义改革开放论。胡锦涛指出:“深入贯彻落实科学发展观,要求我们继续深化改革开放。”他强调:“要把改革创新精神贯彻到治国理政各个环节,毫不动摇地坚持改革方向,提高改革决策的科学性,增强改革措施的协调性。要完善社会主义市场经济体制,推进各方面体制改革创新,加快重要领域和关键环节改革步伐,全面提高开放水平,着力构建充满活力、富有效率、更加开放、有利于科学发展的体制机制,为发展中国特色社会主义提供强大动力和体制保障。”[①]胡锦涛高度评价改革开放的历史地位,指出新时期最鲜明的特点是改革开放,改革开放是坚持和发展中国特色社会主义的必由之路,并把“必须坚持推进改革开放”作为在新的历史条件下夺取中国特色社会主义新胜利的八条基本要求之一。

党的十八大以来,以习近平为核心的党中央结合全面建成小康社会的新实践、新任务,对全面深化改革作出战略部署,进一步丰富和发展了社会主义改革开放论。2013年11月,党的十八届三中全会通过的《中共中央关于全面深化改革若干重大问题的决定》(以下简称《决定》),明确提出了全面深化改革的指导思想:全面深化改革,必须高举中国特色社会主义伟大旗帜,以马克思列宁主义、毛泽东思想、邓小平理论、“三个代表”重要思想、科学发展观为指导,坚定信心,凝聚共识,统筹谋划,协同推进,坚持社会主义市场经济改革方向,以促进社会公平正义、增进人民福祉为出发点和落脚点,进一步解放思想、解放和发展社会生产力、解放和增强社会活力,坚决破除各方面体制机制弊端,努力开拓中国特色社会主义事业更加广阔的前景。关于全面深化改革的总目标,《决定》指出:全面深化改革的总目标是完善和发展中国特色社会主义制

① 中共中央文献研究室编:《十七大以来重要文献选编》上,中央文献出版社2009年版,第14页。

度，推进国家治理体系和治理能力现代化。必须更加注重改革的系统性、整体性、协同性，加快发展社会主义市场经济、民主政治、先进文化、和谐社会、生态文明，让一切劳动、知识、技术、管理、资本的活力竞相迸发，让一切创造社会财富的源泉充分涌流，让发展成果更多更公平地惠及全体人民。《决定》提出了“六个紧紧围绕”的原则，指出：紧紧围绕使市场在资源配置中起决定性作用，深化经济体制改革，推动经济更有效率、更加公平、更可持续发展；紧紧围绕坚持党的领导、人民当家做主、依法治国有机统一，深化政治体制改革，发展更加广泛、更加充分、更加健全的人民民主；紧紧围绕建设社会主义核心价值体系、社会主义文化强国，深化文化体制改革，推动社会主义文化大发展大繁荣；紧紧围绕更好保障和改善民生、促进社会公平正义，深化社会体制改革，确保社会既充满活力又和谐有序；紧紧围绕建设美丽中国，深化生态文明体制改革，加快建立生态文明制度，推动形成人与自然和谐发展现代化建设新格局；紧紧围绕提高科学执政、民主执政、依法执政水平，深化党的建设制度改革，为改革开放和社会主义现代化建设提供坚强政治保证。《决定》深刻剖析了我国改革发展稳定面临的重大理论和实践问题，描绘了全面深化改革的新蓝图、新愿景、新目标，合理布局了深化改革的战略重点、优先顺序、主攻方向、工作机制、推进方式和时间表、路线图，汇集了全面深化改革的新思想、新论断、新举措，形成了改革理论和政策的一系列重大突破。

三、社会主义初级阶段论

建设中国特色社会主义，必须从实际出发，而最大的实际就是中国的基本国情。邓小平依据对社会主义和我国基本国情的再认识，依据对世界经济、科技发展趋势的把握，提出了社会主义初级阶段论。社会主义初级阶段论是邓小平理论的立论基础。以江泽民为核心的党的第三代中央领导集体和以胡锦涛为总书记的党中央，进一步阐述了社会主义初级阶段论和我国发展的阶段性特征。

1. 社会主义初级阶段论的提出

邓小平理论的一个重要理论基石，就是社会主义初级阶段理论。要搞清楚什么是社会主义、怎样建设社会主义，就必须搞清楚什么是初级阶段的社会主义，在初级阶段怎样建设社会主义。党的十一届三中全会以来，邓小平和我们党在总结历史经验和教训的基础上，对社会主义和我国国情进行再认识，作出了我国现在处于并将长期处于社会主义初级阶段的科学判断，形成了社会主义初级阶段理论。

关于社会主义发展阶段问题，马克思主义经典作家有过许多精辟论述。马克思曾经预见未来社会发展将经历一个从低级向高级的发展过程，将会有不同的历史阶段，并把未来的共产主义社会划分为第一阶段和高级阶段，分析了两个阶段的区别和联系。列宁在领导俄国社会主义革命和建设的实践中，继承和发展了马克思的这一思想，将共产主义社会第一阶段称为“社会主义”，并根据俄国初步的社会主义实践，认为社会主义社会将是一个多级发展的历史过程。列宁提出了“初级形式的社会主义”和“不发达的社会主义”、“发达的社会主义”和“完备形式的社会主义”等概念，表达了社会主义将经历若干历史发展阶段的思想。但是，社会主义国家在建立起社会主义制度后，在实践中却对本国社会主义所处的发展阶段不同程度地出现了认识失误。社会主义国家对本国社会主义发展阶段作出的判断，大都犯有把马克思主义结论教条化和把本国社会主义现实理想化的错误。

关于我国社会主义的发展阶段问题，我们党作了有益的探索，取得过重要成就，也经历过多次曲折，付出了重大代价。新中国成立之初，我们党对刚刚取得新民主主义革命胜利的中国的国情基本上有比较清醒的认识，在国民经济恢复时期和生产资料社会主义改造时期，实行的方针和政策基本上是正确的。然而，党的八大开过不久，我们在一些问题上的看法出现偏差。从1957年反右斗争到1978年党的十一届三中全会之前，对我国国情和社会主义所处的历史阶段的认识，我们党虽然作了有益的探索，但总的来说，一直处在不完全清醒的状态。我们曾一度认为“共产主义在我国的实现，已经不是什么遥远将来的事情了”。在较长的时间里，我们党认为我国社会主义社会仍然处在两个阶级、两条道路激烈斗争的“过渡时期”。于是就有了“跑步进入共产主义”的实践、“大跃进”、人民公社化运动、浮夸风和“共产风”等,以致“文化大革命”这样全局性的错误,给我们的社会主义事业带来巨大的损失。我们犯这些错误的一个重要认识根源,就是对我国基本国情和社会主义所处的历史阶段作出了错误的判断。

直到党的十一届三中全会以后,我们党才逐步认识到我国社会主义所处的发展阶段。1979年3月,邓小平指出:“现在搞建设,也要适合中国情况,走出一条中国式的现代化道路。”[①]他还把我国国情最基本的特点简明扼要地概括为两个方面:底子薄,人口多、耕地少。1979年9月,党的十一届四中全会通过了叶剑英在庆祝中华人民共和国成立30周年大会上的讲话。这个讲话指出:“我国现在还是发展中的社会主义国家,社会主义制度还不完善,经济和文化还不发达。”“社会主义制度还处在幼年时期。”[②]1980年4月,邓小平在谈到新中国成立30年的经验时强调:“不要离开现实和超越阶段采取一些‘左’的办法,这样是搞不成社会主义的。”[③]1981年6月,邓小平主持制定的《中共中央关于建国以来党的若干历史问题的决议》中首次明确提出,“我们的社会主义制度还是处于初级的阶段”,强调这一制度“由比较不完善到比较完善,必然要经历一个长久的过程”。[④]1982年9月,党的十二大报告再次指出:“我国的社会主义社会现在还处在初级发展阶段。”1987年9月,邓小平指出:“我们党的十三大要阐述中国社会主义是处在一个什么阶段,就是处在初级阶段,是初级阶段的社会主义。社会主义本身是共产主义的初级阶段,而我们中国又处在社会主义的初级阶段,就是不发达的阶段。一切都要从这个实际出发,根据这个实际来制订规划。”[⑤]党的十三大报告以社会主义初级阶段为立论基础,全面阐述了社会

① 《邓小平文选》第2卷,人民出版社1994年版,第163页。

② 中共中央文献研究室编:《三中全会以来重要文献选编》上,人民出版社1982年版,第212、220页。

③ 《邓小平文选》第2卷,人民出版社1994年版,第312页。

④ 中共中央文献研究室编:《三中全会以来重要文献选编》下,人民出版社1982年版,第838页。

⑤ 《邓小平文选》第3卷,人民出版社1993年版,第252页。

主义初级阶段的基本含义、历史地位、基本特征和基本任务，形成了比较完整的社会主义初级阶段理论，并且明确概括了党在社会主义初级阶段的基本路线。党的十三大闭幕后不久，邓小平指出，十三大的特点之一，就是“阐述了中国社会主义初级阶段的理论，在这个理论指导下，坚定地贯彻党的十一届三中全会以来的路线、方针和政策”[①]。党的十四大报告对邓小平建设有中国特色社会主义理论的主要内容作了系统的概括，论述了社会主义初级阶段理论是建设有中国特色社会主义理论的重要内容并在这个理论体系中处于基础地位。党的十五大报告对我国社会主义初级阶段的基本特征、发展进程、主要矛盾和根本任务等作了更加系统的论述，表明我们党对社会主义初级阶段的认识达到一个新的高度。

我国社会主义的初级阶段，不是泛指任何国家进入社会主义都会经历的起始阶段，而是特指我国在生产力落后、商品经济不发达条件下建设社会主义必然要经历的特定阶段。党的十三大报告指出：“我国正处在社会主义的初级阶段。这个论断，包括两层含义。第一，我国社会已经是社会主义社会。我们必须坚持而不能离开社会主义。第二，我国的社会主义社会还处在初级阶段。我们必须从这个实际出发，而不能超越这个阶段。”[②]党的十三大报告全篇以社会主义初级阶段理论作为立论的根据，系统地论述了社会主义初级阶段理论，阐述了我国正处在社会主义初级阶段的含义、内容、基本特征，并在此基础上论述了党在社会主义初级阶段的基本路线、基本任务和基本方针。

社会主义初级阶段理论的提出，源于我们党对我国基本国情的科学分析和判断。而在这种科学分析和判断中，科技因素始终是我们党深刻思考的一个重要因素。我国科技发展水平及现状，本身就是我国基本国情的一个方面。而它作为我国基本国情的一个方面，又深深地渗透在基本国情的其他方面。所以，分析我国基本国情及特点，自然离不开科学技术这个因素。我国基本国情有很多特点，这些特点都与科学技术密切相关，或者说可以从我国科技发展水平及状况方面找到原因。第一，生产力不发达的状况还没有根本改

① 《邓小平文选》第3卷，人民出版社1993年版，第258页。

② 中共中央文献研究室编：《十三大以来重要文献选编》上，人民出版社1991年版，第9页。

变。新中国成立以来，我国经济实力有了巨大增长。但是，人口多、底子薄，人均国民生产总值仍然很低，地区发展不平衡的状况还没有改变。我国农业基本上还是靠手工劳动，农业机械化和现代化程度还较低；一部分经济比较发达的地区，同广大不发达地区和贫困地区同时存在；产业结构还比较落后，一般技术的传统产业重复建设过多，一部分现代化工业同大量落后于现代化水平的工业同时存在；一部分具有世界先进水平的科学技术，同生产力科技含量低、科学技术对生产增长的贡献率远远落后于发达国家的状况同时存在。第二，生产力的落后状况又决定了我国社会主义制度还不完善。由于我国生产的社会化程度还比较低，自然经济半自然经济还占相当的比重，社会主义民主法制还不够健全，封建主义、资本主义腐朽思想和小生产习惯势力在社会上还有广泛影响。再加上我国教育科学文化事业还不发达，文盲和半文盲人口仍占不小的比重，国民的科学文化素质与发达国家相比还有较大的差距。可见，我国科技发展水平及现状，决定了我国生产力还不发达。生产力不发达以及相应的生产关系和上层建筑的状况，决定了我国社会主义社会仍然处于初级阶段。

社会主义初级阶段理论的提出，为我们党制定和执行正确的路线、方针、政策提供了科学的依据。第一，在社会主义初级阶段，因为社会的主要矛盾是人民日益增长的物质文化需要同落后的社会生产之间的矛盾，生产力不发达，所以必须坚持以经济建设为中心。中国特色社会主义进入新时代后，我国社会主要矛盾已经转化为人民日益增长的美好生活需要和不平衡不充分的发展之间的矛盾，但这一变化没有改变我们对于我国社会主义社会所处历史阶段的判断，我们仍然要坚持以经济建设为中心。第二，因为我国早已进入了社会主义社会，而且只有沿着社会主义道路继续前进，才能进一步发展中国，所以必须坚持四项基本原则；因为我国的社会主义生产关系和上层建筑还不成熟、不完善，所以必须进行改革开放。第三，因为我国人口多、发展起点低，依赖外国也不可能从根本上改变落后面貌，所以必须把建设国家的立足点放在自己力量的基础上，自力更生，艰苦创业。第四，因为社会主义初级阶段各种剥削阶级思想在社会上还有广泛影响，所以必须坚持“两手抓”的方针，在加强物质文明建设的同时，重视和加强社会主义政治文明、精神文明、和谐社会以及生态文明建设,把我国建设成为富强民主文明和谐美丽的社会主义现代化强国。总之,社会主义初级阶段的基本国情决定了我们只能实行现在这样的基本路线和政策而不能实行别样的路线和政策。

2. 社会主义初级阶段论的进一步阐述

在党的十五大上,江泽民对社会主义初级阶段理论的含义、特征和发展进程作了新的概括。关于社会主义初级阶段的含义,江泽民指出:"社会主义是共产主义的初级阶段,而中国又处在社会主义的初级阶段,就是不发达的阶段。在我们这样的东方大国,经过新民主主义走上社会主义道路,这是伟大的胜利。但是,我国进入社会主义的时候,就生产力发展水平来说,还远远落后于发达国家。这就决定了必须在社会主义条件下经历一个相当长的初级阶段,去实现工业化和经济的社会化、市场化、现代化。这是不可逾越的历史阶段。"[①]这一论断包括三层含义:其一,我国已进入社会主义,社会主义制度的建立开辟了中国历史的新纪元,我们必须坚持而不能离开社会主义;其二,我国的社会主义社会还处在初级阶段,必须从这个实际出发,而不能超越这个阶段;其三,进入社会主义的历史条件和社会经济状况,决定我国必须经历一个很长的初级阶段,去实现许多国家在资本主义条件下所完成的工业化和经济的社会化、市场化、现代化的任务。

关于社会主义初级阶段的基本特征和发展进程,江泽民从九个方面进行了阐述。他指出:"社会主义初级阶段,是逐步摆脱不发达状态,基本实现社会主义现代化的历史阶段;是由农业人口占很大比重、主要依靠手工劳动的农业国,逐步转变为非农业人口占多数、包含现代农业和现代服务业的工业化国家的历史阶段;是由自然经济半自然经济占很大比重,逐步转变为经济市场化程度较高的历史阶段;是由文盲半文盲人口占很大比重、科技教育文化落后,逐步转变为科技教育文化比较发达的历史阶段;是由贫困人口占很大比重、人民生活水平比较低,逐步转变为全体人民比较富裕的历史阶段;是由地区经济文化很不平衡,通过有先有后的发展,逐步缩小差距的历史阶段;是通过改革和

① 《江泽民文选》第2卷,人民出版社2006年版,第13—14页。

探索,建立和完善比较成熟的充满活力的社会主义市场经济体制、社会主义民主政治体制和其他方面体制的历史阶段;是广大人民牢固树立建设有中国特色社会主义共同理想,自强不息,锐意进取,艰苦奋斗,勤俭建国,在建设物质文明的同时努力建设精神文明的历史阶段;是逐步缩小同世界先进水平的差距,在社会主义基础上实现中华民族伟大复兴的历史阶段。”[①]江泽民强调:“这样的历史进程,至少需要一百年时间。至于巩固和发展社会主义制度,那还需要更长得多的时间,需要几代人、十几代人,甚至几十代人坚持不懈地努力奋斗。”[②]

在上述九个特点中,第一个特点和第九个特点是对社会主义初级阶段发展进程的总体概括,其他七个特点分别阐述了初级阶段实现工业化和现代化过程的特点、经济方式变化的特点、文化建设的特点、人民生活状况的特点、地区协调发展的特点、社会主义制度在改革中自我完善的特点、物质文明和精神文明协调发展的特点。完成这七个方面的任务,都离不开我国科学技术的大发展,都需要强大的科技支撑。

上述九个方面的基本特征,从不同角度体现着社会主义初级阶段的具体国情状况。同时,它们作为一个有机的统一体,相互规定、相互制约、相互影响,共同反映着社会主义初级阶段基本国情特征的整个全貌。从20世纪50年代中期我国进入社会主义初级阶段开始,经过艰苦努力,我国生产力有了很大提高,各项事业有了很大进步。然而总的说来,人口多、底子薄,地区发展不平衡,生产力不发达的状况没有根本改变;社会主义制度还不完善,社会主义市场经济体制还不成熟,社会主义民主法制还不够健全,封建主义、资本主义腐朽思想和小生产习惯势力在社会上还有广泛影响。江泽民指出:“中国走的是社会主义道路,这是国情;中国社会主义正处在并将长期处在初级阶段,这也是国情。必须把社会主义和初级阶段这八个字统一起来认识和把握。”[③]

2001年7月,江泽民在庆祝中国共产党成立80周年大会上的讲话中提出

---

① 《江泽民文选》第2卷,人民出版社2006年版,第14—15页。

② 《江泽民文选》第2卷,人民出版社2006年版,第15页。

③ 中共中央文献研究室编:《江泽民论有中国特色社会主义》(专题摘编),中央文献出版社2002年版,第29页。

了最低纲领与最高纲领辩证统一的思想。他指出:“一个政党的纲领就是一面旗帜。在革命、建设和改革的各个历史阶段中,我们党既有每个阶段的基本纲领即最低纲领,也有确定长远奋斗目标的最高纲领。我们是最低纲领与最高纲领的统一论者。”[①]这一重要论断表明,党的实现共产主义的最高纲领是科学的,但不可能一蹴而就,需要经过许多代人的不懈努力和艰苦奋斗,通过相互衔接的一个又一个最低纲领的实现才能实现。因此,江泽民强调全党同志既要树立共产主义的远大理想,坚定信念,以高尚的思想道德要求和鞭策自己,更要脚踏实地地为实现党在现阶段的基本纲领而不懈努力,扎扎实实地做好现阶段的每一项工作。他指出:“我国现在处于并将长期处于社会主义初级阶段。社会主义初级阶段,是整个建设有中国特色社会主义的很长历史过程中的初始阶段。随着经济发展和社会全面进步,将来条件具备时,我国社会主义建设会进入更高的发展阶段。全党同志必须坚定不移地贯彻党在社会主义初级阶段的基本路线,始终以经济建设为中心,坚持四项基本原则,坚持改革开放,为实现党在现阶段的基本纲领而奋斗,不断把建设有中国特色社会主义事业向着未来推进。”[②]

以胡锦涛为总书记的党中央进一步论述了我国发展的新的阶段性特征,从而给社会主义初级阶段论增添了新的内容。2007年10月,胡锦涛在党的十七大报告中指出:“进入新世纪新阶段,我国发展呈现一系列新的阶段性特征,主要是:经济实力显著增强,同时生产力水平总体上还不高,自主创新能力还不强,长期形成的结构性矛盾和粗放型增长方式尚未根本改变;社会主义市场经济体制初步建立,同时影响发展的体制机制障碍依然存在,改革攻坚面临深层次矛盾和问题;人民生活总体上达到小康水平,同时收入分配差距拉大趋势还未根本扭转,城乡贫困人口和低收入人口还有相当数量,统筹兼顾各方面利益难度加大;协调发展取得显著成绩,同时农业基础薄弱、农村发展滞后的局面尚未改变,缩小城乡、区域发展差距和促进经济社会协调发展任务艰巨;社会主义民主政治不断发展、依法治国基本方略扎实贯彻,同时民主法制建设与

① 《江泽民文选》第3卷,人民出版社2006年版,第292—293页。

② 《江泽民文选》第3卷,人民出版社2006年版,第293—294页。

扩大人民民主和经济社会发展的要求还不完全适应，政治体制改革需要继续深化；社会主义文化更加繁荣，同时人民精神文化需求日趋旺盛，人们思想活动的独立性、选择性、多变性、差异性明显增强，对发展社会主义先进文化提出了更高要求；社会活力显著增强，同时社会结构、社会组织形式、社会利益格局发生深刻变化，社会建设和管理面临诸多新课题；对外开放日益扩大，同时面临的国际竞争日趋激烈，发达国家在经济科技上占优势的压力长期存在，可以预见和难以预见的风险增多，统筹国内发展和对外开放要求更高。”①这些情况表明，经过新中国成立以来特别是改革开放以来的不懈努力，我国取得了举世瞩目的发展成就，从生产力到生产关系、从经济基础到上层建筑都发生了意义深远的重大变化，但我国仍处于并将长期处于社会主义初级阶段的基本国情没有变。胡锦涛强调：“当前我国发展的阶段性特征，是社会主义初级阶段基本国情在新世纪新阶段的具体表现。”②

尤其值得注意的是，在胡锦涛提出的十个阶段性特征中，“生产力水平总体上还不高，自主创新能力还不强”列在第一位。这表明，科学技术在党中央关于我国发展的阶段性特征的考虑中，居于十分重要的地位。正因如此，胡锦涛反复强调：“自主创新能力是国家竞争力的核心”③，必须把提高自主创新能力“作为科技发展的首要任务”，“摆在全部科技工作的首位”④。

从上述过程也可以看出，从提出社会主义初级阶段论到我国发展的阶段性特征，党对科学技术的重要性的认识不仅是一以贯之的，而且重视程度也是在不断增加的。这也反映出迎接新科技革命挑战、推进我国科技事业的重要性。

---

① 中共中央文献研究室编：《十七大以来重要文献选编》上，中央文献出版社2009年版，第10—11页。

② 中共中央文献研究室编：《十七大以来重要文献选编》上，中央文献出版社2009年版，第11页。

③ 中共中央文献研究室编：《十六大以来重要文献选编》下，中央文献出版社2008年版，第62页。

④ 中共中央文献研究室编：《十七大以来重要文献选编》上，中央文献出版社2009年版，第501页。

从社会主义初级阶段论提出和发展的过程可以看出，邓小平提出社会主义初级阶段论对于构建中国特色社会主义理论体系的重要作用。正是在这个意义上，社会主义初级阶段论是中国特色社会主义理论体系的立论基石。

四、“三步走”发展战略

从社会主义初级阶段的实际出发，邓小平为我国设计了分“三步走”基本实现现代化的宏伟蓝图，并在此基础上形成了以“三步走”战略为核心的社会主义现代化发展战略。以江泽民为核心的党的第三代中央领导集体根据形势的发展变化，提出了全面建设小康社会的奋斗目标。以胡锦涛为总书记的党中央根据我国经济社会发展实际，在党的十六大、十七大确立的全面建设小康社会目标的基础上，充实和完善了全面建成小康社会的目标，提出了实现全面建成小康社会目标的新要求。

1. “三步走”发展战略的提出

小康社会理论最初是作为“中国式的现代化”的另一种表述提出来的，是对社会主义现代化建设目标的一种简单通俗、富有中国特色的描述。它孕育和形成于20世纪70年代末期，发展和成熟于20世纪八九十年代。1979年3月，邓小平在《坚持四项基本原则》这篇著名讲话中提出，要使中国实现四个现代化，至少必须看到贫穷落后、底子薄、人口多、耕地少等问题，因此必须要走一条中国式现代化的道路。1979年10月，邓小平又进一步指出，“叫中国式的现代化，就是把标准放低一点”，“我们到本世纪末国民生产总值能不能达到人均上千美元？”[①]1979年12月，邓小平在会见日本首相大平正芳时，第一次用“小康”和“小康之家”来描述中国的现代化。邓小平指出：“我们要实现的四个现代化，是中国式的四个现代化。我们的四个现代化的概念，不是像你们那样的现代化的概念，而是‘小康之家’。到本世纪末，中国的四个现代化即使达到了某种目标，我们的国民生产总值人均水平也还是很低的。要达到第三世界中

---

① 《邓小平文选》第2卷，人民出版社1994年版，第194页。

比较富裕一点的国家的水平,比如国民生产总值人均一千美元,也还得付出很大的努力。就算达到那样的水平,同西方来比,也还是落后的。所以,我只能说,中国到那时也还是一个小康的状态。"[①]1980年12月,邓小平在中央工作会议上的讲话中提出了"经过二十年的时间,使我国现代化经济建设的发展达到小康水平,然后继续前进,逐步达到更高程度的现代化"[②]的构想。这一构想在1981年五届全国人大四次会议上被确定为:"力争二十年时间使工农业总产值翻两番,使人民的消费达到小康水平。"1982年10月,党的十二大提出:"从一九八一年到本世纪末的二十年,我国经济建设总的奋斗目标是,在不断提高经济效益的前提下,力争使全国工农业的年总产值翻两番。"[③]"为了实现二十年的奋斗目标,在战略部署上要分两步走:前十年主要是打好基础,积蓄力量,创造条件,后十年要进入一个新的经济振兴时期。"[④]1984年3月,邓小平在会见日本客人时,正式明确提出了"小康社会"的概念,认为"翻两番,国民生产总值人均达到八百美元,就是到本世纪末在中国建立一个小康社会。这个小康社会,叫做中国式的现代化"[⑤]。这标志着邓小平小康社会理论的形成。

分阶段实现现代化,是邓小平的一个重要战略思想。邓小平在规划20世纪末发展目标的基础上进一步展望了进入21世纪的发展蓝图。1984年10月,邓小平指出:"我们第一步是实现翻两番,需要二十年,还有第二步,需要三十年到五十年,恐怕是要五十年,接近发达国家的水平。"[⑥]后来,邓小平又进一步把"两步走"的战略调整和具体化为"三步走"战略。1987年4月,邓小平全面阐述了"三步走"的发展战略:"我们原定的目标是,第一步在八十年代翻一番。以一九八〇年为基数,当时国民生产总值人均只有二百五十美元,翻一番,达到五百美元。第二步是到本世纪末,再翻一番,人均达到一千美元。实现这个目标意味着我们进入小康社会,把贫困的中国变成小康的中国。那时国民生

① 《邓小平文选》第2卷,人民出版社1994年版,第237页。
② 《邓小平文选》第2卷,人民出版社1994年版,第356页。
③ 中共中央文献研究室编:《十二大以来重要文献选编》上,人民出版社1986年版,第14页。
④ 中共中央文献研究室编:《十二大以来重要文献选编》上,人民出版社1986年版,第16页。
⑤ 《邓小平文选》第3卷,人民出版社1993年版,第54页。
⑥ 《邓小平文选》第3卷,人民出版社1993年版,第79页。

产总值超过一万亿美元，虽然人均数还很低，但是国家的力量有很大增加。我们制定的目标更重要的还是第三步，在下世纪用30年到50年再翻两番，大体上达到人均四千美元。做到这一步，中国就达到中等发达的水平。这是我们的雄心壮志。”[①]党的十三大按照邓小平的构想，将“三步走”发展战略表述为：“第一步，实现国民生产总值比一九八〇年翻一番，解决人民的温饱问题。这个任务已经基本实现。第二步，到本世纪末，使国民生产总值再增长一倍，人民生活达到小康水平。第三步，到下个世纪中叶，人均国民生产总值达到中等发达国家水平，人民生活比较富裕，基本实现现代化。”[②]邓小平制定的“三步走”发展战略，把我国社会主义现代化的目标具体化为切实可行的步骤，意义十分重大。

“三步走”发展战略与科学技术有着内在的联系。

第一，科学技术在邓小平心目中占有极其重要的战略地位，直接影响和决定着他对我国现代化建设“三步走”战略目标的思考和设计。邓小平指出：“到本世纪末实现翻两番，经过仔细研究是可能的。关键是重视科学，肯定这一点，就有希望。”[③]他还说：“我国的经济，到建国一百周年时，可能接近发达国家的水平。我们这样说，根据之一，就是在这段时间里，我们完全有能力把教育搞上去，提高我国的科学技术水平，培养出数以亿计的各级各类人才。”[④]可以说，科学技术是邓小平制定现代化建设“三步走”战略目标的重要根据。

第二，大力发展科学技术是实现“三步走”发展战略的必然选择。“三步走”发展战略首先着眼于更好更快地发展生产力。“社会主义的第一个任务是要发展社会生产力”，而科学技术是第一生产力。只有科学技术发展了，社会主义的生产力才能得到发展。“三步走”发展战略着眼于体现社会主义制度的优越性。邓小平指出，实现“三步走”发展战略目标，“就更加能够体现社会主义制

---

① 《邓小平文选》第3卷，人民出版社1993年版，第226页。

② 中共中央文献研究室编：《十三大以来重要文献选编》上，人民出版社1991年版，第16页。

③ 中共中央文献研究室编：《邓小平思想年谱（1975—1997）》，中央文献出版社1998年版，第243页。

④ 《邓小平文选》第3卷，人民出版社1993年版，第120页。

度的优越性”，“更重要的是向人类表明，社会主义是必由之路，社会主义优于资本主义”。[①]他还指出：“我们的农业、工业、国防和科学技术越是现代化，我们同破坏社会主义的势力作斗争就越加有力量，我们的社会主义制度就越加得到人民的拥护。”[②]“不搞现代化，科学技术水平不提高，社会生产力不发达，国家的实力得不到加强，人民的物质文化生活得不到改善，那末，我国的社会主义政治制度和经济制度就不能充分巩固，我们国家的安全就没有可靠的保障。”[③]只有发展科学技术，提高人民生活水平，才能更有效地巩固社会主义制度，发挥社会主义制度的优越性。

第三，大力发展科学技术是实现“三步走”发展战略的根本手段。邓小平认为，“三步走”发展战略是我们的雄心壮志。他对于怎样保证这一目标的实现，提出了一些基本条件，其中关键的一条是要抓科学技术的现代化，把发展科技放在重要的战略位置上，以带动整个国民经济的发展，保证战略目标的实现。只有把加速科技进步放在经济发展的关键地位，使经济建设真正转移到依靠科技进步和提高劳动者素质的轨道上来，才能不断推动“三步走”发展战略，逐步实现第二步战略目标并向第三步战略目标迈进，从而加速我国的现代化建设进程。现在，我们已经顺利实现了现代化建设的第一步、第二步战略目标，人民生活总体上达到小康水平。这是中华民族发展史上一个新的里程碑。历史已经证明，科学技术对于我们实现第一步、第二步战略目标发挥了重要的推动和促进作用，功不可没。展望未来，我们有理由相信，只要我们大力发展我国科学技术事业，就能为实现全面建成小康社会、基本实现社会主义现代化的战略目标提供强大科技支撑，第三步战略目标就会在这个基础上顺利实现。

第四，科学技术是“三步走”发展战略目标的重点之一。科学技术内在地蕴含于“三步走”发展战略目标之中，是“三步走”发展战略目标的一个重要内容。党的十三大报告在阐明实现第二步战略目标时指出：“工业主要领域在技

---

① 《邓小平文选》第3卷，人民出版社1993年版，第224、225页。

② 《邓小平文选》第2卷，人民出版社1994年版，第86页。

③ 《邓小平文选》第2卷，人民出版社1994年版，第86页。

术方面大体接近经济发达国家七十年代或八十年代初的水平，农业和其他产业部门的技术水平也将有较大提高。”[①]“三步走”发展战略的重点，在不同阶段根据国内外经济和科技发展的实际情况而有所不同。根据20世纪80年代的情况，邓小平提出，实施“三步走”战略，重点“一是农业，二是能源和交通，三是教育和科学”[②]。根据世纪之交的新形势，1995年9月党的十四届五中全会通过的《中共中央关于制定国民经济和社会发展“九五”计划和2010年远景目标的建议》明确提出：“重点加强农业、水利、能源、交通、通信、科技、教育。同时，振兴支柱产业，培育高技术产业。”党的十五大进一步强调“改造和提高传统产业，发展新兴产业和高技术产业，推进国民经济信息化”。

以上分析表明，“三步走”发展战略的制定和实施，都离不开科学技术。科学技术因素既体现在邓小平制定“三步走”发展战略的过程中，同时又体现在实施“三步走”发展战略的过程中。

“三步走”发展战略既制定了发展的战略目标，又提出了实施战略目标的步骤和手段；既描绘了总的战略布局，又确定了战略的重点。“三步走”发展战略是马克思主义基本原理和中国社会主义现代化建设实践相结合的结晶，是立足于新科技革命发展态势和我国科技工作实践进程基础之上的产物。

为实现“三步走”发展战略，邓小平提出了许多重要的思想。第一，抓住时机发展经济，力争隔几年上一个台阶。“我国的经济发展，总要力争隔几年上一个台阶。当然，不是鼓励不切实际的高速度，还是要扎扎实实，讲求效益，稳步协调地发展。”[③]第二，调整和优化经济结构。邓小平指出：“在经济比例失调的条件下，下决心进行必要的正确的调整，是我们的经济走向正常的、稳定的发展的前提。”[④]第三，加强农业基础地位。“中国社会是不是安定，中国经济能不能发展，首先要看农村能不能发展，农民生活是不是好起来。”[⑤]“农业是根本，

---

① 中共中央文献研究室编：《十三大以来重要文献选编》上，人民出版社1991年版，第16页。
② 《邓小平文选》第3卷，人民出版社1993年版，第9页。
③ 《邓小平文选》第3卷，人民出版社1993年版，第375页。
④ 《邓小平文选》第2卷，人民出版社1994年版，第161页。
⑤ 《邓小平文选》第3卷，人民出版社1993年版，第77—78页。

不要忘掉。”[①]“农业问题始终要抓得紧。”第四,缩小地区发展差距,促进区域经济协调发展。邓小平提出了“两个大局”的思想:“沿海地区要加快对外开放,使这个拥有两亿人口的广大地带较快地先发展起来,从而带动内地更好地发展,这是一个事关大局的问题。内地要顾全这个大局。反过来,发展到一定的时候,又要求沿海拿出更多力量来帮助内地发展,这也是个大局。那时沿海也要服从这个大局。”[②]第五,共同富裕的思想。“一部分地区有条件先发展起来,一部分地区发展慢点,先发展起来的地区带动后发展的地区,最终达到共同富裕。”[③]第六,把科技和教育放在重要位置。邓小平指出:“我们国家要赶上世界先进水平,从何着手呢?我想,要从科学和教育着手。”[④]“我们要实现现代化,关键是科学技术要能上去。发展科学技术,不抓教育不行。”[⑤]“经济发展得快一点,必须依靠科技和教育。”[⑥]第七,推进政治体制改革,建设社会主义民主政治。邓小平指出:“不搞政治体制改革,经济体制改革难于贯彻。”[⑦]“我们政治体制改革总的目标是三条:第一,巩固社会主义制度;第二,发展社会主义社会的生产力;第三,发扬社会主义民主,调动广大人民的积极性。而调动人民积极性的最中心的环节,还是发展生产力,提高人民的生活水平。”[⑧]他强调:“没有民主就没有社会主义,就没有社会主义的现代化。”[⑨]党的十四大报告指出:“我们的政治体制改革,目标是建设有中国特色的社会主义民主政治,绝不是搞西方的多党制和议会制。”[⑩]邓小平还指出:“为了保障人民民主,必须加强法制。必须使民主制度化、法律化,使这种制度和法律不因领导人的改变而改

① 《邓小平文选》第3卷,人民出版社1993年版,第23页。
② 《邓小平文选》第3卷,人民出版社1993年版,第277—278页。
③ 《邓小平文选》第3卷,人民出版社1993年版,第374页。
④ 《邓小平文选》第2卷,人民出版社1994年版,第48页。
⑤ 《邓小平文选》第2卷,人民出版社1994年版,第40页。
⑥ 《邓小平文选》第3卷,人民出版社1993年版,第377页。
⑦ 《邓小平文选》第3卷,人民出版社1993年版,第177页。
⑧ 《邓小平文选》第3卷,人民出版社1993年版,第178页。
⑨ 《邓小平文选》第2卷,人民出版社1994年版,第168页。
⑩ 中共中央文献研究室编:《十四大以来重要文献选编》上,人民出版社1996年版,第28页。

变,不因领导人的看法和注意力的改变而改变。”[①]第八,努力建设高度的社会主义精神文明。邓小平指出:“我们要建设的社会主义国家,不但要有高度的物质文明,而且要有高度的精神文明。”[②]“搞社会主义精神文明,主要是使我们的各族人民都成为有理想、讲道德、有文化、守纪律的人民。”[③]他在南方谈话中进一步强调,必须坚持“两手抓,两手都要硬”。“只有物质文明和精神文明都搞好,才是有中国特色的社会主义。”[④]第九,大力加强国防和军队建设。邓小平强调,要坚持积极防御的战略方针;建设一支革命化、现代化、正规化军队;走中国特色的精兵之路;在国民经济不断发展的基础上加速国防现代化。

2. 全面建成小康社会

随着中国特色社会主义建设事业不断推进,“三步走”发展战略也在实践中不断丰富和发展。1989年6月,邓小平提出:“我建议组织一个班子,研究下一个世纪前五十年的发展战略和规划。”[⑤]1995年9月,党的十四届五中全会通过的《中共中央关于制定国民经济和社会发展“九五”计划和2010年远景目标的建议》,对第二步和第三步战略目标作了更具体明确的部署:“二〇〇〇年,在我国人口将比一九八〇年增长三亿左右的情况下,实现人均国民生产总值比一九八〇年翻两番;基本消除贫困现象,人民生活达到小康水平。”“二〇一〇年国民经济和社会发展的主要奋斗目标是:实现国民生产总值比二〇〇〇年翻一番,使人民的小康生活更加宽裕,形成比较完善的社会主义市场经济体制。”[⑥]党的十五大将第三步进一步具体化,提出了“新三步走”的发展战略,丰富和发展了邓小平提出的“三步走”发展战略。

---

① 《邓小平文选》第2卷,人民出版社1994年版,第146页。

② 《邓小平文选》第2卷,人民出版社1994年版,第367页。

③ 《邓小平文选》第2卷,人民出版社1994年版,第408页。

④ 中共中央文献研究室编:《十四大以来重要文献选编》下,人民出版社1999年版,第1916页。

⑤ 《邓小平文选》第3卷,人民出版社1993年版,第312页。

⑥ 中共中央文献研究室编:《十四大以来重要文献选编》中,人民出版社1997年版,第1480—1481页。

经过改革开放20多年来的不懈努力,到世纪之交我国胜利实现了现代化建设的第一步、第二步战略目标,人民生活总体上达到小康水平。这是中华民族发展史上一个新的里程碑。在胜利实现社会主义现代化建设前两步战略目标之后,21世纪初我国的发展目标怎么定?这是党内外普遍关心、国内外普遍关注的重大问题。鉴于第三步战略目标所构想的是从21世纪初到21世纪中叶基本实现现代化的50年,时间跨度比较大,有必要对第三步战略部署的具体进程进行设计。党的十五大报告对我国到2010年、2020年和新中国成立100周年的发展目标作出了展望和大体部署。21世纪第一个十年,实现国民生产总值比2000年翻一番,使人民的小康生活更加富裕,形成比较完善的社会主义市场经济体制;再经过10年的努力,到建党100年时,使国民经济更加发展,各项制度更加完善;到21世纪中叶新中国成立100年时,基本实现现代化,建成富强民主文明的社会主义国家。党的十五大的这个战略部署,也可以叫作实现第三步战略目标的"小三步"。在2000年6月全国党校工作会议上,江泽民提出,到21世纪中叶基本实现现代化,实现中华民族的伟大复兴是一个历史的长过程,"在这个长过程中,我们已经历了若干个具体的发展阶段,还要继续经历若干个具体的发展阶段。"[①]2000年10月召开的党的十五届五中全会进一步明确提出,从21世纪开始,我国将进入全面建设小康社会,加快推进社会主义现代化的新的发展阶段。党的十五届五中全会还提出,到2010年国内生产总值比2000年翻一番的目标。在2001年底召开的中央经济工作会议上,江泽民重申了全面建设小康社会是我国发展的新阶段。

在此基础上,江泽民在党的十六大报告中把十五大提出的21世纪"小三步"的前两步结合起来,提出一个"全面建设小康社会"的"新阶段"。这是实现现代化建设第三步战略目标必经的承上启下的阶段。所谓"承上",是指全面建设小康社会这个奋斗目标是承接现代化建设第一、第二步战略步骤,在这个基础上起步的;所谓"启下",是指经过全面建设小康社会这个阶段20年的奋斗,再继续奋斗几十年,到21世纪中叶基本实现现代化,把我国建设成为富强民主文明和谐的社会主义国家。全面建设小康社会,是我国社会主义现代化

① 江泽民:《论"三个代表"》,中央文献出版社2001年版,第29页。

建设进程中一个必须经过的、不可逾越的发展阶段。提出“全面建设小康社会”这个阶段性目标，并加以具体化，完全符合党心民意，是我们党和国家事业不断向前发展的必然要求。

党的十六大报告提出的全面建设小康社会的目标，是一个同邓小平提出的“三步走”战略部署相衔接、与加快推进现代化相一致、承上启下的奋斗目标；是一个既具有时代精神，又具有中国特色的奋斗目标；是一个既实事求是、切实可行，又鼓舞人心、催人奋进的奋斗目标。

江泽民之所以提出全面建设小康社会，其中一个重要原因是基于对我国国情和总体小康的深刻认识。江泽民强调：“必须看到，我国正处于并将长期处于社会主义初级阶段，现在达到的小康还是低水平的、不全面的、发展很不平衡的小康。”“我国生产力和科技、教育还比较落后，实现工业化和现代化还有很长的路要走”，“我们仍然面临发达国家在经济科技等方面占优势的压力”[①]。这表明，科技是认识国情和总体小康状况的一个重要因素、重要方面。

更为重要的是，科技还在实现全面建设小康社会奋斗目标的过程中发挥着极为重要的支撑作用。根据世界经济、科技发展新趋势和我国经济社会发展新阶段的要求，江泽民把“大力推进信息化”[②]作为21世纪头20年经济建设和改革的主要任务之一，明确提出了“走新型工业化道路”的战略思路，强调“坚持以信息化带动工业化，以工业化促进信息化，走出一条科技含量高、经济效益好、资源消耗低、环境污染少、人力资源优势得到充分发挥的新型工业化路子”。江泽民特别指出：“走新型工业化道路，必须发挥科学技术作为第一生产力的重要作用，注重依靠科技进步和提高劳动者素质，改善经济增长质量和效益。”[③]这表明，科技在实现全面建设小康社会的奋斗目标中所发挥的重要作用。

2007年10月，胡锦涛在党的十七大报告中，根据党的十六大以来国内外形势的新变化、我国经济社会的新发展、广大人民群众的新期待，对全面建设小

---

① 《江泽民文选》第3卷，人民出版社2006年版，第542页。
② 《江泽民文选》第3卷，人民出版社2006年版，第544页。
③ 《江泽民文选》第3卷，人民出版社2006年版，第545页。

康社会的奋斗目标提出了五个方面新的更高要求。一是“增强发展协调性,努力实现经济又好又快发展”,实现人均国内生产总值到2020年比2000年翻两番。二是“扩大社会主义民主,更好保障人民权益和社会公平正义”。三是“加强文化建设,明显提高全民族文明素质”。四是“加快发展社会事业,全面改善人民生活”。五是“建设生态文明,基本形成节约能源资源和保护生态环境的产业结构、增长方式、消费模式”。[①]这些新要求既与党的十六大确定的到2020年奋斗目标相衔接,保持了目标的连续性,又根据新的情况和条件充实了奋斗目标,增强了目标的针对性。

2012年11月,胡锦涛在党的十八大报告中,根据全面建设小康社会取得的进展和我国经济社会发展的实际,提出了全面建成小康社会的新要求。党的十八大报告从五个方面充实和完善了全面建成小康社会的目标:一是经济持续健康发展,二是人民民主不断扩大,三是文化软实力显著增强,四是人民生活水平全面提高,五是资源节约型、环境友好型社会建设取得重大进展。党的十八大报告提出的全面建成小康社会目标的新要求对十六大、十七大确立的一些目标和指标进行了调整和深化,提出到2020年“在发展平衡性、协调性、可持续性明显增强的基础上,实现国内生产总值和城乡居民人均收入比二〇一〇年翻一番”。[②]党的十八大报告提出的两个“翻一番”,既鼓舞人心又切实可行。

无论是党的十七大提出的实现全面建设小康社会奋斗目标的新要求,还是党的十八大提出确保到2020年如期全面建成小康社会,都对我国科技工作提出了新任务。以胡锦涛为总书记的党中央,提出坚持走中国特色自主创新道路、建设创新型国家的重大战略思想;提出坚持走中国特色新型工业化道路、信息化道路,推动信息化和工业化深度融合,实施创新驱动发展战略。这些都表明,科学技术在实现全面建成小康社会宏伟目标中发挥着极为重要的作用。

---

① 中共中央文献研究室编:《十七大以来重要文献选编》上,中央文献出版社2009年版,第15—16页。

② 中共中央文献研究室编:《十八大以来重要文献选编》上,中央文献出版社2014年版,第13页。

从提出“三步走”发展战略，到提出全面建设小康社会，再到提出全面建成小康社会的新要求，这是社会主义发展战略不断深化、完善的过程。这个过程，鲜明地体现了“三步走”发展战略对于构建中国特色社会主义理论体系的重大作用。而科学技术对于实现“三步走”发展战略、全面建成小康社会奋斗目标所发挥的支撑、驱动、引领作用，表明迎接新科技革命挑战、推进我国科技事业，对于实现社会主义现代化发展战略的重大意义、所承担的历史使命、所作出的突出贡献。

党的十八大以来，习近平提出并深刻阐述了实现中华民族伟大复兴的中国梦和“两个一百年”的奋斗目标。中国梦生动形象地表达了全体中国人民的共同理想追求，昭示着国家富强、民族振兴、人民幸福的美好前景。“两个一百年”的奋斗目标，就是指21世纪上半叶我们党要团结带领人民完成的两个宏伟目标。这两个宏伟目标描绘了我们到党成立100年和新中国成立100年时的宏伟蓝图。其具体内涵是：到中国共产党成立100年时实现全面建成小康社会的目标，到新中国成立100年时实现建成富强民主文明和谐美丽的社会主义现代化强国的目标，实现中华民族伟大复兴。因为这两个宏伟目标都是以100年为时间跨度，所以称为“两个一百年”的奋斗目标。以100年为时间跨度，既表明了实现这两个宏伟目标的时间之长、任务之重，同时又表明了中国共产党人的信心和勇气，体现了中国共产党人实现中华民族伟大复兴的责任感、使命感。2012年11月29日，习近平在参观《复兴之路》展览时，在阐述中国梦时，精辟地阐述了“两个一百年”的奋斗目标。他明确指出：“我坚信，到中国共产党成立一百年时全面建成小康社会的目标一定能实现，到新中国成立一百年时建成富强民主文明和谐的社会主义现代化国家的目标一定能实现，中华民族伟大复兴的梦想一定能实现。”[①]这就把实现中华民族伟大复兴中国梦作为新中国成立100年时要实现的目标，从而把中国梦纳入“两个一百年”的奋斗目标之中。

全面建成小康社会、实现中华民族伟大复兴的中国梦，我们比以往任何时

---

① 中共中央文献研究室编：《习近平关于实现中华民族伟大复兴的中国梦论述摘编》，中央文献出版社2013年版，第4页。

候都更加需要强大的科技创新力量。2014年6月9日,习近平在中国科学院第十七次院士大会、中国工程院第十二次院士大会上的讲话中指出:“今天,我们比历史上任何时期都更接近中华民族伟大复兴的目标,比历史上任何时期都更有信心、有能力实现这个目标。而要实现这个目标,我们就必须坚定不移贯彻科教兴国战略和创新驱动发展战略,坚定不移走科技强国之路。”①

五、和平与发展的时代主题观

在社会主义建设的外部条件问题上,邓小平理论指出和平与发展是当代世界两大主题,必须坚持独立自主的和平外交政策,为我国现代化建设争取有利的国际环境。正是在对时代主题作出科学判断的基础上,邓小平制定了我国的国际战略和外交政策。邓小平理论中关于社会主义建设的外部条件的论述,也是与新科技革命、我国科技工作密切相关的。

1. 和平与发展是当今时代的主题

党的十一届三中全会以来,邓小平在精心设计我国社会主义现代化发展战略的同时,始终以极大的精力关注着国际形势的变化和新科技革命的发展。他以宽广的世界历史眼光敏锐地把握了时代发展的脉搏,深刻揭示了时代主题的变化,并作出了全新的科学判断。

对时代主题问题的认识是最高层次上的战略判断,是制定外交政策的重要依据。党的十一届三中全会以前,我们把战争与革命作为时代的主题,认为世界大战不可避免。这就夸大了战争的危险性,高估了世界革命形势。这种时代主题观使得我们作出的方针政策往往都带有备战的性质,不仅制约了国民经济的发展,也恶化了我国的国际环境,给我们的国内建设和对外开放带来了消极影响。党的十一届三中全会以后,邓小平根据世界各种战略力量实力对比的消长与变化,根据世界经济、科技的发展态势和走向,逐步改变了我们

① 习近平:《在中国科学院第十七次院士大会、中国工程院第十二次院士大会上的讲话》,人民出版社2014年版,第3页。

党过去认为战争不可避免的观点。1985年3月，邓小平指出："现在世界上真正大的问题，带全球性的战略问题，一个是和平问题，一个是经济问题或者说发展问题。"[①]1985年6月，他在军委扩大会议上的讲话中指出："过去我们的观点一直是战争不可避免，而且迫在眉睫。我们好多的决策，包括一、二、三线的建设布局，'山、散、洞'的方针在内，都是从这个观点出发的。这几年我们仔细地观察了形势，认为就打世界大战来说，只有两个超级大国有资格，一个苏联，一个美国，而这两家都还不敢打。首先，苏美两家原子弹多，常规武器也多，都有毁灭对手的力量，毁灭人类恐怕还办不到，但有本事把世界打得乱七八糟就是了，因此谁也不敢先动手。其次，苏美两家都在努力进行全球战略部署，但都受到了挫折，都没有完成，因此都不敢动。同时，苏美两家还在进行军备竞赛，世界战争的危险还是存在的，但是世界和平力量的增长超过战争力量的增长。"[②]他特别强调："还要看到，世界新科技革命蓬勃发展，经济、科技在世界竞争中的地位日益突出，这种形势，无论美国、苏联、其他发达国家和发展中国家都不能不认真对待。"[③]邓小平由此得出结论："在较长时间内不发生大规模的世界战争是有可能的，维护世界和平是有希望的。根据对世界大势的这些分析，以及对我们周围环境的分析，我们改变了原来认为战争的危险很迫近的看法。"[④]邓小平敏锐地看到，制约世界战争的社会因素和科学技术因素在增多，民主、和平的力量在壮大，科技、经济在国际竞争中的地位日益突出，这些重大变化使得和平与发展成为当代世界的两大主题。

党的十三大将邓小平关于和平与发展的战略判断概括为"和平与发展是当代世界的主题"。这标志着我们党对时代主题的认识有了重大突破，即：改变了"战争与革命"的时代主题观，树立了"和平与发展"这个全新的时代主题观。和平与发展的时代主题观，是邓小平对国际形势和新科技革命形势作了具体、深入的观察分析之后得出的一个重要结论。和平与发展为何会成为当代世界的主题？我们可以从科技方面去认识原因。

---

① 《邓小平文选》第3卷，人民出版社1993年版，第105页。
② 《邓小平文选》第3卷，人民出版社1993年版，第126—127页。
③ 《邓小平文选》第3卷，人民出版社1993年版，第127页。
④ 《邓小平文选》第3卷，人民出版社1993年版，第127页。

第一，科学技术的发展促进了经济全球化的发展。整个世界经济已经联结为一个你中有我、我中有你的整体，世界各国经济的相互依赖性加强。在这种情况下如果发生大规模战争，不仅会影响到参战双方的经济利益，还会威胁到双方的生存。没有参战的国家也因经济全球化而受到直接或间接的影响。所以，在经济全球化的背景下，各国认识到一荣俱荣、一损俱损的道理，谁也不会轻易发动战争。即便发动战争，也会在事前不得不考虑战争对本国、对世界经济造成的影响和后果。各国已逐渐认识到，不仅生产力的发展需要经济上的合作与依赖，而且解决世界性的问题，也需要各国的合作。

第二，科技发展使发达国家掠夺落后国家的方式发生了变化。科学技术的发展推动了世界经济的发展，发达国家完全可以依靠科技优势和经济优势，对发展中国家进行掠夺和盘剥。发达国家剥削和掠夺落后国家的方式发生了变化，不再以战争的方式占有殖民地，不再以战争的方式掠夺资源，而主要是通过先发优势，通过他们掌握的金融资本、先进的技术和管理经验、人才等生产要素控制世界生产和世界市场。而且通过这种“文明”的方式可以获取比军事掠夺更多的东西，可以在世界市场上获得更为巨大的利润。这在客观上减少了战争的发生。

第三，科技发展可以维护和平。随着科技水平的提高，现代军事武器的杀伤力、破坏力成倍增长，使各国人民越来越认清了战争的危害。人们更愿意用谈判和协商的方式来解决争端。以合作代替对抗、以和平代替战争越来越成为世界人民的共识。国际社会借助科学管理和先进的技术设备，可以更有效地遏制冲突，解决争端，协调各方利益。

第四，科技是解决发展问题的重要手段。发展问题又称“南北问题”，反映的是北方发达国家与南方发展中国家之间发展的不平衡。这种不平衡反映在科技上就更加明显。发达国家通过推行“科技殖民地”政策控制关键技术，向发展中国家转让过时技术，以限制发展中国家的发展速度。发达国家还将一些能耗高、污染严重的技术和产业转让给发展中国家，对发展中国家的资源能源和生态环境造成严重破坏，使广大发展中国家同发达国家之间的差距越来越大。邓小平认为，人类历史若发展下去是以发达国家的继续发展与不发达国家的普遍发展为条件的。如果不发达国家得不到普遍发展，发达国家发展到一定程度就会受到限制，就谈不上继续发展；反过来，如果发达国家得不到继续发展，就不能为落后国家的发展创造条件，不发达国家也得不到普遍发展。所以，要把发展问题提到全人类持续发展的高度来认识，要从这个高度观察问题和解决问题，只有这样，才会明白发展问题既是发展中国家自己的责任，也是发达国家的责任。发展中国家要努力发展科学技术，大力发展经济，缩小同发达国家的差距。同时，发达国家要从人类整体发展出发，给发展中国家以资金和技术方面的援助。正如邓小平所言："实现人类的希望离不开科学，第三世界摆脱贫困离不开科学，维护世界和平也离不开科学。"[①]这一重要论断，精辟地揭示了科学技术对当代世界和平与发展的巨大作用。可以说，新科技革命把和平与发展的问题，突出而鲜明地提了出来。

对于"和平与发展"这一时代主题的战略判断，不仅反映了世界变化的本质特征，而且把握住了世界发展变化的潮流。这一科学的战略判断，是我们党在认识上的一个重大飞跃，对我国的内政、外交都产生了十分深远的影响。根据这一时代主题观，我们党改变了"战争与革命"的时代主题观，对我们面临的外部环境形成了全新的战略判断。我们党得以始终坚持改革开放，集中精力进行社会主义现代化建设。我们党致力于缓和与改善对外关系，为我国经济建设创造了和平有利的国际环境。

邓小平提出和平与发展是当代世界两大主题的思想，为我国坚持独立自主的和平外交政策提供了理论依据。和平与发展的时代主题观的提出，实现了我国外交指导思想上的拨乱反正。我国逐步调整了对外战略，即改变了"一条线"的战略，奉行独立自主的外交路线和外交政策。邓小平指出："粉碎'四人帮'以后特别是党的十一届三中全会以后，我们对国际形势的判断有变化，对外政策也有变化，这是两个重要的转变。"[②]他强调："现在看来，这两个变化是正确的，对我们是有益的，我们要坚持下去。只要坚持这样的判断和这样的政策，我们就能放胆地一心一意地好好地搞我们的四个现代化建设。我们的立足点还是自力更生，但是我们搞开放政策，利用国际和平环境更多地吸收对

① 《邓小平文选》第3卷，人民出版社1993年版，第183页。
② 《邓小平文选》第3卷，人民出版社1993年版，第126页。

我们有用的东西,这对加速我们的发展比较有利。”[①]

正是立足于和平与发展的时代主题观,邓小平深刻阐明了我国的国际战略和外交政策。第一,积极争取对我国现代化建设有利的国际环境。邓小平指出:“我们的对外政策,就本国来说,是要寻求一个和平的环境来实现四个现代化。”[②]“中国太穷,要发展自己,只有在和平的环境里才有可能。”[③]“中国对外政策的目标是争取世界和平。在争取和平的前提下,一心一意搞现代化建设,发展自己的国家,建设具有中国特色的社会主义。”[④]第二,维护世界和平,促进共同发展。邓小平提出:“我们的对外政策是反对霸权主义,维护世界和平。”[⑤]“社会主义中国应该用实践向世界表明,中国反对霸权主义、强权政治,永不称霸。”[⑥]第三,坚持独立自主的和平外交政策。邓小平指出:“我们奉行独立自主的和平外交政策,这有利于和平。”[⑦]第四,从国家利益出发,改善和发展同世界各国的关系。邓小平强调:“考虑国与国之间的关系主要应该从国家自身的战略利益出发。着眼于自身长远的战略利益,同时也尊重对方的利益,而不去计较历史的恩怨,不去计较社会制度和意识形态的差别,并且国家不分大小强弱都相互尊重,平等相待。”[⑧]第五,注重加强同第三世界的团结和合作。邓小平指出:“作为一个社会主义国家,中国永远属于第三世界”[⑨],“中国和所有第三世界国家的命运是共同的”,“永远站在第三世界一边”[⑩]。他强调要“加强同第三世界的团结和合作,或者叫联合和合作”[⑪]。第六,以和平共处五项原则为基础推动建立国际政治经济新秩序。邓小平指出:“世界上现在有两件事情要同

① 《邓小平文选》第3卷,人民出版社1993年版,第128页。
② 《邓小平文选》第2卷,人民出版社1994年版,第241页。
③ 《邓小平文选》第3卷,人民出版社1993年版,第82页。
④ 《邓小平文选》第3卷,人民出版社1993年版,第57页。
⑤ 《邓小平文选》第3卷,人民出版社1993年版,第116页。
⑥ 《邓小平文选》第3卷,人民出版社1993年版,第383页。
⑦ 《邓小平文选》第3卷,人民出版社1993年版,第233页。
⑧ 《邓小平文选》第3卷,人民出版社1993年版,第330页。
⑨ 《邓小平文选》第2卷,人民出版社1994年版,第112页。
⑩ 《邓小平文选》第3卷,人民出版社1993年版,第56页。
⑪ 《邓小平文选》第2卷,人民出版社1994年版,第415页。

时做，一个是建立国际政治新秩序，一个是建立国际经济新秩序。”[①]“我们应当用和平共处五项原则作为指导国际关系的准则”，“和平共处五项原则作为新的国际政治、经济秩序的准则”[②]。这些重要论述，折射出邓小平理论的世界眼光和时代特征。

正是根据邓小平的这些战略思想，党的十四大确认“和平与发展仍然是当今世界两大主题”，并且作出了邓小平建设有中国特色社会主义理论是“在和平与发展成为时代主题的历史条件下”形成和发展起来的论断。党的十五大再一次确认了这些论断。

2. 走和平发展道路，努力建设和谐世界

邓小平提出和平与发展的时代主题观，为我国制定外交与国际战略奠定了基础，为中国走和平发展道路奠定了基调，为党提出建立国际政治经济新秩序、建设和谐世界奠定了理论基础。

以江泽民为核心的党的第三代中央领导集体，坚持邓小平提出的和平与发展的时代主题观，指出“和平与发展仍是当今时代的主题”[③]，“要和平、求合作、促发展已经成为时代的主流”[④]。针对冷战结束以来风云变幻的国际局势，江泽民对国际形势作出三个基本判断：“一是和平与发展作为当今时代的主题不会改变。国际局势的基本态势是，总体和平、局部战乱，总体缓和、局部紧张，总体稳定、局部动荡。”“二是世界多极化的发展趋势不会改变。”“三是我们面临的国际环境依然是机遇大于挑战。”[⑤]

建立什么样的国际新秩序，是国际社会普遍关心的一个重大问题。在旧的国际政治秩序下，由于霸权主义、强权政治得不到有效的制约，一些大国倚仗自己在政治、经济、军事等方面的优势，随意干涉别国内政，破坏别国的主权独立和领土完整，致使国际局势紧张动荡，各种地区冲突和局部战争连绵不

① 《邓小平文选》第3卷，人民出版社1993年版，第282页。
② 《邓小平文选》第3卷，人民出版社1993年版，第360页。
③ 《江泽民文选》第3卷，人民出版社2006年版，第566页。
④ 《江泽民文选》第2卷，人民出版社2006年版，第39页。
⑤ 《江泽民文选》第3卷，人民出版社2006年版，第367页。

断。旧的国际政治经济秩序不利于整个世界的和平与稳定,不利于世界经济的繁荣和发展。江泽民指出:“我们主张建立公正合理的国际政治经济新秩序。各国政治上应相互尊重,共同协商,而不应把自己的意志强加于人;经济上应相互促进,共同发展,而不应造成贫富悬殊;文化上应相互借鉴,共同繁荣,而不应排斥其他民族的文化;安全上应相互信任,共同维护,树立互信、互利、平等和协作的新安全观,通过对话和合作解决争端,而不应诉诸武力或以武力相威胁。”[①]这段话反映了我们对国际政治经济新秩序新的系统认识,有利于人们从政治、经济、文化、安全四个方面具体把握我们的政策主张。我们所要建立的国际政治经济新秩序是一个综合性的概念。1995年10月,江泽民在联合国成立50周年特别纪念会议上论述了国际政治经济新秩序的基本内容和主张。在国际环境方面,“我们要创造安全可靠、长期稳定的国际和平环境”[②];在国际关系准则方面,“我们要恪守以主权平等和互不干涉内政为核心的国际关系准则”[③];在国际经济关系方面,“我们要建立互利互补、共同发展的新型国际经济关系”[④];在国际局势方面,“我们要造成自主选择、求同存异的国际和谐局面”[⑤];在关于国际社会的未来发展方面,“我们要共同对付人类生存与发展面临的挑战”[⑥]。

以江泽民为核心的党的第三代中央领导集体,深刻洞察国际形势发展的总趋势,提出了一系列外交和国际战略思想。江泽民对国际形势和国际问题的科学论断和由此形成的中国外交理论和思想,是“三个代表”重要思想的重要组成部分,是对邓小平外交思想的继承和发展,对中国外交不断开拓新局面有着重要的指导意义。

以胡锦涛为总书记的党中央在继承和平与发展时代主题观的基础上,进一步提出:“中国将继续高举和平、发展、合作、共赢的旗帜,坚定不移致力于维

---

① 《江泽民文选》第3卷,人民出版社2006年版,第566—567页。

② 《江泽民文选》第1卷,人民出版社2006年版,第479页。

③ 《江泽民文选》第1卷,人民出版社2006年版,第479页。

④ 《江泽民文选》第1卷,人民出版社2006年版,第479页。

⑤ 《江泽民文选》第1卷,人民出版社2006年版,第480页。

⑥ 《江泽民文选》第1卷,人民出版社2006年版,第480页。

护世界和平、促进共同发展。”[①]正是基于这样的认识和判断，以胡锦涛为总书记的党中央提出了坚持和平发展道路，实施互利共赢的开放战略，推动建设持久和平、共同繁荣的和谐世界的重大战略思想。

关于坚持和平发展道路。中国走和平发展的道路，就是要利用世界和平的有利时机发展自己，同时又以自身的发展更好地维护和促进世界和平；就是主要依靠自身的力量和改革创新，以科学发展观为指导，实现全面、协调和可持续发展，努力构建和谐社会；就是坚持对外开放和积极参与经济全球化进程，在平等互利的基础上发展与世界各国的合作，将自身利益与世界各国的利益紧密结合起来，将中国的发展繁荣融入地区和世界的发展繁荣之中。这条和平发展的道路，符合世界发展潮流，符合中国人民和世界人民的根本利益。

关于实施互利共赢的开放战略。胡锦涛在党的十七大、十八大报告中指出：中国将始终不渝奉行互利共赢的开放战略。中国将继续以自己的发展促进地区和世界共同发展，扩大同各方利益的汇合点，在实现本国发展的同时兼顾对方特别是发展中国家的正当关切。中国决不做损人利己、以邻为壑的事情。中国坚持权利和义务相平衡，积极参与全球经济治理。这些政策主张，鲜明回答了中国在世界上奉行什么样的国际战略的问题，阐述了互利共赢开放战略的基本内涵，表达了中国人民以积极姿态迎接经济全球化挑战、在开放中求发展的坚定立场。坚持互利共赢的开放战略是走和平发展道路的必然选择，有利于壮大维护世界和平、促进共同发展的力量。我们坚持既通过维护世界和平发展自己，又通过自身发展维护世界和平。中国的发展强大就是世界和平力量的发展壮大。中国通过和平发展所展现出的新的发展模式，贯穿着互利共赢的精神，是对人类和平与发展事业的重大贡献，是力行和谐世界理念的最好明证。

关于推动建设持久和平、共同繁荣的和谐世界。推动建设持久和平、共同繁荣的和谐世界这一重大战略思想，是对我们党外交思想的丰富和发展。以胡锦涛为总书记的党中央，坚持以邓小平理论和“三个代表”重要思想为指导，正确认识国际形势的新发展新变化，准确把握当今时代潮流和世界各国人民

① 《胡锦涛文选》第3卷，人民出版社2016年版，第651页。

的共同愿望，在继承和发展党的三代中央领导集体外交思想的基础上，提出了推动建设持久和平、共同繁荣的和谐世界这一重大战略思想。2005年9月，胡锦涛在联合国成立60周年首脑会议上发表题为《努力建设持久和平、共同繁荣的和谐世界》的讲话，第一次系统地阐述了这一重大战略思想。胡锦涛强调，在机遇和挑战并存的重要历史时期，只有世界所有国家紧密团结起来，共同把握机遇、应对挑战，才能为人类社会发展创造光明的未来，才能真正建设一个持久和平、共同繁荣的和谐世界。这一重大战略思想提出后，在广泛的外交实践中不断得到丰富和发展。推动建设持久和平、共同繁荣的和谐世界的重要思想的提出，反映了我们党对当今国际形势发展变化的正确认识和科学把握，丰富和发展了我们党的对外方针政策，在国际社会进一步树立了我国坚定不移地维护世界和平、促进共同发展的良好国际形象，对进一步加强和改进新形势下的对外工作，推进人类和平与发展的崇高事业，都具有重大的现实意义和深远的历史意义。

值得注意的是，党的十八大报告的第十一部分，以“继续促进人类和平与发展的崇高事业”为题，系统地论述了新世纪新阶段党的外交与国际战略，明确提出“人类和平与发展的崇高事业”这个概念，把和平与发展作为人类的崇高事业来看待，表明党对和平与发展时代主题观的提升和深化。胡锦涛关于外交与国际战略的重要论述，是科学发展观在外交领域的具体体现，构成科学发展观的有机组成部分。

总之，和平与发展的时代主题观，以及建立在它基础之上的外交与国际战略，深刻回答了中国特色社会主义的外部条件问题。从上述分析可以看见，邓小平提出的和平与发展的时代主题观，对于中国特色社会主义理论体系尤其是中国特色社会主义理论体系中的外交与国际战略思想，具有基础性、全局性的指导意义。正是基于和平与发展的时代主题观，我们党制定了一系列外交与国际战略，在理论上丰富了中国特色社会主义理论体系的内容，在实践上促进了人类和平与发展的崇高事业。

社会主义本质论、社会主义改革开放论、社会主义初级阶段论、“三步走”发展战略、和平与发展的时代主题观，这些重大的思想理论观点在邓小平理论中居于十分重要的地位，影响并决定着邓小平理论的其他思想观点，影响并决定着党作出的一系列重大决策。从这些思想观点入手,邓小平在研究新情况、解决新问题的过程中,高瞻远瞩地构思和设计了中国特色社会主义的一整套方针政策、战略措施,最终创立了作为这些思想理论观点和政策措施集成的理论体系——邓小平理论。从实践上看,这些思想观点的形成及其实践应用,也是开辟中国特色社会主义道路的重要标志。

新科技革命对于邓小平理论的突出贡献就在于,它不仅为邓小平提出社会主义本质论、社会主义改革开放论、社会主义初级阶段论、"三步走"发展战略、和平与发展的时代主题观提供了宽广的时代背景和实践基础,而且还为回答这些理论观点、解决这些现实问题提供了科技支撑。从这个意义上可以说,新科技革命促进了邓小平理论的形成,参与了中国特色社会主义理论体系的创立和奠基。

第四章 | 承上启下：新科技革命与“三个代表”重要思想

“三个代表”重要思想是中国特色社会主义理论体系承上启下的极为重要的组成部分。

“三个代表”重要思想有着极为深刻的科技背景和实践基础。正是在迎接新科技革命挑战的过程中，江泽民对发展我国科技事业作出了一系列重要思考和论述。这些思考和论述，形成了“三个代表”重要思想关于科学技术的理论，即“三个代表”重要思想科技理论[①]。“三个代表”重要思想科技理论是“三个代表”重要思想的有机构成部分。

本章主要从科技角度分析“三个代表”重要思想形成和发展的时代背景、实践基础，研究以江泽民为核心的党的第三代中央领导集体对新科技革命的认识和应对，论述新科技革命对“三个代表”重要思想形成和发展的影响。从中可以看出，“三个代表”重要思想的形成和发展，始终是与应对新科技革命相伴相随的。新科技革命极大地推动了“三个代表”重要思想的形成和发展，同时，新科技革命又给“三个代表”重要思想增添了富有时代特色的新内容。

一、“三个代表”重要思想形成和发展的科技背景

“三个代表”重要思想涵盖社会主义现代化建设各个领域，体现在政治、经济、文化、社会、生态、科技、教育、军事、外交和党的建设等各个方面，是一个有

① 中共中央宣传部、科学技术部：《关于认真学习〈‘三个代表’重要思想科技理论学习纲要〉的通知》，《“三个代表”重要思想科技理论学习纲要》，中央文献出版社2004年版，第1页。

着丰富内容的理论体系。科学技术是先进生产力的集中体现和主要标志，是先进文化发展的基石，是实现、维护和发展最广大人民根本利益的重要手段。诚然，一提到“三个代表”，人们可能马上会由先进生产力进而联想到科学技术。但是，“三个代表”重要思想的形成和发展有着什么样的科技背景？“三个代表”与科学技术究竟有何内在的本质联系？对这样一些问题，并不是大家都进行了思考并给予合理解释的。我们认为，除了从党的建设以及经济、政治等方面研究“三个代表”重要思想之外，还需要在现有研究的基础上，进一步拓宽“三个代表”重要思想的研究领域，尤其有必要深入地、多层面地从科技角度开展“三个代表”重要思想的研究。以这样的视角和方法来研究“三个代表”重要思想，可以使我们进一步从科技角度加深对“三个代表”重要思想的时代背景、实践基础、科学内涵、精神实质等问题的理解。

1. 准确把握新科技革命的发展趋势

20世纪90年代以后，新科技革命在继续保持强劲发展态势的同时，又出现了一些新的重大变化，“世界科技革命正在形成新的高潮，又一个科技和经济大发展的新时代正在来临”①。其突出标志和主要特点是：

第一，信息技术一马当先、飞速发展并得到广泛应用。新科技革命是全方位的科技革命，一系列高新技术迅猛发展。而在这些高新技术中，以计算机、互联网为代表的信息技术成为创新速度最快、通用性最广、渗透性最强的高技术。“20世纪90年代，是信息网络化大发展的时期”②，互联网进入人类社会生活的方方面面。信息技术由此成为20世纪90年代以来新科技革命的最突出标志、最核心领域和主导产业。这一特点，是以往的科技革命所不曾具备的。“信息技术产业具备增长速度高、技术进步快、经济效益好以及产业关联度强等主导产业所应有的基本特征，已经成为新时期经济增长的重要引擎。”③

---

① 《江泽民文选》第1卷，人民出版社2006年版，第427页。

② 江泽民：《论中国信息技术产业发展》，中央文献出版社、上海交通大学出版社2009年版，第262页。

③ 江泽民：《论中国信息技术产业发展》，中央文献出版社、上海交通大学出版社2009年版，第15页。

第二，在信息技术的带动下，高新技术革命来势迅猛，科技正向着从未有过的广度和深度进军，科技创新更加活跃，边缘学科、交叉学科不断涌现，一系列高新科技纷至沓来，发展速度令人惊叹。科技创新频率越来越快，成为新科技革命的另一个显著标志。

第三，伴随科技知识空前快速的生产、传播和转化，科学、技术、生产的关系越来越密切，高新技术产业在整个经济中的比重不断增加。新科技革命创造了新的技术经济体系，产生了新的生产管理和组织形式，推动了全球产业结构转型和优化升级。科学技术转化为现实生产力的周期大大缩短，成为世纪之交新科技革命的第三个突出特点。

第四，各国更加重视科技人才，围绕科技人才的竞争越来越激烈。人才是一个国家发展最重要的资源。新科技革命迅猛发展，使得人才竞争更加白热化。江泽民敏锐地认识到，“当今世界，争夺人才的竞争异常激烈”。他举例说，美国的经济、科技之所以发展很快，很重要的一个原因就是它从全世界网罗了大批人才。“我们要有政治远见，及早研究对策，真正把培养使用好各类人才作为党和人民事业兴旺发达的大事来看待、来落实。”[1]

“新科技革命，给各国人民带来了难得的发展机遇，也带来了严峻的挑战。”[2]面对这样的形势，各国特别是大国都在抓紧制定面向21世纪的发展战略，抢占科技和产业的制高点。比如：美国提出建设“信息高速公路”并接连发表《技术促进经济增长》《为了国家利益发展科学》等政策报告；日本继“技术立国”之后又提出“科学技术创新立国”的基本国策；韩国加大对“科技立国”的实施力度；西欧各国也不甘落后，纷纷提出了发展科技的措施。形势逼人，不进则退。中国该如何应对新科技革命尤其是信息化的浪潮？这是摆在第三代中央领导集体面前的一个重大而紧迫的问题。

江泽民继承和发展我们党重视科技工作的优良传统。他具有在科技战线长期从事领导工作的经验，担任党的总书记以来格外关心科技工作。他曾经说过：“我对科学技术的进步是关注的，对科学家们的发明创造，不管是历史上

---

① 《江泽民文选》第3卷，人民出版社2006年版，第27—28页。

② 《江泽民文选》第2卷，人民出版社2006年版，第237页。

的，还是现代的，不管是国内的，还是国外的，都希望能有所了解。”[①]江泽民以其丰富的学识、高度的历史责任感和敏锐的战略眼光，时刻关注着新科技革命的发展进程，时刻关注着世界范围内科学技术的每一项重大突破。当西方发达国家知识经济初见端倪之时，当“知识经济”这一新名词刚刚出现在一些国际组织的文件中时，江泽民就是世界上少数几个关注知识经济问题的政治家之一。当“信息高速公路”“数字地球”等观点和设想刚刚在国外提出时，他立即要求有关部门进行跟踪研究并提出符合我国实际的对策。江泽民对当时人类在生命科学领域取得的两项重大进展——人类基因组序列工作框架图和克隆技术十分关注，并由此思考了基因歧视、转基因食品的安全性、基因治疗以及克隆技术的适用范围等科技伦理问题。

江泽民以其丰富的学识、高度的历史责任感和敏锐的战略眼光，时刻关注着新科技革命的发展趋势，时刻关注着世界范围内科学技术的每一项重大突破。他在学生时代受到系统的科技知识教育，后来在长期的科技活动中又不断学习和接受各种新知识，因此，他对日新月异、迅猛发展的科技革命有着极为深刻的体会和认识。他多次举例说，他在大学里学习电机工程的时候，只有真空管。晶体管到1948年才发明出来，1958年发明了集成电路，后来又发明了大规模和超大规模集成电路。他在电子工业部担任领导时，当时中国梦寐以求的就是搞成自己的集成电路，开始搞的是64K和256K。现在，世界集成电路的制造水平已取得突破性的进展，差不多三年就换一代。切身的经历使他感叹：“在二十世纪这一百年中，科学技术取得了惊人的进步。”[②]“科技进步真是永无止境。”[③]他是党和国家的领导人，日理万机。他长期在科技战线工作，有着极为丰富的科学素养。尽管如此，他还是与时俱进，孜孜不倦地学习现代科技知识。

江泽民极为尊重科学家。他经常与国内外科学家交谈，了解科技前沿的重大问题和最新动态。他经常请科学家讲课、开讲座，与科学家畅谈新科技革

---

① 江泽民：《论科学技术》，中央文献出版社2001年版，第110页。

② 江泽民：《论科学技术》，中央文献出版社2001年版，第125页。

③ 江泽民：《论科学技术》，中央文献出版社2001年版，第108页。

命发展趋势和我国科技发展战略问题。1990年5月,在江泽民的提议下,中共中央、国务院召开科学家座谈会。会议为期4天。江泽民与应邀出席科学家座谈会的24位科学家座谈,当面倾听他们的意见和建议,共商发展我国科技事业和振兴国民经济的大计。1990年8月,江泽民在中南海怀仁堂又一次与科学家座谈。出席座谈会的科学家们从不同角度分析了新科技革命的发展状况和趋势,探讨了生物技术、农业科技、医学科技、能源和原子能科技、微电子科技、通信科技、基础工业改造、航天技术、海洋技术、核技术、基础性研究等领域的问题,内容几乎涵盖新科技革命的最新前沿领域。1991年10月,江泽民邀请10位农业科学家在中南海座谈,了解农业科学家们关于生物科学技术方面的见解,探讨科学技术推动农业发展的问题。这次座谈会开了三个半天。1997年12月,江泽民在中共中央举办的《科技进步与法制建设》讲座结束时,发表了《大力加强科技法制建设》的讲话,强调要提高科技立法质量,加大科技执法力度。1998年3月,江泽民在“两会”期间同全国政协科技界委员座谈,强调要把科技进步和创新放在更加重要的战略位置。2000年8月,江泽民在北戴河会见6位国际著名科学家。这6位科学家是美国纽约州立大学石溪分校教授杨振宁、美国哥伦比亚大学教授李政道、美国麻省理工学院教授丁肇中、美国加州理工学院教授马库斯和德国马普学会生物物理所教授米歇米五位诺贝尔奖获得者以及菲尔兹奖获得者、美国哈佛大学教授丘成桐。江泽民说:“过去,我同你们都见过面,有的见过多次。与你们交谈,使我对当今科学技术发展有了更深入的了解,很有益处。”[①]江泽民主持召开的一系列座谈会,既深化了他对新科技革命发展趋势的了解,同时也在全党树立了尊重科学、尊重知识的榜样。

江泽民高度重视学习科技知识,并且一再倡导全党都要努力学好科技知识,提高领导水平和执政能力。1999年1月,江泽民在中共中央举办的省部级主要领导干部金融研究班上的讲话《论加强和改进学习》中,着重讲了四个方面的学习:关于学习理论;关于学习现代经济知识;关于学习科技知识;关于学习历史。由此可见学习科技知识在江泽民心中的分量,也表明他是从现代化建设全局和中国特色社会主义长远发展的战略高度来看待学习科技知识的重

① 《江泽民文选》第3卷,人民出版社2006年版,第101页。

要性。面对新科技革命突飞猛进的态势，江泽民大声疾呼：如果我们不努力提高自己的科技知识素养，不充分了解当今世界科技进步的趋势，要做好领导工作是很困难的。他强调："我们学习科技知识，首先是要通过这种学习把握世界发展的大势，加强做好工作的紧迫感和责任感。""如果我们不紧紧跟上科技进步的时代潮流，不下大气力努力提高我国的科学技术水平，就会落后。"①

江泽民有着极为丰富的科学素养，有着极为深厚的科技知识背景。著名科学家钱学森说，江泽民科学技术基础好，又兴趣广泛，爱学习，我们每次见面，总少不了讨论科学技术问题。他回忆说，1991年的一天，江泽民曾经打电话向他请教物理学中超弦理论、混沌现象等问题。②国家科委原主任宋健说，江泽民"不断地跟踪科学技术发展的前沿。有些重大的事情，比如说，关于基因问题，关于天文，关于量子力学，所有的基础科学的前沿发生的重大问题，他不断地给我们打电话问，希望我们给他提供材料，甚至在电话上讨论，这些重大进展，它的意义，怎么理解，我们有没有人做，我们能不能做，等等"③。

正是由于江泽民对科学技术始终如一的关注，正是由于他深厚的科技知识背景，正是由于他长期的科技活动经历，江泽民才能始终站在时代前列，准确分析和把握世界科技发展的现状和趋势。他在谈到20世纪科学技术的发展时指出，20世纪，科学技术突飞猛进，科学理念进步发展，人类文明取得了前所未有的成就。相对论、量子论、基因论、信息论等科学技术成就的取得，为人类正确认识大自然，为世界生产力的发展和人类社会的进步提供了新知识和强大的动力，打开了广阔的前景，也对人类的政治、经济、文化生活的深刻变革产生了重要影响。"科学技术作为第一生产力，已经成为经济发展和社会进步的最具革命性的推动力量。"④他在谈到21世纪科学技术的发展时指出："在二十一世纪，信息科学和生命科学将是最活跃、发展最迅速、影响最广泛的科技领域，生物技术、新材料、先进制造技术、洁净高效能源、航空航天、环境保护领域

① 《江泽民文选》第2卷，人民出版社2006年版，第298、299页。

② 涂元季：《从科学与政治结合的高度理解"三个代表"重要思想——记钱学森同志学习"三个代表"重要思想》，《人民日报》2002年6月24日，第1版。

③ 陈晋等：《大型电视文献专题片〈使命〉解说本》，上海人民出版社2001年版，第28页。

④ 江泽民：《论科学技术》，中央文献出版社2001年版，第214页。

将不断取得新突破，人类将继续拓展对宇宙空间、海洋、地球深部的研究探索，将更加注重人、自然、社会的协调发展。”“科学研究应该更加重视与人类前途命运攸关的全球性问题，尤其要加强跨学科交叉研究，进一步走向极端条件与物质本原、系统综合与统一，进一步加强科学与技术的相互渗透和融合，形成新科学的重要生长点。”[①]江泽民科学分析了世界科技发展出现的重大的新的方向，指出：“物质科学的研究重点转向极端条件下的物性和相互作用，为创造新材料、新能源和清洁高效的工艺提供了新的基础知识；以分子生物学为核心的生物工程技术酝酿着新的重大突破，为农业、医药和人类健康开辟了全新的前景；信息技术向最广泛的应用领域进军，同科技、经济、文化相结合形成了新的产业；认知科学、心理学和行为科学的进展，为科技教育和经济社会发展带来了新的推动；宇宙科学大大深化了人们对宇宙起源和演化的认识，为了解物质结构和相互作用提供了新的统一图景；地球科学愈来愈趋向综合化，为人类探索、保护、合理利用资源和生态环境增加了新的能力。”[②]

特别重要的是，世纪之交，江泽民对新科技革命的认识产生了新的飞跃。这主要表现为他不是一般地谈论科技工作，不是就科技而论科技，而是深刻地认识到并且特别突出地强调科技竞争、科技创新在国际较量中的关键作用。江泽民敏锐地观察到20世纪90年代以来科技迅猛发展、科技对社会发展的影响越来越大的新情况，并将其言简意赅地概括为“科学技术突飞猛进，知识经济已见端倪，国力竞争日趋激烈”[③]。他反复强调：“现代国际间的竞争，说到底是综合国力的竞争，关键是科学技术的竞争。”[④]“当今世界各国综合国力竞争的核心，是知识创新、技术创新和高新技术产业化。”[⑤]形势逼人，不进则退。面对日趋激烈的国际竞争态势，面对新科技革命带来的挑战和机遇，中国要在未来激烈的国际竞争和复杂的国际斗争中取得主动，就必须大力发展科学技术。

---

① 《江泽民文选》第3卷，人民出版社2006年版，第102页。

② 《江泽民文选》第2卷，人民出版社2006年版，第236页。

③ 中共中央文献研究室编：《十五大以来重要文献选编》上，人民出版社2000年版，第326页。

④ 江泽民：《论科学技术》，中央文献出版社2001年版，第42—43页。

⑤ 江泽民：《论科学技术》，中央文献出版社2001年版，第145页。

在新科技革命迅猛发展、国际竞争日益激烈的态势面前，我国科技事业又是一种什么现状呢？江泽民对我国的科技发展现状进行了实事求是的分析，认为我国目前的科学技术整体水平同发达国家相比还有很大差距，我们仍然面临着西方发达国家在经济和科技上占优势的压力。要在未来激烈的国际竞争和复杂的国际斗争中取得主动，就必须大力发展科学技术。显然，在这样一种严峻形势下，科技工作越来越成为提高党的领导水平和执政水平、增强党的生机与活力的一个重要方面。江泽民指出："我们要充分估量未来科学技术，特别是高技术发展对综合国力、社会经济结构和人民生活的巨大影响，以科学的态度和方法，认真对待新技术革命给我们的挑战和机遇，顺应潮流，乘势而上。"①

"三个代表"重要思想，正是江泽民在世纪之交的重要历史时刻，在科学分析当代世界政治、经济、文化和科技形势的基础上，在科学判断党的历史方位的基础上，深入思考我们党成立以来的历史经验特别是改革开放以来的新鲜经验，深入思考《共产党宣言》发表150多年来世界社会主义运动的经验教训而提出来的。这是江泽民顺应时代发展潮流，高瞻远瞩、深谋远虑，从中国特色社会主义事业进一步发展、从党和国家长治久安的高度作出的战略性思考。而新科技革命就是江泽民提出"三个代表"重要思想的一个极为重要的时代背景，是这种宏观战略思考的一个有机组成部分。对世界科技革命发展趋势的正确判断和认识，对我国科技发展现状的深刻分析和把握，是江泽民对世界形势进行战略判断的重要依据，也是他提出"三个代表"重要思想的一个重要思想背景。

2. "三个代表"与科学技术的内在联系

中国共产党"必须始终代表中国先进生产力的发展要求，代表中国先进文化的前进方向，代表中国最广大人民的根本利益"。这是对"三个代表"重要思想的集中概括。那么，这"三个代表"与科学技术有何联系呢？

江泽民指出："在新世纪的征程上，我们一定要深刻认识科学技术是第一

---

① 江泽民：《论科学技术》，中央文献出版社2001年版，第101页。

生产力的基本事实，深刻认识创新对推动我国科技事业发展的重大意义，深刻认识科学技术对推动经济发展和社会进步的巨大作用，充分发挥科学技术对发展我国先进生产力和先进文化、对维护和发展我国最广大人民根本利益的重要作用。”[①]这一重要论断，深刻揭示了“三个代表”与科学技术的内在联系。

科学技术是先进生产力的集中体现和主要标志。

社会生产力是一个大系统，它由劳动者、劳动资料、劳动对象等要素按一定的方式结合而成。不同的要素构成及结合方式，决定了生产力的不同性质和水平。区分某一类型的生产力是否先进，不仅要从劳动者、劳动资料、劳动对象等构成要素来判定，而且还要从诸要素之间的结合方式来判定。一般说来，先进的社会生产力，表现为劳动者的科学技术及文化水平较高；劳动资料特别是其中的劳动工具比较先进；其劳动对象是那些需要劳动主体动用一定的知识技能以及较先进的劳动资料方能认识、掌握并加以利用的比较复杂的客体；劳动者以知识和技能为中介，将自己与劳动资料、劳动对象有机地结合起来，从而形成科学合理的生产力结构，进而发挥生产力系统的整体功能。当然，这只是先进生产力的一般特征。在不同的时代，先进生产力的具体表现形式是不一样的。

先进生产力与落后生产力的区分是具体的、历史的。落后的生产力也只是相对于同时代的先进生产力而言才具有落后性。先进的生产力并非一成不变、永远保持其先进性的。先进的生产力往往由于时代的飞速发展而成为落后的生产力，最终被更为先进的生产力所取代，历史上这样的例子比比皆是。但是，生产力之间的更替并非杂乱无章、毫无规律可循。任何先进的生产力都不是突如其来发生的，都有一个萌芽、形成和发展的辩证过程。那么，先进的生产力来自哪里？它根植于时代的发展变化，根植于人们的社会实践，根植于人类已有的文明成果。先进生产力就蕴含在已有的生产力系统中，但又超越了已有生产力系统的局限性。已有的生产力系统的结构、功能及其具体形态、发展现状，表征、预示着未来先进生产力的发展态势，并在一定程度上影响或

① 中共中央文献研究室编：《十五大以来重要文献选编》下，人民出版社2003年版，第2403页。

决定先进生产力的前进步伐。因此，我们只有立足于时代，立足于实践，才能在变动的生产力演变进程中判断先进生产力的发展趋势。也只有如此，我们才能合乎规律地把握先进生产力的发展要求，并在此基础上因势利导，充分发挥人的主动性，真正创造出合乎时代发展需要的、现实的先进生产力。江泽民提出的“先进生产力”这个概念，从社会发展的诸多方面抓住了生产力这个决定性因素，又在社会生产力大系统中抓住了先进生产力这个富有生命力的关键性因素，从而为我们如何判别和把握先进生产力提供了具有指导意义的方法论原则。

科学技术是人类认识和运用自然规律、社会规律能力的集中反映。自古以来，人类社会经济和文化的每一次重大发展，都依赖于科学的重大发现和技术的重大发明，以及由此形成的技术科学和工程技术的发展和应用。科学发现是人类探索自然和社会奥秘的结晶，它为技术发明和工程技术进步源源不断地提供新知识、新概念、新理论、新方法。技术创新和工程技术进步则是科学发现与产业革命之间的桥梁和纽带。历次重大科学发现所引起的技术突破，都引发了生产力的巨大进步和社会的深刻变革。当今世界范围的经济竞争、综合国力的竞争，在很大程度上表现为科学技术的竞争。科技进步和创新成为经济增长的主要推动力，科学技术实力成为决定国家综合国力强弱和国际地位高低的重要因素。世界各国特别是大国都在制定和实施本国的科技发展战略，抢占科技和产业的制高点。科学技术长期落后的国家和民族，社会生产力不可能发展，不可能繁荣昌盛，不可能自立于世界民族之林。面对发达国家在经济与科技上占优势的压力，面对我国经济和社会发展中的突出问题，我们必须从社会主义事业兴旺发达和民族振兴的高度，充分认识科技进步与创新的重要性、紧迫性。

江泽民不仅提出了“三个代表”重要思想，而且把先进生产力作为第一个代表提了出来。更为重要的是，在随后不断深化“三个代表”重要思想的过程中，他逐渐揭示了科学技术与先进生产力的内在联系。2001年6月，江泽民在中国科协第六次全国代表大会上发表讲话，明确指出：“科学技术是第一生产力,是先进生产力的集中体现和主要标志,也是人类文明进步的基石。”[1]紧接着,2001年7月,江泽民在庆祝中国共产党成立80周年大会上再次强调了“科学技术是第一生产力,而且是先进生产力的集中体现和主要标志”[2]的重要观点,指明了科学技术在发展先进生产力过程中的关键地位和决定性作用。江泽民指出:“科学技术的突飞猛进,给世界生产力和人类经济社会的发展带来了极大的推动。未来的科技发展还将产生新的重大飞跃。我们必须敏锐地把握这个客观趋势,始终注意把发挥我国社会主义制度的优越性,同掌握、运用和发展先进的科学技术紧密地结合起来,大力推动科技进步和创新,不断用先进科技改造和提高国民经济,努力实现我国生产力发展的跨越。这是我们党代表中国先进生产力发展要求必须履行的重要职责。”[3]

科学技术是先进文化的基石。

当今世界,文化与经济和政治相互交融,在综合国力竞争中的地位和作用越来越突出。文化的力量深深熔铸在民族的生命力、创造力和凝聚力之中。

先进文化是在社会发展的历史长河中积累下来的宝贵财富,是人类文明进步的结晶和重要标志。它作为一种观念形态,一经形成之后,反过来又作用于物质力量,作用于人类的生产和实践,为人类社会的前进提供精神动力和智力支持。一个时代、一个社会的先进文化,应该是健康的、科学的、向上的、代表未来发展方向并推动社会前进的文化,而不是颓废的、消极的、愚昧落后的、阻碍社会前进的文化。先进的政党不仅代表着先进生产力的发展要求,而且代表着先进文化的前进方向。只有这样,才能使物质文明和精神文明协调发展,推动社会全面进步。是否拥有先进文化,是否代表先进文化的前进方向,决定着一个政党、国家和民族的素质、能力和兴衰。正是出于这种高度的责任感、紧迫感,江泽民在提出“三个代表”重要思想时指出,中国共产党要始终代表中国先进文化的前进方向。

江泽民指出:“在当代中国,发展先进文化,就是发展有中国特色社会主义

①《江泽民文选》第3卷,人民出版社2006年版,第261页。
② 江泽民:《论“三个代表”》,中央文献出版社2001年版,第156页。
③《江泽民文选》第3卷,人民出版社2006年版,第275页。

的文化，就是建设社会主义精神文明。”[①]他还指出：“科学技术是精神文明建设的重要基石。”[②]“发展教育和科学，是文化建设的基础工程。”[③]这些重要论述，揭示了科学技术在先进文化发展中的重要作用。为什么说科学技术是先进文化发展的基石呢？第一，科学技术极大地推动了社会生产力的发展，为先进文化的发展提供了坚实的物质基础。第二，科学技术知识本身就是先进文化的有机组成部分。科学的发展不断揭示了自然和社会的发展规律，使人类得以科学地解释自然现象和社会现象，能动地驾驭自然和社会，创造出日益丰富的物质文明和精神文明。一切自然科学和社会科学的进步成果，都是先进文化的重要组成部分。第三，科学技术为先进文化的发展提供了广阔的空间。发展先进文化，离不开科学技术知识的引导、应用、普及和推广。科学技术的广泛运用，为先进文化的产生、交流、传播提供了有效的手段和载体。第四，科学文化素质对先进文化的发展和文化竞争力的提高具有深刻影响。科学文化素质高的国家、民族，其文化的先进程度也相应领先，文化竞争力大大增强。因此，我们必须高度重视科学技术在先进文化发展中的重要作用，大力加强科学文化建设。

从文化发展的角度而言，高度重视科学技术在先进文化发展中的作用，说到底就是要大力加强科学文化建设。江泽民指出：“一个国家人民的思想道德素质和科学文化素质如何，从根本上决定着其综合国力和国际竞争力的提高。科学素质的高低，对人们利用知识、进行科学思维和提高科技创新能力，对社会生产力和精神文化的发展，有着深刻的影响。我们必须把提高全民族的科学素质作为一项重要的基础性社会工程，全面加以推进。”[④]

科学文化是一个综合性概念，是伴随着科学技术的发展而逐步形成的、与之相应的思想观念体系。科学文化深深地渗透于科学技术之中，它一经形成之后又反过来对科学技术的发展产生影响。科学文化的内容，主要包括科技知识、科学方法、科学精神、科学道德等。科技知识，是指人类在发展科学技术过程中所形成的思想理论成果。科学技术知识是人类文明的基础，是社会进

---

① 《江泽民文选》第3卷，人民出版社2006年版，第276页。

② 江泽民：《论科学技术》，中央文献出版社2001年版，第76页。

③ 《江泽民文选》第2卷，人民出版社2006年版，第34页。

④ 《江泽民文选》第3卷，人民出版社2006年版，第263页。

步的阶梯。科学方法是指人们在开展科技活动时所采用的方法。一般说来,采用正确的工作方法能提高科技活动的效率。因此,这些正确的方法作为人类思维的一种成果,也是先进文化的重要内容之一。"科学精神是人们科学文化素质的灵魂。"[①]它不仅可以激励人们学习、掌握和应用科学,鼓舞人们不断在科学的道路上攀登前进,而且对树立正确的世界观、人生观、价值观,掌握科学的工作方式和方法,做好经济、政治、文化等方面的领导工作和管理工作,也具有重要的意义。我们搞社会主义现代化建设,我们的思想方法和思维方式也必须符合现代化建设的要求,本身也应现代化。而思想方法和思维方式的现代化,也就是要按照科学精神来观察、思考和解决各种问题。科学道德是人们用以调整科技实践活动中形成的各种关系的伦理规范和道德观念,它既属于思想道德建设的范畴,又属于科学文化建设的范畴。作为科技知识、科学方法、科学精神、科学道德等综合反映的科学文化,在先进文化发展中具有至关重要的作用。科学文化这个根基打牢了,先进文化的大厦就有了坚实的基础和强大的支撑力量。面对世界范围内各种思想文化的相互激荡和日益激烈的国际竞争,必须把科学文化建设作为先进文化建设中极为重要的任务,纳入文化建设全过程,纳入精神文明建设全过程,不断提高全民族的科学文化素质。江泽民强调:"不断提高工人、农民、知识分子和其他劳动群众以及全体人民的思想道德素质和科学文化素质,不断提高他们的劳动技能和创造才能,充分发挥他们的积极性、主动性、创造性,始终是我们党代表中国先进生产力发展要求必须履行的第一要务。"[②]

科学技术是实现、维护和发展最广大人民根本利益的重要手段。

"始终代表中国最广大人民的根本利益",是"三个代表"重要思想的出发点和归宿。始终代表中国先进生产力的发展要求,始终代表中国先进文化的前进方向,最终都要体现和落实到始终代表中国最广大人民的根本利益上。

利益是一个总体性概念,是政治、经济、文化等方面各种利益的复合体。人民的利益不仅包括物质生活得到满足的物质利益,还包括参与国家决策、管

① 《江泽民文选》第3卷,人民出版社2006年版,第263页。
② 《江泽民文选》第3卷,人民出版社2006年版,第275页。

理社会事务的政治利益，以及文化生活充实愉快的精神利益，等等。

在多层次的利益结构中，我们必须牢牢地把握住根本利益。所谓根本利益，是指它在利益结构中居于基础性地位，支配、决定和影响着其他各种利益的实现。根本利益是由社会的主要矛盾决定的。不同的社会历史条件下，人民的根本利益是不同的。民主革命时期，帝国主义和中华民族的矛盾、封建主义和人民大众的矛盾是中国社会的主要矛盾，这就决定了中国人民的根本利益是推翻帝国主义、封建主义和官僚资本主义的统治，建立一个独立、民主、自由的新中国。新中国成立以来的经验和教训一再表明，只有准确地认识社会的主要矛盾，我们才能真正把握住人民的根本利益，充分调动人民的积极性，带领人民一道前进；抓不住社会的主要矛盾，或者对这个问题的认识产生偏差，人民的根本利益就得不到满足，社会主义建设事业就遭受挫折。长期以来，我国在社会主义初级阶段面临的主要矛盾，是人民日益增长的物质文化需要同落后的社会生产之间的矛盾，这决定了我们必须大力解放和发展生产力。中国特色社会主义进入新时代后，我国社会主要矛盾已经转化为人民日益增长的美好生活需要和不平衡不充分的发展之间的矛盾，这决定了我们仍然必须大力解放和发展生产力。大力解放和发展生产力，建设一个富强文明民主和谐美丽的社会主义现代化强国，是各族人民的根本利益之所在。

"没有强大的科技实力，就没有社会主义现代化。"[①]科学技术是实现、维护和发展最广大人民根本利益的重要手段。这是因为：第一，实现最广大人民的根本利益，首先要求大力解放和发展生产力，而科学技术又是第一生产力的集中体现和主要标志，因此，科学技术就成为实现最广大人民根本利益的前提条件。第二，科学技术是人类认识自然、利用自然、保护自然的强大武器。正是因为有了科学技术这一武器，人们才能在生产实践和生活中大量享受越来越多的科学技术成果，不断提高生活水平和质量。第三，科学技术不仅是物质文明建设的动力，而且也是精神文明建设的动力。科学技术的发展，使人们不断实现政治、经济、文化等各方面的利益。第四，科技进步为实现人的全面发展提供了丰富的空间。社会生产力越发展，越能推进人的全面发展。

① 《江泽民文选》第1卷，人民出版社2006年版，第428页。

由于根本利益需要通过各种各样的具体利益体现出来,也由于种种条件的限制,因此,在现实生活中,人们只能分阶段、有步骤地实现各种具体利益,并随着各种具体利益的不断满足而逐渐实现根本利益。科学技术为实现最广大人民的根本利益服务,最根本、最重要的表现形式就是不断满足人民群众各方面的利益要求,不断提高人民的生活水平和质量。江泽民指出:“科技进步的历程表明,科技工作的出发点和落脚点是在认识自然和社会的基础上,推动经济和社会的发展,促进物质文明和精神文明的进步,提高人民的生活水平和质量。”[①]人民群众的生活水平和质量不断提高,推进改革和扩大开放、发展社会主义市场经济就会得到更加广泛的支持。因此,要充分发挥科学技术第一生产力的作用,大力推进科技进步与创新,不断提高人民生活水平和质量,努力使大多数群众享受到改革发展的成果。同时,要统筹兼顾,把人民的利益维护好、落实好。要选择那些与国民经济发展和人民生活水平密切相关的科技课题,加紧攻关,不断实现广大人民的利益。

总之,正如江泽民所指出的:“大力推进我国的科技进步和创新,是我们发展先进生产力和先进文化的必然要求,也是我们维护和实现最广大人民根本利益的必然要求。”[②]

二、“三个代表”重要思想形成和发展的科技因素

2000年2月,江泽民在广东考察工作时,首次提出“三个代表”。这次考察期间,江泽民特意考察了广东的一些高新技术企业。有的研究者由此认为,江泽民提出中国共产党要代表中国先进生产力的发展要求,与这次考察高科技企业有关。我们认为可以这样理解但又不能这样简单地理解。事实上,江泽民关于科技问题的思考,由来已久。江泽民曾经说过,他提出“三个代表”重要思想是经过了长时期思考的。我们认为,这其中,既包括他对党的建设、经济

① 中共中央文献研究室编:《十五大以来重要文献选编》下,人民出版社2003年版,第2401页。

② 中共中央文献研究室编:《十五大以来重要文献选编》下,人民出版社2003年版,第2402页。

建设、政治建设和文化建设等问题的长期思考，当然也包括他对我国科技事业发展的长期思考。

从党的十三届四中全会到党的十六大，十三年的历史进程波澜壮阔。党的十三届四中全会以来，国际国内发生的一些与科技相关的重大事件，都引发了江泽民的深入思考。对这些问题的科技思考，是江泽民提出并不断深化“三个代表”重要思想的一个重要原因。而由科技思考形成的创新思想，成为“三个代表”重要思想形成和发展的一个重要方法论原则。

1. 江泽民对一系列重大事件的科技思考

江泽民高度重视科技进步在社会主义现代化建设中的关键作用。1989年12月，他在国家科学技术奖励大会上指出：“现代科学技术正在经历着深刻的革命，大力发展我国的科学技术，从总体上逐步缩短同发达国家的差距，努力接近和赶上世界先进水平，是摆在全党全国各族人民面前的一项紧迫任务。”① 1991年，海湾战争爆发，美国等西方国家依靠高科技的优势完全掌握了战争的主动权，向世人展示了高科技在现代战争和综合国力竞争中的重要作用。此后不久，江泽民到四川考察，指出：“我们要想在竞争中取胜，就要下决心发展科学技术，促进经济和社会的发展。”②在四川期间，他还连夜给李瑞环等写信，提出：“鉴于当前世界发展的形势与我国经济建设的展望，深感科技工作亟需进一步抓起来。”③1992年在党的十四大上，江泽民提出：“我们必须把教育摆在优先发展的战略地位，努力提高全民族的思想道德和科学文化水平，这是实现我国现代化的根本大计。”④科技和教育优先发展的战略地位，被作为全党的共识进一步确定下来。1995年5月，江泽民在全国科学技术大会上明确提出实施科教兴国战略的基本国策。

① 江泽民：《论科学技术》，中央文献出版社2001年版，第3页。

② 中共中央文献研究室编：《新时期科学技术工作重要文献选编》，中央文献出版社1995年版，第356页。

③ 中共中央文献研究室编：《新时期科学技术工作重要文献选编》，中央文献出版社1995年版，第351页。

④ 江泽民：《论科学技术》，中央文献出版社2001年版，第35页。

1997年下半年，亚洲一些国家发生了金融危机。江泽民指出：“亚洲金融危机的深刻教训，值得我们充分注意。一度被国际社会看好的一些新兴国家的经济在这场危机中严重倒退，说明发展中国家如果过分依赖西方发达国家，如果仅仅靠利用自己的廉价劳动力、消耗自然资源、依赖外国现成的技术产品来发展经济，而不是努力提高本民族的科技文化素质和本国的知识创新、技术创新能力，那就会在国际经济竞争格局中处于被动和依附的地位，就必然进一步拉大同发达国家的发展差距。”[①]江泽民由亚洲金融危机认识到加强自主创新的重要性。在党中央、国务院的支持下，中国科学院于1997年底提出了《迎接知识经济时代，建设国家创新体系》的研究报告。江泽民对这一报告极为重视。1998年2月，他在批示中指出：“我认为可以支持他们搞些试点，先走一步。真正搞出我们自己的创新体系。”[②]在江泽民的直接支持和指导下，1998年6月，中国科学院“知识创新系统”试点工程正式启动，揭开了国家创新体系建设的新篇章。

1998年入汛以来，我国一些地方遭受严重洪涝灾害。中国人民同罕见的大洪水展开了一场波澜壮阔的斗争，取得了抗洪抢险的胜利。江泽民在总结抗洪抢险胜利的原因时，明确指出：“这样的硬仗，离开必胜的勇气和顽强的斗争，离开科学技术的进步，离开综合国力的提高，是打不了的。没有经过长期努力建设和发展起来的物质基础，没有水利、气象、水文等方面取得的技术进步，要夺取这样的胜利是难以想象的。”[③]抗洪抢险斗争的胜利，表明我们既要有顽强拼搏、众志成城的勇气和信心，又要有先进的科技设备和手段。

江泽民高度重视科普工作。他多次提议编写一些科普读物，以丰富广大党员干部的科技知识，增强科技意识。他还亲自为有关科普读物撰写序言，倡导广大党员干部认真研读。遵照江泽民关于加强科学技术是第一生产力宣传的指示精神，1991年8月，中共中央办公厅调研室组织编写了《新科技革命的趋势和对策》一书，江泽民亲自为该书题写了书名。这本书对于广大党员干部更

---

① 《江泽民文选》第2卷，人民出版社2006年版，第330页。

② 中共中央文献研究室编：《江泽民思想年编（1989—2008）》，中央文献出版社2010年版，第316页。

③ 《江泽民文选》第2卷，人民出版社2006年版，第229页。

多地了解新科技革命的知识，起到了促进作用。江泽民非常重视提高干部特别是县以上领导干部的科学文化素质。他多次指出，发展社会生产力的决定因素是人的素质，特别是各级领导干部的素质。为此，1993年5月，江泽民提议由国家科委牵头负责组织力量，把现代科学技术的基本知识编成一本教材，系统地介绍马克思主义关于科学技术是生产力的基本观点，深入浅出地介绍世界科技发展的现状、趋势和我们的对策，供县以上干部阅读，以提高领导现代化建设的水平。经过国家科委、中国科学院、中国科协、国家自然科学基金会等部门和专家们的努力，《现代科学技术基础知识（干部选读）》终于出版了。1994年2月，江泽民亲自为该书作了题为《用现代科学技术知识武装起来》的序言。序言中指出："抓紧学习和掌握现代科技知识，是摆在我们面前的一项重要任务"，"学习科技知识要知难而进，不耻下问，学以致用，持之以恒"。①1999年10月，他为《中国农民基本常识读本》作序，指出："提高广大农民的科学文化素质，是一项长期的任务，应该从基础抓起，从普及基本知识入手。只要扎实工作，不懈努力，就一定能够取得明显的效果。"②1999年12月，江泽民为中国科学院和中国工程院176位院士撰写的跨世纪出版工程——《院士科普书系》作了题为《提高全民族的科学素质》的序言。序言中指出："科教兴国，全社会都要参与，科学家和教育家更应奋勇当先"，"科教兴国也要抓好基本建设"，"编辑出版高质量的科普图书，就是一项基本建设，对于提高全民族的科学素质，是很有意义的"。③

1999年，"法轮功"邪教组织围攻中南海，在国际国内造成了极为恶劣的影响。党中央领导全国人民开展了揭批"法轮功"邪教组织的政治斗争。江泽民指出，这些年来，一些地方愚昧迷信死灰复燃，一些人从事反科学、伪科学的活动，而我们有些党员干部和科技工作者也参与其中，甚至为之推波助澜，这一现象发人深省。"这充分说明，我们的科技普及工作、思想政治工作、精神文明建设，必须锲而不舍、持之以恒地抓下去。"④"法轮功"事件的爆发，促使江泽民

---

① 江泽民：《论科学技术》，中央文献出版社2001年版，第44页。

② 江泽民：《论科学技术》，中央文献出版社2001年版，第170页。

③《江泽民文选》第2卷，人民出版社2006年版，第491—492页。

④ 江泽民：《论科学技术》，中央文献出版社2001年版，第159页。

思考如何在全体人民中弘扬科学精神、传播科学思想、倡导科学方法、普及科学知识的问题。他强调：“要把科技知识、科学思想、科学精神、科学方法的宣传和普及工作，作为精神文明建设的重要内容不断加强起来。”①

新科技革命推动了世界范围内的经济结构重组和产业升级，各国尤其是发达国家都在加紧进行新一轮结构性调整。美国自20世纪80年代以来进行的以信息化为重点的经济结构调整，成为90年代美国经济持续增长的重要原因。亚洲金融危机迫使有关国家对经济结构进行调整，克服经济结构性缺陷，亚洲一些国家的结构调整已经取得进展。世界范围内的结构性调整，为我国实施经济结构的战略性调整提供了良好机遇。1999年11月，江泽民在中央经济工作会议上指出：“根据我国经济发展的状况，考虑世界科学技术加快发展和国际经济结构加速重组的趋势，必须对我国经济结构进行战略性调整。”②“加快科技进步已经成为促进结构调整、实现社会生产力更大发展的迫切任务。”③他强调在这种战略性调整中“要加快发展短缺的、技术含量高和有国际竞争力的生产能力，特别要发展高新技术产业”④。2000年11月，江泽民在中央经济工作会议上进一步指出：“结构调整如果没有科技进步和创新作支撑，就难以摆脱低水平、低效率的局面。”他强调“要以科技创新为动力，促进结构升级，抢占制高点，赢得主动权”。⑤

高新技术的广泛应用，深刻地改变着军事斗争的面貌，引发了军事领域一系列革命性变革。世界各主要国家纷纷调整军事战略，加快军队现代化建设，形成了以高技术质量建设为主要标志的军事竞争新态势。“发达国家和发展中国家的军事技术形态出现又一轮‘时代差’。”⑥江泽民由此而深入地思考了如何迎接世界军事发展的挑战、推进中国特色军事变革的重大问题。正如他所

① 江泽民：《论科学技术》，中央文献出版社2001年版，第159页。
②《江泽民文选》第2卷，人民出版社2006年版，第434页。
③《江泽民文选》第2卷，人民出版社2006年版，第438页。
④《江泽民文选》第2卷，人民出版社2006年版，第435页。
⑤ 江泽民：《论社会主义市场经济》，中央文献出版社2006年版，第565—566页。
⑥《江泽民文选》第3卷，人民出版社2006年版，第160页。

言:“对于世界新军事变革,我一直很关注。”[①]1991年海湾战争爆发时,江泽民就提出要注意从这场战争中研究现代战争的特点,并建议总参谋部和军事科学院分别召开研讨会。同年6月,在关于海湾战争的三次座谈会上,江泽民都亲自参加并发表了自己的看法。1999年科索沃战争爆发时,江泽民正在意大利访问,回国后,他在中央军委扩大会议上谈了对这场战争的看法,提出高技术化已经成为现代战争越来越鲜明的特征。2001年阿富汗战争爆发后,江泽民主持召开会议,专门研究了这场战争提出的值得研究的问题。2002年12月,江泽民在中央军委扩大会议上发表重要讲话。这个讲话是他反复考虑后决定集中讲的。在这篇讲话中,他回顾了最近十多年来世界新军事变革发展的历程,集中论述了迎接世界新军事变革的挑战、加速推进军事斗争准备和军队现代化建设的问题,反映了他对中国特色军事变革的思考和认识。2003年12月、2004年6月,江泽民继续阐述中国特色军事变革的有关问题并提出了重要观点。

随着新科技革命的发展,发达国家与发展中国家的差距反而拉大了,这个现象引起了江泽民的思考。他认为,和平与发展两大课题的解决,都与科学技术发展有密切关系。“发达国家和发展中国家在科技发展水平上存在的严重不平衡,更加重了南北差距。”他多次论述了信息鸿沟、信息差距等问题,强调:“科学技术越发展,人们越应该重视并着力解决当今世界富国和穷国之间存在的科技差距问题,推动各国实现共同发展、普遍繁荣。”[②]

由以上简短的列举可见,在“三个代表”重要思想提出和不断深化的过程中,江泽民关于迎接新科技革命挑战、推进我国科技工作的思考,无疑是一个极为重要的因素。他强调要“充分发挥科学技术对发展我国先进生产力和先进文化,对维护和发展我国最广大人民根本利益的重要作用”[③]。他由科学技术而深入地思考了如何推动中国先进生产力、先进文化的发展,以及如何实现、维护和发展最广大人民根本利益等一系列重大问题。这些思考,加上他关于党的建设问题、经济建设问题等方面的思考,最终促使他高屋建瓴地提出并

---

① 《江泽民文选》第3卷,人民出版社2006年版,第576页。

② 《江泽民文选》第3卷,人民出版社2006年版,第105页。

③ 中共中央文献研究室编:《十五大以来重要文献选编》下,中央文献出版社2003年版,第2403页。

不断深化“三个代表”重要思想。

在长期的思考过程中，江泽民同志联系科技工作，着重思考了如下一些事关我国改革开放和现代化建设工作全局的重大问题：

——关于如何缩小我国科技发展与发达国家的差距、努力实现社会生产力跨越式发展的问题。新中国成立以来，我国科技事业取得了一系列重大成就。但是必须清醒地看到，重大成果少、创新不够、分散重复、科技储备不足、科技与经济脱节的状况在一定程度上严重制约了国民经济和社会的发展。江泽民多次指出：“我国人口多、底子薄，教育和科技水平同西方发达国家相比，还有很大的差距。”[①]正是出于这种强烈的忧患意识，江泽民反复强调要大力发展我国的科学技术事业，为经济建设和社会进步提供强大的动力与保障，从而缩小与发达国家的差距，最终实现中华民族的伟大复兴。江泽民立足于我国国情和科技发展状况，运用马克思主义的基本原理研究我国科技工作的规律，提出了一系列推动科技进步与创新的方针政策，主持制定了一系列促进我国科技发展的重大决策，使我国科技事业跃上一个又一个新的台阶。江泽民关于如何依靠科技进步与创新推动生产力发展的思考，极大地丰富和深化了他关于中国共产党要始终代表中国先进生产力发展要求这一重要命题的内涵。

——关于如何对待科技发展所产生的文化问题。江泽民极为关注由科技而引发的文化问题。比如，信息网络化为各种思想文化的传播提供了更便捷的通道，大量的信息通过网络到达社会的各个角落，成为当今文化传播的一个重要手段。但是，信息网络化也带来了一些新问题：互联网上信息庞杂多样、泥沙俱下，反科学、伪科学、不健康的甚至十分有害的信息垃圾泛滥，网络违法犯罪行为日益突出，敌对势力利用信息网络进行意识形态渗透，等等。这引起了江泽民的高度注意。江泽民敏锐地观察到，互联网已经成为一个新的思想文化阵地和思想政治斗争阵地。为此，他强调“各地区各部门的领导干部必须加紧学习网络化知识，高度重视网上斗争的问题”[②]。他指出：“对信息网络化

---

① 江泽民：《论科学技术》，中央文献出版社2001年，第133页。

② 江泽民：《论中国信息技术产业发展》，中央文献出版社、上海交通大学出版社2009年版，第263页。

问题，我们的基本方针是：积极发展，加强管理，趋利避害，为我所用，努力在全球信息网络化的发展中占据主动地位。”[①]对于由科技而引发的诸如科技伦理、科技普及等科技文化问题的思考，是他提出中国共产党要始终代表中国先进文化前进方向的一个重要原因。

——关于如何利用科学技术维护人民利益的问题。2000年8月，江泽民在北戴河会见诺贝尔奖和菲尔兹奖获得者时曾经说过：“我现在的职业是政治，因此总要从政治的角度观察和判断问题。”[②]科学技术本身是没有阶级性的，但不同阶级、不同国家利用科学技术却有着不同的目的。20世纪90年代以来国际政治经济领域内的斗争，促使江泽民从科技的角度进行思考：“一些西方国家所以能够有恃无恐地推行霸权主义、强权政治，所以能够聚敛世界上的大多数财富，所以能够维持对广大第三世界国家不公正、不合理的国际政治经济秩序，所以能够动辄对一些弱小国家进行武力威胁和发动侵略战争，很重要的一个方面，就是因为它们在科技上从而在经济上、军事上掌握了很大的优势。”[③]他提出：“我们掌握先进的科学技术，是为了促进经济发展和社会全面进步，捍卫国家主权和安全，维护和平，实现最大多数人民的利益。”[④]因此，必须大力增强我国的科技实力，从而不断增强我国的综合国力，为实现最广大人民的根本利益创造有利的条件。这就为我国科技工作提供了重要的目标导向。

江泽民关于科学技术问题的思考具有极为鲜明的时代特征，他特别注重联系科技和生产力发展的最新态势来观察和思考当今社会发生的重大变化。“三个代表”重要思想就反映了这些重大变化对党和国家工作的新要求。比如，科学技术的迅猛发展，使得劳动的内涵和外延发生了很大变化，各种形式的劳动在价值形成中的作用也发生了重大变化。如何看待科技劳动、管理劳动和服务劳动所创造的价值？与此相应，如何根据当代劳动发展的新特点，在更大范围内承认劳动群体、劳动者队伍的扩大？与此相应，如何认识财富构

① 江泽民：《论中国信息技术产业发展》，中央文献出版社、上海交通大学出版社2009年版，第263页。

② 《江泽民文选》第3卷，人民出版社2006年版，第105页。

③ 江泽民：《论科学技术》，中央文献出版社2001年版，第145页。

④ 江泽民：《论科学技术》，中央文献出版社2001年版，第151页。

成、财产结构、社会阶层结构的变化？对这些新问题的思考，促使江泽民提出要深化对劳动和劳动价值理论、深化对社会分配问题的认识。劳动和劳动价值问题、社会分配问题就因此而成为“三个代表”重要思想中的重大理论问题和实践问题。“三个代表”重要思想体系中包含着许多像这样因科技发展而带来的新问题，同时，也根据科技发展的新变化提出了许多解决问题的新论断、新思路、新举措。

由以上简短的列举可见，在“三个代表”重要思想提出和不断深化的过程中，江泽民关于我国科技发展问题的思考，无疑是一个极为重要的因素。他由科学技术问题而深入地思考了如何代表中国先进生产力的发展要求，如何代表中国先进文化的前进方向，以及如何实现、维护和发展最广大人民根本利益的一系列重大问题。这些思考，加上他关于党建问题、经济建设问题等方面的思考，最终促使他高屋建瓴地提出并不断深化“三个代表”重要思想。

2. 创新:“三个代表”重要思想的方法论原则

由科技创新而不断拓展和深化的创新思想，成为“三个代表”重要思想形成和发展的一个重要方法论原则。

要使党和国家的事业不停顿，首先理论上不能停顿。要使理论不停顿，必须坚持马克思主义的科学精神和创新精神，不断根据实践的要求进行创新。这是一个极为重要的方法论原则。江泽民之所以能提出并不断深化“三个代表”重要思想，关键在于他始终坚持与时俱进，开拓创新。而他之所以能做到这一点，与他由科技创新而不断拓展和深化的创新思想是密不可分的。

江泽民关于科技创新的重要论述，是他创新思想的直接来源。“科学的本质就是创新。”[①]历史上的科学发现和技术突破，无一不是创新的结果。整个人类历史，就是一个不断创新、不断进步的过程。没有创新，就没有人类的进步，就没有人类的未来。江泽民同志反复强调创新的重要性。1995年5月，江泽民在全国科学技术大会上提出了传遍大江南北、激励中华儿女锐意创新的著名论断:“创新是一个民族进步的灵魂，是一个国家兴旺发达的不竭动力。”“一个

---

① 江泽民:《论科学技术》，中央文献出版社2001年版，第215页。

没有创新能力的民族,难以屹立于世界先进民族之林。"[①]他号召全党全社会都要树立创新意识。把创新提到关乎民族国家发展进步、兴衰成败的战略高度,这在历史上是前所未有的。此后,江泽民从不同角度进一步论述了创新的内涵、地位、作用和意义,逐渐提出并阐述了"知识创新""创新精神""创新思维""创新意识""创新能力""国家创新体系"等概念。

2000年6月,江泽民在西北地区党建工作和西部开发座谈会上发表重要讲话,进一步指出:"创新是一个民族进步的灵魂,是一个国家兴旺发达的不竭动力,也是一个政党永葆生机的源泉。"[②]在这里,江泽民首次提出创新"是一个政党永葆生机的源泉"的著名论断,标志着江泽民的创新思想产生了一个重大的飞跃,即创新不仅是科技发展的本质要求,同时也是我们党永葆生机、永葆先进性的必然要求。这在"三个代表"重要思想形成和发展的过程中具有极为重要的意义。江泽民把创新的内涵和要求赋予党的建设领域,这就使党的建设充满了生机和活力,同时也使他一直高度关注、一直聚精会神地加强和改进的党的建设问题获得了一个重要的方法论原则——不断根据实践的要求进行创新。他还指出:"创新,包括理论创新、体制创新、科技创新及其他创新。"[③]这就进一步拓展了创新的范围,把创新提升到一个更高的层面来认识。

以这个方法论原则为指导,在短短一年多时间里,江泽民系统地思考了党和国家面临的一系列重大理论问题和实践问题,提出了诸如"不断增强党的阶级基础和扩大党的群众基础"等创新的论断。这些创新的思想、创新的论断都在2001年7月的"七一讲话"中得到了集中的反映。"七一讲话"是"三个代表"重要思想形成和发展过程中的一个重要标志。为准备这篇重要讲话,江泽民下了很大功夫,既联系实际进行了调查研究,又仔细研读了马克思主义经典著作和党的重要历史文献,同时还查阅了大量国外有关发展高科技的材料,并对当今世界上一些政党兴衰成败的经验教训进行了科学总结。讲话精辟地论述了"三个代表"重要的科学内涵,阐明了按照"三个代表"要求加强和改进党的建设、为

① 《江泽民文选》第1卷,人民出版社2006年版,第432页。
② 《江泽民文选》第3卷,人民出版社2006年版,第64页。
③ 《江泽民文选》第3卷,人民出版社2006年版,第64页。

实现党的基本路线和历史任务而奋斗的一系列重大问题。此后，从“七一讲话”到“5·31讲话”[①]再到党的十六大，在一年多的时间里，江泽民从各方面、各个领域不断深化“三个代表”重要思想，提出了一系列创新的思想和观点。

江泽民在党的十六大上所作的政治报告是一篇马克思主义的重要文献，通篇贯穿着与时俱进这一精髓。报告中提出的一系列新思想、新观点、新论断，是马克思主义与时俱进理论品质的生动体现。党的十六大报告提出的许多创新的观点都与科技工作密切相关。比如，十六大报告提出“要形成与社会主义初级阶段基本经济制度相适应的思想观念和创业机制”[②]，这是一个重大的理论创新和政策创新。随着改革开放的深入和经济文化的发展，我国工人阶级队伍不断壮大，素质不断提高。包括知识分子在内的工人阶级，广大农民，始终是推动我国先进生产力发展和社会全面进步的根本力量。改革开放以来，随着以公有制为主体、多种所有制经济共同发展，出现了民营科技企业的创业人员和技术人员、受聘于外资企业的管理技术人员、个体户、私营企业主、中介组织的从业人员、自由职业人员等社会阶层。而且，许多人在不同所有制、不同行业、不同地域之间流动频繁，人们的职业、身份经常变动。这种变化还会继续下去。在党的路线方针政策指引下，这些新的社会阶层中的广大人员，通过诚实劳动和工作，通过合法经营，为发展社会主义社会的生产力和其他事业作出了贡献。他们与工人、农民、知识分子、干部和解放军指战员团结在一起，他们也是中国特色社会主义事业的建设者。2001年7月，江泽民在“七一讲话”中，首次对这个问题进行了论述。在党的十六大报告中，江泽民进一步指出：“对为祖国富强贡献力量的社会各阶层人们都要团结，对他们的创业精神都要鼓励，对他们的合法权益都要保护，对他们中的优秀分子都要表彰，努力形成全体人民各尽其能、各得其所而又和谐相处的局面。”[③]十六大报

① “5·31讲话”，指江泽民2002年5月31日在中央党校省部级干部进修班毕业典礼上的讲话。这篇讲话为召开党的十六大和确立“三个代表”重要思想在全党的指导地位，作了重要的政治准备、思想准备、理论准备。这篇讲话的要点以《努力开创建设有中国特色社会主义事业新局面》为题收入《十五大以来重要文献选编》下。

② 《江泽民文选》第3卷，人民出版社2006年版，第540页。

③ 《江泽民文选》第3卷，人民出版社2006年版，第539—540页。

告提出“要形成与社会主义初级阶段基本经济制度相适应的思想观念和创业机制”，这对我国的科技工作尤其是科技体制改革有重大而深远的影响。

江泽民在党的十六大报告中提出的关于“放手让一切劳动、知识、技术、管理和资本的活力竞相迸发，让一切创造社会财富的源泉充分涌流，以造福于人民”①的论断，关于“形成促进科技创新和创业的资本运作和人才汇集机制”②的论断，关于“完善知识产权保护制度”③的论断，关于“确立劳动、资本、技术和管理等生产要素按贡献参与分配的原则”④的论断，等等，都是在正确分析世界科技革命迅猛发展的趋势和我国经济体制改革深刻变化的基础上，所作出的与时俱进的理论创新。这些全新的论断，符合科技发展的规律，是推动科技进步与创新的客观要求，也因此而成为十六大报告中的理论闪光点。以这些新的理论观点为依托，十六大报告集中而系统地论述了“三个代表”重要思想的历史地位、指导意义、精神实质，并对如何按照“三个代表”重要思想全面建设小康社会、开创中国特色社会主义事业新局面作出了一系列重大部署。

创新，原本是一个普通的学术名词，一般使用在科技和经济领域。江泽民不断拓展创新的外延，逐步把创新变成对各个领域、各项工作具有方针指导性的范畴。通过对江泽民同志一系列重要论述进行分析可以发现，江泽民由科技创新进而论述了理论创新、体制创新、制度创新、实践创新、文化创新、教育创新等方面的创新。由于江泽民对创新进行了多方面的论述，创新由一个普通概念演变为一个富有时代特征和战略意义的专有名词，进而成为一种富有文化底蕴和科技哲理的社会意识。不仅如此，在党的十六大报告中，江泽民还将创新同党的思想路线联系起来，把创新提到“必然规律”的高度来认识。他指出：“创新就要不断解放思想、实事求是、与时俱进。实践没有止境，创新也没有止境。我们要突破前人，后人也必然会突破我们。这是社会前进的必然规律。”⑤

① 《江泽民文选》第3卷，人民出版社2006年版，第540页。
② 《江泽民文选》第3卷，人民出版社2006年版，第545页。
③ 《江泽民文选》第3卷，人民出版社2006年版，第545—546页。
④ 《江泽民文选》第3卷，人民出版社2006年版，第550页。
⑤ 《江泽民文选》第3卷，人民出版社2006年版，第538页。

“三个代表”重要思想就是江泽民以创新的精神、创新的办法研究和解决我国经济社会发展面临的一系列重大问题而提出来的创新的思想理论体系。我们只要稍稍回顾一下“三个代表”重要思想形成和发展的过程,就不难发现,江泽民在这期间提出了一系列创新的论断、创新的观点,可以说是不胜枚举。特别是在从提出“三个代表”重要思想到党的十六大这两年多的时间里,更是江泽民理论创新的一个高峰,其所涉及的领域之广、论述的问题之多、思考的深度之深,都是前所未有的。在新的历史条件下,江泽民为我们树立了理论创新的典范。

三、“三个代表”重要思想科技理论是“三个代表”重要思想的有机组成部分

在应对新科技革命挑战的过程中,江泽民准确把握世界科技革命的新趋势、新特点,紧密围绕着关系我国经济社会发展全局的重要环节,对我国科技事业发展作出了一系列重要思考和论述。这些重要论述,科学回答了发展什么样的科技、怎样发展科技的问题,内容涵盖科学技术的性质、地位、主题、任务等各个方面,形成了“三个代表”重要思想科技理论。“三个代表”重要思想科技理论既是对邓小平科技思想的丰富和发展,同时又给“三个代表”重要思想增添了富有时代特色的新内容。

1. 科学技术是先进生产力的集中体现和主要标志

江泽民高度重视科学技术在社会主义现代化建设中的关键作用。早在1989年12月,他在国家科学技术奖励大会上就曾经指出:“科技进步对社会生产力发展越来越具有决定性的作用,并且正在人类社会生活的各个领域发生广泛而深刻的影响。”[①]1991年5月,江泽民在中国科学技术协会第四次全国代表大会上的讲话中强调:“当今世界,科学技术飞速发展并向现实生产力迅速转化,愈益成为现代生产力中最活跃的因素和最主要的推动力量。”[②]1994年2

① 江泽民:《论科学技术》,中央文献出版社2001年版,第2页。
② 江泽民:《论科学技术》,中央文献出版社2001年版,第20页。

月，江泽民进一步指出："科学技术日益渗透于经济发展和社会生活各个领域，成为推动现代生产力发展的最活跃的因素，并且归根到底是现代社会进步的决定性力量。"[①]1999年6月，江泽民在第三次全国教育工作会议上指出："发展的优势蕴藏于知识和科技之中。"[②]"决定性的作用""最主要的推动力量""决定性力量"等用语，表明了江泽民对科学技术重要性有着十分清醒而明确的认识。随着认识的不断深化，江泽民将科学技术与"先进生产力"联系起来，揭示了科学技术与先进生产力的内在联系。2001年6月，江泽民在中国科学技术协会第六次全国代表大会上明确提出"科学技术是第一生产力，是先进生产力的集中体现和主要标志"[③]的重要论断。当年7月，他在庆祝中国共产党成立80周年大会上的讲话中，系统地阐述了这一重要论断。江泽民提出的这一重要论断，深刻揭示了新科技革命条件下科学技术在生产力形成和发展过程中的重要地位与作用，丰富和发展了邓小平"科学技术是第一生产力"的思想。

历史唯物主义认为，人类的劳动是连续不断地进行的，生产力也是不断向前发展的。生产力发展的历史表明，从使用手工工具的分散劳动到以机器系统为主的社会化大生产，生产力的发展经历了不同的历史阶段。在各个历史阶段中，生产力的发展表现为一个先进生产力不断产生、落后生产力逐渐衰亡、先进生产力最终取代落后生产力的过程。科学技术是人类生产实践的经验总结，是人类改造和认识自然的结果，是特定历史阶段生产力发展水平的主要标志。同时，科学技术又为人类进一步改造和认识自然提供了新的起点，为先进生产力取代落后生产力开辟了广阔的道路。综观人类文明的发展史，科学技术的每一次重大突破，都会引起生产力的深刻变化和人类社会的巨大进步。随着新科技革命的推进和科技在现实生活中的应用，科学技术给经济社会发展和人们生产、生活的各个方面都带来了广泛而深刻的影响，科学技术在生产力贡献率中所占比重越来越大。透过历次科技革命可以看出，科技进步对生产力发展越来越具有决定性的作用，科学技术越来越成为现代生产力中

① 江泽民：《论科学技术》，中央文献出版社2001年版，第42页。
② 《江泽民文选》第2卷，人民出版社2006年版，第329页。
③ 《江泽民文选》第3卷，人民出版社2006年版，第261页。

最活跃的因素和最主要的推动力量。现代生产力的飞速发展,首先靠的是科学技术。科学技术成了先进生产力的集中体现和主要标志。

江泽民关于“科学技术是先进生产力的集中体现和主要标志”的重要论断,精辟揭示了科学技术的关键地位和决定性作用,为我们党始终代表中国先进生产力的发展要求指出了明确的努力方向。可以说,“科学技术是先进生产力的集中体现和主要标志”这一论断,不仅是对“三个代表”重要思想中关于“中国共产党始终代表中国先进生产力的发展要求”的深刻阐述,而且是“三个代表”重要思想中关于发展我国科技事业的一个极为重要的核心理论观点。

2. 实施科教兴国战略

江泽民继承并实践邓小平关于经济发展必须依靠科技和教育的思想,明确提出了科教兴国战略,确定了依靠科技和教育推进中国特色社会主义的治国方略。他反复强调要把科技和教育摆在经济社会发展的重要位置,把经济建设真正转到依靠科技进步和提高劳动者素质的轨道上来。

以江泽民为核心的党的第三代领导集体,继承并实践邓小平“科学技术是第一生产力”的思想。1989年12月,江泽民在全国科技奖励大会上指出:发展科学技术是全党的历史性任务。1991年5月,江泽民在中国科学技术协会第四次全国代表大会上指出:坚持科学技术是第一生产力,把经济建设真正转移到依靠科技进步和提高劳动者素质的轨道上来,是一场广泛而深刻的变革。1992年10月,江泽民在党的十四大报告中强调:“振兴经济首先要振兴科技”,“必须把教育摆在优先发展的战略地位”。[①]1993年11月,党的十四届三中全会通过的《中共中央关于建立社会主义市场经济体制若干问题的决定》中,大力推进科技进步、促进科技经济一体化、培养高素质人才是其中的重要内容。1994年初,江泽民在写给宋健的信中指出,科技是第一生产力的思想能否真正落实,是经济发达、国家强盛的根本所在。1994年8月,中央领导在北戴河研究制定“九五”计划及2010年远景目标时,就提出了科技兴国的问题。

1995年5月,中共中央、国务院在科学分析经济、科技发展趋势和国内外形

① 《江泽民文选》第1卷,人民出版社2006年版,第232、233页。

势的基础上，作出了《中共中央 国务院关于加速科学技术进步的决定》，正式提出了科教兴国战略。同年5月26日，中共中央、国务院召开了全国科学技术大会。这次大会是继1956年党中央发出“向科学进军”的伟大号召并制定第一个长期的全国科学技术发展规划和1978年党中央召开的全国科学大会之后我国科技发展史上的第三个里程碑。江泽民在会上号召全党和全国人民全面落实邓小平“科技是第一生产力”的思想，贯彻执行《中共中央 国务院关于加速科学技术进步的决定》，坚定不移地实施科教兴国战略。江泽民指出：“科教兴国，是指全面落实科学技术是第一生产力的思想，坚持教育为本，把科技和教育摆在经济社会发展的重要位置，增强国家的科技实力及向现实生产力转化的能力，提高全民族的科技文化素质，把经济建设转到依靠科技进步和提高劳动者素质的轨道上来，加速实现国家繁荣强盛。”①

实施科教兴国战略，是总结世界历史经验和根据我国现实情况作出的重大部署，在人类社会发展史上，科学技术的每一次重大突破，都会引发生产力的巨大飞跃和社会生活的深刻变革。无数历史事实有力地证明了一个深刻的哲理：科技兴则国强盛。英国借助第一次产业革命一举成为工业强国。德国靠科技起家，凭借冶金、重化工等技术上的突破，迎头赶上了领先其一个多世纪的英国。美国在建国时就注重以科技为本，经过150年的努力，成为当今世界经济、科技的超级大国。日本明治维新时提倡科教兴国，自20世纪70年代又倡导技术立国，创造了经济起飞的奇迹。20世纪60年代还远远落后于我国的韩国，坚持把科技立国作为基本国策，短短30年内在许多产业技术领域达到世界先进水平，国民生产总值增加了100多倍。可见，依靠科技和教育是一个国家、一个民族得以振兴的共同经验。在和平与发展成为时代主题的情况下，世界性的科技革命正在形成新的高潮。以信息、生物、航天、新能源、新材料等为代表的一大批高新技术的蓬勃兴起，迅速地推动着经济社会的发展。国际竞争空前激烈，科学技术的竞争已成为综合国力竞争的焦点。为了在这场竞争中占有一席之地，各国纷纷调整自己的科技和经济发展战略。实施科教兴国战略，顺应了世界科技革命发展的潮流，是使中华民族腾飞并傲立于世界民族之林的重要决策。

---

①《江泽民文选》第1卷，人民出版社2006年版，第428页。

着眼于大力推进我国的科技进步和创新，江泽民对我国科技发展战略进行了深入的思考，作出了一系列重要部署。一是坚持贯彻“依靠、面向”的方针。江泽民把“依靠”具体化为把“经济建设转到依靠科技进步和提高劳动者素质的轨道上来”，把“面向”具体化为“科学技术要面向经济建设主战场”，从而丰富和发展了我国科技工作基本方针的内涵。他将“把经济建设转到依靠科技进步和提高劳动者素质的轨道上来”上升到“是十一届三中全会决定的工作重点转移的进一步深化，是把这个转移推到一个更高的阶段”的高度来认识，并指出“同样具有战略意义”[①]。这表明江泽民对科技进步和提高劳动者素质的重视程度。二是坚持“有所为，有所不为”，总体跟进，重点突破。由于我国的经济和科技实力有限，发展也不平衡，因而不可能同时在各个领域都投入更多的力量，而必须坚持“有所为，有所不为”的方针，在总体上跟进世界科技进步的步伐，同时又要集中力量，重点突破。我国科技事业要想“有所为”，首先必须做好“有所不为”；要想“有所赶”，只能“有所不赶”。“有所不为”“有所不赶”绝不等于无所作为，而是为了集中力量，在一些可能的领域更好地达到世界先进水平。我国的科技进步和创新必须瞄准前沿，在总体上跟踪世界科技发展水平，从实际出发确定一些可为应为、可赶应赶的重点，集中力量在一些基础性、前瞻性、战略性的科技领域力求有所突破。三是“基础研究是科技进步和创新的先导与源泉”[②]，要“继续加强基础科学研究”，“形成和发展我国自身的科技优势”。[③]四是发展高科技、实现产业化，是实施科教兴国战略的突破口。“要努力发展高科技，实现产业化，把高技术产业作为我国优先发展的产业，尽快建设一批对国民经济发展举足轻重、规模较大的高技术产业，使我国在世界高科技及其产业领域占有一席之地。”[④]五是发挥后发优势，努力实现我国科学技术的跨越式发展。后发展国家由于可以通过学习、引进、消化、吸收世界先进科技，因而可以在较短时期内掌握发达国家经过长期积累而获得的科技知识。江泽民特别强调，要坚持以信息化带动工业化，发挥后发优势，实

① 江泽民：《论科学技术》，中央文献出版社2001年版，第21页。
② 《江泽民文选》第3卷，人民出版社2006年版，第262页。
③ 江泽民：《论科学技术》，中央文献出版社2001年版，第90页。
④ 《江泽民文选》第1卷，人民出版社2006年版，第431—432页。

现社会生产力的跨越式发展。六是大力推进科技兴农，“坚定不移地实施科技、教育兴农的发展战略”[①]。江泽民在分析我国农业科技现状的基础上指出：“我们的农业科技必须有一个大的发展，必须要进行一次新的农业科技革命。”[②]他强调要逐步建立起适应我国农业发展和国际竞争要求的新型农业科技创新体系。七是着眼于世界新军事变革的发展态势，积极推进中国特色军事变革。江泽民指出：“必须明确把军事斗争准备的基点放到打赢信息化条件下的局部战争上”，“实现建设信息化军队、打赢信息化战争的战略目标”。[③]八是加强科普工作，提高全民族科学文化素质。科普工作是实施科教兴国战略的重要手段。江泽民指出：“要把科普工作作为实施科教兴国战略的重要任务和社会主义精神文明建设的重要内容，切实加强起来。”[④]

抓科技必须同时抓教育。教育是知识创新、传播和应用的主要基地，也是培育创新精神和创新人才的重要摇篮。无论在培养高素质的劳动者和专业人才方面，还是在提高创新能力和提供知识、技术创新成果方面，教育都具有独特的重要意义。国运兴衰，系于教育；教育振兴，全民有责。江泽民反复强调：“教育是发展科学技术和培养人才的基础，在现代化建设中具有先导性全局性作用，必须摆在优先发展的战略地位。”[⑤]他指出：“教育必须以提高国民素质为根本宗旨。”[⑥]他强调，必须全面贯彻党的教育方针，坚持教育为社会主义现代化建设服务，为人民服务，与生产劳动和社会实践相结合，培养德智体美全面发展的社会主义建设者和接班人。必须坚持教育创新，全面推进素质教育，构建终身教育体系。

3. 建设国家创新体系

江泽民反复强调要着力增强自主创新能力，积极推进国家创新体系建设。

科学的本质就是创新。一部科学技术发展史，同时也是一部科学技术创

① 江泽民：《论社会主义市场经济》，中央文献出版社2006年版，第149页。
② 江泽民：《论科学技术》，中央文献出版社2001年版，第81页。
③《江泽民文选》第3卷，人民出版社2006年版，第608页。
④ 江泽民：《论科学技术》，中央文献出版社2001年版，第174—175页。
⑤《江泽民文选》第3卷，人民出版社2006年版，第560页。
⑥《江泽民文选》第2卷，人民出版社2006年版，第329页。

新的历史。无数历史事实一再表明:创新能力是决定一个民族生存和发展状况的最重要的因素之一,是一个国家永远立于世界先进民族之林的重要保证。江泽民准确把握时代脉搏,联系国际竞争日趋激烈的态势,从国家兴衰成败的高度反复论述创新问题。1989年12月,江泽民在国家科学技术奖励大会上强调了创新的重要性。他指出,我们要善于吸取世界各国科学技术发展的先进成果、先进经验,“引进技术,引进人才,从我国实际出发,进行消化、吸收、提高、创新”[①]。1991年5月,江泽民在中国科协第四次全国代表大会上指出:“要逐步建立引进、应用、推广、创新相互结合、相互促进的科研机制。”[②]1993年5月,江泽民在会见全国科技工作会议代表时强调要“处理好社会主义市场经济体制和技术创新机制的关系”[③]。在这里,江泽民用“技术创新体系”来概括此前他多次强调的技术引进、消化、吸收、创新的过程,表明他对技术创新机制的认识日益明确,是他关于国家创新体系建设思想的飞跃和升华。1995年6月,江泽民在全国科学技术大会上进一步指出:“要把建立技术创新机制作为建立社会主义市场经济体制的一个重要目标,特别要把建立健全企业的技术创新体系作为建立现代企业制度的重要内容和搞好国有大中型企业的关键环节。”[④]在这里,江泽民明确提出建立技术创新机制的重要战略意义。

在以江泽民为核心的第三代中央领导集体的倡导和领导下,技术创新机制的重要性越来越为人们所重视。1996年和1997年,国家经贸委和国家科委分别开始实施“技术创新工程”。这两项技术创新工程,加上1993年国家教委推进的建设我国知识传播系统的重大工程规划——“211工程”,共同拉开了国家创新体系建设的序幕。

从1997年下半年起,江泽民关于国家创新体系建设的思想又产生了新的飞跃。在这一时期,他从知识创新、技术创新和体制创新三者并重的角度,系统地思考了国家创新体系建设的问题。促成这一转变的因素有两个。一是国际社会关于知识经济与知识创新的讨论。这场讨论自1996年在国际社会兴

---

① 江泽民:《论科学技术》,中央文献出版社2001年版,第6页。
② 江泽民:《论科学技术》,中央文献出版社2001年版,第23页。
③ 江泽民:《论科学技术》,中央文献出版社2001年版,第39页。
④《江泽民文选》第1卷,人民出版社2006年版,第430页。

起，1997年达到高潮，1998年前后我国学者对这个问题展开了大规模的讨论。江泽民对此极为关注，指出："知识经济这个概念，如何正确理解和使用，还可以斟酌，但知识创新对经济发展的巨大推动作用，是毋庸置疑的。"[①]他在论述如何迎接知识经济的挑战时，特别强调"要树立全民族的创新意识，建立国家的创新体系"[②]。另一个因素是亚洲金融危机及其启示。这场危机的成因是多方面的，但不注意创新、没有形成稳固的国家安全防范体系，由此而造成承受和抵御风险能力低下，则是一个很重要的原因。江泽民在总结亚洲金融危机的教训时，特别强调要"努力提高本国的知识创新和技术创新能力"[③]。

恰好在此时，中国科学院经过对全球科技经济态势特别是刚刚露出冰山一角的亚洲金融危机的反复研讨，提出了《迎接知识经济时代，建设国家创新体系》的研究报告。该报告鲜明地提出：我国的发展战略应该从单纯的国家技术创新系统向国家创新体系转移，从工业化向工业化和知识化协调发展转移，建议立即开始建设国家创新体系。中国科学院总结、借鉴国外对国家创新体系研究的成果，尤其是熊彼特关于技术创新的理论，弗里德曼、纳尔逊对国家创新体系的理解，伦德华尔、OECD（经济合作与发展组织）关于国家知识创新体系的思想[④]，结合我国国情，将国家创新体系划分为知识创新、技术创新、知识传播、知识应用等四个子系统，对其组成和主要功能作了详尽的说明，深层次地揭示了各系统之间的分工合作。中国科学院还主动请缨，要求承担起国家知识创新工程的试点任务。

江泽民对这一报告极为重视。1998年2月春节期间，江泽民在中国科学院《迎接知识经济时代，建设国家创新体系》的报告中作出批示："知识经济、创新意识对于我们二十一世纪的发展至关重要。东南亚的金融风波使传统产业的发展会有所减慢，但对产业结构调整则提供了机遇。科学院提了一些设想，又

---

① 江泽民：《论科学技术》，中央文献出版社2001年版，第101页。

② 江泽民：《论科学技术》，中央文献出版社2001年版，第101页。

③ 江泽民：《论科学技术》，中央文献出版社2001年版，第133页。

④ 中国社会科学院研究生院、中国科学院研究生院编：《知识经济与国家创新体系》，经济管理出版社1982年版，第123—124页；朱丽兰、张志坚主编：《知识经济干部读本》，党建读物出版社1999年版，第148—149页。

有一支队伍，我认为可以支持他们搞些试点，先走一步。真正搞出我们自己的创新体系。”[1]根据江泽民的指示精神，中国科学院迅速将报告予以充实和修订，撰写了《迎接知识经济时代，建设国家创新体系》报告的姊妹篇——《关于中国科学院开展〈知识创新工程〉试点的汇报提纲》，并提交国务院。在江泽民的直接指导下，1998年6月，中国科学院“知识创新系统”试点工程正式启动。1998年11月，江泽民在俄罗斯新西伯利亚科学城发表演讲时谈道：“由中国科学院率先进行建设国家知识创新体系的试点工程，就是要从下个世纪中国发展的战略需要和世界科学前沿的前景出发，明确新的科技目标，调整现有的运行机制，力争取得更多更大的科技创新成就，真正搞出中国的创新体系来。”[2]

建设国家创新体系，是以江泽民为核心的党的第三代中央领导集体为推进我国科技进步与创新，使科学技术在社会主义现代化建设中更好地发挥第一生产力的作用而作出的重大战略决策。江泽民对建设国家创新体系倾注了巨大的心血。他多次考察中国科学院知识创新工程试点单位，多次听取中国科学院关于实施国家知识创新工程试点工作的情况汇报，并鼓励广大科技工作者集聚力量推进自主创新。建设国家创新体系，其实质在于增强国家的自主创新能力。重视自主创新能力，是江泽民一贯强调和坚持的思想。他指出：“原始性创新孕育着科学技术质的变化和发展，是一个民族对人类文明进步作出贡献的重要体现，也是当今世界科技竞争的制高点。”[3]必须鼓励原始性创新，努力攀登世界科学高峰。他多次强调，如果自主创新能力上不去，我国就难以屹立于世界先进民族之林。我国作为一个独立自主的、发展中的社会主义大国，必须在科技方面掌握自己的命运，必须在一些战略性、基础性的重大科技项目上拥有自主创新能力和自主知识产权，必须坚持不懈地着力提高国家的自主创新能力。“不能靠别人，靠别人是靠不住的”，“一味依赖别人，一旦发生什么情况，我们就很难维护国家安全”。[4]他号召：“必须在全国兴起一个

① 中共中央文献研究室编：《江泽民思想年谱（1989—2008）》，中央文献出版社2010年版，第316页。

② 江泽民：《论科学技术》，中央文献出版社2001年版，第116页。

③《江泽民文选》第3卷，人民出版社2006年版，第262页。

④《江泽民文选》第2卷，人民出版社2006年版，第396页。

科技进步和创新的高潮”,“坚持创新、创新、再创新!”①

江泽民关于国家创新体系建设的思想及实践,为后来我们党提出建设创新型国家的重大战略思想奠定了基础。

4. 深化科技体制改革

科技体制改革是我国科技工作中的难点和关键环节。科技体制为科技进步与创新提供制度保证。但是,由于历史的原因,我国的科技体制存在着很多弊端,严重地制约着经济和社会的发展。主要表现是:计划色彩过浓,科技与经济严重脱节;科技资源浪费严重;科技投资机制不健全。江泽民指出:“在过去的科技体制中,比较普遍地存在科技与经济脱节,各地区各部门自成体系、分工过细、机构重复、力量分散的状况,这是一个严重弊端。这不仅造成了科研课题重复和资源浪费,而且致使科技成果转化率和对经济社会发展的贡献率较低。经过这些年来的改革,这种状况已有了很大改变,但问题还没有从根本上得到解决,需要进一步改革,彻底革除上述弊端。”②

1991年5月,江泽民在中国科协第四次全国代表大会上指出:“当前深化科技体制改革的中心一环是继续解决科技与经济脱节的问题,建立有利于科技进步、有利于经济发展的充满生机和活力的新机制。”③1992年10月,在党的十四大上,江泽民指出:“通过深化改革,建立和完善科技与经济有效结合的机制,加速科技成果的商品化和向现实生产力转化。”④1995年5月,江泽民在全国科学技术大会上再次强调:“如何促进科技与经济的有机结合,是我国经济和科技体制改革需要着力解决的根本问题。”⑤

江泽民指出,原有的科技体制“是同社会主义制度和社会主义市场经济的要求相违背的,是同社会化大生产的需要相违背的,也是同科技创新自身的规

---

①《江泽民文选》第3卷,人民出版社2006年版,第34、37页。

②《江泽民文选》第2卷,人民出版社2006年版,第396—397页。

③ 江泽民:《论科学技术》,中央文献出版社2001年版,第22页。

④ 江泽民:《论科学技术》,中央文献出版社2001年版,第34页。

⑤ 江泽民:《论科学技术》,中央文献出版社2001年版,第52页。

律相违背的”，“必须来个彻底改革，推陈出新”。[1]江泽民既揭示出原有科技体制的症结，同时指明了解决症结、克服弊端的努力方向。在分析新科技革命发展态势和中国科技发展现状的基础上，江泽民强调，我国科技体制改革的目标是逐步建立起适应社会主义市场经济体制和科技自身发展规律的新型科技体制。他还指出：“必须贯彻经济建设依靠科学技术、科学技术面向经济建设的方针，继续推进科技体制改革，形成科技与生产紧密结合的机制。”[2]

“稳住一头，放开一片”是我国科技系统结构调整的基本方针。江泽民指出：“我非常赞成在科技的发展上实行‘稳住一头，放开一片’的方针。‘稳住一头，放开一片’这句话所表示的辩证关系，所包含的深刻内涵，是我国科技体制改革成功经验的总结。”[3]“稳住一头”，就是按照少而精的原则，重点稳住一支精干的基础性研究、高技术研究、重大科技攻关和社会公益性研究的科技队伍。“放开一片”，就是要放开、放活一大批技术开发型和技术服务型机构，通过实行结构调整、人才分流，将这些机构引向市场。

要优化科技力量布局，建立合理的科技资源配置体系。江泽民指出：“要优化科技力量的布局和科技资源的配置，加强政府、科研机构、大学和企业的有机联系和分工合作，使技术创新成果更好地转化为现实生产力，加速高新技术产业发展和传统产业升级。”[4]一是加快以企业为主体的技术创新体系建设，“要确立企业作为技术创新主体的地位，加强企业技术创新机制的建设，努力提高企业的技术创新能力和科学管理水平”[5]。二是按照分类改革的要求，“积极鼓励和推动应用型科研机构进入企业、改制成科技企业或科技中介服务机构”[6]。三是加快社会公益类和基础研究类科研机构的改革，建立一批充满生机和活力的科研基地。四是“鼓励发展科技中介服务机构”[7]，建立服务功能社

---

① 《江泽民文选》第2卷，人民出版社2006年版，第397页。
② 《江泽民文选》第2卷，人民出版社2006年版，第439页。
③ 江泽民：《论科学技术》，中央文献出版社2001年版，第39页。
④ 《江泽民文选》第2卷，人民出版社2006年版，第398—399页。
⑤ 《江泽民文选》第2卷，人民出版社2006年版，第398页。
⑥ 《江泽民文选》第2卷，人民出版社2006年版，第399页。
⑦ 《江泽民文选》第2卷，人民出版社2006年版，第399页。

会化、网络化的科技中介服务体系，建立创新型高新技术企业的培育机制。

要加快科技体制创新步伐，为深化科技体制改革提供制度保障。一是要建立竞争机制和激励机制，完善科研人员管理制度。要引入竞争机制，进一步深化人事制度改革。江泽民特别强调："科研机构和大学要建立开放、流动、竞争、合作的科技人员管理制度，营造生动、活跃、民主的学术氛围，鼓励探索和创新。"[①]要改革分配制度，建立激励机制，调动科技人员创新创业的积极性。江泽民指出："认真贯彻落实绩效优先、按劳分配和兼顾公平的原则，实行技术、管理等生产要素参与分配的原则，使广大科技人员的收入符合其劳动创造的价值和贡献。"[②]在党的十六大报告中，江泽民进一步深化和丰富了十五大报告所提出的"把按劳分配和按生产要素分配结合起来"[③]的论断，提出要"确立劳动、资本、技术和管理等生产要素按贡献参与分配的原则"[④]。在承认生产要素可以参与分配的基础上，进一步明确各种生产要素以贡献的程度参与分配，这是十六大报告在分配制度改革问题上的一个新突破。这个突破将有利于生产力特别是先进生产力的发展。要加快科技计划管理体制的改革，推进科技项目招投标和科技评估制度。江泽民指出："各级政府组织制定的各项科技计划及其实施的方式也要改革。要引入市场机制和竞争机制，实行科学管理。"[⑤]二是要建立多元化的科技投融资制度。江泽民指出："要建立有利于技术创新和科技成果转化为现实生产力的投融资体制。"[⑥]江泽民强调："要在中央和地方各级政府增加科技投入的同时，积极引导企业和社会增加科技投入"，"逐步形成多种形式、多种渠道的科技投入体系"。[⑦]江泽民指出："根据国外高新技术产业形成和发展的经验，建立风险投资机制，是促进高新技术发展及其产业

---

① 江泽民：《论科学技术》，中央文献出版社2001年版，第156页。
② 江泽民：《论科学技术》，中央文献出版社2001年版，第155页。
③《江泽民文选》第2卷，人民出版社2006年版，第22页。
④《江泽民文选》第3卷，人民出版社2006年版，第550页。
⑤《江泽民文选》第1卷，人民出版社2006年版，第434页。
⑥ 江泽民：《论科学技术》，中央文献出版社2001年版，第155页。
⑦ 江泽民：《论科学技术》，中央文献出版社2001年版，第23页。

化的重要条件。”[①]在党的十六大报告中，江泽民特别强调要“发挥风险投资的作用，形成促进科技创新和创业的资本运作和人才汇集机制”[②]。三是要建立开放式的科技体系，扩大国际合作与交流。“中国的科技发展离不开世界，世界科技的进步也需要中国。”[③]“应该大力加强国际科学技术的交流与合作，做到优势互补，成果共享。”[④]

5. 人才资源是第一资源

江泽民强调，“人才资源是第一资源”[⑤]，必须抓紧实施人才战略。

新科技革命带来了许多方面的深刻变革，其中的一个显著特点和重大变化，就是经济社会赖以发展的战略资源发生了根本性的变化。1996年5月，江泽民在中国科学技术协会第五次全国代表大会上的讲话中指出：“在社会的各种资源中，人才是最宝贵最重要的资源。”[⑥]1997年10月，他在会见出席第三届中美工程技术研讨会华人专家及会议代表时进一步强调：“人才是科技进步和经济社会发展最重要的资源。”[⑦]2001年8月，他在北戴河同国防科技专家和社会科学专家座谈时明确提出了“人才资源是第一资源”[⑧]的重要论断，丰富和发展了邓小平提出的“尊重知识，尊重人才”的思想。

科学技术的突飞猛进和经济全球化的迅速发展，使得人才在经济社会发展中的作用日益突出，人才的争夺也呈现出全球化的特点，即人才在全球培养，人才在全球流动，人才被全球竞争。人才资源拥有量的大小，已经成为决定一个国家竞争力强弱和发展潜力大小的关键因素。江泽民对人才竞争的态势有着清醒的认识。他指出：“当今和未来世界的竞争，从根本上说是人才竞

---

① 江泽民：《论科学技术》，中央文献出版社2001年版，第155页。
② 《江泽民文选》第3卷，人民出版社2006年版，第545页。
③ 江泽民：《论科学技术》，中央文献出版社2001年版，第208页。
④ 江泽民：《论科学技术》，中央文献出版社2001年版，第215页。
⑤ 《江泽民文选》第3卷，人民出版社2006年版，第319页。
⑥ 江泽民：《论科学技术》，中央文献出版社2001年版，第77页。
⑦ 江泽民：《论科学技术》，中央文献出版社2001年版，第94页。
⑧ 《江泽民文选》第3卷，人民出版社2006年版，第319页。

争。”[①]鉴于人才和人的能力建设在综合国力竞争中越来越具有决定性的意义，他反复强调：“开发人力资源，加强人力资源能力建设，已成为关系当今各国发展的重大问题。”[②]

江泽民继承和发展了邓小平重视人才的思想，指出：“科学技术人员是新的生产力的重要开拓者和科技知识的重要传播者，是社会主义现代化建设的骨干力量。实施科教兴国战略，关键是人才。”[③]这精辟地揭示了科学技术人员在实施科教兴国战略中的重要地位。他对我国人才资源的现状进行了科学分析，认为“我国人力资源丰富，但是人才资源并不丰富，结构不尽合理，创新能力还亟待提高”[④]。2000年11月，江泽民在中央经济工作会议上明确提出：“要制定和实施人才战略。”[⑤]2002年5月，他在中国科学院第十一次院士大会和中国工程院第六次院士大会上再次强调：“当务之急是要抓紧实施人才战略”[⑥]，加强人才队伍建设。江泽民关于实施人才战略的论断，成为我们党后来提出人才强国战略的理论先声。

江泽民还提出：“必须尊重劳动、尊重知识、尊重人才、尊重创造，这要作为党和国家的一项重大方针在全社会认真贯彻。”[⑦]这是一个重大的理论创新和政策创新。改革开放以来，邓小平和江泽民分别提出过“要尊重劳动，尊重人才”“尊重知识，尊重人才”“尊重创造，尊重创新”等新观点。在党的十六大报告中，江泽民把这些观点集中起来，加以系统化，以“四个尊重”这样完整的理论形态集中地、鲜明地提出来，并要求在全社会认真贯彻，充分体现了党和国家对知识和知识分子的高度重视，对社会主义条件下人才和人才资源的高度

---

① 《江泽民文选》第3卷，人民出版社2006年版，第40页。

② 中共中央文献研究室编：《江泽民论有中国特色社会主义》（专题摘编），中央文献出版社2002年版，第258—259页。

③ 《江泽民文选》第1卷，人民出版社2006年版，第435页。

④ 中共中央文献研究室编：《十五大以来重要文献选编》下，人民出版社2003年版，第2409页。

⑤ 江泽民：《论社会主义市场经济》，中央文献出版社2006年版，第572页。

⑥ 中共中央文献研究室编：《十五大以来重要文献选编》下，人民出版社2003年版，第2409页。

⑦ 《江泽民文选》第3卷，人民出版社2006年版，第540页。

重视,对新时期人民群众中涌现出来的创新精神和创造性劳动的高度重视。“四个尊重”符合科技发展的规律,是推进科技进步与创新的必然要求。

关于怎样做好人才工作,江泽民也进行了深入的思考。他指出:“一是要更新人才工作的思想观念。”他强调要克服见物不见人和重使用轻培养的倾向;要树立全面的人才观,克服人才单位、部门所有的狭隘观念;要按照全面发展的要求,提高人才自身的思想道德素养和科学文化素质,充分发挥人才的主观能动性和创造精神。“二是要探索更加灵活的人才工作思路。”要适应当今人才竞争具有国际化趋势的特点,借鉴国外人才资源开发的有益经验,拓宽工作渠道,创新工作手段,扩大工作覆盖面,形成更为灵活的人才管理体制。“三是要营造符合人才成长特点的环境。”他强调,创造宽松和谐的环境,有利于创新人才的涌现。应该针对专业技术人才的成长和工作特点,努力营造一种尊重特点、鼓励创新、信任理解的良好环境。“四是要进一步做好党的知识分子工作。”各级党委要充分认识知识分子工作的重要性,经常加以研究,适时制定具有指导性的政策措施。党政有关部门要各司其职、密切配合,建立统分结合、协调高效的合作机制,形成合力,切实做好人才工作。

6. 建立和完善高尚的科技伦理

江泽民高度重视科技伦理,明确提出了“建立和完善高尚的科技伦理”①的重要任务。

随着科学技术的不断发展,科技活动越来越深入地渗透到人类生活的各个方面。科学技术的快速发展及其应用在给人类带来巨大福祉的同时,也提出了许多新的具有挑战性的伦理道德问题。因科技的社会运用而产生的科技伦理问题也显得日益尖锐和复杂。江泽民以政治家特有的历史责任感和政治远见,对科技伦理问题进行了深入的思考。

江泽民认为,科学技术极大地提高了人类控制自然和人自身的能力。但是,科学技术在运用于社会时所遇到的问题也越来越突出。江泽民特别提出了其中的三类问题,即:生态伦理问题、生命伦理问题及网络伦理问题。这三

① 《江泽民文选》第3卷,人民出版社2006年版,第104—105页。

类伦理问题都是与科技发展前沿密切相关的问题。生态伦理以尊重和保护生态环境为宗旨，主张把发展科学技术和保护生态环境有机地统一起来。关于生态伦理问题，江泽民指出："工业的发展带来水体和空气的污染，大规模的开垦和过度放牧造成森林和草原的生态破坏。"[①]为此，江泽民提出："科学研究应该更加重视与人类前途命运攸关的全球性问题"，"促进人和自然的协调与和谐"。[②]随着现代生命科学技术、分子遗传学、生物医学技术和基因技术的发展，在试管婴儿、克隆技术、安乐死、基因治疗和转基因食品的安全性等方面，有关人自身尊严、健康、遗传等生命伦理问题被人们关注。互联网可以迅速、广泛地传播大量有用的信息，但也存在大量信息垃圾和虚假信息、网络欺诈行为以及侵犯个人隐私等现象，由此产生了网络伦理问题。江泽民敏锐地认识到："在二十一世纪，科技伦理问题将越来越突出。"[③]

科技伦理问题是21世纪人类应该注重解决的一个重大问题。人类该如何解决科学技术的发展所带来的问题呢？如何防止科学技术的滥用呢？江泽民认为，科技伦理的"核心问题是，科学技术进步应该服务于全人类，服务于世界和平、发展与进步的崇高事业，而不能危害人类自身"[④]。他强调，要"建立和完善高尚的科学伦理，尊重并合理保护知识产权，对科学技术的研究和利用实行符合各国人民共同利益的政策引导"[⑤]。

江泽民关于科技伦理的论述，极大地丰富了邓小平科技思想，同时也是"三个代表"重要思想科技理论中富有鲜明特色的内容。这些重要论述和内容，为中国特色社会主义理论体系提供了一个观察科技问题、评价科技现象的新视角和价值尺度。

"三个代表"重要思想科技理论是以江泽民为核心的党的第三代中央集体应对新科技革命挑战、推进我国科技工作的理论结晶，是"三个代表"重要思想的重要组成部分，是"三个代表"重要思想在科技领域的具体体现。

---

① 《江泽民文选》第3卷，人民出版社2006年版，第104页。
② 《江泽民文选》第3卷，人民出版社2006年版，第102、462页。
③ 《江泽民文选》第3卷，人民出版社2006年版，第104页。
④ 《江泽民文选》第3卷，人民出版社2006年版，第104页。
⑤ 《江泽民文选》第3卷，人民出版社2006年版，第104—105页。

第五章 | 与时俱进：中国特色社会主义理论体系的丰富

党的十三届四中全会以来，以江泽民为核心的党的第三代中央领导集体高举邓小平理论伟大旗帜，坚持改革开放、与时俱进，从容应对来自各方面的困难和风险，成功地把中国特色社会主义事业推向21世纪。在这一波澜壮阔的历史进程中，江泽民坚持改革开放、与时俱进，创造性地提出一系列重大思想，作出一系列重大决策：根据邓小平关于计划和市场都是经济手段的思想，确立了社会主义市场经济体制的改革目标；面对我国工业化加速推进、信息化又时不我待的局势，提出以信息化带动工业化、以工业化促进信息化，作出走新型工业化道路的战略决策；根据社会主义民主政治建设的实际，提出建设社会主义政治文明，使中国特色社会主义事业总体布局更加明确地由“两位一体”发展到“三位一体”；正确处理经济社会发展与人口资源环境的关系，制定并实施可持续发展战略，丰富和发展了中国特色社会主义生态文明建设的理论与实践；深刻洞察和把握国内外形势的重大变化和世界新军事变革的发展趋势，积极推进中国特色军事变革。这些创新的战略思想，在理论上丰富和发展了中国特色社会主义理论体系，在实践上打开了我国改革开放和社会主义现代化建设的新局面。

本章，主要分析新科技革命与“三个代表”重要思想中五个创新的重大战略思想之间的关系，揭示新科技革命是怎样推动了中国特色社会主义理论体系的丰富和发展。

一、点睛之笔：建立社会主义市场经济体制

我国经济体制改革确定什么样的目标模式，是关系整个社会主义现代化

建设全局的一个重大问题。这个问题的核心，是正确认识和处理计划与市场的关系。党的十一届三中全会以来，我们党围绕经济体制改革的目标模式问题进行了艰辛的探索。江泽民在继承邓小平关于计划和市场都是经济手段思想的基础上，明确提出“我国经济体制改革的目标是建立社会主义市场经济体制”[①]。这是我们党对马克思主义的社会主义经济理论一个崭新的创造性发展。社会主义市场经济理论是我们党在总结我国和其他社会主义国家建设的历史经验的基础上，在吸收和借鉴发达资本主义国家市场经济发展的历史经验的基础上，在不断推进改革开放、迎接新科技革命挑战的实践中，逐步形成和发展起来的。

1. 新科技革命对经济体制改革的影响和作用

科学技术只有与经济社会发展相结合，才能成为现实的生产力。同样是在新科技革命条件下，不同的经济体制，由于其资源配置的方式不同，与新科技革命结合的程度、方式有所不同，由此导致新科技革命所发挥的实际效果不同，产生的现实生产力也会不同。也就是说，资源有效配置、运行良好的经济体制与新科技革命相结合，就能发挥科学技术的威力，促进生产力的发展；资源配置不合理、效率低的经济体制，不仅不能充分地发挥科学技术本来应有的社会功能，反而会在一定程度上阻碍科学技术作用的发挥，成为生产力发展的体制性障碍。随着科学技术日益渗透到生产过程中并以其极强的扩散性促进社会生产力发展，科学技术向现实生产力的转化越来越快；随着经济增长方式发生重大变化，知识和信息成为经济增长中比资本和劳动更重要的内生变量，高新技术产业在整个经济中的比重不断增加；特别是随着新科技革命带动的高新技术产业革命与经济全球化相互推动，全球产业结构调整升级加快等，这些都对经济体制改革提出了一系列新的要求。为此，必须改革经济体制，从而实现经济体制改革与新科技革命的有机结合。20世纪中叶以来，社会主义国家与资本主义国家经济建设的实践，充分表明了经济体制对于发挥科学技术生产力的重要作用。正如邓小平所指出：“问题是用什么方法才能更有力地发

---

① 《江泽民文选》第1卷，人民出版社2006年版，第226页。

展社会生产力。我们过去一直搞计划经济,但多年的实践证明,在某种意义上说,只搞计划经济会束缚生产力的发展。”[①]突破解放和发展生产力的体制性障碍,是邓小平反思、探索经济体制改革的出发点。这在新科技革命的背景下,显得尤其重要。

我国经济体制改革就是在新科技革命和经济全球化蓬勃发展的背景下进行的。第二次世界大战后开始兴起的新科技革命,极大地促进了世界范围内生产力水平的提高,也极大地推动了国际经济关系的发展。国际分工、国际贸易、国际金融等方面的大发展,使各国、各地区经济联系在深度和广度上都不断加深。自20世纪70年代开始,随着新科技革命的继续推进,以微电子与信息技术、生物技术、新材料等为代表的新兴技术迅速发展,使得经济全球化的步伐大大加快。资本的全球化、市场的全球化、金融的全球化、生产与销售的全球化等,达到了前所未有的水平,各国经济之间的相互依存达到了前所未有的高度。在这个更加开放、更加相互依赖的世界中,任何一个国家和民族都不可能脱离世界而孤立地生存和发展。显然,更加积极地将本国经济纳入世界经济之中,更加广泛地吸引和有效地利用国外的资金和先进技术,已经成为新科技革命和经济全球化发展趋势对各国提出的客观要求。正是为了适应这一要求,从20世纪70年代末期开始,世界范围内掀起了经济改革的高潮。不同制度、不同类型、不同发展水平的国家都纷纷对本国生产关系、经济政策、产业结构等进行调整,以谋求本国经济的发展。这是我国进行经济体制改革的时代大背景。以邓小平为核心的党的第二代中央领导集体准确地把握了时代的趋势和潮流,紧紧地抓住了机遇,勇敢地接受了挑战,对社会主义经济体制改革进行了不懈的探索。

在邓小平提出社会主义市场经济的设想以前,长期以来流行于社会主义经济理论中的主流观念是排斥市场经济的。这种主流观念来源于马克思恩格斯对自由竞争时代的无政府状态进行的深刻批判。马克思主义认为:“一旦社会占有了生产资料,商品生产就将被消除,而产品对生产者的统治也将随之消

① 《邓小平文选》第3卷,人民出版社1993年版,第148页。

除。社会生产内部的无政府状态将为有计划的自觉的组织所代替。”①由于他们是把商品市场关系与资本主义私有制的消亡联系在一起,把计划经济与社会主义公有制的建立联系在一起来论述,这就给后来者造成一个认识上的误区,即以为市场经济属于资本主义,社会主义与市场经济是完全对立的。由此而形成了后来关于社会主义必须用计划经济取代市场经济的观点。苏联作为世界上第一个社会主义国家,在经济建设过程中逐步形成了高度集中的计划经济体制。苏联社会主义计划经济体制诞生后,在一个时期内确实显示了它的优越性。当20世纪30年代资本主义发生大危机并波及全世界的时候,苏联不仅是唯一避免了这场大危机的国家,而且迅速地发展了社会主义工业化,建立了比较完备的工业体系和国民经济体系。这不仅坚定了社会主义是以计划经济取代市场经济的传统观点,而且使社会主义计划经济优越于资本主义的市场经济的观念深入人心。新中国成立后,我国参照苏联的计划经济管理模式,也逐步建立起集中统一的计划经济体制。不可否认,高度集中的计划经济体制在社会主义建设初期,因其具有快速动员社会资源、集中力量办大事的优势,在促进社会主义工业化和发展生产力方面发挥了积极作用,使我国的经济面貌发生了巨大变化。但是,随着时间的推移和条件的变化,随着经济建设规模的不断扩大,随着经济联系的日益复杂,特别是随着世界范围内新科技革命的发展,高度集中的计划经济体制的弊端逐渐显露出来。主要表现在:通过行政命令配置资源;国家对企业统得过多过死;忽视商品生产、价值规律,排斥市场的作用;经济形式和经营方式单一化;分配中平均主义现象严重;等等。从20世纪60年代开始,苏联的经济增长率就不断下降,其他实行苏联计划经济模式的社会主义国家也是一样。邓小平对此进行了深刻的反思,指出:“我们以前是学苏联的,搞计划经济。”②“我们过去一直搞计划经济,但多年的实践证明,在某种意义上说,只搞计划经济会束缚生产力的发展。”③实践表明,传统计划经济体制已不适应生产力发展的要求。苏联之所以解体,东欧之所以改弦

①《马克思恩格斯选集》第3卷,人民出版社1995年版,第633页。

②《邓小平文选》第3卷,人民出版社1993年版,第203页。

③《邓小平文选》第3卷,人民出版社1993年版,第148页。

易辙，中国在改革开放之前之所以生产力发展较慢，从体制上看，原因都在于计划经济体制不适应社会生产力发展的要求。如何改革经济体制，突破制约生产力发展的深层次体制性障碍，造就更有效地激励科技进步与创新并迅速转化为现实生产力、更有利于通过生产要素合理流动不断优化资源配置的体制环境，是摆在社会主义国家面前的一个重大问题。

另一方面，随着自由资本主义向垄断资本主义的发展，特别是从20世纪30年代资本主义出现大危机以后，从维护资本主义制度和促进经济发展的需要出发，资本主义国家加强了对经济的调控，过去那种自由放任的市场经济逐步让位于有宏观调控的市场经济，出现了资本主义国家也有通过计划等手段调控经济的现象。就资本主义国家来说，自第二次世界大战结束以后，尤其是20世纪60年代以来，随着资本主义所固有的矛盾日益加深以及科学技术的迅速发展，一些西方发达资本主义国家纷纷制定和实施各种形式的宏观经济计划，采用经济计划来加强国家对经济的宏观调节。以1948年欧洲各国建立“经济复兴计划”为发端，经济计划逐渐成为一种普遍的、正常的调节手段。相对于自由资本主义时代而言，当代资本主义已经是一种“有计划的资本主义”。例如，法国和日本采用中长期全国性计划，德国和英国实行中短期全国性计划，甚至不把计划作为主要调节手段的美国，也在一些部门实行局部经济计划。实践表明，不少资本主义国家是很注意对经济活动进行计划控制的。邓小平对发达资本主义国家最新动态十分了解，他指出：“好像一谈计划就是社会主义，这也是不对的，日本就有一个企划厅嘛，美国也有计划嘛。”[①]针对长期以来人们把市场经济等同于资本主义、认为资本主义没有计划控制的观点，邓小平明确指出：“资本主义就没有控制，就那么自由？最惠国待遇也是控制嘛。”[②]当然，社会主义制度下和资本主义制度下运用计划手段的范围、形式是有些区别的，正如同运用市场手段的范围、形式也会有些区别一样。但是，推行国家宏观控制的市场经济的资本主义国家，一定程度上缓解了资本主义周期性经济危机和阶级矛盾，加上新科技革命的推动，使其生产力获得空前发展，也是不

① 《邓小平文选》第3卷，人民出版社1993年版，第203页。
② 《邓小平文选》第3卷，人民出版社1993年版，第364页。

能否定的事实。西方资本主义国家在通过对市场体制进行调节、改良和改善的同时,特别注意吸收和利用科学技术发展的最新成果,为资本主义社会的生产力发展提供了新的空间。资本主义国家为了在激烈的国际竞争中保持优势,无不重视科技发展,将科技创新与产业化作为战略调整的重点,国家政策与资本市场也都向高科技领域倾斜,形成从政府到民间多管齐下,推动科技发展和创新的格局。在市场经济条件下,资本主义国家以市场为基础有效配置资源,广泛采用新技术,极大地提高了劳动生产率。资本主义国家利用其经济、科技优势不断拓展生产力发展的空间,在世界市场上获得了巨大利润,使社会主义国家感到竞争的压力。

传统的计划经济体制导致社会主义经济缺乏活力,生产力发展缓慢,人民生活水平长期不能得到应有的提高,这引起了邓小平的深思。他清醒地认识到:“社会主义同资本主义比较,它的优越性就在于能做到全国一盘棋,集中力量,保证重点。缺点在于市场运用得不好,经济搞得不活。”[①]新科技革命为我国发展提供了机遇,但是,如果不改革传统的计划经济体制,解放和发展生产力就将缺少体制保障。与此同时,西方发达资本主义国家纷纷对市场经济进行调节、改良和改善,并通过广泛利用新科技革命成果极大地促进了生产力的发展,这也引起了邓小平的关注和深思。他敏锐地认识到:“社会主义要赢得与资本主义相比较的优势,就必须大胆吸收和借鉴人类社会创造的一切文明成果,吸收和借鉴当今世界各国包括资本主义发达国家的一切反映现代社会化生产规律的先进经营方式、管理方法。”[②]西方发达资本主义国家实行市场经济已有几百年的历史,积累和形成了一套完整经验、运行机制、科学管理办法和现代手段等,而这是社会主义国家所要学习、吸收和借鉴的。市场经济作为反映现代社会化大生产和商品经济一般规律的先进经营方式和管理方法,由此进入了邓小平的视野。这也正是邓小平思考和探索我国经济体制改革目标模式的一个重要的思想背景。

---

① 《邓小平文选》第3卷,人民出版社1993年版,第16—17页。

② 《邓小平文选》第3卷,人民出版社1993年版,第373页。

2. 我国经济体制改革的目标是建立社会主义市场经济体制

邓小平关于社会主义市场经济的探索经历了一个长期的发展过程。早在1979年，邓小平就指出："说市场经济只存在于资本主义社会，只有资本主义的市场经济，这肯定是不正确的。社会主义为什么不可以搞市场经济，这个不能说是资本主义。我们是计划经济为主，也结合市场经济，但这是社会主义的市场经济。"[①]这是邓小平关于社会主义市场经济理论的最早阐述。在这里，他首次把市场经济和社会主义联系在一起，打破了社会主义只能搞计划经济的僵化观念。根据邓小平这一思想，1981年6月，党的十一届六中全会通过的《中国共产党中央委员会关于建国以来党的若干历史问题的决议》明确提出："必须在公有制基础上实行计划经济，同时发挥市场调节的辅助作用。"1982年9月，党的十二大提出"正确贯彻计划经济为主、市场调节为辅的原则"，"正确划分指令性计划、指导性计划和市场调节各自的范围和界限"。[②]1984年10月，党的十二届三中全会通过的《中共中央关于经济体制改革的决定》，指出商品经济的充分发展是社会经济发展不可逾越的阶段，提出"社会主义经济是在公有制基础上的有计划的商品经济"[③]。这就突破了把商品经济同计划经济对立起来的思想束缚，为进一步发展商品经济、发挥市场机制作用，扫除了前进的障碍。

随着经济体制改革的重心由农村向城市推进，市场取向改革越来越明晰。邓小平多次谈到计划经济和市场经济结合的问题。1985年10月，邓小平指出："社会主义和市场经济之间不存在根本矛盾，问题是用什么方法才能更有力地发展社会生产力。"他强调："把计划经济和市场经济结合起来，就更能解放生产力，加速经济发展。"[④]1987年党的十三大召开前夕，邓小平进一步阐明了计划与市场的关系："为什么一谈市场就说是资本主义，只有计划才是社会主义呢？计划和市场都是方法嘛。只要对发展生产力有好处，就可以利

① 《邓小平文选》第2卷，人民出版社1994年版，第236页。
② 中共中央文献研究室编：《十二大以来重要文献选编》上，人民出版社1986年版，第23页。
③ 中共中央文献研究室编：《十二大以来重要文献选编》中，人民出版社1986年版，第953页。
④ 《邓小平文选》第3卷，人民出版社1993年版，第148—149页。

用。它为社会主义服务，就是社会主义的；为资本主义服务，就是资本主义的。”[①]对于是否继续讲“计划经济为主”这个问题，邓小平表示“现在不要再讲这个了”[②]。他主张放弃“计划经济为主”的提法。在此基础上，党的十三大提出：“社会主义有计划商品经济的体制，应该是计划与市场内在统一的体制。”强调新的经济运行机制，总体上来说应当是“国家调节市场，市场引导企业”的机制。这在思想认识上已经大大前进了一步，已经接近于后来提出的社会主义市场经济的思想。

20世纪80年代末、90年代初，国内外形势发生了重大变化。国际上，东欧剧变，苏联解体。国内则发生了政治风波。在这种形势下，有人把商品经济、市场取向同资产阶级自由化、“和平演变”联系起来，认为发展商品经济会导致许多消极现象，会瓦解和破坏社会主义。社会上出现了姓“社”姓“资”的争论，分歧的焦点在于如何看待计划与市场问题及其相互关系。这一时期，邓小平一方面强调要坚持改革开放的路线和政策，重申“要继续坚持计划经济与市场调节相结合”，另一方面针对人们长期以来把计划经济等同于社会主义、市场经济等同于资本主义的观点，强调“我们必须从理论上搞懂，资本主义与社会主义的区分不在于是计划还是市场这样的问题”[③]。1991年初，他在上海考察时指出：“不要以为，一说计划经济就是社会主义，一说市场经济就是资本主义，不是那么回事，两者都是手段，市场也可以为社会主义服务。”[④]1992年初，邓小平在“南方谈话”中精辟地指出：计划多一点还是市场多一点，不是社会主义与资本主义的本质区别，计划经济不等于社会主义，资本主义也有计划；市场经济不等于资本主义，社会主义也有市场。计划和市场都是经济手段。这一论断又一次拨开了笼罩在人们心中计划与市场姓“社”姓“资”的重重迷雾，极大地解放了人们的思想，为我国最终确立社会主义市场经济体制的目标模式奠定了坚实的思想和理论基础。

邓小平在“南方谈话”中关于计划和市场都是经济手段的精辟论断，从根

---

① 《邓小平文选》第3卷，人民出版社1993年版，第203页。
② 《邓小平文选》第3卷，人民出版社1993年版，第203页。
③ 《邓小平文选》第3卷，人民出版社1993年版，第364页。
④ 《邓小平文选》第3卷，人民出版社1993年版，第367页。

本上解除了把计划经济和市场经济看作属于社会基本制度范畴的思想束缚,使我们在计划与市场关系问题上的认识有了新的重大突破。但是,针对这个新体制究竟应明确规定为什么体制,能不能叫作市场经济体制,人们的意见分歧仍然很大。有人提出应当建立“计划与市场相结合的社会主义商品经济体制”,有人提出必须建立“社会主义有计划的市场经济体制”,也有人提出要建立“社会主义的市场经济体制”。这些不同的提法反映出来的一个重要问题,就是如何正确认识和处理计划与市场的关系问题。一些人过分强调“有计划”,担心没有“有计划”这几个字,就不是严格意义上的社会主义,甚至担心市场作用多了还会产生资本主义。

江泽民对我国经济体制改革问题进行了深入的思考。1991年10月至12月,江泽民先后主持召开了11次讨论经济体制改革目标的座谈会,对经济体制问题进行系统研究、讨论。座谈会主要采用了讨论、对话、互动的形式。在座谈会上,江泽民主要以提问的方式引导参会者讲明自己的分析和观点,并围绕所提内容不时插话、展开讨论。江泽民反复讲道:“有计划商品经济的内涵是什么?计划经济和市场调节相结合,怎么结合,要说清楚。十四大要说清楚。”[①]这些讨论,实际上酝酿了对社会主义市场经济的论证和理解。参加座谈会的同志深有感触:“这个系统座谈会是又一次的解放思想、实事求是的理论务虚会。”[②]“座谈会的最主要成果是酝酿了‘社会主义市场经济体制’的倾向性提法,同时还对这一重要提法给出两点解释,一是市场在资源配置中发挥基础性作用,二是市场是有国家宏观调控而不是放任自流的。”[③]“一个新提法、两点新解释”[④]为江泽民1992年6月在中央党校的讲话和1992年10月党的十四大

① 陈君、洪南:《江泽民与社会主义市场经济体制的提出》,中央文献出版社2012年版,第54页。

② 陈君、洪南:《江泽民与社会主义市场经济体制的提出》,中央文献出版社2012年版,第88页。

③ 陈君、洪南:《江泽民与社会主义市场经济体制的提出》,中央文献出版社2012年版,第102页。

④ 陈君、洪南:《江泽民与社会主义市场经济体制的提出》,中央文献出版社2012年版,第56页。

确立社会主义市场经济体制改革的目标作了重要的理论准备。

1992年6月，江泽民在中央党校省部级干部进修班上就市场经济问题作了重要讲话。他指出，加快经济体制改革的根本任务，就是要尽快建立社会主义的新经济体制，而建立一个新经济体制的关键问题，就是在国家宏观调控下，更加重视和发挥市场在资源配置中的作用。对于新经济体制的提法，他明确表示倾向于使用“社会主义市场经济体制”这个提法，并且主张不再突出强调“有计划”三个字。针对人们在思想上存在的疑虑，江泽民指出：“社会主义经济从一开始就是有计划的，这在人们的脑子里和认识上一直是清楚的，不会因为提法中不出现‘有计划’三个字，就发生是不是取消了计划性的疑问。”“我觉得使用‘社会主义市场经济体制’是可以为大多数干部群众所接受的。虽然这是我个人的看法，但也与中央一些同志交换过意见，大家基本上是赞成的。”[①]

1992年10月，江泽民在党的十四大上明确指出：“实践的发展和认识的深化，要求我们明确提出，我国经济体制改革的目标是建立社会主义市场经济体制，以利于进一步解放和发展生产力。”[②]党的十四届三中全会通过的《中共中央关于建立社会主义市场经济体制若干问题的决定》，提出了立足于市场经济基础上的综合配套的改革方案。江泽民在党的十五大报告中，把从计划经济到社会主义市场经济的转变，列为邓小平理论的重要内容；把坚持和完善社会主义市场经济，列为党在社会主义初级阶段基本纲领的重要内容；把建立比较完善的社会主义市场经济体制，作为今后一个时期经济体制改革的重大课题。确立社会主义市场经济体制的改革目标，对于我们的改革开放和社会主义现代化建设具有不可估量的现实意义，对中国特色社会主义产生了深远意义。

江泽民关于社会主义市场经济的思想，主要包括如下内容：

第一，社会主义市场经济体制是同社会主义基本制度结合在一起的。江泽民指出：“我们搞的市场经济，是同社会主义的基本制度紧密结合在一起

---

①《江泽民文选》第1卷，人民出版社2006年版，第202页。

②《江泽民文选》第1卷，人民出版社2006年版，第226页。

的。如果离开了社会主义基本制度，就会走向资本主义。”[①]他强调：“我们搞的是社会主义市场经济，‘社会主义’这几个字是不能没有的，这并非多余，并非画蛇添足，而恰恰相反，这是画龙点睛。所谓‘点睛’，就是点明我们市场经济的性质。”他指出：“西方市场经济是在资本主义制度下搞的，我们的市场经济是在社会主义制度下搞的，这是不同点，而我们的创造性和特色也就体现在这里。”[②]

第二，要使市场在国家宏观调控下对资源配置起基础性作用。江泽民指出：“我们要建立的社会主义市场经济体制，就是要使市场在社会主义国家宏观调控下对资源配置起基础性作用”，“同时也要看到市场有其自身的弱点和消极方面，必须加强和改善国家对经济的宏观调控”。[③]一是要“健全现代市场体系”[④]。江泽民强调要在更大程度上发挥市场在资源配置中的基础性作用，健全统一、开放、竞争、有序的现代市场体系。二是要加强国家宏观调控。“国家宏观调控体系是社会主义市场经济体制的重要组成部分。”[⑤]江泽民指出：“充分发挥市场机制的作用和加强宏观调控，都是建立社会主义市场经济体制的基本要求，两者缺一不可，绝不能把它们割裂开来，甚至对立起来。”[⑥]以江泽民为核心的党的第三代中央领导集体反复强调，要准确选择宏观调控的时机，科学掌握宏观调控的力度。从1993年开始，党的第三代中央领导集体针对我国经济发展的实际，有针对性地采取了不同的宏观调控政策，取得了预期的效果。在1994年至1996年抑制通货膨胀、实现经济“软着陆”，以及1997年下半年以来扩大国内需求以应对亚洲金融危机冲击、抑制通货紧缩趋势的成功实践中，新的宏观经济调控体系发挥了重要作用。

第三，社会主义市场经济体制的基本框架。以江泽民为核心的党的第三代中央领导集体所设计的社会主义市场经济体制的基本框架，具有我国社会

① 江泽民：《论社会主义市场经济》，中央文献出版社2006年版，第202页。
② 江泽民：《论社会主义市场经济》，中央文献出版社2006年版，第203页。
③《江泽民文选》第1卷，人民出版社2006年版，第226—227页。
④《江泽民文选》第3卷，人民出版社2006年版，第549页。
⑤ 江泽民：《论社会主义市场经济》，中央文献出版社2006年版，第116页。
⑥《江泽民文选》第1卷，人民出版社2006年版，第467页。

主义初级阶段的鲜明特色。它是在坚持以公有制为主体、多种经济成分共同发展的前提下，由现代企业制度、全国统一开放的市场体系、健全的宏观经济调控体系、合理的个人收入分配制度、多层次的社会保障体系五个主要环节构建而成的。这些主要方面相互联系、相互制约，构成了社会主义市场经济体制的基本框架。

第四，深化计划、财税、金融体制改革。宏观调控要综合运用经济、法律方面必要的行政手段引导和调节经济运行。这就要求对传统的财政体制、金融体制、计划体制、投资体制进行改革，并切实转变政府职能，建立起计划、财政、金融之间相互配合和制约，能够综合协调宏观经济政策和正确运用经济杠杆的机制。国家计划是宏观调控的重要手段之一。江泽民强调："要更新计划观念，改进计划方法，重点是合理确定国民经济和社会发展的战略目标，搞好经济发展预测、总量调控、重大结构与生产力布局规划，集中必要的财力物力进行重点建设，综合运用经济杠杆，促进经济更好更快地发展。"①财税政策是国家宏观调控的一个主要手段。江泽民指出："要正确处理国家、企业、个人之间和中央与地方之间的分配关系，逐步提高财政收入占国民生产总值的比重和中央财政收入占全国财政收入的比重，并适应所有制结构变化和政府职能转变，调整财政收支结构，建立稳固、平衡的国家财政。"②金融在现代经济中具有极其重要的地位和作用。江泽民指出："进一步做好金融工作，保证金融安全、高效、稳健运行，是国民经济持续快速健康发展的基本条件。"③

第五，建立和完善社会保障体系。江泽民指出："完善的社会保障体系是社会主义市场经济体制的重要支柱。"④他反复强调要坚持社会统筹和个人账户相结合，完善城镇职工基本养老保险制度和基本医疗保险制度，健全失业保险制度和城市居民最低生活保障制度，"建立健全同经济发展水平相适应的社

① 《江泽民文选》第1卷，人民出版社2006年版，第227页。

② 《江泽民文选》第2卷，人民出版社2006年版，第23页。

③ 《江泽民文选》第2卷，人民出版社2006年版，第71页。

④ 中共中央文献研究室编：《江泽民论有中国特色社会主义》（专题摘编），中央文献出版社2002年版，第88页。

会保障体系”[1]。

3. 社会主义市场经济理论的丰富和发展

建立社会主义市场经济体制,是中国特色社会主义理论体系的点睛之笔。

在社会主义条件下发展市场经济,是前无古人的伟大创造,是中国共产党人对马克思主义发展作出的历史性贡献。围绕建立和完善社会主义市场经济体制,我国经济、政治、文化、社会、生态文明等各领域进行了全方位、深层次、大跨度的体制改革和政策调整,实现了改革开放新的历史性突破。建立社会主义市场经济体制,是我国社会主义制度自我完善和发展的重大成果,是中国共产党人伟大的实践创新、理论创新和制度创新,它形成了中国特色社会主义经济社会发展体制的基本格局,打开了把我国建设成为社会主义现代化强国的通途。社会主义市场经济,是中国特色社会主义的鲜明标志,是中国特色社会主义理论体系的重要内容。社会主义市场经济体制是中国特色社会主义制度的重要内涵和鲜明特色。所以,社会主义市场经济理论的提出和丰富,对于中国特色社会主义理论体系的建构,具有十分重大而深远的影响。

使市场在资源配置中起决定性作用。

在1992年10月党的十四大确定社会主义市场经济体制改革目标以及1993年11月党的十四届三中全会作出《中共中央关于建立社会主义市场经济体制若干问题的决定》以后,我国经济体制改革在理论和实践上取得了重大进展。社会主义市场经济体制初步建立,公有制为主体、多种所有制经济共同发展的基本经济制度已经确立,全方位、宽领域、多层次的对外开放格局基本形成。为适应经济全球化和科技进步加快的国际环境,适应全面建设小康社会的新形势,2003年10月党的十六届三中全会通过的《中共中央关于完善社会主义市场经济体制若干问题的决定》,提出了完善社会主义市场经济体制的目标、任务和举措。2013年11月,党的十八届三中全会通过的《中共中央关于全面深化改革若干重大问题的决定》,进一步丰富和发展了社会主义市场经济理论。

---

① 《江泽民文选》第3卷,人民出版社2006年版,第550页。

《中共中央关于全面深化改革若干重大问题的决定》在阐述全面深化改革的指导思想时，明确指出必须坚持社会主义市场经济改革方向，强调“紧紧围绕使市场在资源配置中起决定性作用深化经济体制改革”[①]。“决定性作用”的提法，是我们党在理论上的又一重大飞跃，是我国改革开放历史进程中具有里程碑意义的创新和发展，表明我们党对社会主义市场经济规律的认识和把握达到了一个新的高度。

1992年党的十四大明确提出，要使市场在社会主义国家宏观调控下对资源配置起基础性作用。这一重大理论突破，对推动我国改革开放和经济社会发展发挥了极为重要的作用。从党的十四大以来，我们党一直在继续探索适应改革发展客观实际变化要求的准确定位。党的十五大提出“使市场在国家宏观调控下对资源配置起基础性作用”，党的十六大提出“在更大程度上发挥市场在资源配置中的基础性作用”，党的十七大提出“从制度上更好发挥市场在资源配置中的基础性作用”，党的十八大进一步提出“更大程度更广范围发挥市场在资源配置中的基础性作用”。从党的十六大到十八大，在市场基础性作用前面所加的关键词都集中在强调改革取向是增强市场作用。党的十八届三中全会在总结改革开放35年、市场化改革20多年来实践的基础上，明确提出“使市场在资源配置中起决定性作用”，揭示了社会主义市场经济的本质要求，将对在新的历史起点上全面深化改革产生深远影响。

党的十八届三中全会通过的《中共中央关于全面深化改革若干重大问题的决定》根据完善社会主义市场经济体制和现阶段经济发展的客观要求，将使市场在资源配置中起“基础性作用”修改为“决定性作用”，虽然只有两字之差，但却提出了一个重大理论观点。“决定性作用”和“基础性作用”，这两种表述是一致和衔接的，前者是在后者基础上与时俱进的发展。“决定性作用”的表述，在理论上更为明确、到位，对于现阶段经济体制改革的指导更有针对性，是我国改革理论在新的历史条件下的重大发展。

必须认识到，市场在资源配置中起决定性作用，并不是起全部作用，并没有否定或忽视政府作用，而是要求更好发挥政府在参与资源配置中的积极作

① 《中共中央关于全面深化改革若干重大问题的决定》，人民出版社2013年版，第3页。

用,弥补市场失灵,以保持宏观经济稳定、加强和优化公共服务、保障公平竞争、加强市场监管、维护市场秩序、促进共同富裕。所以,党的十八届三中全会提出:“经济体制改革是全面深化改革的重点,核心问题是处理好政府和市场的关系,使市场在资源配置中起决定性作用和更好发挥政府作用。市场决定资源配置是市场经济的一般规律,健全社会主义市场经济体制必须遵循这条规律,着力解决市场体系不完善、政府干预过多和监管不到位问题。”[①]

深化科技体制改革。

党的十八届三中全会把经济体制改革作为全面深化改革的重点,同时又把深化科技体制改革作为经济体制改革的重要内容。为什么必须继续深化科技体制改革呢?

深化科技体制改革是完善社会主义市场经济体制的必然要求。社会主义市场经济体制的确立,是对我国生产关系的一次重大变革,极大地促进了生产力的解放,同时也为科技进步和创新创造了更为有利的环境,对我国科技事业产生了深远影响。它表明,此后各项科技活动都必须在社会主义市场经济的体制环境中进行。其中,它对科技体制的影响最大。长期以来,我国科技体制的运行机制、科技机构的管理、科技资源的配置、科技人员的调配,都是由政府主导、规划的。随着改革开放的推进,这种计划色彩浓厚、高度集中的科技体制在实践中的弊端越来越明显。建立社会主义市场经济体制,给我国科技体制改革带来了新的机遇和挑战。党的十四届三中全会通过的《中共中央关于建立社会主义市场经济体制若干问题的决定》明确提出:“科技体制改革的目标,是建立适应社会主义市场经济发展,符合科技自身发展规律,科技与经济密切结合的新型体制,促进科技进步,攀登科技高峰,以实现经济、科技和社会的综合协调发展。”强调要改变部门分割的状况,实行“稳住一头,放开一片”的方针,推进科技系统的结构调整和人才的合理分流。党的十六届三中全会通过的《中共中央关于完善社会主义市场经济体制若干问题的决定》对深化科技体制改革作出了进一步的部署,强调要改革科技管理体制,加快国家创新体系建设,促进全社会科技资源高效配置和综合集成。

① 《中共中央关于全面深化改革若干重大问题的决定》,人民出版社2013年版,第5页。

当前我国正处在全面建成小康社会的关键时期和深化改革开放、加快转变经济发展方式的攻坚时期,科技在经济社会发展中的作用日益凸显,国际科技竞争与合作不断加强,新科技革命和全球产业变革步伐加快,我国科技发展既面临重要战略机遇,也面临严峻挑战。面对新形势、新要求,我国自主创新能力还不够强,科技体制机制与经济社会发展和国际竞争的要求不相适应,突出表现为:企业技术创新主体地位没有真正确立,产学研结合不够紧密,科技与经济结合问题没有从根本上解决,原创性科技成果较少,关键技术自给率较低;一些科技资源配置过度行政化,分散、重复、封闭、低效等问题突出,科技项目及经费管理不尽合理,研发和成果转移转化效率不高;科技评价导向不够合理,科研诚信和创新文化建设薄弱,科技人员的积极性、创造性还没有得到充分发挥。这些问题已成为制约科技创新的重要因素,影响我国综合实力和国际竞争力的提升。

国内改革发展任务繁重,以及新科技革命的发展,迫切要求我们进一步深化科技体制改革。在新的历史起点上,我们必须以提高自主创新能力为核心,紧紧围绕科技与经济紧密结合这个重点,强化企业技术创新主体地位,加快建立企业主导产业技术研发创新的体制机制。要提高科研院所和高等学校的创新服务能力,强化协同创新,加强统筹协调,优化结构布局,推进科研院所分类改革,强化科技资源开放共享,建立基础研究、应用研究、技术创新、成果转化协调发展的机制,提高国家创新体系整体效能。要统筹发挥政府调控作用和市场在资源配置中的决定性作用,健全技术创新市场导向机制,发挥市场对技术研发方向、路线选择、要素价格、各类创新要素配置的导向作用,完善科技项目、经费管理制度和科技评价、奖励制度,形成激励创新正确导向,建立健全鼓励原始创新、集成创新、引进消化吸收再创新的体制机制。要建立健全科学合理的人才评价标准,加强科研诚信建设,营造科学民主、宽松包容的学术氛围,进一步激发广大科技人员的积极性和创造性。要落实和完善相关法律法规和政策措施,加强科技开放合作,为科技创新发展提供有力保障。

二、谋势之着:走新型工业化道路

20世纪80年代以来,特别是进入90年代以后,以信息技术为主要标志的新科技革命突飞猛进,给人类社会带来了广泛而深刻的变化。人们通常将这一变化过程及结果称为信息化。江泽民以敏锐的眼光关注着新科技革命的发展趋势,深入思考了我国如何抓住信息化机遇,充分发挥信息化带动作用,努力实现经济社会协调发展和可持续发展的问题。走新型工业化道路,就是这一探索的重要成果。

1. 走新型工业化道路是我国迎接新科技革命挑战的必然选择

面对迅猛发展的信息化潮流,如何推动我国的工业化进程?有的人认为,我国应该全力推进信息化,工业化可以放弃不管。有的人则认为,我国当务之急是重点发展传统工业,继续推进工业化,有了基础后,再大力发展信息化。中国该走怎样的信息化发展之路?这成为摆在我们党面前的一个重大问题。2000年,中共中央、国务院酝酿制定国民经济和社会发展第十个五年计划,其中一个很重要的内容就是研究和制定我国的信息化战略。在制定"十五"计划的过程中,江泽民到各地进行调研,连续12次听取有关方面专题汇报,并就"十五"计划中的有关重大问题作出一系列重要指示。其中,有关我国信息化发展战略的问题,是江泽民非常重视并多次阐述的一个重要问题。随着调研的深入,江泽民关于我国信息化发展战略的思考逐渐成熟。2000年8月,江泽民在第十六届世界计算机大会开幕式上,第一次对我国信息化发展战略作了明确阐述。他指出:"中国政府高度重视发展信息产业,正在大力推进国民经济和社会信息化。""我们的战略是:在完成工业化的过程中注重运用信息技术提高工业化水准,在推进信息化的过程中注重运用信息技术改造传统产业,以信息化带动工业化,发挥后发优势,努力实现技术跨越式发展。"[①]随后,在东北三省党的建设和"十五"期间经济社会发展座谈会上,江泽民再次论述了我国信息

① 江泽民:《论科学技术》,中央文献出版社2001年版,第222页。

化的发展战略。2000年10月，江泽民在国际工程科技大会上指出："我们将大力推进国民经济和社会信息化，以信息化带动工业化，努力实现我国社会生产力的跨越式发展。"①

2000年10月11日，党的十五届五中全会通过的《中共中央关于制定国民经济和社会发展第十个五年计划的建议》，将以信息化带动工业化作为一个重大战略方针确定下来，作出了加快国民经济和社会信息化的重大决策。国民经济和社会发展信息化，是指在电子计算机、通信和网络等技术快速发展的推动下，信息技术、信息产业和信息网络在社会经济的各个领域所发挥的作用日益突出，并逐渐主导国民经济和社会发展的过程。大力推进国民经济和社会信息化，是覆盖现代化建设全局的战略举措。江泽民在党的十五届五中全会上的讲话《在新世纪把建设有中国特色社会主义事业继续推向前进》中，说明了制定这一发展战略的原因："这次全会提出加快国民经济和社会信息化，就是我们为推进产业优化升级和实现工业化、现代化而采取的重大举措。当今世界的发展趋势表明，信息化对推动经济社会发展具有重大作用，我们必须高度重视并全力推进，以信息化带动工业化，发挥后发优势，争取实现社会生产力的跨越式发展。"②2002年11月，江泽民在党的十六大报告中进一步提出："坚持以信息化带动工业化，以工业化促进信息化，走出一条科技含量高、经济效益好、资源消耗低、环境污染少、人力资源优势得到充分发挥的新型工业化路子。"③这在我们党的文献中首次提出了走新型工业化道路这一重大战略思想。

工业化是一个历史范畴，在不同的历史条件下，不同国家实现工业化的标准和道路不尽相同。英国、美国、法国、德国等西方发达国家工业化道路的基本特征是：依赖从世界广大殖民地掠夺能源、原材料，并倾销其产品，结果造成全球范围贫富两极分化、资源大量消耗和生态环境恶化。新中国成立以来特别是改革开放以来，我国工业建设取得举世瞩目的成就，建成了门类齐全、独立完整的现代工业体系和国民经济体系，实现了从农业大国向工业大国的历

① 江泽民：《论科学技术》，中央文献出版社2001年版，第227页。

②《江泽民文选》第3卷，人民出版社2006年版，第121页。

③《江泽民文选》第3卷，人民出版社2006年版，第545页。

史性转变。在新的起点上,不断满足人民日益增长的物质文化需要,实现全面建成小康社会奋斗目标和社会主义现代化,仍然需要加快工业化进程。在我们这样一个拥有13亿多人口的大国实现工业化,世界上没有先例可循。由于人口规模、资源禀赋、历史条件的不同以及国际经济关系的变化、科学技术的发展,我们不可能重复别国走过的道路,并且必须避免西方发达国家走过的弯路。我国是在新的历史条件下继续完成工业化任务的,国际环境和我国基本国情决定了传统的工业化道路在我国已走不通。以信息技术为代表的新科技革命的迅猛发展,又使我国走新型工业化道路成为可能。因此,提出走新型工业化道路,是在总结世界各国工业化经验教训基础上,从我国基本国情出发,把握科技发展趋势,根据信息化时代实现工业化的要求和有利条件提出的。

新型工业化道路与传统工业化道路有何不同?它新在哪里?可以把新型工业化道路的内涵概括为"高、好、低、少、优"五个字。"高",是指科技含量高;"好",是指经济效益、社会效益好;"低",是指资源消耗低;"少",是指保持生态平衡、环境污染少;"优",是指人力资源优势得到充分发挥。可见,新型工业化道路是速度与结构、质量、效益相统一的工业化发展道路。其中,科技含量高是新型工业化道路的一个重要内涵和特征,揭示了新科技革命与新型工业化道路的内在联系。对我国来说,新科技革命催生了新型工业化道路,走新型工业化道路必须以现代科学技术为支撑和依托。

新型工业化是以信息化带动的工业化。必须看到,我国工业发展长期依靠高投入、高消耗,存在着发展方式粗放、结构不合理、核心技术受制于人、资源环境约束强化、区域发展不平衡等深层次矛盾和问题。这些矛盾和问题解决不好,不仅会影响我国工业健康发展,而且会给整个经济发展带来不利影响。对我国来说,实现工业化任重而道远。但这并不意味着我们必须按部就班地推进工业化。随着新科技革命迅猛发展,科技进步日新月异,信息技术日益成为当今世界创新速度最快、通用性最广、渗透性最强的高技术,人类已经进入了信息化时代。在人类社会进入信息化时代的今天,信息技术已经广泛应用到经济社会各个领域,极大地拓展和丰富了传统工业化的内涵,提高了劳动生产率,降低了资源消耗和生产成本,减少了环境污染,成为社会生产力和人类文明进步的强大动力。信息技术的飞速发展,产生了信息及通信设备制造业、软件业、信息服务业等新兴产业，信息技术产业新产品、新服务不断推出，衍生出大量新的需求。信息技术应用和普及速度加快，拓展着产业发展的市场空间。同时，信息技术又以极强的渗透力同传统产业广泛结合，推动了传统产业的优化升级。信息化是带动工业化的强大动力，信息化与工业化融合，可以迅速提高工业化水平，加快工业化进程。

新型工业化是以科技进步和创新为动力，同科教兴国战略紧密结合的工业化。从科学技术的角度看，工业化是不断吸纳新的科技成果和产业结构不断优化升级的过程。世界上许多强国已经走过了各具特色的工业化道路，但只有那些善于将高新技术融入本国工业化的历程，并不断推进科技进步和创新的民族，才能不断提高工业化的水准和层次。工业革命以来，工业化之所以成为世界各国发展的大趋势，就是因为工业化可以大大提高劳动生产率，促进社会生产力加快发展。但是，我国现在实现工业化，同英、美、法、德等国实现工业化的历史条件、国际环境有很大不同。我国实现工业化，不可能像西方发达国家当初那样依靠掠夺殖民地的能源资源来实现，而必须依靠以科技进步和创新为动力，不断提高工业产品的科技含量，通过产品质量好、价格低的竞争力在国内外市场上打开销路。因此，我国在新的历史条件下实现工业化，必须与实施科教兴国战略紧密结合，充分发挥科学技术作为第一生产力的重要作用，推动发展主要依靠科技进步、劳动者素质提高、管理创新转变。也只有这样的工业化，才是符合当今时代要求的工业化。

新型工业化是以可持续发展为目标导向，同实施可持续发展战略紧密结合的工业化。传统的工业化道路是以大量消耗能源资源和牺牲生态环境为代价的。我国是世界上最大的发展中国家，但我国人均资源占有量远低于世界平均水平，自然生态条件总体比较脆弱。在这样的能源资源条件下实现工业化，决不能走西方发达国家那样“先污染、后治理”的老路。我国发展中不平衡、不协调、不可持续问题依然突出，经济增长的资源环境约束强化。如果不改变主要依靠增加资源投入的粗放型经济增长方式，将难以实现全面建成小康社会的奋斗目标。因此，我国必须把资源消耗低和环境污染少、实现可持续发展，作为走新型工业化道路的基本要求。

新型工业化是以人才队伍建设为智力支持，同实施人才强国战略紧密结合的工业化。工业化的进程,是发展工业并用先进的工业生产技术改造和装备传统产业部门的过程。因此,工业化必然伴随大批农民转移到非农产业和城镇。随着科学技术的进步,工业和国民经济各部门资本有机构成和劳动生产率的提高,同量资本将与更少的劳动力相结合。特别是我国人力资源极为丰富,就业和再就业的压力比任何国家都大,而且在信息化时代,劳动生产率比以往提高得更快,从而更加剧了工业化与就业的矛盾。此外,我国丰富的人力资源是我国实现工业化的巨大优势。改革开放以来我国经济之所以能持续快速发展,外商投资之所以持续不断地涌入我国,我国制造业之所以能够在国际市场上有竞争力,其中一个重要原因就是我国人力资源丰富。因此,充分发挥我国人力资源优势,妥善处理好工业化提高劳动生产率与扩大就业的矛盾,不仅是扩大内需、保持社会和谐稳定的必要条件,而且是发挥我国独特优势、保持和提高竞争力的必然要求。我国是人才资源大国,但还不是人才强国;我国是第一制造大国,但还不是制造强国;我国是工业大国,但还不是工业强国。今后一个时期,我国能源、原材料、劳动力等成本上升趋势明显,初级产品国际竞争力逐步弱化。这就要求我们在实现工业化的进程中,大力实施人才强国战略,培养造就规模宏大、结构优化、布局合理、素质优良的人才队伍,确立国家人才竞争比较优势,进入世界人才强国行列,为加快实现工业化和现代化奠定人才基础。

2. 以信息化带动工业化,以工业化促进信息化

新中国成立后,我国开始了工业化的进程。"中国的工业化、现代化取得了前所未有的成就,但完成中国的工业化、现代化,还需要进行长期的艰苦奋斗。"①目前我国总体上仍处在工业化中后期阶段。"在工业化中后期,信息技术成为先进智能工具,信息资源成为重要的战略资源,信息技术创新成为先进生产力的主要发展方向。"②

① 江泽民:《论科学技术》,中央文献出版社2001年版,第227页。

② 江泽民:《论中国信息技术产业发展》,中央文献出版社、上海交通大学出版社2009年版,第21页。

面对工业化有待继续推进而信息化建设又时不我待的局势，江泽民指出，中国的现代化建设面临着双重使命："中国还是一个发展中国家，工业化任务尚未完成，又面临实现信息化的艰巨任务。"[1]由于我国的信息化不是出现于工业化成熟阶段，而是在工业化进入全面展开的过程中开始的，因此，我们决不能像西方发达国家那样，先走完工业化，然后再推进信息化，更不能用信息化取代工业化，而必须同时推进工业化与信息化。党的第三代中央领导集体认识到，如果按部就班地在完成工业化后再进行信息化建设，就会坐失良机，永远无法赶上西方发达国家。反之，如果放弃工业化，把建设重点全面转向信息化，也不符合我国国情，还可能欲速则不达。以信息化带动工业化，以工业化促进信息化，是推动我国经济社会持续健康发展的必然选择。

工业化与信息化的双重使命，决定了我们必须以工业化作后盾，信息化作先导；决定了我们必须把工业化作为信息化的基础，让工业化为信息化的发展提供物资、能源、资金、人才以及市场；同时也决定了我们在加快信息化建设的同时，必须着重巩固和发展工业化，坚持走新型工业化道路。必须认识到，在新世纪新阶段大力推进信息化与新中国成立初期大力推进工业化一样，具有同等重要的战略意义。没有工业化的积累，信息化就成了无源之水、无本之木。没有信息化的带动，工业化就不可能顺利实现。把工业化同信息化对立起来，或者埋头于工业化而置信息化于不顾，或者脱离工业化现状盲目追求信息化，都是片面的，不可取的。

以信息化带动工业化，以工业化促进信息化，是我国国民经济和社会信息化的必由之路。信息化对工业化的带动作用主要表现在四个方面：一是加速作用，信息化程度越高，社会经济活动和社会财富的积累速度越快，工业化进程也就相应加快；二是牵引作用，信息化在给工业化带来新机会、新途径的同时，规范、引导着工业化的进一步发展方向；三是转型作用，利用信息这一新资源，可以避免传统的工业化过程中的缺陷，如高消耗、低效益、重污染等问题，进而优化经济结构，实现经济转型；四是倍增作用，它能向其他行业渗透，并产

① 江泽民：《论中国信息技术产业发展》，中央文献出版社、上海交通大学出版社2009年版，第266页。

生加倍的效益。正因如此，江泽民指出："电子信息技术是振兴我国经济的一种有效倍增器，是现实渗透性最强、发挥作用最大的新技术。进一步把推广应用电子信息技术提到战略高度，充分发挥电子信息技术对经济的倍增作用，我们就能够提高国民经济效率，降低消耗，利用已经形成的相当规模的钢铁、煤炭、电力、石油资源，创造出几倍于当前的国民生产总值。"[①]

以信息化带动工业化，必须注意两个方面的问题：

第一，在完成工业化的过程中注重运用信息技术提高工业化的水准。

与西方发达国家相比，我国工业化的水准不高，经济增长方式亟待转变。长期以来，我国的经济增长方式基本上是一种粗放型的增长方式。我国的工业化已进入提高增长质量和效益的关键时期。我们面临的经济形势极为复杂，既要在完善市场经济体制方面迈出实质性步伐，同时又要实施互利共赢的开放战略，提高对外开放水平。如果不改变粗放型的增长方式，我们就很难在越来越激烈的国际竞争中站稳脚跟。以信息化带动工业化，其实质是利用信息技术对社会生产力的巨大牵引和带动作用，提高国民经济的整体效益和水平。信息技术是一种关联度、感应度、带动度很高的新技术，它可以带动与之相关的一系列新技术取得突破，优化资源配置，提高经济运行效率，从而大大加速我国工业化的进程，提高工业化的质量。在新世纪新阶段，我们所要推进的工业化，不再是传统的工业化，而是体现时代特征、符合中国国情的新型工业化。

第二，在推进信息化的过程中注重运用信息技术改造传统产业。

从产业结构的角度来看，以信息化带动工业化，实质就是产业结构的优化升级。发达国家产业结构的优化升级主要是通过促进信息技术产业化来实现的，亦即当技术变革引起产业结构转换时，通过引入信息技术促进产业结构的变革，为经济增长创造良好的条件。信息技术对于产业结构的优化升级尤为重要。作为当代经济社会发展的核心技术，它为我国的产业结构调整提供强有力的技术支持。一方面，我们可以在传统产业中大力推广、应用信息技术及设备，巩固和发展我国传统产业的比较优势，增强传统产业的产品开发力度，

---

① 江泽民：《论中国信息技术产业发展》，中央文献出版社、上海交通大学出版社2009年版，第238页。

大幅度提高传统产品的科技含量和附加值，使这些有潜力的传统产业优化升级，提高效益。另一方面，我们可以利用信息技术、信息产业对传统产业进行重组重构甚至替代落后的传统产业，从而形成若干新的经济增长点，产生一批富有生机和活力的新兴产业。信息技术“在向传统产业广泛渗透的同时，催生了新的重要产业”①。

信息技术的广泛运用，必将大大推动传统产业的改造、重组、替换。反过来，传统产业的被改造、被重组、被替换，又为信息化进程扫清了障碍。正是在这种相互作用的过程中，正是通过信息技术对传统产业的“注入”，才使得信息技术产业真正成为先导产业，成为国民经济的主导产业。我们应当将产业结构调整与推进信息化结合起来，并把各行业实现信息化作为产业结构调整的重要内容和技术升级的关键措施。

3. 推动信息化和工业化深度融合

胡锦涛在党的十七大报告中论述促进国民经济又好又快发展时，明确提出：“要坚持走中国特色新型工业化道路”②，“大力推进信息化与工业化融合”③。中国特色新型工业化道路，是中国特色社会主义道路在经济建设领域的反映。胡锦涛提出中国特色新型工业化道路，丰富了中国特色社会主义道路的内涵。党的十七届五中全会进一步提出，“推动信息化和工业化深度融合”④。从提出新型工业化道路到提出中国特色新型工业化道路，从提出以信息化带动工业化到提出推动信息化和工业化深度融合，反映了我们党对社会主义建设规律认识的不断深化。

坚持走中国特色新型工业化道路，这既是对我国几十年来特别是改革开

---

① 江泽民：《论科学技术》，中央文献出版社2001年版，第144页。

② 中共中央文献研究室编：《十七大以来重要文献选编》上，中央文献出版社2009年版，第17页。

③ 中共中央文献研究室编：《十七大以来重要文献选编》上，中央文献出版社2009年版，第18页。

④ 中共中央文献研究室编：《十七大以来重要文献选编》中，中央文献出版社2011年版，第982页。

放以来工业化进程的经验总结,也是促进国民经济又好又快发展的必然选择,同时还是应对国际金融危机、抢占经济科技制高点的必然选择。2008年国际金融危机发生以来,发达国家在应对国际金融危机的过程中,纷纷提出"再工业化""低碳经济""智慧地球"等发展理念,国际经济结构正在孕育着深刻变革。各国纷纷把培育发展新能源、新材料、信息网络、高端装备制造、生物等产业作为新的突破方向和增长引擎,加快信息网络技术的研发应用,努力抢占未来新的经济科技制高点,谋求掌握发展和转型的主动权。我国正处于全面建成小康社会的关键时期和深化改革开放、加快转变经济发展方式的攻坚时期。我们必须坚持走中国特色新型工业化道路,推动信息化和工业化深度融合,促进工业化、信息化、城镇化、农业现代化同步发展。

推动信息化与工业化深度融合,就是要充分利用信息技术所具有的增长速度高、技术进步快、经济效益好、产业关联度强和高渗透性、高增倍性等特点,通过信息技术的不断渗透与扩散,最大限度地实现资源在不同工业行业之间的优化配置,迅速提高劳动生产率;就是要把握信息技术,特别是电子化、信息化、智能化、数字化、网络化技术蓬勃兴起的大好机遇,通过体制创新和技术创新,带动一批新的产业的兴起和发展;就是要通过信息技术的广泛应用,大力推进我国传统产业的改造,加快产业结构的优化升级和产品的更新换代,大大增强产品的竞争能力。推动信息化和工业化融合发展,实质是高起点加快工业化进程,全面提高信息化水平。

第一,以信息化带动工业化,高起点加快工业化进程。一是要着力推进工业发展制度环境建设,加强战略谋划和顶层设计,加强促进工业发展的制度建设,加强重大问题研究,完善政策体系,增强消费对工业发展的拉动作用,发挥工业产品在扩大内需中的积极作用,营造各方面关心、支持工业发展的良好氛围。二是要加强信息技术对传统产业的改造提升,推动信息化和工业化深度融合。信息化和工业化融合引发了生产方式变革,推动了发展方式转变。智能化基础设施、协同化创新体系、集约化资源利用、精细化管理模式正在形成工业化的新优势。要以信息化创新研发设计手段,促进产业自主创新能力提升。要推动生产过程智能化和生产装备数字化,推动信息化与经营管理融合发展。深化信息技术在工业行业关键环节的集成应用,加快构建资源节约型、环境友好型以及本质安全型的工业体系。三是要着力推进现代产业体系建设。根据工业转型升级的总体要求,围绕改造提升制造业、培育发展战略性新兴产业、大力发展生产性服务业,瞄准重点领域和方向,集中力量尽快取得实质性突破,提高工业制造基础能力、新产品开发能力、品牌创建能力和产业集中度,促进全产业链整体升级,增强工业可持续发展能力。

第二,加快发展信息技术产业,全面提升信息化水平。江泽民指出:加快发展信息技术产业,是实现现代化的必然选择,是走中国特色新型工业化道路的客观要求,是富国强军的重要保障。要着重抓好三个方面的工作。一是构建下一代信息基础设施。着眼于经济社会发展全局,构建宽带、融合、安全、泛在的信息网络基础设施。统筹布局新一代移动通信网、下一代互联网、数字广播电视网、卫星通信等设施建设,形成超高速、大容量、高智能国家干线传输网络。务实推进物联网研发应用,探索创新商业模式和体制机制。加快经济社会信息化进程,推动经济社会各领域信息化。三是加强国家网络与信息安全保障能力。在信息化时代,网络与信息安全是国家安全的重要组成部分,越来越为各国所重视,并愈益成为和平时期各国激烈角逐的新领域。面对日趋严峻复杂的网络与信息安全形势,要立足当前、着眼长远,积极防御、主动应对,加强战略规划,加强网络空间的安全治理,加大信息内容和互联网服务业的安全监管,加强国家信息安全基础设施建设,提高信息技术装备安全保障水平。

第三,抓住新一轮世界科技革命带来的战略机遇,深入实施科教兴国战略、人才强国战略和可持续发展战略。我国已成为工业大国,正处于向工业强国转变的历史时期,要实现由大到强的转变,关键在于坚持不懈地增强自主创新能力。当今世界,科学技术正在酝酿着新的重大突破,新一轮世界科技革命和产业革命正在孕育之中。面对发达国家在经济、科技上长期占优势的压力,面对西方国家在核心技术和关键技术领域对我国实行封锁的情况,面对我国缺少具有自主知识产权的核心技术和关键技术的现状,我们必须在继续发挥既有比较优势的同时,更加注重增强自主创新能力,努力塑造新的国家竞争优势。必须深入实施科教兴国战略和人才强国战略,加快建设创新型国家,着力推进创新驱动,加快教育改革发展步伐,推动人才事业全面发展,从而为坚持走中国特色新型工业化道路奠定坚实的科技和人才基础。面对日趋强化的资源环境约束,必须深入实施可持续发展战略,大力推进生态文明建设,加快建设资源节约型、环境友好型社会,加快形成节约资源和保护环境的空间格局、产业结构、生产方式、生活方式,推动形成人与自然和谐发展和现代化建设新格局。

"信息化是一场带有深刻变革意义的科技创新。"[①]信息化对于转变经济发展方式,建设社会主义新农村,促进区域协调发展和城镇化健康发展,建设资源节约型、环境友好型社会,建立健全基本公共服务体系,提高政府行政能力,提升人民群众生活质量和水平,促进社会全面进步,具有重大的推动、支撑和引领作用。可以说,走新型工业化道路,是中国特色社会主义的谋势之着、蓄劲之措,对我国发展产生了深远的影响。正是因为部署了这一筹划未来、布局未来的关键棋子,我国工业化得以加速发展,信息化得以大大提速,极大地推动了中国特色社会主义的发展。

三、建设社会主义政治文明

人民民主是中国共产党始终高扬的光辉旗帜,发展社会主义民主政治是我们党始终不渝的奋斗目标。江泽民明确提出了建设社会主义政治文明的重大战略任务,表明我们党对共产党执政规律、社会主义建设规律、人类社会发展规律的认识又上升到一个新的高度。

1. 建设社会主义政治文明是社会主义现代化建设的重要目标

早在1940年,毛泽东在《新民主主义论》中就提出"新民主主义的政治、新民主主义的经济和新民主主义的文化相结合"的重要思想。党的十一届三中全会以后,邓小平在总结历史经验的基础上,揭示了民主政治建设的极端重要性以及民主与社会主义的内在联系,把民主作为中国特色社会主义建设的重要目标。1979年3月,邓小平在《坚持四项基本原则》中指出:"没有民主就没有社会主义,就没有社会主义的现代化。"[②]1980年2月,党的十一届五中全会指

① 中共中央文献研究室编:《江泽民论有中国特色社会主义》(专题摘编),中央文献出版社2002年版,第253页。

② 《邓小平文选》第2卷,人民出版社1994年版,第168页。

出，发扬社会主义民主和健全社会主义法制，是我们党坚定不移的方针。1981年6月，党的十一届六中全会通过的《中共中央关于建国以来党的若干历史问题的决议》指出：逐步建设高度民主的社会主义政治制度，是社会主义革命的根本任务之一。1982年9月，党的十二大明确提出：要把我国建设成为高度文明、高度民主的社会主义国家。1987年，党的十三大制定的党的基本路线提出，要把我国建设成为富强、民主、文明的社会主义现代化国家。在开创改革开放伟大事业的过程中，邓小平反复强调要发展社会主义民主，健全社会主义法制，推进政治体制改革。邓小平关于社会主义民主政治建设的思想，为推进我国政治文明建设奠定了基础、指明了方向。

1992年10月，江泽民在党的十四大报告中指出，“我们的政治体制改革，目标是建设有中国特色的社会主义民主政治”[①]。2001年1月，江泽民在全国宣传部长会议上首次提出了政治文明的概念。他在论述依法治国和以德治国时指出：“法治属于政治建设、属于政治文明，德治属于思想建设、属于精神文明。”[②]这是一个重大的认识飞跃。提出建设社会主义政治文明是我们党对自己一贯坚持和实行的发展人民民主的奋斗目标的新总结、新概括。2002年5月，江泽民在中央党校省部级干部进修班毕业典礼上指出：“发展社会主义民主政治，建设社会主义政治文明，是社会主义现代化建设的重要目标。”[③]这一重要论断，对政治体制改革的目标和方向作了进一步的提炼和概括，把建设社会主义政治文明纳入了现代化建设的重要目标范畴之内，具有极为重大的理论意义和实践意义。2002年11月，江泽民在党的十六大报告中指出，建设社会主义政治文明是全面建设小康社会的重要目标，并对坚持和完善民主制度、建设社会主义法治国家等作出部署。

以江泽民为核心的党的第三代中央领导集体在新的历史条件下，丰富和发展了邓小平关于建设社会主义民主政治的思想，进一步明确了我国民主政治建设的总体目标、原则、任务、内容和途径。比如：把依法治国确立为党领导

① 《江泽民文选》第1卷，人民出版社2006年版，第235页。

② 《江泽民文选》第3卷，人民出版社2006年版，第200页。

③ 中共中央文献研究室编：《江泽民论有中国特色社会主义》（专题摘编），中央文献出版社2002年版，第304页。

人民治理国家的基本方略,提出了建设社会主义法治国家的任务,并强调要把依法治国与以德治国有机结合起来。提出了“三个统一”的思想,即把坚持党的领导、人民当家做主和依法治国有机统一起来;提出了推进政治体制改革的“五个有利于”的标准,即有利于巩固社会主义制度,有利于巩固党的领导,有利于在党的领导下和社会主义制度下发展社会生产力,有利于贯彻党的十一届三中全会以来制定的路线方针政策,有利于取得和保持一个经济发展所必需的稳定的社会政治环境;阐述了我国政党制度的二十字基本特征,即共产党领导、多党派合作,共产党执政、多党派参政;提出了衡量我国政党制度的四条标准,即:一是看能否促进社会生产力持续发展和社会全面进步,二是看能否实现和发展人民民主,增强党和国家的活力,保持和发挥社会主义制度的特点和优势,三是看能否保持国家政局稳定和社会安定团结,四是看能否实现和维护最广大人民的根本利益。这些重要论述,为改革开放和社会主义现代化建设提供了有力的政治保证。

提出建设社会主义政治文明,是“三个代表”重要思想的一个亮点,对中国特色社会主义民主政治进程产生了深远的影响。提出建设社会主义政治文明,使中国特色社会主义事业的总体布局更加明确地由“两位一体”发展为“三位一体”。这对于中国特色社会主义理论体系的建构来说具有十分重要的意义。提出建设社会主义政治文明,构成了我们党认识中国特色社会主义事业总体布局的认识之链上的一个重要环节,是我们党对共产党执政规律、社会主义建设规律、人类社会发展规律这“三大规律”在实践和认识上不断深化的重要成果。此后,我们党先后提出构建社会主义和谐社会、建设社会主义生态文明的重大战略思想,使中国特色社会主义事业总体布局由“三位一体”渐次发展为“四位一体”“五位一体”。

2007年10月,胡锦涛在党的十七大报告中进一步强调“扩大社会主义民主,建设社会主义法治国家,发展社会主义政治文明”[①]。以胡锦涛为总书记的党中央,在理论上、实践上进一步深化了我们党对社会主义政治文明的认识。

---

① 中共中央文献研究室编:《十七大以来重要文献选编》上,中央文献出版社2009年版,第22页。

比如:提出并阐述了中国特色社会主义政治发展道路的概念;把基层群众自治制度纳入我国基本政治制度范畴;提出人民民主是社会主义的生命这一重大命题,并把人民当家做主界定为“社会主义民主政治的本质和核心”[①];把“扩大社会主义民主,更好保障人民权益和社会公平正义”[②]作为全面建设小康社会奋斗目标的新要求之一;等等。这些思想是我们党不断深化对社会主义政治文明建设规律认识的重要成果。

2. 新科技革命对社会主义政治文明建设的影响

随着新科技革命迅猛发展,各种高新技术越来越广泛地应用到人类社会的生产、生活中,给社会主义政治文明建设带来了新的机遇和挑战。

第一,高新技术尤其是信息网络技术大大提高了人们政治参与的广泛性、平等性和主动性,深刻地改变了人们的政治参与模式,为发展社会主义民主政治提供了新的有利条件。

随着信息技术的快速发展,网络的逐渐普及,网民数量的快速增加,互联网不仅是人们获取信息的重要渠道,更是民意表达和参政议政的重要平台,也是政府问政的重要方式。通过互联网了解民情、汇集民智,已越来越成为各级党委和政府的必修课。各级政府出台重大政策前,通过互联网征求意见已成为普遍做法。网络民主正成为中国政治文明的新鲜符号。

信息网络技术拓宽了民主参与的渠道,网络政治参与成为我国公民政治参与的新途径。在我国,长期以来,人民群众政治参与的主要途径为选举代表参加人民代表大会、政治协商会议以及各人民团体来表达政治诉求,也可通过党的组织渠道、政府决策咨询、人民来信来访表达政治意愿。从政治参与的方式看,人民群众主要通过参加定时定点会议、传递文字材料等方式参政议政。这些途径和方式体现了我们的政治优势,必须继续坚持和发扬。随着信息网络技术在全社会的普遍应用,互联网新应用、新服务为人们表达意见提供了更

① 中共中央文献研究室编:《十七大以来重要文献选编》上,中央文献出版社2009年版,第22页。

② 中共中央文献研究室编:《十七大以来重要文献选编》上,中央文献出版社2009年版,第15页。

广阔的空间、更便捷的条件。越来越多的人通过互联网来表达对国家事务的看法,对公共管理、公共服务等提出建议。越来越多的人通过网站、博客、论坛、贴吧、网络杂志等来表达诉求、提出意见、主张权利。可以说,从国家事务、外交战略,到本部门本单位的具体工作,以及百姓身边的衣食住行,都在人民群众关注的范围之内。互联网已经成为人民群众政治参与的新渠道,成为表达社情民意的新平台。顺应这种潮流,从中央到地方,各级部门都建立了开放型的门户网站,在向人民群众介绍方针政策时,也接受人民群众监督,听取人民群众的意见。信息化使得人民群众政治参与的渠道得以拓宽。同时,信息的全方位、跨时空、多形态传播,大大增加了政治参与的广度和深度。

信息网络技术丰富了民主监督的形式,提高了民主监督的效率。在互联网得到普遍应用之前,我国政治生活中的民主监督主要包括党内监督、法律监督、人民群众监督、新闻舆论监督等形式。随着信息网络技术的迅速发展,网络监督成为广大人民群众参与监督的重要形式。近年来,很多鲜为人知的腐败案件都是经网民披露后才得以曝光,引起广泛关注后,经由纪检部门介入、立案调查,最终使违法犯罪分子受到惩处。一些官员独断专行、侵犯公民合法利益的行为,因为网络的监督而得到了纠正。网络监督以及与之相关的网络举报、网络信息收集和处置机制,既是民主政治建设的新发展,又是反腐倡廉建设的新突破。

信息网络技术创新了政府管理和服务方式,推动了电子政务的发展。政务公开是保障人民的知情权、参与权、表达权、监督权,充分体现人民当家做主的有效途径和重要手段。电子政务作为信息网络技术与管理科学的有机结合,成为当代信息化的最重要的领域之一。电子政务为政府实行政务公开提供了一个开放性、交互性的平台。通过这个平台,人民群众可以了解政府的日常管理活动、制定的决策及其实施效果,增强了政府社会管理的透明度。人民群众不必走进政府机关即可获取丰富的信息,知晓方针政策以及办事程序、规则。20世纪90年代中期,中国政府全面启动“政府上网工程”,有力地促进了政府信息公开。近些年蓬勃发展的信息实时发布、信息资源共享、电视电话会议、远程视频会议、网上查询政府信息、网上行政审批,等等,明显提高了政府公共服务的效率,降低了政府运行的成本。电子政务密切了政府和人民群众的联系，赢得了人民群众的信任。

总之，网络正在以自身的优势，从各个层次、各个领域扩大公民政治参与。互联网为人们享有知情权、参与权、表达权和监督权提供了前所未有的便利条件和直接渠道，为党和政府了解人民意愿，满足人民需要，维护人民利益发挥了日益重要的作用。但是，网络也给民主政治建设带来了负面影响。比如，网络培育了公众自由、平等的民主精神，提升了公众的政治参与能力，但是网络的普及也为政治谣言的传播提供了方便，给社会秩序带来了威胁；网络上一些迷信、色情、暴力和其他有害信息的传播，如果任其发展下去会成为诱发社会不稳定的因素，危害社会安定和谐；网络上各种思想观念汇集，良莠并存，鱼龙混杂，影响民众的政治信仰，对马克思主义指导地位、党和政府的凝聚力提出了挑战；一些别有用心的人歪曲事实、恶意炒作，可能导致民主的非理性；西方国家凭借科技优势控制信息的输出、发布，在网上兜售西方的民主观念、政治模式，对我国国家安全造成威胁；等等。

第二，新科技革命丰富了基层民主的实现形式，有助于完善基层群众自治制度。

江泽民指出：扩大基层民主，“是社会主义民主最广泛的实践”[①]，“是发展社会主义民主的基础性工作”[②]。新科技革命拓宽了人们政治参与的渠道，丰富了民主监督的形式。这些新的变化，在基层社会组织中表现得更为广泛、更为明显。大量的网民分布在街道社区，遍布各个企事业单位、社会组织中。因而，信息网络技术极大地推动了基层群众依法行使民主权利的途径、渠道和方式。在信息化高度发展的条件下，在一些基层单位甚至在偏僻的乡村，都出现了网络投票、网上民意公测、网上晒政绩、“网上票决”、“网上直选”等令人耳目一新的做法，丰富了基层民主的实现形式，推进了基层民主建设进程。

第三，现代科学技术应用于民族地区、西部地区、边疆地区，极大地促进了民族地区、西部地区、边疆地区的经济社会发展，从而为坚持和完善民族区域自治制度奠定了坚实的基础。

---

① 《江泽民文选》第2卷，人民出版社2006年版，第30页。

② 《江泽民文选》第3卷，人民出版社2006年版，第554页。

我国是统一的多民族国家，有56个民族，少数民族有1亿多人口，分布在全国各地，西部和边疆绝大部分地区都是少数民族聚居区。在中央和有关地区、部门的支持帮助下，民族地区、西部地区、边疆地区发展步伐明显加快，基础设施条件明显改善，城乡面貌明显变化。在实施西部大开发战略过程中，党和政府强调要充分发挥科技主导作用，国家加大了各类科技经费向西部地区的倾斜支持力度；围绕西部生态环境和基础设施建设等重点任务，加强科技能力建设，组织对关键共性技术的攻关，加快重大技术成果的推广应用和产业化步伐。这些政策措施，极大地推动了西部地区的科技进步，推动了民族地区、边疆地区经济社会的跨越式发展。西部大开发中的很多重大的标志性工程，都是依靠科技进步和创新解决了一系列工程技术难题。比如，青藏铁路工程建设面临着“多年冻土、高寒缺氧、生态脆弱”三大世纪性技术难题。工程技术人员通过科研攻关，成功解决了这些技术难题，创造了在“生命禁区”建设铁路的奇迹。科技进步和创新在调整经济结构、发挥西部地区特色优势产业方面也发挥了重要作用，成为西部地区经济加速发展的引擎。事实表明，我国民族团结进步事业之所以能取得如此巨大成就，其中一个重要原因就是坚持以科技进步和创新支撑民族地区的经济社会发展。正是从这个意义上讲，科技进步和创新推动了民族地区的经济社会发展，进而推动了民族区域自治制度的实践。推动民族地区的科技进步和创新，本身就是党的民族政策在民族地区的生动实践，是民族区域自治制度在民族地区的具体实践。科学技术就是这样推动着民族团结进步事业，为社会主义民主政治建设奠定了坚实的物质基础、技术支撑。

此外，科学技术与人权事业密切相关。科学技术发展水平决定着实现权利的方式和途径，深深地影响着我国人权事业的发展进程。

科学技术的发展呼唤法制建设。新科技革命还对加强我国科技法制建设提出了新的要求。加强科技法制建设是全面落实依法治国基本方略、建设社会主义法治国家、完善中国特色社会主义法律体系的必然要求和重要内容。

3. 促进网络民主科学、理性、健康、有序发展

江泽民既敏锐地看到信息技术快速发展和应用给人们的生产、学习和生

活带来的深刻变化，同时又认为“信息网络化的发展也给我们的政府管理和社会管理提出了新的问题”[①]。他多次指出各级领导干部必须“高度重视网上斗争的问题”[②]。伴随着我国信息化进程的加速，如何引导、规范公众有序利用网络参与政治，使网络民主朝着科学、理性、健康、有序的方向发展，也就成为亟须解决的重大现实问题。

第一，注重引导。坚持社会主义核心价值体系引领社会思潮，引导网络民意健康、理性发展，为信息化条件下的民主政治建设提供良好的思想环境、舆论氛围。

总体上看，我国网络民主的发展状况是好的。在虚拟的网络世界，崇尚理性表达的高素质网民正逐渐增多。他们用帖子表达着社会责任和正义，用博客书写着美好期待和愿景。他们提出的建议中，很多都是真知灼见，对党和政府决策具有重要的参考价值。对于这类网络民意，我们在及时、充分、有效地发挥其作用的同时，更要通过各种方式加以鼓励，以期待更多的公民通过网络负责任地表达自己的意愿和建议，积极主动地参与到社会主义民主政治建设中来，使虚拟的网络力量转化为推动社会主义民主政治建设的真正动力，在“拍砖”与“灌水”间，实现政府与公众的良性互动，找到执政目标与网络民意的契合点。但是，我们也要看到，网络民主中还存在一些不规范、不健康、不文明的现象，影响了社会和谐稳定。同时，西方敌对势力利用互联网传输西方的所谓民主、自由、人权观念和政治模式，使社会主义民主政治建设面临挑战。

针对上述情况，要把建设社会主义核心价值体系作为基础工程和灵魂工程，把宣传中国特色社会主义政治发展道路摆在民主政治建设的重要位置，引导网民在重大思想认识问题上划清是非界限、澄清模糊观念。尤其要使广大干部群众认识到为什么必须坚持马克思主义在意识形态领域的指导地位，而不能搞指导思想的多元化；为什么只有社会主义才能救中国，只有中国特色社会主义才能发展中国，而不能搞民主社会主义和资本主义；为什么必须坚持人民代表大会制度，而不能搞“三权分立”；为什么必须坚持中国共产党领导的多

---

① 《江泽民文选》第3卷，人民出版社2006年版，第301页。

② 《江泽民文选》第3卷，人民出版社2006年版，第300页。

党合作和政治协商制度,而不能搞西方的多党制;为什么必须坚持以公有制为主体、多种所有制经济共同发展的基本经济制度,而不能搞私有化和“纯而又纯”的公有制;为什么必须坚持改革开放不动摇,而不能回到老路子上去。要真正从历史和现实、理论和实践的结合上,讲清楚这“六个为什么”,进一步找准统一思想、凝聚力量的着力点。

要积极主动引导网络舆论,着力培育网上的理性声音、健康声音、建设性声音,培育文明理性的网络民主环境。在重视网民心声、关注网上动态、留意论坛声音的同时,深入分析各种网上舆情的真实性以及信息传递与发生背后的原因和可能,准确把握网民的思想状况和心理诉求,有针对性地做好思想政治工作。加强对网上社会热点问题的引导,运用翔实的数据和生动的事例,阐明政策措施,反映党和政府所做的工作,把公众情绪引导到健康、理性的轨道上来。加强对突发事件的网上引导,完善快速反应机制,第一时间发布权威信息,推动网下处置和网上引导相结合,用尊重民意的实际行动赢得民心,用改进工作的实际成效凝聚民心。

第二,加强管理。贯彻落实“积极利用、科学发展、依法管理、确保安全”①的互联网管理基本政策,坚持科学管理、依法管理、有效管理,不断提高网络管理效能。江泽民强调:“要加强规范,依法管理,保障和促进我国信息技术和信息网络健康有序发展。”②

一是构建科学合理的管理格局。互联网发展到今天,早已远远超越了信息通联平台和媒体的范畴,成为关系国家安全、政权稳定和经济发展等核心利益的重大领域。如果墨守成规,以传统的管理经验及思维方式来认识和管理网络空间,就有可能被信息时代所抛弃。网络的泛在、融合、交互、虚拟等特点,决定了仅凭政府一己之力已无法应对网络威胁,政府部门、互联网业界、公众等社会各层面的合作既重要又必要。要进一步理顺管理机制,构建政府监管、行业自律和公众监督相结合的管理格局。

二是严格规范网络信息传播秩序。各类网站要认真落实自律公约,严格

① 中华人民共和国国务院新闻办公室:《中国互联网状况》,人民出版社2010年版,第2页。
② 《江泽民文选》第3卷,人民出版社2006年版,第302页。

遵守自律规范，自觉对网上的信息内容进行监管，主动开展自查、自纠，带头净化网络环境，倡导网络文明。各类信息服务提供者要严格落实信息安全责任制和技术防护措施，通过自主防范，及时发现、过滤和删除网上有害信息。严肃查处传播虚假信息、侵犯他人权益、危害公共利益等违法违规行为，坚决抵制一切有悖网络文明、有碍社会稳定的行为。

三是积极推进互联网法制建设。要改变网络信息传递的无序状态，减少非规范性的网络政治参与，就必须完善互联网法律法规，实行依法管网、依法办网、依法上网。网络技术的发展，要求立法适时跟进，加快网络立法进程，并及时修改现行法律法规，使之适应不断发展的网络发展形势。要加大执法力度，健全执法体系，落实执法责任。

四是加强网络与信息安全保障。互联网已经成为国家重要的基础设施，网上信息是国家重要的战略资源。切实维护网络安全，是保障国家信息安全、维护公共利益、确保社会和谐稳定的必然要求。要加快信息安全标准体系和认证认可体系建设，全面落实信息安全等级保护和风险评估制度。要加大网络安全技术攻关力度，加快互联网核心装备技术国产化。要加强网络空间的安全治理，加强国家信息安全基础设施建设，健全重要信息系统安防体系，提高保障和保密防范能力。

4. 促进人权事业全面发展

人权问题，是一个和社会主义民主政治密切关联的问题。发展社会主义民主政治，建设社会主义政治文明，就是要尊重和保护人权，努力促进人权事业的发展。1997年9月，江泽民在党的十五大报告中指出："共产党执政就是领导和支持人民掌握管理国家的权力，实行民主选举、民主决策、民主管理和民主监督，保证人民依法享有广泛的权利和自由，尊重和保障人权。"[①]这一重要论断，明确地将尊重和保障人权纳入社会主义民主政治建设的目标之中。2002年11月，江泽民在党的十六大报告中重申了"尊重和保障人权"，并将"人民的政治、经济和文化权益得到切实尊重和保障""促进人的全面发展"等纳入

---

① 《江泽民文选》第2卷，人民出版社2006年版，第29页。

全面建设小康社会的目标之中。2004年是中国人权发展具有重要里程碑意义的一年。这一年的3月，十届全国人大二次会议通过的宪法修正案首次把“国家尊重和保障人权”正式写入宪法，使尊重和保障人权由党执政的政治理念和价值观，上升到国家法律层面，成为国家根本大法的一项原则。2005年10月，党的十六届五中全会明确提出“尊重和保障人权，促进人权事业全面发展”[①]的新要求。2006年4月，胡锦涛在美国耶鲁大学演讲时指出：“我们坚持以人为本，就是要坚持发展为了人民、发展依靠人民、发展成果由人民共享，关注人的价值、权益、自由，关注人的生活质量、发展潜能、幸福指数，最终是为了实现人的全面发展。”[②]

科学技术的快速发展及广泛应用，极大地改变了人权事业的发展环境，对新形势下的人权事业提出了新的要求。由于有了信息网络技术的支撑，在某一个地方发生的个别的侵权、维权事件，经过媒体的报道，往往能引起广泛关注，引发关于人权的全民讨论。从这个意义上讲，信息化为人权事业的发展提供了机遇和条件。比如网上关于“史上最牛钉子户”的报道，关于《物权法》的大讨论，以及对一些重大食品安全事故、煤矿安全事故等的细节报道，都折射出民众对人权的追求和思考。网上舆论更加关注生态环境方面的报道是一个新的趋势。比如，太湖蓝藻污染事件、云南铬污染事件等报道引发的讨论，体现了民众对环境权利的追求，表明人民群众的环境权利意识在日益增强，也体现了社会文明的进步。

科学技术在尊重和保障人权方面发挥着独特的作用。一方面，保障人权离不开科学技术的支撑，科学技术的发展水平决定了某些权利的认定标准和实现程度。有些具体的指标、标准，本身就需要依靠科学技术才能明确。比如，确保食品安全是保障健康权利的重要内容，这就需要制定、健全食品安全法规标准体系，需要完善食品、食品添加剂方面的规定，而这些都涉及专业的科技指标和检验手段。制定什么样的食品安全标准体系、明确食品添加剂的

---

① 中共中央文献研究室编：《十六大以来重要文献选编》中，中央文献出版社2006年版，第1082页。

② 《胡锦涛文选》第2卷，人民出版社2016年版，第438页。

成分和比例，都是基于科技发展水平并立足于我国基本国情、顺应人民群众期待而综合制定的。所以从一定意义上讲，科学技术的发展决定、影响着人权的内涵。

另一方面，科学技术又是解决人权问题的重要手段。比如，空气质量是健康权利中的一个重要因素，控制空气中的化学需氧量、二氧化硫、氨氮、氮氧化物排放总量等，离不开科学技术的进步。科学技术的发展，与维护、促进、解决人权问题的能力密切相关。从应有权利到法定权利，再到实有权利，科学技术在其中发挥着重要的作用。

在新的形势下推进人权事业，必须坚持以人为本，大力发展保障和改善民生的科学技术，把科学技术与提高经济、社会和文化权利保障水平紧密结合起来，与提高公民权利紧密结合起来，着力解决关系群众切身利益的问题，努力使发展成果惠及全体人民。

关于保障工作权利。《国家人权行动计划（2012—2015年）》提出了若干措施，包括：加强劳动标准体系建设，改善劳动条件；加强安全生产监管，实施安全生产战略，防止重特大事故发生；落实职业安全健康指标，有效防治职业病；面向城乡劳动者开展多种形式的职业培训；等等。这些都离不开科学技术的进步和创新，必须大力发展相关技术、方法、手段。

关于保障健康权利。《国家人权行动计划（2012—2015年）》提出，到2015年人均期望寿命达到74.5岁、有效控制传染病流行、加大慢性病防治力度、保障饮用水卫生安全、确保食品安全、确保国家基本药物质量安全、形成覆盖城乡的全民健身公共服务体系等目标。为适应这种需要，必须“大力发展健康科学技术”[①]，建设世界先进水平的生物安全、食品安全、健康营养生活方式的科技保障系统，建设突发公共卫生事件及生物防范网络和系统，构建以创新药物研发和先进医疗设备制造业为龙头的规模化医药研发产业链，“为基本公共卫生保健普惠化、个性化发展提供先进可靠并可共同分享的技术支持”[②]。

---

① 中共中央文献研究室编：《十七大以来重要文献选编》中，中央文献出版社2011年版，第750页。

② 中共中央文献研究室编：《十七大以来重要文献选编》中，中央文献出版社2011年版，第750页。

关于保障文化权利。《国家人权行动计划（2012—2015年）》强调，加快公共文化设施建设，促进文化事业发展，丰富人民文化生活，保障公民文化权利。针对文化与科技相互融合的发展趋势以及当前我国文化改革发展的实际，胡锦涛强调："要运用先进科学技术手段，创新文化载体，促进现代文化产业发展，满足人民群众多样化文化需求。"①

关于保障环境权利。《国家人权行动计划（2012—2015年）》提出，要加强环境保护，着力解决重金属、饮用水源、大气、土壤、海洋污染等关系民生的突出环境问题，保障环境权利。②为此，必须大力加强生态环境保护科学技术，构建人与自然和谐相处的生态环境保育发展体系；系统认识环境演变规律，提升应对气候变化能力；"发展节能减排和循环利用关键技术，建立资源节约型、环境友好型技术体系和生产体系"③；大力发展海洋科学技术，提高海洋探测及应用研究能力和海洋资源开发能力，支撑我国海洋事业发展，保护和利用海洋。

总之，要将人权事业与经济建设、政治建设、文化建设、社会建设以及生态文明建设结合起来，顺应全国各族人民过上更好生活的新期待，"面向民生重大需求，加强关系人民衣食住行的科技创新"④，切实保障公民的经济、政治、社会和文化权利，促进社会更加公正、和谐，努力使每一个社会成员生活得更有尊严、更加幸福。

5. 加强科技法制建设，完善中国特色社会主义法律体系

依法治国，建设社会主义法治国家，是中国共产党领导人民治理国家的基本方略。形成中国特色社会主义法律体系，保证国家和社会生活各方面有法

① 中共中央文献研究室编：《十七大以来重要文献选编》下，中央文献出版社2013年版，第976页。

② 中华人民共和国国务院新闻办公室：《国家人权行动计划（2012—2015年）》，人民出版社2012年版，第16页。

③ 中共中央文献研究室编：《十七大以来重要文献选编》中，中央文献出版社2011年版，第751页。

④ 中共中央文献研究室编：《十七大以来重要文献选编》下，中央文献出版社2013年版，第976页。

可依，是全面落实依法治国基本方略的前提和基础，是中国发展进步的制度保障。

科技进步和创新呼唤着科技法制建设，科技法制建设保护着科技进步和创新。改革开放以来，我国制定了《中华人民共和国科学技术进步法》《中华人民共和国科学技术普及法》，建立健全了促进科技进步的制度。在新的起点上完善中国特色社会主义法律体系，是推进中国特色社会主义制度发展完善的内在要求，也是今后立法工作面临的重要任务。加强科技法制建设就是其中一项极为重要的任务。江泽民认为，“适应科技发展的客观规律，把国家的重大科技政策通过立法程序上升为法律，可以大大推进科技进步。”[①]他指出，我们必须“大力加强科技法制建设，为实施科教兴国战略提供坚实的法制保障”[②]。

科技法制建设对于科技进步和创新的保证、规范和促进作用，主要体现在五个方面：一是从根本上确立科技优先发展的战略地位；二是依法组织和管理科学技术活动；三是保证我国以更积极的姿态参与国际科技合作和竞争；四是及时规范高科技发展带来的社会关系的调整；五是防范和禁止对科技成果的非道德和反人类的滥用。正如江泽民所指出的，“一个国家法制工作的好坏，直接影响着它的科技、经济发展和社会进步”[③]。针对我国科技法制建设的状况，江泽民强调：“改革开放以来，我国科技法制建设取得了显著成绩，但同现代化建设的要求相比，还有不少的差距，还需要作出很大的努力。”[④]

加强科技法制建设是落实依法治国基本方略、建设社会主义法治国家的必然要求和具体体现。“在我国加强科技法制建设，就是要按照依法治国、建设社会主义法治国家的要求，努力建设有中国特色的科技法制，保证党和国家的科技工作方针得到全面贯彻落实，推动建立适应社会主义市场经济体制和科技自身发展规律的新的科技体制，促进科技生产力的解放和发展，充分发挥科

① 江泽民：《论科学技术》，中央文献出版社2001年版，第96—97页。
② 江泽民：《论科学技术》，中央文献出版社2001年版，第96页。
③ 江泽民：《论科学技术》，中央文献出版社2001年版，第97页。
④ 江泽民：《论科学技术》，中央文献出版社2001年版，第97页。

学技术对经济社会发展的巨大推动作用。”[①]江泽民提出了四个方面的要求:一是“要把我国科技事业发展的成功经验,特别是在改革开放中形成的、实践证明是行之有效的新机制和新体制,用法律形式确定下来,并继续加以完善”[②]。二是“要把握世界科技发展的趋势,充分估量未来科技发展对综合国力、社会经济结构和人民生活的巨大影响,增强对科技前沿领域的重要立法的预见性和系统性”[③]。三是要“加大科技执法力度”[④]。四是普及科技法规知识,提高全民族的科技法律意识。五是要“完善知识产权保护制度”[⑤]。

1997年9月,江泽民在党的十五大报告中提出了“到二〇一〇年形成有中国特色社会主义法律体系”[⑥]的目标。2007年10月,胡锦涛在党的十七大报告中提出了“完善中国特色社会主义法律体系”[⑦]的任务。经过努力,到2010年底,一个立足中国国情和实际、适应改革开放和社会主义现代化建设需要、集中体现党和人民意志的,以宪法为统帅,以宪法相关法、民法商法等多个法律门类的法律为主干,由法律、行政法规、地方性法规等多个层次的法律规范构成的中国特色社会主义法律体系已经形成。这一法律体系的形成,是我国社会主义民主法治建设史上的一个里程碑。

在科技立法过程中,必须注重前瞻性,增强科技立法的预见性和系统性。国务院新闻办公室发布的《中国特色社会主义法律体系》白皮书把“更加注重文化科技领域立法”作为完善中国特色社会主义法律的一个重要内容提了出来,强调“适应推进文化体制改革、促进科技进步的要求,完善扶持公益性文化事业、发展文化产业、鼓励文化科技创新、保护知识产权等方面的法律制度,推

① 江泽民:《论科学技术》,中央文献出版社2001年版,第97页。
② 江泽民:《论科学技术》,中央文献出版社2001年版,第97页。
③ 江泽民:《论科学技术》,中央文献出版社2001年版,第97—98页。
④ 江泽民:《论科学技术》,中央文献出版社2001年版,第98页。
⑤《江泽民文选》第3卷,人民出版社2006年版,第545—546页。
⑥《江泽民文选》第2卷,人民出版社2006年版,第30页。
⑦ 中共中央文献研究室编:《十七大以来重要文献选编》上,中央文献出版社2009年版,第24页。

动社会主义文化大发展大繁荣，建设创新型国家”[①]。

当前，新科技革命日新月异，知识更新速度加快，新学科、新技术不断涌现。科技立法应该注意科技和经济社会发展的新变化、新趋势，与时俱进，开拓创新。比如，随着信息技术和信息产业的发展，信息网络扩展到全世界，我们必须根据加快推进国民经济和社会信息化的要求，加强对信息产业发展、信息技术和信息资源的开发利用以及信息网络安全保障体制机制等方面的研究和论证，制定和完善有关的法律法规，促进信息化健康发展。江泽民强调：“要加强和完善信息网络立法。”[②]

从实践中看，我国在一些新的科技立法领域进行了探索，成效明显。比如，1994年以来，颁布了一系列与互联网管理相关的法律法规，主要包括《全国人民代表大会常务委员会关于维护互联网安全的决定》《互联网信息服务管理办法》《中华人民共和国计算机信息系统安全保护条例》《信息网络传播权保护条例》《计算机信息网络国际联网安全保护管理办法》《互联网新闻信息服务管理规定》《互联网电子公告服务管理规定》等。一些相关的法律法规涉及互联网基础资源管理、信息传播规范、信息安全保障等主要方面，对基础电信业务经营者、互联网接入服务提供者、互联网信息服务提供者、政府管理部门及互联网用户等行为主体的责任与义务作出了规定。

互联网法制建设是科技法制建设中一个极为重要的方面。随着科学技术的进步和经济社会的发展，我们要加快互联网立法进程，使互联网法律法规适应客观实际的需要，使网络管理走上法治轨道。

知识产权保护制度是科技法制建设的重要内容。知识产权保护制度对于促进科技进步、文化繁荣和经济社会发展具有重要意义，它既是保证社会主义市场经济正常运行的重要制度、社会主义民主政治建设的重要内容，又是开展国际间科技、经济、文化交流与合作的基本条件。随着国际上科技竞争的加剧，围绕着知识产权的竞争也越来越激烈。江泽民指出要“尊重并合理保护知

---

① 中华人民共和国国务院新闻办公室：《中国特色社会主义法律体系》，人民出版社2011年版，第45页。

② 江泽民：《论中国信息技术产业发展》，中央文献出版社、上海交通大学出版社2009年版，第272页。

识产权”[1],“完善知识产权保护制度”[2]。胡锦涛强调要“实施知识产权战略,加强知识产权保护”[3]。我们要从战略高度充分重视知识产权保护制度,努力探索中国特色的知识产权保护制度。

党的十八大以来,以习近平为核心的党中央高度重视依法治国,强调落实依法治国基本方略,全面推进科学立法、严格执法、公正司法、全民守法,加快建设社会主义法治国家。党的十八届四中全会通过的《中共中央关于全面推进依法治国若干重大问题的决定》指出:全面推进依法治国,总目标是建设中国特色社会主义法治体系,建设社会主义法治国家。党的十八届四中全会强调,要坚定不移走中国特色社会主义法治道路,建设中国特色社会主义法治体系,贯彻中国特色社会主义法治理论。建设中国特色社会主义法治体系,必须坚持立法先行,发挥立法的引领和推动作用,抓住提高立法质量这个关键。全面推进依法治国是关系我们党执政兴国、关系人民幸福安康、关系党和国家长治久安的重大战略问题,是完善和发展中国特色社会主义制度、推进国家治理体系和治理能力现代化的重要方面。当前,要深入推进科学立法、民主立法,加强重点领域立法。要进一步深化科技体制改革,推进科技体制创新法律制度建设,通过科技法律有效整合科技资源,引导各类创新主体行为,激发创新要素活力。加强知识产权运用和保护,健全技术创新激励机制,探索新形势下保护知识产权的法律建设。加强互联网领域立法,完善网络信息服务、网络安全保障、网络社会管理等方面的法律法规,依法规范网络行为。

四、实施可持续发展战略

江泽民指出:“我国是人口众多、资源相对不足的国家,在现代化建设中必须实施可持续发展战略。”[4]以江泽民为核心的党的第三代中央领导集体制定和实施可持续发展战略,在实践上不断推进我国经济社会可持续发展进程,在

①《江泽民文选》第3卷,人民出版社2006年版,第105页。
②《江泽民文选》第3卷,人民出版社2006年版,第545—546页。
③《胡锦涛文选》第3卷,人民出版社2016年版,第630页。
④《江泽民文选》第2卷,人民出版社2006年版,第26页。

理论上不断深化和丰富我们党对可持续发展的认识，为我们党后来提出建设生态文明奠定了基础。

1. 在现代化建设中必须实施可持续发展战略

可持续发展作为一种发展观，是20世纪50年代后西方国家工业化经济迅速增长，出现了世界性的环境恶化、人口膨胀等危机之后，人们经过反省和探索，于20世纪80年代左右开始正式形成的关于人类发展的一种新思路、新理论。1987年联合国世界环境与发展委员会发表了《我们共同的未来》一书，指出“可持续发展是既满足当代人的需要，又不对后代人满足其需要的能力构成危害的发展”[①]，强调实现可持续发展是解决人类发展所面临的严重危机的出路之所在。1992年联合国环境与发展大会通过的《21世纪议程》，标志着可持续发展思想被世界上绝大多数国家和组织所接受。可持续发展由此从理论走向实践。

科学技术与可持续发展的关系。

科学技术可用来造福人类，同时对它的不正当利用也能给人类自身带来灾害，这就是科学技术的二重性原理。江泽民对于科学技术的二重性有着深刻的认识。一方面，他论述了科学技术对于人类进步的积极作用。比如，他曾说：“科学技术是生产力发展的重要动力，是人类社会进步的重要标志。纵观人类文明的发展史，科学技术的每一次重大突破，都会引起生产力的深刻变革和人类社会的巨大进步。”[②]另一方面，他又论述了科技给人类带来的负面影响。他说：“科学技术极大地提高了人类控制自然和人自身的能力。但是，科学技术在运用于社会时所遇到的问题也越来越突出。工业的发展带来水体和空气的污染，大规模的开垦和过度放牧造成森林和草原的生态破坏。信息科学和生命科学的发展，提出了涉及人自身尊严、健康、遗传以及生态安全和环境保护等伦理问题。”[③]因为科学技术具有二重性，所以人们形象地称科学技术

---

① 世界环境与发展委员会：《我们共同的未来》，吉林人民出版社1997年版，第52页。

② 江泽民：《论科学技术》，中央文献出版社2001年版，第42页。

③ 《江泽民文选》第3卷，人民出版社2006年版，第104页。

是一柄双刃剑。

科学技术二重性原理,为我们认识科学技术与可持续发展的关系提供了一种辩证的方法论。

科学技术自身的缺陷以及人类对科学技术的滥用,是人类陷入不可持续发展局面的一个重要原因。导致科学技术产生负面效应的因素有两个,其一是科学技术自身的缺陷,其二是人类对科学技术的滥用。自从蒸汽机的广泛应用引起第一次工业革命以来,人类进入大机器工业时代。在短短的几百年间,人类的生产力突飞猛进,创造的财富比以前几个世纪任何时候创造的财富都要多得多。但是,工业革命在给人类带来巨大财富和能力的同时,也给人类带来了一系列灾难性的后果,如环境污染、生态危机等。究其原因,主要是因为大工业革命以来,人类所采用的生产技术大多都是以征服自然为基本目的发展起来的。以这种目的发展起来的科学技术,只强调人作为主体对大自然无限制的索取和掠夺,而忽视自然作为客体对人类的限制和反作用;只强调人类征服自然的能力,而忽视了自然资源和环境的承载能力。这类技术严重耗尽地球的资源,污染了环境,削弱了地球生态系统的承载能力。并且,随着这类技术的发展以及人类对这类技术的滥用,自然资源和生态环境遭破坏的程度也相应地逐渐加大。于是,随着时间的推移,资源枯竭、环境恶化、人口爆炸等一系列问题越来越严重,形成了危及人类生存和发展的全球性问题。

科学技术是人类实现可持续发展的重要手段。解铃还须系铃人。科学技术造成的问题也必须通过科学技术自身的完善才能得以彻底解决。大工业革命以来,高投入、高消耗和高废物排放这一"三高"型的线性生产方式,一直在人类的生产活动中占据主导地位。因此,人类要走出不可持续的发展困境,首先就必须依靠科技进步,改变传统的工业生产方式,最大限度地节约资源,降低能耗。科学技术是"现代生产力中最活跃的因素和最主要的推动力量"[①],在人类社会可持续发展的进程中发挥着至为关键的作用。保护自然资源,维持可再生资源的持续供给能力;大力开发新的无污染的能源;解决水土流失和荒漠化等重大生态问题;预防和控制环境污染,积极治理和恢复已遭破坏的环境……

① 江泽民:《论科学技术》,中央文献出版社2001年版,第20页。

这些都与科技发展水平密切相关。可以说，解决可持续发展所面临的各种问题，都离不开科学技术。

总之，科学技术的负面效应使得全球问题凸显并爆发出来，同时，科学技术的积极作用，又为人类解决全球问题、走可持续发展之路提供了技术支持。

那么，怎样确保科学技术为人类社会的可持续发展发挥积极作用呢？江泽民提出了两条指导原则：

第一，“科学研究应该更加重视与人类前途命运攸关的全球性问题”[①]。能源危机、资源危机、人口危机、环境危机等一系列全球性问题，都是威胁人类的生存和发展，决定人类前途命运的重大问题。人类应当高度重视这些问题，并将它们作为科学研究的重点。只有这样，科学技术才能克服自身的缺陷，向着有利于可持续发展的方向转化。因此，探讨如何解决全球性问题，如何促进人类的可持续发展，是人类尤其是科学工作者义不容辞的责任。

第二，“对科学技术的研究和利用实行符合各国人民共同利益的政策引导”[②]。全球性问题是全人类共同面临的难题，它不会偏袒某一个国家、某一个地区。当全球性问题爆发时，全人类都深受其难。因此，不同国家、不同地区的人们应该抛弃自己的眼前利益、局部利益，以全人类的共同利益为重，求同存异，通过共同的努力来解决全球问题。这个要求落实到科学技术上，就是要以全人类的共同利益引导科学技术的研究和使用。只有这样，才可以避免科学技术的滥用。江泽民对于防止科学技术的滥用十分重视，他强调说：“科学技术进步应服务于全人类，服务于世界和平、发展与进步的崇高事业，而不能危害人类自身。”[③]

坚定不移地实施可持续发展战略。

1994年3月，国务院第十六次常务会议讨论通过了《中国21世纪议程》。《中国21世纪议程》是世界上第一部国家级的《21世纪议程》，表明中国在实现可持续发展的道路上迈出了重要的一步。

① 《江泽民文选》第3卷，人民出版社2006年版，第102页。
② 《江泽民文选》第3卷，人民出版社2006年版，第105页。
③ 江泽民：《论科学技术》，中央文献出版社2001年版，第217页。

1995年9月28日，江泽民在党的十四届五中全会上发表重要讲话，论述了社会主义现代化建设中必须处理好的十二个带有全局性的重大关系。在这十二个重大关系中，“经济建设和人口、资源、环境的关系”位列第三。江泽民指出：“在现代化建设中，必须把实现可持续发展作为一个重大战略。要把控制人口、节约资源、保护环境放到重要位置，使人口增长与社会生产力发展相适应，使经济建设与资源、环境相协调，实现良性循环。”①

党中央明确提出把可持续发展作为我国现代化建设中的一个重大战略，这是十分及时的、必要的，是由我国当时的具体国情决定的。

第一，人口基数大，增长快。这是我国最基本的国情特点之一。虽然我们有计划地降低人口出生率，但由于基数过大，人口自然增长较快。人口增长对资源、环境形成巨大的压力，使得我国经济社会发展在高负荷状态下运行，每年约四分之一以上的新增国民生产总值要用于保障新增人口的生活需求。人口问题直接影响着我国的可持续发展。

第二，资源短缺，浪费严重。从总量来说，我国属世界资源大国，但是按人均水平，却处在世界贫困线以下。与人类基本生存条件密切相关的淡水、耕地、森林和草地四类资源，我国的人均占有量只有世界平均水平的28%、32%、14%和32%。矿产资源结构性短缺，某些重要矿产储量不足，不能满足国民经济发展的需要。有些矿产资源虽然总量不少，但品质低，很多分布在地形复杂、开采难度大的地区。此外，由于不合理的开采方式，加之技术与管理水平比较落后，资源浪费情况也很严重。资源供给不足成为制约我国经济社会发展的重要因素。

第三，由于不合理的生产活动和消费方式，环境污染与生态破坏严重，恶化趋势尚未得到遏制。全国大气污染物排放总量多年居高不下。全国各大江河均受到不同程度的污染，并呈发展趋势。全国各主要城市地下水超采现象十分普遍。环境问题已经严重地威胁到经济发展和人民群众健康。我国是世界上荒漠化危害最严重的国家之一。全国荒漠化面积占整个国土面积的三分之一。荒漠化直接威胁着农田、牧场、城镇、村庄、交通干线和水利设施，制约

① 《江泽民文选》第1卷，人民出版社2006年版，第463页。

着经济社会的发展，生态环境变化加上人为地过量捕杀和采集，导致生物多样性锐减，15%—20%的动植物物种受到威胁。

总之，由于我国人均资源占有量比较低，又处在迅速推进工业化的发展阶段，加上粗放型的生产经营方式，资源浪费和环境污染相当突出。随着人口增加和经济发展，对资源总量的需求更多，环境保护的难度更大。尽管我们是发展中国家，受到客观条件限制，人口、资源和环境问题不可能一下子解决得很好，但在现阶段就必须给予足够重视。正是出于这样的考虑，江泽民在党的十四届五中全会上明确提出实施可持续发展战略。他强调："必须切实保护资源和环境，不仅要安排好当前的发展，还要为子孙后代着想，决不能吃祖宗饭、断子孙路，走浪费资源和先污染、后治理的路子。"[①]

江泽民在党的十四届五中全会上提出实施可持续发展战略，表明了我们党对经济建设和人口、资源、环境内在关系与规律的深刻认识。党的十四届五中全会通过的《中共中央关于制定国民经济和社会发展"九五"计划和2010年远景目标的建议》，把"实现经济和社会可持续发展"[②]作为国民经济和社会发展的主要奋斗目标明确提了出来。1996年3月的八届全国人大四次会议批准《中华人民共和国国民经济和社会发展"九五"计划和2010年远景目标纲要》，把科教兴国战略和可持续发展战略列为国家两大发展战略。这标志着可持续发展战略成为党和国家意志，上升到国家级战略层面，成为指导我国经济社会发展的总体战略。

2. 要把控制人口、节约资源、保护环境放到重要位置

实施可持续发展战略，必须立足国际，把握重点，有秩序地推进。江泽民强调"要把控制人口、节约资源、保护环境放到重要位置"[③]。在推动可持续发展实践进程的同时，以江泽民为核心的党的第三代中央领导集体坚持与时俱进，提出了一系列新思想、新观点、新论断，不断充实和深化可持续发展战略。

---

① 《江泽民文选》第1卷，人民出版社2006年版，第464页。

② 中共中央文献研究室编：《十四大以来重要文献选编》中，人民出版社1997年版，第1481页。

③ 《江泽民文选》第1卷，人民出版社2006年版，第463页。

——统筹推进经济社会发展与人口资源环境工作。1996年7月，江泽民在第四次全国环境保护会议上提出："经济发展，必须与人口、资源、环境统筹考虑。"[①]这表明，江泽民已经从经济发展与人口、资源、环境相结合的角度来统筹思考中国应该走怎样的经济社会发展路子。2000年3月，他在中央人口资源环境工作座谈会上指出："在进行经济社会发展决策时，要认真贯彻可持续发展的思想，统筹考虑人口资源环境与经济社会发展，正确处理近期与远期、局部与全局的关系，把经济社会发展建立在人口资源环境良性循环的基础上。"[②]2002年3月，他在中央人口资源环境工作座谈会上对可持续发展作了精辟的概括，指出："实现可持续发展，核心的问题是实现经济社会和人口、资源、环境协调发展。"[③]这些重要论述，为后来我们党提出建设资源节约型、环境友好型社会奠定了基础。

——努力促进经济增长方式的根本性转变，大力推进清洁生产。江泽民反复强调要走出一条"投资少、消耗资源少，而经济社会效益高、环境保护好"[④]的经济社会发展路子。"任何地方的经济发展都要注重提高质量和效益，注重优化结构，都要坚持以生态环境良性循环为基础，这样的发展才是健康的、可持续的。"[⑤]他指出：为了实现我国经济和社会的持续发展，为了中华民族的子孙后代始终拥有生存和发展的良好条件，"我们一定要高度重视并切实解决经济增长方式转变的问题"[⑥]。党的第三代中央领导集体强调经济增长方式要实现从粗放型向集约型的根本性转变。在借鉴国外清洁生产的发展经验和总结我国清洁生产试点经验的基础上，江泽民明确提出要"大力推进清洁生产"[⑦]。清洁生产走的是集约型、内涵式的发展道路，能有效减少生产和经济快速发展给环境造成的巨大压力，促进经济增长方式的转变，实现经济效益和环境效益

① 《江泽民文选》第1卷，人民出版社2006年版，第532页。
② 江泽民：《论社会主义与市场经济》，中央文献出版社2006年版，第527页。
③ 《江泽民文选》第3卷，人民出版社2006年版，第462页。
④ 《江泽民文选》第1卷，人民出版社2006年版，第532页。
⑤ 《江泽民文选》第1卷，人民出版社2006年版，第533页。
⑥ 《江泽民文选》第3卷，人民出版社2006年版，第462页。
⑦ 《江泽民文选》第3卷，人民出版社2006年版，第465页。

的统一。我国试点和推行清洁生产的实践，构成了我们党探索生态文明发展道路的重要一环，为我们党后来提出发展循环经济提供了有益的启示。

——走中国特色综合治理人口问题的道路。江泽民指出："人口问题从本质上讲是发展问题"[①]，"人口问题是制约可持续发展的首要问题"[②]。"人口、资源、环境三者的关系，人口是关键。"[③]党的第三代中央领导集体强调，必须坚持和完善计划生育基本国策，以稳定低生育水平、提高出生人口素质为主要任务，重点做好农村人口与计划生育工作，加强对流动人口综合管理，积极应对人口老龄化。坚持"三不变"，即："现行计划生育政策不变、既定的人口控制目标不变、党政一把手亲自抓和负总责不变。"[④]坚持"三为主"，即：贯彻以宣传教育为主、避孕为主、经常性工作为主。坚持"三结合"，即：农村的计划生育工作，要与发展经济相结合，与帮助农民勤劳致富奔小康相结合，与建设文明幸福家庭相结合。坚持"三落实"，即："农村基层计划生育工作要做到机构、人员、报酬三落实。"[⑤]坚持"两个转变"，即：实现工作思路和工作方法由以往仅就计划生育抓计划生育问题向与经济社会发展紧密结合、采取综合措施解决人口问题转变，由以社会制约为主向逐步建立利益导向与社会制约相结合，宣传教育、综合服务、科学管理相统一的机制转变，走"具有中国特色的综合治理人口问题的道路"[⑥]。实现"一个目标"，即我国到21世纪中叶人口与计划生育目标。由此构成了我国人口与计划生育工作"333321"的总体思路。

——坚持资源开发和节约并举，把节约放在首位。针对我国资源禀赋情况和现代化建设对资源的需求，党的第三代中央领导集体强调，在资源的开发

① 中共中央文献研究室编：《江泽民论有中国特色社会主义》（专题摘编），中央文献出版社2002年版，第287页。

② 《江泽民文选》第3卷，人民出版社2006年版，第463页。

③ 中共中央文献研究室编：《江泽民论有中国特色社会主义》（专题摘编），中央文献出版社2002年版，第289页。

④ 中共中央文献研究室编：《江泽民论有中国特色社会主义》（专题摘编），中央文献出版社2002年版，第289页。

⑤ 《江泽民文选》第1卷，人民出版社2006年版，第522页。

⑥ 中共中央文献研究室编：《十五大以来重要文献选编》中，人民出版社2001年版，第1154页。

上，坚持“资源开发和节约并举，把节约放在首位，提高资源利用效率”①。这是党中央高瞻远瞩，为深入实施可持续发展战略，改变资源不合理利用方式而设计的一条科学的、符合国情的资源管理利用基本方针。江泽民反复强调要“增强节约使用资源的观念，转变生产方式和消费方式，节约用地，节约用水，节约用油，节约用矿，节约用各种自然资源”②。强调把节约放在首位，为我们党后来提出“节约优先战略”③奠定了基础。在资源的利用和管理上，江泽民指出：“要积极推进资源利用方式从粗放向集约转变，走出一条适合我国国情的资源节约型的经济发展新路子；积极推进资源管理方式的转变，建立适应发展社会主义市场经济要求的集中统一、精干高效、依法行政、具有权威的资源管理新体制，以加强对全国资源的规划、管理、保护和合理利用。”④“走出一条适合我国国情的资源节约型的经济发展新路子。”⑤这些思想成为我们党后来提出建设资源节约型社会的理论先声。他还强调：“必须充分运用国内国际‘两种资源、两个市场’，必须加大利用国外资源的工作力度。”⑥

——加强生态环境保护和建设，建设秀美山川，促进人与自然的和谐。1996年7月，江泽民提出了“保护环境的实质就是保护生产力”⑦的著名论断。2001年2月，江泽民在海南考察工作时指出：“破坏资源环境就是破坏生产力，保护资源环境就是保护生产力，改善资源环境就是发展生产力。”⑧这一全新的

① 《江泽民文选》第2卷，人民出版社2006年版，第26页。

② 中共中央文献研究室编：《江泽民论有中国特色社会主义》（专题摘编），中央文献出版社2002年版，第296页。

③ 中共中央文献研究室编：《十七大以来重要文献选编》中，中央文献出版社2011年版，第986页。

④ 中共中央文献研究室编：《江泽民论有中国特色社会主义》（专题摘编），中央文献出版社2002年版，第294页。

⑤ 中共中央文献研究室编：《江泽民论有中国特色社会主义》（专题摘编），中央文献出版社2002年版，第294页。

⑥ 中共中央文献研究室编：《江泽民论有中国特色社会主义》（专题摘编），中央文献出版社2002年版，第282页。

⑦ 《江泽民文选》第1卷，人民出版社2006年版，第534页。

⑧ 中共中央文献研究室编：《江泽民论有中国特色社会主义》（专题摘编），中央文献出版社2002年版，第282页。

观念，丰富了可持续发展的内涵。1997年8月，江泽民作出批示，强调要改善生态环境，“再造一个山川秀美的西北地区”[①]。党的第三代中央领导集体坚持把生态保护和恢复放在重要位置，提出了努力实现祖国秀美山川的宏伟目标。实现祖国秀美山川的号召，以及一系列重大生态保护和建设工程的实施，为我们党后来提出“大力推进生态文明建设”“建设美丽中国”[②]奠定了坚实的理论基础和实践基础。2001年7月，江泽民又提出“要促进人和自然的协调与和谐”[③]。提出促进人与自然的和谐发展，表明我们党抓住了生态文明建设的本质要求，标志着党对生态文明建设规律的认识升华。

——走生产发展、生活富裕、生态良好的文明发展道路。党的第三代中央领导集体在坚定不移地实施可持续发展战略的过程中，也在思考走什么样的文明发展道路的问题。江泽民指出：“在经济社会发展中，我们必须努力做到投资少、消耗资源少，而经济社会效益高、环境保护好。”[④]经过探索和实践，2001年7月，江泽民明确提出：“努力开创生产发展、生活富裕和生态良好的文明发展道路。”[⑤]提出这样一条新的文明发展道路，既是对我国这些年来实施可持续发展战略经验的科学总结，同时也为我国今后继续实施可持续发展战略指明了前进方向。这条新的文明发展道路，涵盖了生产、生活、生态三个方面，是一条实现生产、生活、生态“三赢”的发展之路。这样的一条文明发展道路，实质上就是生态文明的发展道路。虽然当时我们党还没有使用生态文明这个词，但是我们党已经提出了实施可持续发展战略新的基本要求和新的价值目标。这表明我们党在探索生态文明建设的道路上，认识又有新的升华，工作上又有新的创新。

3. 大力推进生态文明建设

进入新世纪新阶段，以胡锦涛为总书记的党中央明确提出了建设生态文

① 《江泽民文选》第1卷，人民出版社2006年版，第659页。
② 《胡锦涛文选》第3卷，人民出版社2016年版，第644页。
③ 《江泽民文选》第3卷，人民出版社2006年版，第295页。
④ 《江泽民文选》第1卷，人民出版社2006年版，第532页。
⑤ 《江泽民文选》第3卷，人民出版社2006年版，第295页。

明的重大战略任务。

生态文明理念以可持续发展理论为基础，从人类社会文明转型的历史视角和中国特色社会主义事业总体布局的内在要求，强调人与自然、人与人的和谐。在内涵上，可持续发展和生态文明一脉相承，次第渐进，前者是后者的基础，后者是前者的扩展和升华。在实践上，可持续发展和生态文明二者是相通和统一的，走可持续发展之路，才能建设生态文明。胡锦涛指出："可持续发展，就是要促进人与自然的和谐，实现经济发展和人口、资源、环境相协调，坚持走生产发展、生活富裕、生态良好的文明发展道路，保证一代接一代永续发展。"[①]这就辩证地揭示了可持续发展与生态文明的内在关系。

改革开放以来，我们党曾多次郑重提出，在建设物质文明的同时，要建设社会主义精神文明和社会主义政治文明，从而形成了中国特色社会主义事业"三位一体"的总体布局。2002年11月，江泽民在党的十六大报告中提到全面建设小康社会的目标时指出："可持续发展能力不断增强，生态环境得到改善，资源利用效率显著提高，促进人与自然的和谐，推动整个社会走上生产发展、生活富裕、生态良好的文明发展道路。"[②]2007年10月，胡锦涛在党的十七大报告中，在提到全面建设小康社会奋斗目标的新要求时，对建设生态文明的目标进行了阐述。2009年9月，党的十七届四中全会进一步将生态文明建设提升到与经济建设、政治建设、文化建设、社会建设并列的战略高度，作为中国特色社会主义伟大事业"五位一体"总体布局的有机组成部分，标志着生态文明建设在中国特色社会主义全局中的地位更加突出。2010年10月，党的十七届五中全会强调，要提高生态文明水平，增强可持续发展能力。2012年7月，胡锦涛在省部级主要领导干部专题研讨班上提出，"把生态文明建设纳入中国特色社会主义事业总体布局"[③]。2012年11月，党的十八大明确提出大力推进生态文明建设，树立尊重自然、顺应自然、保护自然的生态文明理念，加大自然生态系统和环境保护力度，努力建设美丽中国，实现中华民族永续发展。

---

① 《胡锦涛文选》第2卷，人民出版社2016年版，第167页。

② 中共中央文献研究室编：《十六大以来重要文献选编》上，中央文献出版社2005年版，第15页。

③ 《胡锦涛文选》第3卷，人民出版社2016年版，第609页。

建设生态文明，是推进中国特色社会主义事业的重大战略任务。中国特色社会主义是以我国基本国情为基础的经济、政治、文化、社会、生态等方面相互协调发展的社会形态和制度，它的内涵和发展要素是随着中国社会发展进程而不断丰富和扩展的。中国特色社会主义既是经济发达、政治民主、文化先进、社会和谐的社会，又是生态环境良好、人与自然和谐相处的社会。当经济增长的资源环境代价过大，资源环境问题成为我国经济社会发展的瓶颈约束时，生态文明必然也必须成为中国特色社会主义伟大事业总体布局的有机组成部分。提出建设生态文明，是实施可持续发展战略的深化，是我们党对中国特色社会主义理论体系的丰富和发展。

可持续发展和生态文明建设对中国的科技进步提出了紧迫的要求。

实施可持续发展战略，建设生态文明，离不开科学技术的支撑。“中国正处于发展的关键时期，面临着优化经济结构、合理利用资源、保护生态环境、促进地区协调发展、提高人口素质、彻底消除贫困等一系列重大任务。”[①]江泽民强调：“完成这些任务，都离不开科学的发展和进步。这就对中国的科技进步提出了紧迫的要求。”[②]

与发达国家相比，我国的科技水平还比较落后。因此，科技工作的任务尤为艰巨。江泽民对此有着清醒的认识。他指出：“我国的可持续发展还受着国民经济整体素质比较低，以及资源、人口、环境等方面问题的严重制约。……我们必须以高度的历史责任感和时代紧迫感，集中力量把经济搞上去，充分发挥科学技术的重大作用，大幅度提高我国的经济实力和综合国力，不断发展和壮大自己。”[③]胡锦涛指出：“只有不断提高科技创新能力和水平，走科技含量高、经济效益好、资源消耗低、环境污染少的发展道路，才能统筹经济增长和环境保护，实现良性循环。”[④]

能源资源是人类社会生存和发展的重要物质基础，也是我们全面建成小

① 江泽民：《论科学技术》，中央文献出版社2001年版，第207页。
② 江泽民：《论科学技术》，中央文献出版社2001年版，第207页。
③ 江泽民：《论科学技术》，中央文献出版社2001年版，第74页。
④ 胡锦涛：《在亚太经合组织第十五次领导人非正式会议上的讲话》，《人民日报》2007年9月9日，第2版。

康社会、加快推进社会主义现代化的重要物质基础。生态环境保护是生态文明建设的主阵地和根本措施,是推进可持续发展的着力点。江泽民曾经指出:"破坏资源环境就是破坏生产力,保护资源环境就是保护生产力,改善资源环境就是发展生产力。"[①]这就深刻揭示了合理利用资源和保护生态环境的重要性。胡锦涛指出:"从当前和今后我国的发展趋势看,加强能源资源节约和生态环境保护,是我国建设生态文明必须着力抓好的战略任务。"[②]加强能源资源节约和生态环境保护这两大战略任务都对科学技术提出了新的要求。

建立资源节约型、环境友好型技术体系和生产体系。

江泽民指出:"我国人口众多,地少水少,人均资源不足,如何提高现有各种资源的利用效率,不断开发新的资源,保证我国经济社会可持续发展的需求,就是一个需要加紧研究的重大课题。"[③]他多次强调:"要根据我国国情,选择有利于节约资源和环境保护的产业结构和消费方式。"[④]"要积极推进资源利用方式从粗放向集约转变,走出一条适合我国国情的资源节约型的经济发展新路子。"[⑤]这些重要论述,为我们党后来提出建设资源节约型、环境友好型社会奠定了理论先声。党的十六届五中全会明确提出:"加快建设资源节约型、环境友好型社会,促进经济发展与人口、资源、环境相协调。"[⑥]党的十七大提出了建设生态文明的战略任务后,胡锦涛进一步思考了生态文明的实质、目标等问题,明确指出:"建设生态文明,实质上就是要建设以资源环境承载力为基础、以自然规律为准则、以可持续发展为目标的资源节约型、环境友好型社

---

① 《江泽民论有中国特色社会主义》(专题摘编),中央文献出版社2002年版,第282页。

② 中共中央文献研究室编:《十七大以来重要文献选编》上,中央文献出版社2009年版,第109页。

③ 江泽民:《全面贯彻"三个代表"要求 大力推进科学技术创新》,《人民日报》2002年5月29日,第1版。

④ 中共中央文献研究室编:《江泽民论有中国特色社会主义》(专题摘编),中央文献出版社2002年版,第291页。

⑤ 中共中央文献研究室编:《江泽民论有中国特色社会主义》(专题摘编),中央文献出版社2002年版,第294页。

⑥ 中共中央文献研究室编:《十六大以来重要文献选编》中,中央文献出版社2006年版,第1064页。

会。”[①]他反复强调，要“加快建立资源节约型技术体系和生产体系”[②]。

第一，科学技术必须以促进经济社会发展和人口资源环境协调发展为主攻方向，为建设资源节约型、环境友好型社会提供科技支撑。这是实施可持续发展战略、建设生态文明对科学技术提出的总方针。实施可持续发展战略、建设生态文明，必须把经济社会发展与人口资源环境结合起来全盘考虑，统筹安排，努力控制人口增长，合理利用资源，切实保护好生态环境，实现经济社会发展与生态建设的良性循环。搞好这些工作，离不开科学技术的支撑。而科学技术也必须选择经济社会发展和人口资源环境的重点领域作为重点攻关方向。江泽民指出：“要十分重视解决环境保护、资源合理开发利用、减灾防灾、人口控制、人民健康等社会发展领域的科技问题，为改善生态环境、提高人民的生活质量和健康水平作出贡献，促进经济和社会的持续协调发展。”[③]他强调，科技工作“要在调整人和自然关系的若干重大领域，特别是人口控制、环境保护、资源能源的保护和合理开发利用等方面取得扎实的成果”[④]。胡锦涛强调“要面向建设可持续能源资源体系”[⑤]，加快科技创新和成果应用，促进能源结构调整，提高能源资源综合利用能力。“要面向生态环境保护重大需求”[⑥]，发展城乡环境保护、治理、修复技术，着力解决环境污染、垃圾处理等突出问题。

第二，积极发展能源资源开发利用技术和资源节约技术。“地球的物质资源是有限的。人类要实现持续的发展，必须在资源开发和利用上找到新的途

---

① 中共中央文献研究室编：《十七大以来重要文献选编》上，中央文献出版社2009年版，第109页。

② 中共中央文献研究室编：《十七大以来重要文献选编》中，中央文献出版社2011年版，第464页。

③ 江泽民：《论科学技术》，中央文献出版社2001年版，第54页。

④ 江泽民：《论科学技术》，中央文献出版社2001年版，第22页。

⑤ 中共中央文献研究室编：《十七大以来重要文献选编》下，中央文献出版社2013年版，第975页。

⑥ 中共中央文献研究室编：《十七大以来重要文献选编》下，中央文献出版社2013年版，第976页。

径。”[1]建设资源节约型社会,除了要做好政策和制度安排外,还必须采取技术层面的有效措施,实施积极的技术创新、更新和淘汰政策,大力发展能源资源开发利用技术和资源节约技术。一是要“大力发展能源资源开发利用科学技术”[2],形成可持续的能源资源体系,切实保障我国能源资源有效供给和高效利用。二是要加大对节约能源资源的新技术、新产品、新材料、新工艺的推广应用力度。江泽民指出,在资源使用方面,我们应“资源开发和节约并举,把节约放在首位,提高资源利用效率”[3]。胡锦涛指出:“对我国来说,抓好资源的节约和综合利用尤为重要。”[4]以胡锦涛为总书记的党中央,明确提出了节约优先战略。节约优先战略,就是在坚持合理开发和节约利用并重的方针的基础上,把节约能源资源放到更加优先的位置。落实节约优先战略,“要发挥科技进步在促进资源节约中的作用,推动节约资源的科技开发,及时推广资源节约方面的科技成果,支持和引导企业淘汰浪费资源的工艺、技术和产品”[5]。三是建设科学合理的能源资源利用体系。科学合理的能源资源利用体系的核心要求是:按照减量化、再利用、资源化的原则,以提高能源资源利用效率为中心,以节能、节水、节地、节材、资源综合利用为重点,通过加快产业结构调整,推进技术进步,加强法制建设,完善政策措施,强化节约意识,建立长效机制,形成节约型的增长方式和消费方式。

第三,大力发展和应用环境友好技术。环境友好技术,又称环境无害技术、可持续技术、绿色技术、清洁生产技术,其特点是清洁高效,不污染环境。环境友好技术有利于形成资源消耗低、能源和资源利用效率高、废弃物排放少的生产和消费体系,使人类对自然的开发和利用能够控制在生态环境可自我

---

① 江泽民:《新时期我国信息技术产业的发展》,中央文献出版社、上海交通大学出版社2009年版,第265页。

② 中共中央文献研究室编:《十七大以来重要文献选编》中,中央文献出版社2011年版,第749页。

③ 江泽民:《论科学技术》,中央文献出版社2001年版,第93页。

④ 中共中央文献研究室编:《十六大以来重要文献选编》中,中央文献出版社2006年版,第70页。

⑤ 中共中央文献研究室编:《十六大以来重要文献选编》中,中央文献出版社2006年版,第70页。

更新的范围之内。科学技术的发展“为创造新材料、新能源和清洁高效的工艺提供了新的基础知识”[①]，必须大力发展和应用环境友好技术，推动人与自然和谐发展。一是“大力加强生态环境保护科学技术”[②]。要系统认知环境演变规律，提升生态环境监测、保护、修复能力和应对气候变化能力，提高自然灾害预测预报和防灾减灾能力，发展相关技术、方法、手段，提供系统解决方案，构建人与自然和谐相处的生态环境保育发展体系，实现典型退化生态系统恢复和污染环境修复，有效遏制我国生态环境退化趋势，实现环境优美、生态良好。要注重源头治理，发展节能减排和循环利用关键技术，建立资源节约型、环境友好型技术体系和生产体系。二是努力提高环境友好技术自主创新能力，大力发展环保产业，加快建成国产化、标准化、现代化的环保产业体系。三是集中精力推进那些迫在眉睫的环境科技难题的解决，如绿色国民经济核算技术系统、保障人体健康的污染防治技术、大面积生态退化的修复技术、区域污染治理的综合技术、生态监测预警的科技系统等。四是加快研发防灾减灾技术，推动防灾减灾体系建设。

第四，加强可持续发展和生态文明建设领域的国际科技合作。江泽民指出：“全球气候变化、大气和水体污染、土地荒漠化、生物多样性的保护、因特网上虚假有害信息的防范等问题，都需要通过加强工程科技的国际合作来促进解决。中国将坚定不移地实施可持续发展战略，加强与世界各国的合作，更好地保护中国人民和世界各国人民的生存环境，使我们的子孙后代拥有一个更为美好的发展空间。”[③]胡锦涛强调，要“加强多边科技合作，开展清洁能源、新材料、新技术以及科技成果产业化合作”。气候变化是全球性问题，事关各方利益，需要各国联手应对。胡锦涛强调要坚持共同但有区别的责任原则、公平原则、各自能力原则，“加强气候变化领域国际科技合作”[④]。

---

① 江泽民：《论科学技术》，中央文献出版社2001年版，第114页。

② 中共中央文献研究室编：《十七大以来重要文献选编》中，中央文献出版社2011年版，第750页。

③ 江泽民：《论科学技术》，中央文献出版社2001年版，第227—228页。

④ 胡锦涛：《坚定不移走可持续发展道路 加强应对气候变化能力建设》，《人民日报》2008年6月29日，第1版。

五、推进中国特色军事变革

国防和军队建设,在中国特色社会主义事业总体布局中占有重要地位。加强国防和军队建设,是推进中国特色社会主义建设事业的重要保障。江泽民主持中央军委工作的15年,是我军发展史上不平凡的15年,国防和军队建设经历了许多从未遇到过的复杂情况和考验。江泽民审时度势、理乱驭繁,主持制定并充实完善新时期军事战略方针,作出推进中国特色军事变革的战略决策,极大地丰富和发展了毛泽东军事思想和邓小平新时期军队建设思想,开拓了马克思主义军事理论和当代中国军事实践发展新境界。

1. 新科技革命对国防和军队现代化建设的深刻影响

科学技术是第一生产力,也是军队提高战斗力的重要动力。我们的国防和军队现代化建设,是在新科技革命蓬勃发展、高新技术不断实现新突破的历史背景下推进的。科学技术,特别是以信息技术为主要标志的高新技术的迅猛发展及其在军事领域的广泛应用,深刻地影响着国防和军队现代化建设。世界新军事变革给我国国防和军队现代化建设带来了机遇和挑战。

高科技对现代战争的影响。

"高新技术的广泛应用,正在深刻改变着世界的社会经济面貌,也正在深刻改变着军事斗争的面貌,引发了军事领域一系列革命性的变化。"[①]高新技术的广泛应用,使现代战争形态、作战样式、作战重心、军队组织结构及发展趋势等都发生了新的变化。武器装备呈现出信息化、智能化、一体化的趋势,远程攻击能力大大增强,打击精度空前提高,杀伤力成倍增长。战争形态、作战样式也随之出现了一些新的特征,全纵深作战、非线式作战有可能成为高技术条件下战争的基本交战方式,陆、海、空、天一体,争夺制信息权成为作战的重心之一。军队的组织结构也处在重大的调整改革之中,作战部队高度合成,趋于小型化、轻型化和多样化,指挥体制纵向层次减少,更加灵便、高效。与这种发

① 江泽民:《论科学技术》,中央文献出版社2001年版,第82页。

展趋势相适应，世界各主要国家纷纷加快军队的现代化建设步伐，由重点准备打核威慑条件下的常规战争转向高技术条件下的局部战争，形成了以高技术质量建设为主要标志的竞争新态势。江泽民指出："随着世界科学技术日新月异的进步，以及由此带来的世界军事变革的加速发展和武器系统效能的空前提高，加强我军的质量建设显得愈来愈重要、愈来愈紧迫。"[①]

战争形态是人类生产力发展的衍生物。在人类战争史上，先后经历了四次重大的军事变革，即冷兵器战争、热兵器战争、机械化战争和信息化战争。目前正在发生的新军事变革，是迄今人类历史上影响最广泛、最深刻的一次。这场军事变革从20世纪六七十年代酝酿、产生到发展，经历了近40年由量变到质变的过程。越南战争后期，"灵巧炸弹"和第一套C3I指挥自动化系统的出现，是新军事变革的萌芽。20世纪70年代末，美苏等军事强国已拥有不少精确制导武器，实现了初级的指挥自动化。英阿马岛战争等局部战争，使新军事变革初露端倪。1991年的海湾战争是新军事变革的一个转折点，展示了现代高技术战争的雏形。经过这些年的发展，特别是在科索沃战争、阿富汗战争推动下，新军事变革正在进入一个新的质变阶段，发展成为一场波及全球、涉及所有军事领域的深刻的军事革命。

以改革创新精神迎接世界新军事变革的挑战。

自20世纪90年代初以来，江泽民对世界军事领域的重大变革及高新科技在未来军事斗争中的重大作用进行了科学的分析和阐述。他强调，随着高技术在军事领域的运用，未来的战争将必然地带有高科技的性质；如果不注重提高现代技术特别是高技术条件下的作战能力，那么，一旦发生战争，往往就会陷于被动挨打的地步，国家利益、民族尊严就难以维护。1993年1月，江泽民以海湾战争为例，剖析了高新技术给当今世界军事领域带来的变化，指出现在世界上许多国家都在调整军事战略。1996年12月，江泽民再次对高新技术广泛应用于军事领域而引发的重大变革进行了详尽的分析，并预测："到二〇一〇

① 中共中央文献研究室编：《十五大以来重要文献选编》上，人民出版社2000年版，第703页。

年左右，世界一些主要国家和地区的军队建设质量，可能会出现新的飞跃。”[①] 1998年4月，他在中央军委扩大会议上指出：“军队对科学技术发展的敏感程度，远远超过其他部门。现在可以看得很清楚，知识作为一种重要的军事要素，在军队建设和军事斗争中的作用越来越突出。未来的信息化战争，从某种意义上说，就是知识的较量。”[②]1999年1月，江泽民提醒高级领导干部：“科技领域的革命性变革，不仅通过推动生产力发展有力地作用于人们的生产和生活方式，而且必将深刻地影响下个世纪的世界政治、经济、文化和军事格局。对此，我们要有足够的估计。”[③]2000年3月，江泽民在谈到信息网络化问题时指出：“信息网络化直接导致了军事领域的革命性变革，空前地提高着军队的信息战、网络战能力，数字化部队建设已开始成为发达国家军队建设的重点。”[④] 2000年12月，他在中央军委扩大会议上指出：“新军事变革，实质上是一场军事信息化革命。信息化正在成为军队战斗力的倍增器。正因为如此，发达国家都把信息化作为新世纪军队现代化建设的主要目标。可以预见，信息化战争将成为二十一世纪的主要战争形态。”[⑤]2002年12月，江泽民进一步指出：“信息化是新军事变革的核心。人类社会的战争形态正由机械化战争转变为信息化战争。”[⑥]

新军事变革必然导致军队建设和作战方式等一系列方面发生革命性变化。从大的方面讲，有四个趋势值得我们注意。“一是信息化武器装备将成为军队作战能力的关键因素。”[⑦]世界主要国家的军队，无论是陆军装备还是海军、空军装备，无论是主战装备还是保障装备，都正朝着信息化的方向发展。从近期几场高技术局部战争看，信息战贯穿作战全过程、渗透于战争各领域，

---

① 江泽民：《论科学技术》，中央文献出版社2001年版，第83页。

② 中共中央文献研究室编：《江泽民论有中国特色社会主义》（专题摘编），中央文献出版社2002年版，第460页。

③ 江泽民：《论科学技术》，中央文献出版社2001年版，第120页。

④ 江泽民：《论科学技术》，中央文献出版社2001年版，第180页。

⑤《江泽民文选》第3卷，人民出版社2006年版，第162页。

⑥《江泽民文选》第3卷，人民出版社2006年版，第578页。

⑦《江泽民文选》第3卷，人民出版社2006年版，第579页。

争夺信息优势成为战争的焦点，夺取制信息权是夺取制空权、制海权和其他作战空间控制权的关键。在未来信息化战争中，信息能力将发挥主导作用；拥有信息优势并能有效转化为决策优势的一方，就能够更多地掌握战略和战场上的主动权。“二是非接触、非线式作战将成为重要作战方式。”[①]信息化武器装备，能够超越对方的防御地带和自然地理屏障，直接对纵深目标实施中远程精确打击。这种非接触作战，不再是从前沿突破然后向纵深推进，而是从一开始就进行全纵深作战。战争的前方和后方的界限趋于模糊，战略、战役、战术行动将呈现融为一体的特征。进攻的一方不再专注于消灭对方的有生力量，而是主要通过重点打击对方的侦察预警、指挥控制、防空作战系统，使对方的整个作战体系瘫痪，摧毁对方的战争潜力和国家意志，达成战略目的。“三是体系对抗将成为战场对抗的基本特征。”[②]通过信息技术，各军兵种的作战平台、武器系统、情报侦察和指挥控制系统以及后勤保障系统，可以形成一体化的作战体系。信息化战争不再是各个作战单元之间的对抗，而是建立在各种作战单元、作战要素综合集成基础上的体系和体系的对抗，诸军兵种联合作战成为基本作战形式。“四是太空将成为国际军事竞争新的战略制高点。”[③]太空日益成为重要的作战空间，成为新的战略制高点，一场争夺太空军事优势的竞争已经开始。据军事专家预测，未来的非接触战争将很可能以航天系统为核心，组建能够在空天领域有效遂行任务的战略性全球侦察—打击作战系统，引导陆军、海军、空军各种作战平台实施远距离精确打击，运用天基武器系统对地面、海上、空中目标直接实施攻击，还可以利用反卫星武器和空间作战飞行器来干扰、破坏、摧毁敌方天基系统，争夺制天权，限制敌方在太空的行动自由。

随着新军事变革蓬勃兴起，世界主要国家普遍加强了以高技术为基础的军队现代化建设。发达国家和发展中国家的军事技术形态出现又一轮“时代差”。以往西方列强以洋枪洋炮对亚非拉国家的大刀长矛的军事技术优势，正在转变为发达国家以信息化军事对发展中国家的机械化半机械化军事的新的

① 《江泽民文选》第3卷，人民出版社2006年版，第580页。
② 《江泽民文选》第3卷，人民出版社2006年版，第581页。
③ 《江泽民文选》第3卷，人民出版社2006年版，第581页。

军事技术优势。世界军事力量对比出现了新的严重失衡。

正是在这种背景下，以江泽民为核心的党的第三代中央领导集体深刻认识世界新军事变革的本质，正确把握新军事变革的发展趋势，充分估计其战略影响，提出要积极推进中国特色军事变革。进入新世纪新阶段，以胡锦涛为总书记的党中央进一步强调要加快中国特色军事变革。

2. 建设信息化军队，打赢信息化战争

世界军事发展的强劲势头，对我军的质量建设和军事斗争提出了严峻挑战。江泽民强调要“以改革创新的精神迎接世界军事发展的挑战”[①]。

贯彻新时期军事战略方针，立足于打赢信息化条件下的局部战争。

海湾战争后，经过几年酝酿，1993年1月，以江泽民为核心的党的第三代中央领导集体根据当时军事斗争的最新发展趋势，制定了新时期军事战略方针，“把军事斗争准备的基点放在打赢现代技术特别是高技术条件下的局部战争上”[②]。这一方针的提出，是积极防御战略思想的重大发展，也是军队建设指导思想战略性转变的深化。

积极防御的战略思想，最先是由毛泽东在国内革命战争时期提出来的，其主要依据是人民军队创立初期处于相对劣势，面对强大的敌人，要采取“攻势防御”，坚持后发制人，实行人民战争，从而达到以劣势装备战胜优势装备之敌的目的。新中国成立以来，我们的军事战略方针一直是积极防御，这是我们党根据我国社会主义制度的性质和维护国家安全的需要制定的。改革开放以来，邓小平指出，我们的战略方针仍然是积极防御。但实行积极防御的情况却发生了很大的变化：一是无产阶级和人民群众已经掌握了全国政权，提出和制定军事战略所要解决的问题已经不是夺取政权的问题，而是要维护国家主权和安全、保卫社会主义现代化建设；二是军事战略不再限于国内阶级力量对比，要把基本点放在国际战略格局和当代军事斗争的发展趋势上。[③]结合这些

---

① 江泽民：《论科学技术》，中央文献出版社2001年版，第82页。

② 江泽民：《论科学技术》，中央文献出版社2001年版，第83页。

③ 本书编写组：《与时俱进的理论创新——江泽民重要论述专题研究》，人民出版社2006年版，第370页。

新的情况，总结新中国成立以来实行积极防御的历史经验，邓小平从国家性质、国家利益和国家发展状况出发考虑军事战略问题，赋予"积极防御"这个战略思想以新的军事实践意义。一是强调考虑军事战略问题不能离开社会主义国家性质和我们所奉行的独立自主的和平外交政策。二是强调军事战略要以国家的安全利益作为最高准则。在霸权主义和强权政治依然存在的情况下，维护国家利益，维护国家主权和安全，最终要靠自己拥有能够遏制战争和抵御侵略的强大军事力量。所以，我们的战略不只是一个防御问题，而是防御中也有进攻，是积极防御。三是强调要把军事战略同国家的实际发展状况联系起来。中国是一个和平力量和制约战争的力量，中国的主要目标是要让自己尽快发展起来。现在国家还穷，还很落后，尤其需要一个和平环境，集中力量解决自己的发展问题。同中国的特殊国情相适应，我们的战略也应该是积极防御。

进入20世纪90年代，我国的安全环境和军事斗争任务发生了重大变化，我们的军事战略方针必须适应这种变化，否则我军就难以在未来防卫作战中取胜，国防和军队的现代化建设也会缺乏科学的依据和现实针对性。1990年12月，江泽民在全军军事工作会议中指出："积极防御这个方针应该说是我们的传家宝，要全面系统地学习，要完整准确地理解，要坚定不移地贯彻。同时，随着形势的变化，还应实事求是地继承和发展。"[①]1993年初，以江泽民为核心的党中央、中央军委根据世界战略格局走向多极化和世界军事领域发生革命性变革的新形势，制定了新时期积极防御的军事战略方针，在战略指导上实行重大调整，把军事斗争准备的基点由应付一般条件下的局部战争转到打赢现代技术特别是高技术条件下的局部战争上来。这就明确了新形势下我军军事斗争准备的目标和任务，抓住了我军建设的主要矛盾，正确解决了我军建设和改革的发展方向问题。江泽民指出："这是积极防御战略思想的重大发展，也是军队建设指导思想战略性转变的深化。我们用这个方针统揽全军各项建设，贯彻科技强军战略，以改革创新的精神推动我军由数量规模型向质量效能

① 中共中央文献研究室编：《江泽民论有中国特色社会主义》（专题摘编），中央文献出版社2002年版，第454—455页。

型、由人力密集型向科技密集型转变。”[①]

从1993年制定新时期军事战略方针后,江泽民根据世界战略形势和战争形态发生的深刻变化,进一步从战略上思考了新时期军事战略方针问题。江泽民极为重视当代战争形态的研究。1998年,江泽民指出高技术战争的本质就是信息化,人类战争形态正在进入信息化战争阶段。1999年,江泽民明确提出:信息化战争将逐步取代工业时代的机械化战争,成为未来战争的基本形态。2000年,江泽民又进一步强调:信息化战争将成为21世纪的主要战争形态。2004年,江泽民在中央军委扩大会议上指出:“必须明确把军事斗争准备的基点放到打赢信息化条件下的局部战争上。”他强调:“全军同志都要适应军事斗争准备基点的转变,推动中国特色军事变革深入发展,实现建设信息化军队、打赢信息化战争的战略目标。”[②]

新时期军事战略方针是迎接世界新军事革命挑战的必然选择,也是维护我国安全利益和解决我军现代化建设主要矛盾的客观需要。现在世界上许多国家都在调整自己的发展战略,把发展现代技术尤其是高技术作为增强综合国力和国防实力的关键措施,力争掌握战略主动。随着高新技术尤其是信息技术在军事领域的运用,武器的打击精度空前提高,作战的突然性、立体性、机动性、快速性和纵深打击的特点十分突出,拥有高技术的一方明显地掌握着更多的战场主动权。实践证明,1993年中央军委把当代战争的形态界定为高技术战争,把我军未来军事斗争准备的基点从应付一般条件下的局部战争转变为打赢一场现代技术特别是高技术条件下的局部战争,是完全正确的。正是有了这个转变,才有了我军现代化建设的一系列调整。世纪之交,中央军委又把未来战争的形态界定为信息化战争,把军事斗争的准备基点放到打赢信息化条件下的局部战争上,这是对新时期积极防御军事战略方针的丰富和发展。信息技术的快速发展和广泛运用,正在深刻地改变着军事斗争的面貌,引发军事领导层面一系列革命性的变化。在当今世界上,一个国家如果不随着

① 中共中央文献研究室编:《江泽民论有中国特色社会主义》(专题摘编),中央文献出版社2002年版,第453页。

② 《江泽民文选》第3卷,人民出版社2006年版,第608页。

经济和社会的发展，努力增强国防实力，提高军队的素质和武器装备水平，在信息化条件下的作战能力不强，一旦发生战争，往往陷入被动挨打的境地，国家利益、民族尊严和国际威望就要受到极大伤害。迎接世界新军事革命的挑战，是我们无法回避的重大问题。党中央、中央军委科学制定了新时期积极防御的战略方针，明确提出军队建设必须实行“两个根本性转变”，即由数量规模型向质量效能型、由人力密集型向科技密集型转变，从而为我军顺应时代潮流，抓住机遇，迎接挑战，作出了十分重要的战略指导。做好打赢信息化条件下的局部战争的准备，正是为了尽可能防止和避免这种战争，一旦发生这种战争，要确保我们能够夺取胜利。我们在战略指导思想上从立足于早打、大打、打核战争，转移到重点准备应付局部战争和突发事件上。根据国际形势的发展变化，我们把军事斗争准备的基点放到打赢信息化条件下的局部战争上，这是我军战略指导思想的进一步发展和完善。

推动以信息化为主导的机械化、信息化复合发展，走跨越式发展道路。

1997年12月，根据我国“三步走”基本实现现代化的发展战略，江泽民提出了新世纪国防和军队现代化建设“三步走”战略构想。第一步，从现在起到2010年，用十几年时间，努力实现新时期军事战略方针提出的各项要求，为国防和军队现代化打下坚实基础。第二步，21世纪的第二个10年，随着国家经济实力的增长和军费的相应增加，加快我军质量建设的步伐，适当加大发展高技术武器装备的力度，完善武器装备体系，全面提高部队素质，进一步优化体制编制，使国防和军队现代化建设有一个较大发展。第三步，再经过30年的努力，到21世纪中叶，实现国防和军队现代化。2002年12月，江泽民进一步提出，“三步走”战略构想所确定的目标就是在21世纪的前50年逐步实现国防和军队信息化。要实现这一目标，前20年是基础，头10年是关键。我们要认真借鉴发达国家军队现代化建设的有益经验，充分利用国内和国际的战略资源，迈好第一步，走好第二步，争取用20年的时间，基本实现军队机械化，使信息化建设取得重大进展，再经过30年的发展，完成建设信息化军队的战略任务。

实现国防和军队现代化建设“三步走”发展战略，必须正确处理机械化与信息化的关系，推进机械化、信息化复合发展。当前，我国正处在机械化、信息化复合发展的特定历史阶段。我军机械化建设的任务尚未完成，又面临着信息化建设的严峻挑战。“如果按部就班地在完成机械化建设任务后再进行信息化建设，就会坐失良机，无法赶上西方发达国家军队发展步伐。”“如果放弃机械化建设，把建设重点全面转向信息化，也不符合我们的国情、军情，还可能欲速则不达。”①因此，必须正确处理机械化和信息化的关系，以机械化为基础，以信息化为主导，以信息化带动机械化，以机械化促进信息化，努力推进机械化和信息化的复合发展。这是我们应对世界新军事变革挑战的必然要求，也是维护国家的安全、统一和日益拓展的战略利益的客观需要。信息化要以机械化为依托，我们可以跨越机械化的某些发展阶段，但不能逾越机械化。以信息化带动机械化，最大限度地发挥后发优势，是我军现代化建设跨越式发展的必由之路。我们有必要也完全有可能在较高的起点上推进机械化和信息化建设。我们既要努力跨越机械化发展的某些阶段，也要努力跨越信息化发展的某些阶段，同时还要吸取发达国家军队机械化和信息化建设失误的教训，尽可能少走弯路，最终进入与发达国家同步发展的轨道。因此，从发展战略上说，我们绝不能满足于对现有成熟技术的应用，而必须着眼于科学技术及信息化战争的发展趋势，树立超前意识，高度关注未来可能出现的重大新技术，加强对军事前沿技术和新概念武器技术的预先研究，注重技术创新，争取研发出具有自主知识产权的战略性、前瞻性、关键性技术和装备，锻造我军信息化作战的“杀手锏”。

提高军队完成多样化军事任务的能力。

在军队建设中，如何正确处理数量与质量的关系，是一个非常重要的问题。随着科学技术的迅猛发展，尤其是高技术兵器在军事领域的广泛运用，现代战争形态已发生了很大变化，对军队的现代化水平的要求更高了。争夺质量优势，已成为当今世界各主要国家军队建设的一个重要发展趋势。我们一定要发扬我军以劣势技术装备战胜优势技术装备之敌的优良传统，牢固地树立敢打必胜的勇气和信心。同时要实行精兵政策，这是我军建设的必由之路。我们必须把加强质量建设作为实现我军现代化的基本指导方针，摆在更加突出的位置。江泽民指出：“加强质量建设，走有中国特色的精兵之路，是实

① 《江泽民文选》第3卷，人民出版社2006年版，第163页。

现我军现代化的正确选择。"[1]军队要走有中国特色的精兵之路,这既是邓小平关于新时期军队建设的一个重要指导方针,也是适应世界形势发展的正确选择。

走有中国特色的精兵之路,核心是一个"精"字。精,既是对"量"的要求,更是对"质"的要求。减少数量,并不等于质量会自然而然地提高。要真正达到精兵的要求,实现我军由数量规律型向质量效能型、由人力密集型向科技密集型转变,必须大力实施科技强军的战略,提高军队现代化建设的各个方面的科学技术含量,增强信息化条件下的防卫作战能力。江泽民反复强调要实施科技强军战略,加强军队质量建设。

以江泽民为核心的党的第三代中央领导集体高度重视转变战斗力生成模式。新科技革命深刻改变着战斗力要素的内涵,深刻改变着战斗力生成模式。必须适应新的形势,把军队战斗力生成模式切实转到依靠科技进步特别是高新技术进步上来。要按照建设信息化军队、打赢信息化战争的战略目标,加快机械化和信息化复合发展,充分发挥信息能力在战斗力生成中的主导作用。军事训练是军队和平时期基本的实践活动,也是促进战斗力生成模式转变的重要着力点。要切实把军事训练摆在战略地位,坚持走科技兴训之路,不断改革训练内容、方式和手段,积极推进机械化条件下军事训练向信息化条件下军事训练转变。后勤现代化的发展,是战斗力生成模式转变的重要内容和重要保障,必须全面建设现代后勤,加紧推进后勤建设和改革。要加大实施人才战略工程的力度,下功夫提高官兵的科技素质,努力把广大官兵培养成适应信息化条件下局部战争要求的军人,造就大批高素质新型军事人才,为加快战斗力生成模式转变提供强大的人才和智力支持。

党的十六大以后,根据新世纪新阶段我国安全形势及世界军事潮流的变化,胡锦涛从履行党的执政使命、维护国家和民族根本利益的战略高度明确提出,军队要为党巩固执政地位提供重要力量保证,为维护国家发展的重要战略机遇期提供坚强安全保障,为维护国家利益提供有力战略支撑,为维护世界和

① 中共中央文献研究室编:《江泽民论有中国特色社会主义》(专题摘编),中央文献出版社2002年版,第459页。

平与促进共同发展发挥重要作用。这“三个提供、一个发挥”就是党和人民赋予新世纪新阶段军队的历史使命。党的十六大以来,军队应对多种安全威胁、完成多样化军事任务的能力不断提高。在人民群众最需要的时候,党中央、中央军委果断决策,人民子弟兵闻令而动,决战决胜,谱写了和平时期军事实践的壮丽篇章。南方低温雨雪冰冻灾害、四川汶川特大地震、青海玉树地震、舟曲泥石流……面对自然灾害,我们坚持把科技的力量与顽强的抗争紧密结合起来,既充分发挥人的能动精神,又充分发挥科技的重要作用。在频发的自然灾难面前,人民子弟兵冲锋在前,谱写了人民军队听党指挥、服务人民、英勇善战的新篇章。从出色遂行重大自然灾害抢险救援到圆满完成国庆首都阅兵,从协助维护社会稳定到支援地方经济建设,从北京奥运会到上海世博会,从赴亚丁湾、索马里海域护航到参加联合国维和行动……人民子弟兵冲锋在前,勇挑重担,不畏艰险,连续奋战,在遂行多样化军事任务中彰显了光荣本色,履行着党和人民赋予的新世纪新阶段军队历史使命。这其中,科学技术发挥了巨大的支撑作用。根据这些新的发展变化,党中央、中央军委明确提出了“提高以打赢信息化条件下局部战争能力为核心的完成多样化军事任务能力”的新要求。

当前和今后一个时期,我军建设的主要矛盾仍然是现代化水平与打赢信息化条件下局部战争的要求不相适应,军事能力与履行新世纪新阶段我军历史使命的要求不相适应。我们必须加速推进中国特色军事变革,提高以打赢信息化条件下局部战争能力为核心的完成多样化军事任务能力。要认真贯彻新时期军事战略方针,抓紧做好军事斗争准备,加强经常性战备训练工作,切实增强我军打赢信息化条件下局部战争能力;同时,不断提高维护海洋、太空、电磁空间安全的能力以及遂行反恐维稳、应急救援、国际维和任务的能力,确保在任何时候都能有效应对危机、维护和平。要着力构建信息化条件下联合作战体系,形成相应的战场感知、指挥控制、精确打击、综合保障能力,提高基于信息系统的体系作战能力,有效应对武装冲突和突发事件。要未雨绸缪、前置准备,努力拓展军事斗争准备领域,重视战略性反制手段建设,加强空间开发利用,建立网络安全防护体系。当前,维护国家安全稳定遇到了许多新情况,恐怖主义、自然灾害、经济安全、信息安全等非传统安全因素的危害呈现上升趋势。必须适应国家安全形势的新发展，在大力加强核心军事能力建设的同时，统筹抓好非战争军事行动能力建设，全面提高应对危机和处置突发事件的能力。健全军队应急指挥机制，抓好应急专业力量建设，发展适用专用装备器材，提高军队遂行非战争军事行动能力。

以信息技术为主要标志的高新技术的迅猛发展及其在军事领域的广泛运用，对军队信息化人才、信息化武器装备、信息化条件下的作战方式，以及信息网络平台支撑及其相互结合提出了新的更高要求。随着世界新军事变革的迅猛发展和我国经济发展方式的加快转变，以胡锦涛为总书记的党中央作出以推动国防和军队建设科学发展为主题、以加快转变战斗力生成模式为主线的重大战略决策，这是时代的要求，也是全面提高我军以打赢信息化条件下局部战争能力为核心的完成多样化军事任务能力的需要。贯彻落实国防和军队建设的主题主线，必须贯彻以人为本理念，毫不动摇地坚持党对军队的绝对领导，以创新精神推动军队政治工作，持续培育“忠诚于党，热爱人民，报效国家，献身使命，崇尚荣誉”的当代革命军队核心价值观；必须深入实施科技强军战略，推动信息化建设加速发展；必须加大依法治军、从严治军力度，推进军队革命化、现代化、正规化建设；必须推动军事理论、武器装备、组织体制、军事训练、后勤保障方式创新，着力构建中国特色现代军事力量体系；必须坚持走中国特色军民融合式发展路子，在全面建成小康社会进程中实现富国和强军的统一。

2013年3月，习近平在十二届全国人大一次会议解放军代表团全体会议上，从坚持和发展中国特色社会主义、实现中华民族伟大复兴中国梦的战略高度，鲜明提出，建设一支听党指挥、能打胜仗、作风优良的人民军队，是党在新形势下的强军目标。习近平关于党在新形势下的强军目标的重要论述，集中体现了我军的根本原则、根本职能、根本性质和宗旨，明确了加强军队建设的聚焦点和着力点，是党在新形势下强军兴军的总方略。我们要自觉用强军目标统一思想和行动，扎扎实实做好实现党在新形势下的强军目标这篇大文章，坚定不移走中国特色强军之路，不断谱写国防和军队建设新篇章。

以上我们所分析的五个创新的重大战略思想，对于中国特色社会主义理论体系的建构具有极为重要的意义。社会主义市场经济将社会主义和市场经济有机结合起来，体现了中国共产党人独特性的创造，也是中国特色社会主义的特色之所在。建立社会主义市场经济体制是中国特色社会主义的点睛之笔，为中国特色社会主义理论体系写下了浓墨重彩、彰显特色的一笔。走新型工业化道路，是我们立足中国国情，辩证处理信息化和工业化关系而作出的重大决策，是中国特色社会主义的谋势之着。它顺应了新科技革命尤其是信息技术飞速发展的趋势，极大地推动了国民经济和社会信息化进程，为我国当下和未来的发展奠定了坚实的基础。建设社会主义政治文明，使中国特色社会主义事业总体布局由“两位一体”跃升到“三位一体”。可持续发展战略的制定和实施，为我们党后来提出生态文明建设奠定了理论基础和实践基础，也使中国特色社会主义事业总体布局更加明确地由“四位一体”跃升到“五位一体”。积极推进中国特色军事变革，是江泽民全面把握当今世界政治、经济、科技与军事的内在联系，科学分析世界新军事变革强劲发展的态势，正确判定我军在世界新军事变革进程中的历史方位而作出的重大决策，深刻揭示了中国特色军事变革的特点、规律、路径、方法，谱写了马克思主义军事理论发展的新篇章。

新科技革命是我们党提出这些创新的重大战略思想的时代背景，同时，科学技术又为实践这些重大战略思想提供了强大的科技支撑，奠定了雄厚的科技基础。建立社会主义市场经济体制、走新型工业化道路、建设社会主义政治文明、实施可持续发展战略、积极推进中国特色军事变革，都对我国科技工作提出了新任务、新要求。科学技术已经深深地渗透在这些重大战略思想中，成为丰富中国特色社会主义理论体系的一个极其重要、必不可少的要素。

本书第四章和第五章的研究表明，新科技革命推动了“三个代表”重要思想的形成和发展，影响着“三个代表”重要思想的内容。新科技革命就是这样通过参与“三个代表”重要思想的形成和发展，进而参与了中国特色社会主义理论体系的建构，推动了中国特色社会主义理论体系的丰富和发展。可以说，新科技革命对于中国特色社会主义理论体系的丰富和发展，同样功不可没。

第六章 | 开新之篇：新科技革命与科学发展观

党的十六大以来，以胡锦涛为总书记的党中央积极应对国内外环境变化带来的困难和挑战，科学认识中国发展面临的突出矛盾和关键问题，根据中国经济社会发展的新要求，不断探索中国发展的新思路，提出了以人为本、全面协调可持续发展的科学发展观。

本章主要分析科学发展观形成和发展的科技背景，探讨新科技革命对于科学发展观形成和发展的影响。

一、我国科技事业发展的重要战略机遇期

能否抓住发展机遇，历来是关系革命和建设兴衰成败的重大问题，也是我们党和国家的事业取得胜利的基本经验。过去我们抓住了重要历史机遇，也丧失过某些机遇。邓小平在总结历史经验和教训的基础上，提出了抓住机遇、加快发展的思想。在邓小平理论指导下，我们紧紧抓住时代主题转换的历史机遇，坚持改革开放，取得了举世瞩目的巨大成就。进入新世纪新阶段，面对风云变幻的国际形势和国内艰巨繁重的改革发展任务，中国共产党人清醒地认识到激烈的国际竞争对我国经济社会发展带来的机遇和挑战。2002年11月，江泽民在党的十六大报告中指出："综观全局，二十一世纪头二十年，对我国来说，是一个必须紧紧抓住并且可以大有作为的重要战略机遇期。"①正是在这个战略判断的基础上，党的十六大提出了到2020年集中力量全面建设小康社会的奋斗目标。党的十

①《江泽民文选》第3卷，人民出版社2006年版，第542页。

六大以来各项事业发展的成就,充分证明了这个判断是正确的。

进入21世纪以来,国际形势继续发生深刻而复杂的变化,世界多极化和经济全球化的趋势在曲折中发展,我国发展既面临着必须紧紧抓住的发展机遇,也面临着必须认真应对的严峻挑战。这种机遇和挑战并存的情况,不仅表现在经济、政治、文化等领域,也突出地表现在科学技术领域。胡锦涛在全面审视新科技革命发展的最新态势和我国科技发展现状的基础上,提出了"两个重要战略机遇期"的重要论断:"本世纪头二十年,是我国经济社会发展的重要战略机遇期,也是我国科技事业发展的重要战略机遇期。"[①]这是一个极富世界眼光和战略眼光的科学判断。这一重要论断,丰富和发展了江泽民在党的十六大报告中提出的"重要战略机遇期"的思想,拓展了"重要战略机遇期"的内涵。

胡锦涛在关于"两个重要战略机遇期"的战略判断中,指出21世纪头20年也是我国科技事业发展的重要战略机遇期。这就为我们迎接新科技革命挑战、推进新世纪新阶段的科技工作提供了理论指导。为什么说21世纪头20年也是我国科技事业发展的重要战略机遇期呢?这需要对世界科技发展的最新态势和我国科技发展现状进行综合分析。

1. 新科技革命发展的最新态势

进入21世纪,新科技革命在继续保持蓬勃发展态势的同时,也出现了一些新变化。21世纪初的科技革命出现了哪些变化?我们可以从总体上进行分析和判断,以便能从复杂的现象中把握新科技革命的鲜明特征。总体上讲,可以用两个方面来概括新科技革命正在出现的新变化。一方面,新科技革命继续沿着信息化的向度前进,并且信息技术正在取得新的进展。这里的核心词是"信息化"。另一方面,科技创新不断涌现,各国更加注重科技创新尤其是自主创新,纷纷把推动科技进步和创新作为国家战略。这里的核心词是"科技创新"和"自主创新"。这两个方面表明了新科技革命在两个向度上并行推进的态势:既沿着信息化的向度推进,又朝着注重科技创新尤其是自主创新的向度发展。如果说21世纪初的新科技革命与20世纪、21世纪之交的新科技革命有

① 《胡锦涛文选》第2卷,人民出版社2016年版,第402页。

什么不同的话，最主要的不同就体现在科技创新尤其是自主创新上。科技创新尤其是自主创新，成为新世纪新阶段新科技革命的主旋律。科技创新尤其是自主创新给世界各国带来了广泛而深刻的变化，深深地影响着世界经济格局、政治格局、文化格局、外交格局。在看到21世纪初的新科技革命与世纪之交的新科技革命的不同特点时，还要看到它们之间的一致性，即两者都沿着信息化的向度发展。不过需要指出的是，虽然21世纪初的新科技革命继续沿着信息化的向度发展，但是这种信息化无论是在广度上、深度上都大大超过了此前的信息化，有的专家称之为“信息技术的升级换代”。异中有同，同中有异，辩证而又深刻地昭示着新科技革命是一个动态的发展过程。

以上是从总体上分析新世纪新阶段新科技革命的特点。这样分析，有助于我们理解新科技在进入21世纪之后所发生的最深刻变化，也就能理解我们党为什么顺应新科技革命发展的最新潮流，及时提出了走中国特色自主创新道路、建设创新型国家的重大战略思想。除了从总体上把握进入新世纪后新科技革命所呈现出来的特征之外，我们还可以从更为具体的层面分析新科技革命的特征。具体地说，进入新世纪后，新科技革命出现了一些新特点新趋势，可以用“三个更加”来概括。

第一个特点：势头更加迅猛，科学技术正在酝酿着新的重大突破。

发轫于20世纪中叶的新科技革命，在经过几十年的发展之后，步入了一个加速发展的时期。科技进步不断突破人类认识的已有境界，学科之间、科学和技术之间、科学技术和人文社会科学之间交叉渗透，产生了众多新的跨学科领域。科学发现正在为技术创新和生产力发展开辟更加广阔的道路，科技成果产业化周期缩短，技术更新速度越来越快，一些重要科技领域发生革命性突破的先兆已经初显端倪，科学技术的新突破正在孕育之中。胡锦涛敏锐地观察到世界科技革命发展的这一新态势。2004年6月，他在中国科学院第十二次院士大会、中国工程院第七次院士大会上的讲话中指出：“世界科学技术酝酿着新的突破，一场新的科技革命和产业革命正在孕育之中。”[①]2006年1月，他在全

① 中共中央文献研究室编：《十六大以来重要文献选编》中，中央文献出版社2006年版，第112页。

国科学技术大会上指出:“进入二十一世纪,世界新科技革命发展的势头更加迅猛,正孕育着新的重大突破。”[①]2008年6月,他在中国科学院第十四次院士大会、中国工程院第九次院士大会的讲话中指出:“世界科技发展突飞猛进,创新创造日新月异,世界科技正孕育着新的重大突破。”[②]2010年6月,他在中国科学院第十五次院士大会、中国工程院第十次院士大会的讲话中指出:“当前,经济社会发展的迫切要求,日益突出的全球性问题,科学技术体系的内在演进,都在孕育重大科技突破。”[③]

进入21世纪,一些重要科技领域显现发生革命性突破的先兆,新科技革命将在很多重要领域产生新的重大突破。要准确预见新的重大科技突破将在何时、以什么形式发生,是很困难的,但也并非无迹可寻。根据当前新科技革命发展的态势和已有的研究进展情况,专家们对即将发生的重大突破进行了分析和预测。在信息科技领域和方向上,可能发生的重大突破包括:新的网络理论,网络云计算,网络安全与智能管理,人机交互与语言文字图像的智能处理,海量数据挖掘与管理,自旋电子、分子、量子器件,光电子、量子、基因计算等。在生命科学和生物技术领域,可能发生的重大突破包括:基因组科学,基因遗传、变异与修复机理,干细胞与再生医学,蛋白质组学,脑与神经生物学,生物芯片,生物信息学技术,生物高科技及生物新产业等。在能源科技领域和方向上,可能发生的重大突破包括:先进可再生能源和核能的开发,高效制氢与存储技术,不可再生资源的高效、清洁和循环利用,水资源高效利用及清洁循环,生物资源开发利用,深部地球、海洋和空间资源的开拓等。在先进材料与制造领域,可能发生的重大突破包括:绿色、智能材料结构与性能设计,制备使役过程精确控制及全寿命成本控制,极端条件下材料结构和性能演化规律,近终尺寸形貌加工以及材料器件一体化等。在纳米科技领域,可能发生的重大突破包括:纳米电子学、纳米材料学、纳米生物学、纳米医学等。在空间科技和海洋

---

① 中共中央文献研究室编:《十六大以来重要文献选编》下,中央文献出版社2008年版,第184页。

② 中共中央文献研究室编:《十七大以来重要文献选编》上,中央文献出版社2011年版,第500页。

③《胡锦涛文选》第3卷,人民出版社2016年版,第401页。

科技领域，可能发生的重大突破包括：天基信息系统、深空探测及空间科学实验、深海探测、深海开发技术等。一些重要基本科学也正孕育着重大突破，比如：对暗物质、暗能量、反物质的探测，将深化人类对宇宙和物质世界的认识。探索对构成物质的分子、原子和电子的精确调控，进而在光/电/热转化、光合作用与光催化，能量、信息的储存、传输、处理等领域实现新突破。合成生物学的出现打开了从非生命的物质向人造生命转化的大门，为探索生命起源和进化开辟了新途径。人类将不断深化对脑和认知的探索，一旦突破，将导致科学思维方法的创新，进而推动认知科学、教育学、心理学、信息与计算科学的革命。专家们预计，在未来30年到50年内，世界科学技术将会继续出现重大创新，很有可能在信息科学、生命科学、物质科学、脑与认知科学、地球与环境科学、数学与系统科学，以及自然科学与社会科学的交叉领域中形成新的科学前沿，出现新的科学飞跃，为人类社会发展打开新的广阔前景。正因如此，一些专家指出现在正处于新突破的前夜。这是一个积累力量的阶段，是量变即将产生质变飞跃的阶段。

第二个特点：更加注重自主创新，促进科技创新成为世界主要国家的基本战略。

当今时代，人类社会步入了一个科技创新不断涌现的重要时期，科技创新尤其是自主创新成为经济社会发展的主要驱动力量。“当代科技革命的一个显著特点，是科技创新出现群体性突破态势，表现为新的技术群和新的产业群蓬勃发展。尤其是科技创新、转化和技术更新速度不断加快，自主创新能力已经成为国家核心竞争力的决定性因素。”[①]在世界新科技革命的推动下，科技创新在经济社会发展中的作用日益突出，科技创新已经成为引领经济社会发展的主导力量。科技竞争的焦点在不断前移，原始创新、关键技术创新和系统集成的作用日益突出，提高自主创新能力是提高综合国力的关键。综观当今世界，尽管各国在历史文化、发展水平、社会制度等方面存在着这样那样的差异，但普遍关注和重视科技创新。特别是各大国都高度关注科学技术的发展趋势，纷纷加强科学展望和技术预见，认真思考和积极实施新的科技发展战略和科

---

① 《胡锦涛文选》第2卷，人民出版社2016年版，第194页。

技政策,希望通过科技创新来推动本国的经济发展和社会进步。“当今时代,谁在知识和科技创新方面占据优势,谁就能够在发展上掌握主动。世界各国尤其是发达国家纷纷把推动科技进步和创新作为国家战略,大幅度提高科技投入,加快科技事业发展,重视基础研究,重点发展战略高新技术及其产业,加快科技成果向现实生产力转化,以利于为经济社会发展提供持久动力,在国际经济、科技竞争中争取主动权。”①

世界经济发展、科技发展的实践告诉我们:一个国家只有拥有强大的自主创新能力,才能在激烈的国际竞争中把握先机、赢得主动。在世界科技发展的澎湃大潮中,谁能不断提高自主创新能力,谁就能在综合国力竞争中占据更有利的战略地位;谁的自主创新能力强,谁就拥有核心竞争力。世界主要国家都把科技创新作为国家基本战略,把科技投入作为战略性投入,把超前部署和发展战略性新兴产业作为带动经济社会发展的重大举措。世界各国都大幅度增加科技投入,如:美国2003年财年联邦科技预算达到1180亿美元,2004年美国政府投入巨资实施一系列被称为“美国创新的基础”的重大研究发展计划;英国政府从1999年起,在3年内追加12亿英镑投资;欧盟提出不断提高研究开发经费占国民生产总值的比重;日本贯彻“科学技术创新立国战略”,继续加大科技投入,力争创造领先世界的科技成果;俄罗斯提出“科技创新再造一流科技大国,全面实施国家科技创新活动”战略。建设创新型国家成为世界主要国家的战略选择,科技创新能力尤其是自主创新能力成为建设创新型国家的核心要素。胡锦涛敏锐地看到了国际上围绕自主创新这一核心要素而展开的激烈竞争态势,指出:“世界科技进步迅猛发展及其带来的巨大影响,给我们提出了不能回避、也回避不了的严峻挑战。我们必须急起直追、锲而不舍,加快自主创新步伐,增强国家核心竞争力,带动我国社会生产力实现质的飞跃,努力在激烈的国际竞争中赢得和保持发展的主动权。”②

第三个特点:由科学技术迅猛发展引发的社会变革更加深刻。

---

① 中共中央文献研究室编:《十六大以来重要文献选编》下,中央文献出版社2008年版,第184—185页。

② 中共中央文献研究室编:《十六大以来重要文献选编》下,中央文献出版社2008年版,第479页。

人类社会是在认识、利用、适应自然的过程中不断发展进步的,永不停息的科技进步和创新使人类认识、利用、适应自然的水平和能力不断提高,同时也使人类的生产方式、生活方式发生了巨大变化。随着科学技术的突飞猛进,科技对人类社会的影响越来越大。科学技术是经济社会发展中最活跃、最具革命性的因素。科学技术作为人类智慧的伟大结晶,推动创造了巨大的物质财富和精神财富。胡锦涛高度重视新科技革命的社会功能,指出:“当今世界,科学技术作为第一生产力的作用日益突出,科学技术作为人类文明进步的基石和原动力的作用日益凸显,科学技术比历史上任何时期都更加深刻地决定着经济发展、社会进步、人民幸福。”[①]科技知识创新、传播、应用的规模和速度不断提高,科学研究、技术创新、产业发展、社会进步相互促进和一体化发展趋势更加明显,一系列重大科技成果以前所未有的速度转化为现实生产力,正在深刻改变世界科技和经济社会的发展形态。“信息网络技术广泛应用不断推动生产方式发生变化,柔性制造、网络制造、绿色制造、智能制造、全球制造日益成为生产方式变革的方向,互联网、云计算、物联网、知识服务、智能服务快速发展为个性化制造和服务创新提供了有力工具和环境,人依靠机器生产产品变成机器围绕人生产产品成为可能,个性化制造和规模化协同创新有机结合将成为重要生产方式。”[②]

当前新科技革命还面临着来自国际金融危机的挑战和机遇。2008年爆发的国际金融危机,使世界经济遭受了20世纪大萧条以来最为严重的挑战。历史经验表明,每次重大经济危机都会伴生重大科技突破和产业调整,有效抓住机遇的国家将能够引领未来的经济增长和繁荣。1857年的世界经济危机,是第一次波及全球的生产过剩危机。这次危机爆发前后,进化论、能量守恒定律和细胞学等科学发现引发了第二次科技革命,推动人类社会从大机器工业时代进入电气化时代。内燃机和电动机逐步取代蒸汽机,创造了电力与电器、汽车、石油化工等一大批新兴产业,同时大幅提升了机械、冶金等产业的发展水平。1929年的世界经济危机,是20世纪最为严重的全球经济危机。这场危机

① 《胡锦涛文选》第3卷,人民出版社2016年版,第401页。
② 《胡锦涛文选》第3卷,人民出版社2016年版,第400页。

爆发前后问世的科学发现,成为第三次科技革命的基础。这场危机推动人类社会从电气时代进入信息化时代。信息产业迅猛发展带动了一批高技术产业崛起,推进了传统产业的升级换代,世界产业结构发生了重大变化,全球化、知识化、信息化、网络化的新时代逐步到来。德国经济学家格哈特·门施在《技术的僵局》一书中,利用现代统计方法对112项重要技术创新分析后发现,重大基础性创新的高峰均伴随经济萧条、技术创新的周期与经济繁荣周期成"逆相关",因此,经济萧条是激励创新高潮的重要推动力,技术创新又为经济发展的新高潮奠定基础。[①]正是科技上的重大突破和创新,推动经济结构的重大调整,提供新的增长引擎,使经济重新恢复平衡并提升到更高的水平。谁能在科技创新方面占据优势,谁就能够掌握发展的主动权,率先复苏并走向繁荣。

面对这场国际金融危机,各国纷纷开展了新一轮竞争。各国尤其是主要大国都在进行战略筹划,纷纷把发展新能源、新材料、信息网络、生物医药、节能环保、低碳技术、绿色经济等作为新一轮产业发展的重点,加大投入,着力推进。2009年9月,美国出台了《美国创新战略:推动可持续增长和高质量就业》报告,提出要加大投资,恢复美国基础研究的国际领先地位,培养符合21世纪知识和技能要求的下一代人才和世界一流的劳动力队伍,建立先进的信息技术系统;推动竞争市场,以激励创新创业;催生在清洁能源、先进汽车、卫生保健等国家优先领域的重大突破。[②]美国力图在新能源、基础科学、干细胞研究和航天等领域取得突破,并提出了节能环保、智慧地球等科技的主攻方向。欧盟大力发展绿色经济,力图保持在绿色技术领域的世界领先地位。英国从高新科技特别是生物制药等方面,加强产业竞争的优势。2009年7月,英国公布《英国低碳转型计划》,被认为是英国正式的低碳经济国家战略计划。日本重点开发能源和环境技术。日本在2009年出台的《未来开拓战略》中提出,要建成世界第一的环保节能国家,并在太阳能发电、蓄电池、燃料电池、绿色家电等低碳技术相关产业的市场上确保所占份额第一。俄罗斯提出大力开发纳米和

① 廖峥嵘:《绿色 智能 可持续》,《人民日报》2010年8月9日,第23版。
② 程如烟、张旭、黄军英:《抢占新一轮经济增长制高点》,《人民日报》2010年3月1日,第23版。

核能技术,努力保持在航天领域的强国地位,力争在金融危机下为本国经济注入新的活力。总之,面对国际金融危机,为在未来的世界格局中占据有利地位,抢占竞争制高点,世界各国尤其是主要大国在施政议程中将科技创新、科技发展放在突出位置,更加注重发挥科技在调整产业结构、培育新的经济增长点中的重要作用。"培育新的经济增长点、抢占国际经济科技制高点已经成为世界发展大趋势,科技竞争在综合国力竞争中的地位更加突出。"[1]

2. 两个重要战略机遇期

在这样一种大的国际科技背景下,国内科技发展又是一种什么状况呢?经过长期努力,我国科学技术事业取得了很大成就,形成了比较完整的学科布局,培养了一支勇于攀登世界科技高峰的优秀科技队伍,部分重要领域的研究开发能力已跻身世界先进行列。但是,"我国科技的总体水平同世界先进水平相比仍有较大差距,同我国经济社会发展的要求还有许多不相适应的地方"[2]。问题主要表现在:自主创新能力不强,关键技术自给率低;企业还没有真正成为技术创新的主体,企业的核心竞争力不强;农业和农村经济的科技水平还比较低,提高农业综合生产能力还缺乏有力的技术支撑;高新技术产业在整个经济中所占的比例还不高,传统产业优化升级的任务十分繁重;产业技术的一些关键领域存在着较大的对外技术依赖,不少高技术含量和高附加值产品主要依赖进口;许多技术研究开发的成果还难以实现产业化;科学研究实力不强,优秀拔尖人才比较匮乏;科技投入不足,体制机制还存在不少弊端;等等。这些影响我国科学技术事业发展的突出问题,都需要我们下大力气认真解决。

在科技事业发展的这些问题中,最严峻的挑战、最大的难题、最显著的问题,就是自主创新能力不强。胡锦涛在论述科学发展观时,提出了我国经济社会发展的阶段性特征这一概念。科学发展观就是立足于我国经济社会发展的阶段性特征提出的。他在最初论述我国经济社会发展的十个阶段性特征时,

---

① 中共中央文献研究室编:《十七大以来重要文献选编》中,中央文献出版社2011年版,第744页。

② 中共中央文献研究室编:《十六大以来重要文献选编》下,中央文献出版社2008年版,第186页。

用“自主创新能力亟待提高”[①]来高度概括科技发展的阶段性特征并将其列在第四位。后来他又把我国经济社会发展的阶段性特征概括为八个方面,其中“自主创新能力还不强”被作为第一个阶段性特征的内容之一而提了出来。由此可见,胡锦涛对于我国自主创新能力不强的现状的清醒认识和高度关注。正是立足于我国科技发展的阶段性特征,以胡锦涛为总书记的党中央作出了两个战略性判断:一是“我国已进入必须更多依靠科技进步和创新推动经济社会发展的历史阶段”[②];二是提出了“两个重要战略机遇期”的论断,强调21世纪头20年是我国经济社会发展的重要战略机遇期,也是我国科技事业发展的重要战略机遇期。

胡锦涛关于“我国科技事业发展的重要战略机遇期”的论述,是在准确把握新科技革命的最新态势和我国科技发展现状的基础上得出的科学结论。面对日趋激烈的国际竞争,面对世界科技发展的大势,我国发展的重要战略机遇期是否还存在?我们还能不能有效利用科技事业发展的重要战略机遇期?这是一个必须作出清醒且准确判断的重大问题。以胡锦涛为总书记的党中央对此作出了正确的回答。

从国际格局和当代世界矛盾的全局来看,当前和今后一个时期,我们面临的国际环境依然是机遇大于挑战。虽然全球范围内伴随着国际金融危机的冲击和影响,局部冲突时有发生,非传统安全问题日益凸显,但和平、发展、合作的时代潮流没有改变;虽然国际金融危机的严重冲击使世界经济格局有所变化,但经济全球化深入发展的大趋势没有改变;虽然国际上影响和平与发展的不稳定、不确定因素增多,我国面临的安全环境趋于复杂、安全压力有所增大,但国际环境总体上有利于我国和平发展。世界经济格局调整加速,生产要素在全球范围内重组和流动加速,新一轮科技革命方兴未艾,科技创新孕育新突破,这些都为我国发挥后发优势、实现跨越发展创造了难得机会。我们同时还要看到,在国际金融危机冲击下,全球治理结构面临重大调整,世界经济增长

---

① 《胡锦涛文选》第2卷,人民出版社2016年版,第363页。

② 中共中央文献研究室编:《十六大以来重要文献选编》下,中央文献出版社2008年版,第236页。

速度减缓，全球需求结构出现明显变化，围绕市场、资源、人才、技术、标准等的竞争更加激烈，气候变化以及能源资源安全、粮食安全等全球性问题更加突出，我国发展的外部环境更趋复杂。

从国内环境来看，我国综合国力大幅提升，人民生活明显改善，社会主义各项建设取得重大历史性进展。我们进一步提高了贯彻落实科学发展观的能力，增强了驾驭经济社会发展大局和解决复杂问题的能力，加深了对社会主义市场经济规律的认识，加深了对我国社会主义制度政治优势的认识。我们有效巩固和扩大了应对国际金融危机冲击的成果，保持了经济社会发展的良好势头，展现了社会主义中国的巨大活力。我国的国际地位和影响力显著提高，社会主义经济建设、政治建设、文化建设、社会建设以及生态文明建设和党的建设取得重大进展，谱写了中国特色社会主义事业新篇章。这些巨大成就，都为我国进一步发展奠定了坚实基础。从科技事业发展的角度看，改革开放以来，党和国家制定了一系列加快我国科技事业发展的方针政策，科技体制改革取得重大进展，科技实力大大增强。经过广大科技人员顽强拼搏，我们取得了载人航天与探月工程、超级杂交水稻、高性能计算机、超大规模集成电路等一批重大科技成就，科技发展进入重要跃升期。我国有着改革开放以来多年的雄厚积累，有着潜力巨大的内需空间、丰富的劳动力资源、较高的国民储蓄率，为未来发展打下了牢固的物质基础。这些都为我国科技事业发展奠定了良好的基础。

总的看来，我国科技事业发展面临着有利的国际环境，日新月异的新科技革命为我国科技事业发展提供了机遇；我国已经走出一条中国特色社会主义道路，社会主义市场经济体制不断完善，集中力量办大事的制度优势更为突出，社会政治大局稳定，科技实力不断跃升，为实现新的更大发展提供了有力保障。所以说，我国科技事业正处于重要战略机遇期。

以胡锦涛为总书记的党中央在分析我国经济社会发展面临的机遇和挑战时，反复强调："机遇前所未有，挑战也前所未有，机遇大于挑战。"[①]这个战略性判断同样也适合于我国科技事业。我们必须珍惜机遇、抓住机遇、用好机遇，

---

① 《胡锦涛文选》第2卷，人民出版社2016年版，第613页。

同时认清挑战、应对挑战、战胜挑战。机遇稍纵即逝。抓住了机遇，往往能成为发展的领跑者；错失了机遇，往往会成为时代的落伍者。紧紧抓住和切实用好我国科技事业发展的重要战略机遇期，不仅事关我国科技事业的繁荣发展，而且事关国家兴盛、民族复兴。胡锦涛强调，要“把握住机遇、赢得主动”[①]。我们必须密切关注和紧跟世界经济科技发展的大趋势，把握机遇、审时度势，科学谋划、有所作为，在新的科技革命和激烈的国际竞争中赢得主动。

二、科学发展观形成和发展的新契机

科学发展观是在总结我国发展实践的基础上，适应新的发展要求提出来的。党的十六大以来，以胡锦涛为总书记的党中央在推进中国特色社会主义伟大事业的历史进程中，结合我国经济社会发展中遇到的新情况新问题，认真总结我国发展实践的新成就新经验，不断深化对科学发展观的认识。这其中，一系列与科技相关的重大事件，凸显了科学技术对于促进经济社会又好又快发展的重大作用，引发了胡锦涛的深深思考。这些思考和探索，推动了科学发展观的形成和发展。

1. 科学发展观的酝酿和提出

科学发展观反映了我们党对发展问题的新认识，但这种新认识不是凭空产生的。科学发展观既总结了改革开放和现代化建设的成功经验，又吸收了抗击“非典”斗争的经验和启示。

2003年春，中国遭遇了一场突如其来的“非典”疫病灾害。坚决战胜“非典”疫情，是对党和政府应对突发事件、驾驭复杂局面能力的一次严峻考验，也是对全党和全国人民战胜困难、继续前进的意志和勇气的一次严峻考验。科学是疫病的克星。要有效防治“非典”、最终战胜“非典”，就必须发挥科学技术的关键作用。党中央、国务院坚持依靠科学、运用科学，充分发挥科技人员的

① 中共中央文献研究室编：《十六大以来重要文献选编》中，中央文献出版社2006年版，第112页。

作用和科技的力量，迅速组织强有力的科研攻关队伍，开展了一场防治“非典”的科技攻坚战。广大科技人员、医务工作者及时总结实践经验，逐步掌握了“非典”疫病的一般流行规律，形成了以“收治、隔离、治疗确诊病人和疑似病人，认真查找、隔离、观察密切接触者”为主要内容的综合防治措施，摸索出一套中医治疗和西医治疗、生理治疗和心理治疗相结合的科学救治方法。胡锦涛指出：“通过抗击‘非典’斗争，我们更加深刻地认识到，科学技术是推动社会生产力发展的决定性因素，是促进社会进步的强大力量，也是我们战胜困难和挑战的有力武器，必须尊重科学、依靠科学，不断推进科技进步和创新，坚持依靠科学技术解决经济社会发展面临的各种难题和挑战，推动我们的事业更快更好地向前发展。”①

“非典”疫情的迅速蔓延，集中暴露出我国经济社会发展中存在的薄弱环节和突出问题。“非典”疫情虽然说是一场突发的重大公共卫生事件，但它在客观上却加速了党中央探索发展新思路的进程。以抗击“非典”斗争的实践为契机，胡锦涛思考了经济社会协调发展的问题。2003年4月，在抗击“非典”最紧张的时刻，胡锦涛亲赴疫情严重的广东考察工作。4月15日，他在听取广东省委、省政府汇报工作时，强调要“坚持全面的发展观”②，积极探索加快发展的新路子。6月29日，温家宝在受胡锦涛委托赴香港参加香港回归祖国6周年庆祝活动期间会见香港社会人士时发表演讲，指出这次抗击“非典”给我们最重要的启示，就是必须统筹兼顾，促进经济社会协调发展、城乡协调发展、地区协调发展、人与自然和谐相处。7月28日，胡锦涛在全国防治“非典”工作会议上的讲话中，总结了抗击“非典”斗争的经验，明确提出：“我们要更好坚持全面发展、协调发展、可持续发展的发展观。”③在这里，胡锦涛第一次用“全面发展、协调发展、可持续发展”来表述正在探索中的发展观的内涵和要求。他强调：我们讲发展是党执政兴国的第一要务，这里的发展绝不只是指经济增长，而是要坚持以经济建设为中心，在经济发展的基础上实现社会全面发展。在促进发

① 中共中央文献研究室编：《十六大以来重要文献选编》上，中央文献出版社2005年版，第392页。

② 《胡锦涛文选》第2卷，人民出版社2016年版，第43页。

③ 《胡锦涛文选》第2卷，人民出版社2016年版，第67页。

展的进程中,我们不仅要关注经济指标,而且要关注人文指标、资源指标和环境指标;不仅要增加促进经济增长的投入,而且要增加促进社会发展的投入,增加保护资源和环境的投入。

2003年8月底到9月初,胡锦涛在江西考察工作时明确提出:要牢固树立协调发展、全面发展、可持续发展的科学发展观。这里,胡锦涛将正在探索和形成中的发展观概括为"科学发展观",表明一种新的发展理念已呼之欲出。2003年10月,党的十六届三中全会通过的《中共中央关于完善社会主义市场经济体制若干问题的决定》(以下简称《决定》),将科学发展观的地位和意义提高到一个新的高度。《决定》强调要"坚持以人为本,树立全面、协调、可持续的发展观"[①],按照"五个统筹"的要求完善社会主义市场经济体制。胡锦涛在十六届三中全会第二次全体会议上的讲话中指出:"树立和落实全面发展、协调发展和可持续发展的科学发展观,对于我们更好地坚持发展才是硬道理的战略思想具有重大意义。树立和落实科学发展观,这是二十多年改革开放实践的经验总结,是战胜非典疫情给我们的重要启示,也是推进全面建设小康社会的迫切要求。"[②]抗击"非典"斗争的实践,成为促使胡锦涛思考科学发展观的一个重要触发动因,对于科学发展观的形成具有极为重要的意义。

在总结和概括抗击"非典"的实践经验之后,以胡锦涛为总书记的党中央继续思考和探索科学发展观。2004年2月,中共中央在中央党校举办省部级主要领导干部"树立和落实科学发展观"专题研究班。温家宝等领导同志在研究班上就科学发展观的有关问题作了阐述。2004年3月,胡锦涛在中央人口资源环境工作座谈会上的讲话中,论述了"以人为本""全面发展""协调发展""可持续发展"的科学内涵和基本要求。他指出:坚持以人为本,就是要以实现人的全面发展为目标,从人民群众的根本利益出发谋发展、促发展,不断满足人民群众日益增长的物质文化需要,切实保障人民群众的经济、政治和文化权益,让发展的成果惠及全体人民。全面发展,就是要以经济建设为中心,全面推进

① 中共中央文献研究室编:《十六大以来重要文献选编》上,中央文献出版社2005年版,第465页。

② 中共中央文献研究室编:《十六大以来重要文献选编》上,中央文献出版社2005年版,第483页。

经济、政治、文化建设，实现经济发展和社会全面进步。协调发展，就是要统筹城乡发展、统筹区域发展、统筹经济社会发展、统筹人与自然和谐发展、统筹国内发展和对外开放，推进生产力和生产关系、经济基础和上层建筑相协调，推进经济、政治、文化建设的各个环节、各个方面相协调。可持续发展，就是要促进人与自然的和谐，实现经济发展和人口、资源、环境相协调，坚持走生产发展、生活富裕、生态良好的文明发展道路，保证一代接一代地永续发展。2004年5月，胡锦涛在江苏考察工作时强调："科学发展观对整个改革开放和现代化建设都具有重要指导意义"，要"把科学发展观贯穿于发展整个过程和各个方面"。[①]这表明科学发展观已经不仅仅是经济建设的指导方针，它对整个改革开放和现代化建设都具有极为重要的指导意义。

2005年10月，党的十六届五中全会通过的《中共中央关于制定国民经济和社会发展第十一个五年规划的建议》提出："坚持以科学发展观统领经济社会发展全局"；"发展必须是科学发展，要坚持以人为本，转变发展观念、创新发展模式、提高发展质量，落实'五个统筹'，把经济社会发展切实转入全面协调可持续发展的轨道"。[②]2006年10月，胡锦涛在党的十六届六中全会第二次会议上的讲话中强调，要"扎实促进经济社会又好又快发展"。2006年12月，他在中央经济工作会议上的讲话中总结了贯彻落实科学发展观的一些新体会，指出"又好又快发展是全面落实科学发展观的本质要求"。

2007年10月，胡锦涛在党的十七大报告中深刻阐述了科学发展观的指导意义，其中指出："科学发展观，是对党的三代中央领导集体关于发展的重要思想的继承和发展，是马克思主义关于发展的世界观和方法论的集中体现，是同马克思列宁主义、毛泽东思想、邓小平理论和'三个代表'重要思想既一脉相承又与时俱进的科学理论，是我国经济社会发展的重要指导方针，是发展中国特色社会主义必须坚持和贯彻的重大战略思想。"[③]党的十七大报告还精辟地阐明了科学发展观的科学内涵和精神实质，指出："科学发展观，第一要义是发

① 《胡锦涛文选》第2卷，人民出版社2016年版，第174—175页。

② 中共中央文献研究室编：《十六大以来重要文献选编》中，中央文献出版社2006年版，第1063页。

③ 《胡锦涛文选》第2卷，人民出版社2016年版，第622页。

展,核心是以人为本,基本要求是全面协调可持续,根本方法是统筹兼顾。”[①]党的十七大报告标志着科学发展观进一步走向成熟。

2. 科学发展观在实践中进一步深化

2008年中国人民先后经受了两场历史上罕见的自然灾害的考验。这两场考验大大加深了我们对科学发展观的认识。随后我国举办的北京奥运会和上海世博会,充分显示了现代科学技术的力量,也进一步深化了对科学发展观的认识。

2008年1月中旬到2月上旬,中国南方地区先后出现四次大范围低温雨雪冰冻过程。这次灾害性天气正值春运高峰,持续时间长、影响范围广、危害程度深。持续低温雨雪冰冻天气造成多种灾害并发,给人民群众生命财产和工农业生产造成重大损失,正常生产生活秩序受到极大影响。面对突如其来的罕见灾害,在党中央、国务院的正确领导和指挥下,各地区、各部门和广大干部群众紧紧围绕“保交通、保供电、保民生”的总体要求,顽强拼搏,奋起抗灾。在这场抗击雨雪冰冻灾害的斗争中,抗灾救灾技术大量使用,极大地增强了抗灾救灾能力,充分体现了科技的力量。灾害天气精细数值预报系统及短期气候集合预测研究等国家重大科技项目的阶段性成果,为冰雪灾害预测预报作出了重要贡献。一批国家科技计划支持研制的智能化工程机械、轨道交通设备和电力设备投入抗灾救灾工作,为恢复灾区道路交通和电力发挥了积极作用。电网安全稳定实时预警及协调防御系统保障了电网安全运行。在灾后重建过程中,国家组织各行业专家,紧紧围绕急迫的技术需求,从国家科技支撑计划、“八六三”计划等国家科技计划研究成果中,选取包括农业、交通、电力、通信、生活与住宅等方面共计311项实用技术,编制了《南方地区雨雪冰冻灾后重建实用技术手册》并及时送到灾区,取得了良好效果。

2008年5月12日,中国发生了震惊世界的四川汶川特大地震。四川汶川特大地震是新中国成立以来破坏性最强、波及范围最广、救灾难度最大的一次地震。面对特大地震灾害,我们坚持把科技的力量与顽强的抗争紧密结合起

---

① 《胡锦涛文选》第2卷,人民出版社2016年版,第623页。

来，既充分发挥人的能动精神，又充分发挥科技的重要作用。地震、气象、交通、电力、通信、广电、水利、供水、供气以及其他战线的广大科技工作者、工程建设者密切协作，为抗震救灾工作有序有效开展提供了有力的技术支持。广大科技工作者、工程建设者紧紧围绕抗震救灾，积极投身灾情评估、余震监测、伤员救治、灾区防疫、次生灾害处置、基础设施修复、灾后恢复重建等工作，深入开展研究，提出了一系列具有指导性、综合性、前瞻性的意见和建议，为党和国家组织领导抗震救灾提供了科学依据。一大批高新科技成果应用于抗震救灾工作中，发挥了巨大作用。大批科技人员投身于抗震救灾第一线，提供了监测、救援和恢复重建等科技服务。在中共中央、国务院的坚强领导下，全国各族人民众志成城、迎难而上，夺取了抗震救灾斗争重大胜利。2008年10月，胡锦涛在全国抗震救灾总结表彰大会上的讲话中指出："发展是硬道理。要继续坚持不懈抓好发展这个党执政兴国的第一要务，聚精会神搞建设、一心一意谋发展，更加自觉、更加坚定地推动科学发展，努力实现经济社会又好又快发展，为发展中国特色社会主义打下更加牢固的物质基础。"①"我们要进一步加强防灾减灾工作，显著提高防灾减灾能力。"②他强调要提升防灾减灾科技水平，加强防灾减灾领域科技研发工作。他还指出："我们要进一步加强应急管理能力建设，大力提高处置突发公共事件能力。"③

举办一届有特色、高水平的奥运会，这是中国人民对国际社会的郑重承诺。在办好北京奥运会、残奥会的过程中，我们始终坚持贯彻绿色奥运、科技奥运、人文奥运理念，"把筹办奥运会与推动经济社会又好又快发展结合起来"。"科技奥运"是2008年北京奥运会的三大理念之一。所谓"科技奥运"，就是以科学思想统领奥运战略，有效集成满足奥运需求的科技资源，为"有特色、高水平"北京奥运会的成功举办提供先进、可靠、适用的技术保障；通过奥林匹克精神与科学技术的融合，使奥运会成为传播科学知识、体验先进技术、促进科技进步与经济社会发展并惠及人民大众的平台。在北京申办奥运会成功

① 《胡锦涛文选》第3卷，人民出版社2016年版，第131页。
② 《胡锦涛文选》第3卷，人民出版社2016年版，第132页。
③ 《胡锦涛文选》第3卷，人民出版社2016年版，第132页。

后,科技部、北京市政府、教育部、国防科工委、国家体育总局、中国科学院、中国工程院、中国科协、国家自然科学基金委员会等九部门共同启动实施了“奥运科技(2008)行动计划”。这一计划通过“八六三”计划、科技攻关计划、知识创新工程等国家主要科技计划,加大科技投入,实施若干重大科技工程,并积极扩大国际科技交流与合作,重点在北京的环境、交通、数字奥运、运动科研和科普等方面做好科技成果的试点示范和重大关键技术的联合攻关。奥运科技行动不仅为北京奥运建设提供了技术支持和服务,也使中国科技创新实力和水平得到大幅提升,有力地带动了相关产业的发展。清洁汽车、半导体照明等一大批高技术产品在北京奥运这一国际平台上的成功应用,推动了建筑、信息、环保和新能源等产业的整体提升并引领太阳能等新兴行业的发展。2008年9月,胡锦涛在北京奥运会、残奥会总结表彰大会上的讲话中总结了成功举办北京奥运会、残奥会的经验,其中指出:“坚持贯彻绿色奥运、科技奥运、人文奥运理念。这是北京奥运会、残奥会最鲜明的特色,是北京奥运会、残奥会成功举办的关键,也是贯彻落实科学发展观的具体体现。”他阐述了“科技奥运”的内涵:“科技奥运,就是要推进科技进步和创新,既注重将创新科技成果应用于北京奥运会、残奥会各个领域,又通过北京奥运会、残奥会推进各方面自主创新,充分体现现代科技的力量。”[①]他强调要“继续实践绿色奥运、科技奥运、人文奥运理念”[②]。

2010年的上海世界博览会(以下简称“世博会”),是我国首次举办的综合性世界博览会,也是第一次在发展中国家举行的注册类世界博览会。上海世博会是新中国成立以来我国举办的规模最大、持续时间最长的国际活动。面对艰巨繁重的任务和前所未有的挑战,为兑现“给中国一个机会、世界将添一份异彩”的郑重承诺,我们举全国之力、集世界智慧,坚持发挥我国社会主义制度能够集中力量办大事的政治优势,广泛使用高新科技成果,为上海世博会取得成功提供了有力保障。上海世博会的科技元素非常突出,围绕节能、环保开展的科技创新非常多。上海世博会将“科技世博、低碳世博”理念贯彻在规划、

① 《胡锦涛文选》第3卷,人民出版社2016年版,第107—108页。
② 《胡锦涛文选》第3卷,人民出版社2016年版,第112页。

建设、运营和展示中。在世博会申办、筹办和举办过程中，世博科技专项行动共安排实施300多个科研项目，中央财政投入近3亿元，带动地方财政投入4亿多元和大量社会投入，取得1500多项科技成果。这些成果不仅大部分已在上海世博会中得到应用，而且经受住了长时期、大负荷运行的考验，使科技创新成为上海世博会的璀璨亮点之一。世博科技专项行动围绕园区规划、场馆建设、新能源利用、节能环保、交通运营、安全健康及展览展示技术等领域，开展集成攻关，为世博会的高效、便捷运行提供了科技支撑。世博会在场馆建设中集成了生态、冰蓄冷、中水回用、雨水收集利用、绿色建筑材料等新技术和新材料，最大限度地利用自然采光和太阳能发电进行照明，实现了大跨度结构空间和太阳能屋顶并网发电等先进功能。氢能源车、超级电容车等清洁能源车辆的使用，使园区公交实现"零排放"。2010年12月，胡锦涛在中国2010年上海世界博览会总结表彰大会上的讲话中指出："要认真吸收和应用上海世博会所展示的世界最新科技成果，积极研判世界科技发展趋势，积极培育和发展战略性新兴产业，大力发展清洁生产、循环经济，加快培养创新人才，加快建设创新型国家，更好推动产业结构优化升级和人民生活改善。"他强调："要研究和总结上海世博会所展示的具有引领未来作用的发展理念，深化对以人为本、全面协调可持续发展的认识，深化对实现人与自然相和谐的认识，增强转变发展观念、创新发展方式的自觉性和主动性，加快推动经济发展方式转变和经济结构调整，促进城乡区域协调发展，推进生态文明建设，继续推动经济社会又好又快发展。"①

3. 科学发展观不断充实和丰富

科学发展观在应对国际金融危机冲击和加快转变经济发展方式的历史进程中不断充实和丰富。

2008年下半年，国际经济环境急转直下。由美国次贷危机引发的金融危机愈演愈烈，迅速从局部发展到全球，从发达国家传导到新兴市场国家和发展中国家，从金融领域扩散到实体经济领域，酿成了一场历史罕见、冲击力极强、

① 《胡锦涛文选》第3卷，人民出版社2016年版，第472—473页。

涉及范围很广的国际金融危机。受国际金融危机快速蔓延和世界经济增长速度减缓的影响,加上我国经济生活中尚未解决的深层次矛盾和问题,我国经济运行中的困难增加,经济下行压力加大,主要是外部需求萎缩,产能过剩凸显,一些行业企业生产经营困难,失业人员增多,经济增速明显下滑。党中央、国务院及时果断地调整宏观经济政策,坚持把扩大内需特别是消费需求作为应对国际金融危机的基本立足点,努力做到速度与结构、质量、效益相统一,政府调控与市场作用相结合,促进增长与改善民生相协调,全面实施并不断丰富完善应对国际金融危机的一揽子计划,确保经济平稳较快发展。中国作为一个负责任的大国,为世界经济复苏作出了应有的贡献。

党中央、国务院高度重视科学技术在应对国际金融危机时的作用。2009年3月,国务院出台《关于发挥科技支撑作用促进经济平稳较快发展的意见》,推出加快实施重大专项、为重点产业振兴提供科技支撑、支持企业自主创新等六项科技支撑措施,实施加大财政投入、加强科技人力资源建设等四项保障政策。2009年5月,中央财政预算安排628亿元,加快实施高档数控机床与基础制造装备、大型飞机、新一代宽带无线移动通信网、水体污染控制与治理、转基因生物新品种培育、重大新药创制等11个科技重大专项。2009年9月下旬,国务院接连召开三次座谈会,就新能源、节能环保、电动汽车、新材料、新医药、生物育种和信息产业等新兴战略性产业的发展,听取经济、科技专家的意见和建议。科技部门将应对金融危机、支持科学发展、迎接新科技革命挑战这三者结合起来,制定并实施了一系列科技专项行动计划,为产业振兴计划提供科技支撑。紧锣密鼓的"科技新政"和科技措施,为保增长、扩内需、调结构、惠民生注入了强劲动力,添加了新鲜活力。

在应对国际金融危机的过程中,以胡锦涛为总书记的党中央清醒地认识到,国际金融危机带给我国的机遇前所未有,挑战也前所未有。"只有加快体制创新和科技创新,我们才能从根本上克服国际金融危机的不利影响。"[①]从国际上看,各国尤其是主要大国都在对自身的经济发展进行战略筹划,纷纷把发展新能源、新材料、信息网络、生物医药、节能环保、低碳技术、绿色经济等作为新

① 温家宝:《让科技引领中国可持续发展》,《人民日报》2009年11月24日,第2版。

一轮产业发展的重点，加大投入，着力推进。世界范围内生产力、生产方式、生活方式、经济社会发展格局正在发生深刻变革。胡锦涛指出：“培育新的经济增长点、抢占国际经济科技制高点已经成为世界发展大趋势，科技竞争在综合国力竞争中的地位更加突出。”[①]他强调要“加强多边科技合作，开展清洁能源、新材料、新技术以及科技成果产业化合作，通过科技创新提高生产力，增加抵御国际金融危机冲击的手段”[②]。

这场国际金融危机使我国亟须转变经济发展方式的问题愈加凸显出来。“国际金融危机对我国经济的冲击表面上是对经济增长速度的冲击，实质上是对经济发展方式的冲击。”[③]综合国际国内经济形势看，转变经济发展方式已刻不容缓。2009年12月召开的中央经济工作会议指出，要把加快经济发展方式转变作为深入贯彻落实科学发展观的重要目标和战略举措，从制度安排入手，以优化经济结构、提高自主创新能力为重点，以完善政绩考核评价机制为抓手，增强加快经济发展方式转变的自觉性和主动性，不断在经济发展方式转变上取得实质性进展。要真正把保持经济平稳较快发展和加快经济发展方式转变有机统一起来，在发展中促转变，在转变中谋发展。2010年12月召开的中央经济工作会议指出，要以科学发展为主题，以加快转变经济发展方式为主线，实施积极的财政政策和稳健的货币政策，增强宏观调控的针对性、灵活性、有效性，加快推进经济结构调整，大力加强自主创新，切实抓好节能减排，不断深化改革开放，着力保障和改善民生，巩固和扩大应对国际金融危机冲击成果，保持经济平稳较快发展，促进社会和谐稳定。2010年10月，党的十七届五中全会明确提出：“十二五”时期要以科学发展为主题，以加快转变经济发展方式为主线，深化改革开放，保障和改善民生，巩固和扩大应对国际金融危机冲击成果，促进经济长期平稳较快发展和社会和谐稳定，为全面建成小康社会打下具有决定性意义的基础。党的十七届五中全会通过的《中共中央关于制定国民

① 中共中央文献研究室编：《十七大以来重要文献选编》中，中央文献出版社2011年版，第744页。

② 胡锦涛：《携手应对国际金融危机 共同创造和谐美好未来》，《人民日报》2009年6月17日，第2版。

③《胡锦涛文选》第3卷，人民出版社2016年版，第329页。

经济和社会发展第十二个五年规划的建议》指出："坚持把科技进步和创新作为加快转变经济发展方式的重要支撑。"①中央在作出关于加快转变经济发展方式的重大决策时，始终高度重视科技进步和创新对于加快转变经济发展方式的支撑作用，并对如何促进科技进步和创新作出了一系列战略部署。

实施载人航天工程，是党中央立足世界科技革命迅猛发展的时代背景、着眼我国社会主义现代化建设全局，为推动我国科技进步和创新、提升我国综合国力作出的一项重大战略决策。在党中央、国务院和中央军委领导下，在全国各族人民大力支持下，广大航天工作者奋力拼搏，推动我国载人航天事业取得了举世瞩目的辉煌成就。我国先后成功突破了载人天地往返、空间出舱活动、空间交会对接等一系列关键技术，顺利实现了从无人飞行到载人飞行、从一人一天到多人多天、从舱内实验到出舱活动、从单船飞行到组合体稳定运行等一次次重大跨越，使我国空间技术发展跨入国际先进行列。2003年和2005年，神舟五号、神舟六号载人航天飞行圆满成功。2007年，我国首次月球探测工程圆满成功。2008年，神舟七号载人航天飞行圆满成功。2010年，探月工程嫦娥二号任务圆满成功。2011年，天宫一号与神舟八号空间交会对接任务圆满成功。胡锦涛指出："载人航天工程的生动实践，深化了我们对组织重大工程建设的认识，为加快我国科技事业发展、推进改革开放、推动经济社会又好又快发展积累了宝贵经验，提供了重要启示。"②他在总结载人航天工程的经验时强调："我国航天事业取得的成就和经验表明，只有坚持把发展作为党执政兴国的第一要务，不断取得发展的新成就，才能凝聚各方面力量不断把我国社会主义现代化事业推向前进，才能加快缩小我国与世界先进水平的差距、为人类作出应有的贡献。发展必须是全面协调可持续的发展，必须是又好又快的科学发展。""科学发展是实现发展目标的必然要求"③，"必须大力推动科学发

① 中共中央文献研究室编：《十七大以来重要文献选编》中，中央文献出版社2011年版，第950页。

② 胡锦涛：《在庆祝神舟七号载人航天飞行圆满成功大会上的讲话》，《人民日报》2008年11月8日，第2版。

③ 胡锦涛：《在庆祝神舟七号载人航天飞行圆满成功大会上的讲话》，《人民日报》2008年11月8日，第2版。

展”[①]。“在当代中国，坚持发展是硬道理的本质要求就是坚持科学发展，必须更加注重以人为本，更加注重全面协调可持续发展，更加注重统筹兼顾，在全社会倡导科学精神、坚持科学立场、树立科学观点、运用科学方法，加快转变经济发展方式，不断提高经济发展质量和效益，更加自觉地按照科学发展要求把改革开放和社会主义现代化建设不断推向前进。”[②]他还提出：“必须坚持自力更生、自主创新，走创新发展之路”；“必须坚持集中力量、重点突破，走跨越发展之路”；“必须坚持服务经济、服务民生，走融合发展之路”；“必须坚持着眼长远、引领未来，走可持续发展之路”[③]。这些关于必须坚持的“发展之路”的论述，进一步丰富了科学发展观的内涵。

总之，在促进经济社会又好又快发展的进程中，在应对突发重大事件、服务国家重大需求的科技实践中，我们既取得了显著的经济社会发展成果，又积累了在复杂环境中推动科学发展的重要经验，集中起来就是：在破解发展难题的过程中不断创新发展理念，不断深化对科学发展观的认识，不断丰富科学发展观的内涵。

三、科学发展观科技思想是科学发展观在科技领域的体现

在新世纪新阶段，以胡锦涛为总书记的党中央顺应世界科技发展变化，将科技工作与破解我国经济社会发展面临的各种难题紧密结合起来，不断探索依靠科技进步和创新促进经济社会又好又快发展的新途径。在这个过程中，胡锦涛提出了关于发展我国科学技术的一系列新思想、新观点、新论断，形成了丰富的科技思想。我们称之为“科学发展观科技思想”。

---

① 胡锦涛：《在庆祝探月工程嫦娥二号任务圆满成功大会上的讲话》，《人民日报》2010年12月21日，第2版。

② 胡锦涛：《在庆祝探月工程嫦娥二号任务圆满成功大会上的讲话》，《人民日报》2010年12月21日，第2版。

③ 中共中央文献研究室编：《十七大以来重要文献选编》下，中央文献出版社2013年版，第675—676页。

1. 走中国特色自主创新道路,建设创新型国家

建设创新型国家的重大战略思想,是科教兴国战略的深化。实行改革开放以后,我们面临着如何引进消化吸收外国先进技术的问题。因此,邓小平较多的是从这个角度强调创新,指出引进国外先进技术,不是简单的吸收,"自己还要有所创造"①,"要提高创新"②。党的十三届四中全会以后,江泽民联系国际竞争日趋激烈的态势,从国家兴衰成败的高度反复强调创新的重要性。江泽民指出:"创新是一个民族进步的灵魂,是一个国家兴旺发达的不竭动力,也是一个政党永葆生机的源泉。"③他高度重视自主创新,反复强调:"如果自主创新能力上不去,一味靠技术引进,就永远难以摆脱技术落后的局面。"④"我国是一个发展中的社会主义大国,在一些战略性、基础性的重大科技项目上,必须依靠自己,必须拥有自主创新能力和自主知识产权。不能靠别人,靠别人是靠不住的。"⑤江泽民关于自主创新的论述,奠定了建设创新型国家的思想基础。胡锦涛也高度重视自主创新。他指出:自主创新能力"是国家竞争力的核心"⑥。"一个国家只有拥有强大自主创新能力,才能在激烈的国际竞争中把握先机、赢得主动,特别是在关系国民经济命脉和国家安全的关键领域,真正的核心技术、关键技术是买不来的,必须依靠自主创新。"⑦他反复强调,要把提高自主创新能力"摆在突出位置"⑧"摆在全部科技工作的首位"⑨,"作为科技发展

---

① 中共中央文献研究室编:《邓小平思想年谱(1975—1997)》,中央文献出版社1998年版,第66页。

② 《邓小平文选》第2卷,人民出版社1994年版,第129页。

③ 《江泽民文选》第3卷,人民出版社2006年版,第64页。

④ 《江泽民文选》第1卷,中央文献出版社2006年版,第432页。

⑤ 《江泽民文选》第2卷,中央文献出版社2006年版,第396页。

⑥ 《胡锦涛文选》第2卷,人民出版社2016年版,第404页。

⑦ 《胡锦涛文选》第2卷,人民出版社2016年版,第404页。

⑧ 《胡锦涛文选》第2卷,人民出版社2016年版,第404页。

⑨ 中共中央文献研究室编:《十七大以来重要文献选编》上,中央文献出版社2009年版,第499页。

的首要任务”[①]。

2005年10月，在党的十六届五中全会上，胡锦涛强调要“把建设创新型国家作为面向未来的重大战略”[②]。以胡锦涛为总书记的党中央，敏锐地看到进入21世纪科技创新不断涌现，自主创新能力“已经成为国家核心竞争力的决定性因素”[③]，及时地提出了建设创新型国家的重大战略思想。2005年底颁布的《国家中长期科学和技术发展规划纲要（2006—2020年）》，是我国进入新世纪新阶段对科学技术发展进行的第一次全面规划，也是在社会主义市场经济条件下制定的第一个中长期科技发展规划，是提出建设创新型国家这一重大战略思想的重要标志，其中确定了“自主创新、重点跨越、支撑发展、引领未来”的指导方针，提出了到2020年使我国自主创新能力显著增强、进入创新型国家行列的奋斗目标。2006年1月，中共中央、国务院召开了新世纪的第一次全国科学技术大会，我国迎来了又一个科学的春天。这次会议对实施《国家中长期科学和技术发展规划纲要（2006—2020年）》、建设创新型国家作出全面部署。胡锦涛在会议上发表《坚持走中国特色自主创新道路 为建设创新型国家而努力奋斗》的重要讲话，论述建设创新型国家的内涵、要求和战略任务。

建设创新型国家，核心就是把增强自主创新能力作为发展科学技术的战略基点，走出中国特色自主创新道路，推动科学技术的跨越式发展；就是把增强自主创新能力作为调整产业结构、转变增长方式的中心环节，建设资源节约型、环境友好型社会，推动国民经济又快又好发展；就是把增强自主创新能力作为国家战略，贯穿到现代化建设各个方面，激发全民族创新精神，培养高水平创新人才，形成有利于自主创新的体制机制，大力推进理论创新、制度创新、科技创新，不断巩固和发展中国特色社会主义伟大事业。

为什么在提出科教兴国战略之后，还要提出建设创新型国家呢？

---

① 中共中央文献研究室编：《十七大以来重要文献选编》上，中央文献出版社2009年版，第501页。

② 中共中央文献研究室编：《十六大以来重要文献选编》中，中央文献出版社2006年版，第1028页。

③ 中共中央文献研究室编：《十六大以来重要文献选编》中，中央文献出版社2006年版，第119页。

第一，新一轮全球科技竞争，突出地把建设创新型国家的重大任务提到了我们面前。国家发展模式的战略抉择决定着一个国家的前途和命运。一些国家采取资源型的发展模式，主要依靠自身丰富的自然资源增加国民财富，如中东石油国家。一些国家采取依附型的发展模式，主要依附于发达国家的资本、市场和技术，如一些拉美国家。一些国家采取创新型的发展模式，大幅度提高自主创新能力，形成日益强大的竞争优势。国际上将那些把科技创新作为国家发展主导战略的国家称为创新型国家。在新一轮全球科技竞争中，发达国家正是利用其技术优势获取最大利益。发展中国家如果不能提高自主创新能力，就将进一步拉大与发达国家的差距。综观全球，许多国家纷纷把科技创新作为国家战略，大幅度增加科技投入，着力增强国家创新能力和国际竞争力。中国作为一个发展中大国，特定的国情决定了我们不可能选择资源型和依附型的发展模式，必须增强自主创新能力，推动我国经济发展"从资源依赖型转向创新驱动型"[①]，走创新型国家的发展道路。

第二，我国科技发展的阶段性特征，也突出地把建设创新型国家的重大任务提到了面前。进入新世纪，我国的发展呈现出一系列新的阶段性特征。科技发展的阶段性特征又是这些阶段性特征中的一个重要方面。总体上讲，我国科技事业蓬勃发展，为经济社会发展作出了重大贡献。但是，与发达国家比，我国科技水平还相对落后。尤其是自主创新能力不强，成为制约我国经济社会发展的一个突出难题。正是立足于"自主创新能力亟待提高"[②]这样一种判断，以胡锦涛为总书记的党中央自觉把握我国科技发展的阶段性特征，及时提出了建设创新型国家的重大战略思想。

第三，建设创新型国家的基本条件已经具备。经过新中国成立以来特别是改革开放以来的不懈努力，我国经济社会持续快速健康协调发展，我们已经具备了建设创新型国家的良好条件。同时，科教兴国战略从提出到实施再到全面推进，我国科技实力不断增强，科技竞争力得到提高，部分重要领域的研

---

① 中共中央文献研究室编：《十六大以来重要文献选编》下，中央文献出版社2008年版，第186页。

② 《胡锦涛文选》第2卷，人民出版社2016年版，第363页。

究开发能力已跻身世界先进行列，这也为建设创新型国家打下了良好基础。

目前世界上公认的创新型国家约有20个，包括美国、日本、德国、芬兰、韩国等。党中央提出用15年时间使我国进入创新型国家行列。这是一个与全面建成小康社会相统一的目标，是与“我国经济社会发展的重要战略机遇期”“我国科技事业发展的重要战略机遇期”①这“两个重要战略机遇期”②相统一的目标。从2006年1月部署实施《国家中长期科学和技术发展规划纲要（2006—2020年）》、提出建设创新型国家，到2020年正好有15年时间。抓住和用好科技事业发展的重要战略机遇期，通过15年的持续努力，到我国进入创新型国家行列之时，也就是实现全面建成小康社会奋斗目标之时。建设创新型国家与全面建成小康社会，二者在实现目标的时间上是吻合的。把时间定为15年也是合适的。经过15年的努力把我国建设成创新型国家，这是一个鼓舞人心的目标，是经过努力可以达到的目标。

建设创新型国家的重大战略思想，与科教兴国战略既一脉相承又与时俱进。说它们一脉相承，是因为它们都坚持邓小平“科学技术是第一生产力”的思想，都强调通过科学技术的发展推动经济社会发展，实现国家繁荣强盛。说它们与时俱进，是因为科教兴国战略与建设创新型国家的重大战略思想，是在改革开放的不同时期、不同阶段提出来的。它们针对不同时期、不同阶段经济社会发展对科技工作带来的新要求、新变化，注重探索和回答不同时期、不同阶段遇到的新矛盾、新问题。这种与时俱进，要体现在建设创新型国家，把自主创新作为科技发展的战略主线和战略基点等战略思想之中。

建设创新型国家的重大战略思想，是在我国经济社会持续快速健康协调发展、科技事业不断发展的情况下提出来的，发展的起点更高了。我国经济社会发展的阶段性特征，尤其是科技发展的阶段性特征，把“自主创新能力不强”这个关键问题特别提了出来。科教兴国战略强调把科技和教育摆在经济社会发展的重要位置，增强国家的科技实力以及向现实生产力转化的能力；强调把

---

① 《胡锦涛文选》第2卷，人民出版社2016年版，第402页。

② 中共中央文献研究室编：《十六大以来重要文献选编》下，中央文献出版社2008年版，第901页。

促进科技进步和创新作为科学技术发展的战略基点,作为调整经济结构、转变经济增长方式的中心环节。建设创新型国家则强调自主创新“是统领我国未来科技发展的战略主线,是实现建设创新型国家目标的根本途径”[①];强调把增强自主创新能力作为科学技术发展的战略基点,作为调整经济结构、转变经济增长方式的中心环节。“自主创新”属于“科技进步和创新”这个大范畴。但是同时,“自主创新”又是“科技进步和创新”中最有创造力、最有竞争力、最具决定性的因素。建设创新型国家,不是一般地强调科技进步和创新,而是在这个基础上又突出地强调要显著增强自主创新能力,途径更明确了,要求也更高了。

科教兴国战略的实施,为建设创新型国家奠定了基础;建设创新型国家,对科教兴国战略提出了新的要求。“科教”所“兴”之国,是创新之国,是创新型的国家。依靠什么途径使我们国家成为创新型国家?仍然要把科教兴国战略作为基础,在此基础上加大自主创新的力度,显著增强自主创新能力。走中国特色自主创新道路,核心就是要坚持“自主创新、重点跨越、支撑发展、引领未来”[②]的指导方针。这十六个字,是对1956年制定“十二年科技规划”时提出的“重点发展、迎头赶上”、改革开放以后确立的“有所为、有所不为”、2000年制定“十五”计划时提出的“有所为、有所不为,总体跟进,重点突破”的丰富和发展。自主创新,是十六字方针的核心。也正是因为高度重视自主创新,因此可以说,建设创新型国家的重大战略思想,拓展了科教兴国战略的内涵,凝聚了自主创新的目标,明确了自主创新的导向,增添了新的富有时代特色的内容。

建设创新型国家,是科教兴国战略的深化和提升,“是国家发展战略的核心”[③]。建设创新型国家,体现了科技发展的阶段性特征和国家发展的未来目标的辩证统一。在当下,努力建设创新型国家,就是对科教兴国战略最好的坚持和推进;在新的起点上继续推进科教兴国战略,就必须大力提高自主创新能力,坚持走中国特色自主创新道路,努力建设创新型国家。

---

①《胡锦涛文选》第2卷,人民出版社2016年版,第404页。

②《胡锦涛文选》第2卷,人民出版社2016年版,第403页。

③《胡锦涛文选》第2卷,人民出版社2016年版,第629页。

2. 贯彻新的“依靠、面向”基本方针

胡锦涛强调，要“坚定不移地贯彻经济建设和社会发展必须依靠科学技术、科学技术发展必须面向经济建设和社会发展的方针”[①]。这是新世纪新阶段我国科技工作的基本方针。

党的十一届三中全会以来，我们党始终把建设社会主义物质文明和精神文明作为两个基本的战略目标。1986年9月，党的十二届六中全会通过的《中共中央关于社会主义精神文明建设指导方针的决议》指出：我国社会主义现代化建设的总体布局是以经济建设为中心，坚定不移地进行经济体制改革，坚定不移地进行政治体制改革，坚定不移地加强精神文明建设，并且使这几个方面互相配合，互相促进。这就从社会主义现代化建设目标的角度和社会主义社会重要特征的角度，阐发了社会主义社会经济、政治、文化总体布局、协调发展的重要思想。这里，实际上已经勾画出经济、政治、文化“三位一体”的社会主义现代化建设目标，只不过当时只讲了物质文明和精神文明及其相互关系，而没有同时出现政治文明的概念。2001年1月，江泽民在全国宣传部长会议上的讲话中，首次提出了政治文明的概念。2002年11月，江泽民在党的十六大报告中指出：建设社会主义政治文明，是全面建设小康社会的重要目标。这是在我们党的重要文献中，第一次如此明确地将建设社会主义政治文明与建设社会主义物质文明和精神文明一道，确立为中国特色社会主义事业“三位一体”的总体布局。

江泽民在党的十六大报告中阐述“全面建设小康社会”的目标时，提出了“社会更加和谐”的要求。党的十六大报告强调要努力形成全体人民各尽其能、各得其所而又和谐相处的局面，巩固和发展民主团结、生动活泼、安定和谐的政治局面。2004年9月，党的十六届四中全会通过的《中共中央关于加强党的执政能力建设的决定》，进一步提出了构建社会主义和谐社会的任务，强调要适应我国社会的深刻变化，把和谐社会建设摆在重要位置，不断提高构建社

---

① 中共中央文献研究室编：《十六大以来重要文献选编》下，中央文献出版社2008年版，第480—481页。

会主义和谐社会的能力。2005年2月，胡锦涛在省部级主要领导干部提高构建社会主义和谐社会能力专题研讨班上，论述了构建社会主义和谐社会的重大意义、社会主义和谐社会的基本特征，并对切实做好构建社会主义和谐社会的各项工作作出了战略部署。2006年10月，党的十六届六中全会通过的《中共中央关于构建社会主义和谐社会若干重大问题的决定》，进一步阐明了构建社会主义和谐社会的指导思想、目标任务和各项政策措施。

我们党明确提出构建社会主义和谐社会的重大战略思想，表明随着我国经济社会的不断发展，中国特色社会主义事业的总体布局更加明确地由社会主义经济建设、政治建设、文化建设“三位一体”发展为社会主义经济建设、政治建设、文化建设、社会建设“四位一体”。

针对适应“四位一体”的总体布局和我国科技工作的发展实际，胡锦涛明确提出：坚定不移地贯彻经济建设和社会发展必须依靠科学技术、科学技术发展必须面向经济建设和社会发展的方针。它的重大突破在于，把社会发展纳入科技工作的基本方针之中，强调科技工作不仅要为经济建设，而且要为社会发展提供科技支撑。这就为“依靠、面向”的方针增添了新的内容。后来，我们党又提出了生态文明建设的任务，形成了“五位一体”的总体布局，对科技工作服务生态文明建设提出了更高的要求。

这里需要注意的是“依靠、面向”基本方针与十六字方针的区别和联系。《国家中长期科学和技术发展规划纲要（2006—2020年）》指出：今后15年，科技工作的指导方针是：自主创新，重点跨越，支撑发展，引领未来。这清楚地表明，十六字方针是今后15年我国科技工作的指导方针，而“依靠、面向”是我国科技工作的基本方针，它包括了十六字方针，但是“依靠、面向”基本方针的涵盖面更广，是更高层次的抽象和概括。十六字方针是“依靠、面向”基本方针的具体体现。两者的联系在于：“依靠、面向”基本方针是新世纪新阶段科技工作宏观上的指导方针，它统领十六字方针。十六字方针贯彻了“依靠、面向”基本方针，并体现着“依靠、面向”基本方针的要求。十六字方针是我国到2020年前这一段时期内科技发展的指导方针，在一定的意义上可以说是特指走中国特色自主创新道路的指导方针。“依靠、面向”基本方针和十六字方针是从不同层面、不同角度来阐述的，它们在本质上并不矛盾。甚至可以说，它们具有内在的一致性。这也就能理解为什么在党的文献中会同时出现关于两个方针的不同表述。

3. 实施创新驱动发展战略

当今世界，科学技术日益成为经济社会发展的主要驱动力量，创新成为解决人类面临的能源资源、生态环境、自然灾害、人口健康等全球性问题的重要途径。面对世界新科技革命正孕育突破、新一轮产业革命蓄势待发、科技创新和产业发展相互结合、经济全球化和信息化交叉发展的态势，以胡锦涛为总书记的党中央作出了实施创新驱动发展战略的重大决策。

创新驱动发展战略从酝酿到正式提出，经历了一个长时期的形成过程。这一重大战略思想追根溯源，可以追溯到创新、自主创新思想。江泽民关于自主创新的一系列重要论述，为以胡锦涛为总书记的党中央提出实施创新驱动发展战略奠定了思想基础。2007年12月，胡锦涛在中央经济工作会议上明确指出："必须坚持创新驱动。"[①]2008年国际金融危机发生后，中央认识到必须抓住国际新一轮经济科技调整的机遇，化危为机，推动经济发展更多依靠创新驱动。2010年3月，温家宝在《政府工作报告》中强调："要大力推动经济进入创新驱动、内生增长的发展轨道。"[②]2010年10月，党的十七届五中全会通过的《中共中央关于制定国民经济和社会发展第十二个五年规划的建议》提出：增强科技创新能力，完善科技创新体制机制，推动我国经济更多依靠科技创新。2012年6月，胡锦涛在中国科学院第十六次院士大会、中国工程院第十一次院士大会上的讲话中，提出要"把推动科技创新驱动发展作为重要任务"，"推动我国经济社会发展尽快走上创新驱动的轨道"。[③]2012年7月，胡锦涛在全国科技创新大会上的讲话中提出："必须把创新驱动发展作为面向未来的一项重大战略，

① 中共中央文献研究室编：《十七大以来重要文献选编》上，中央文献出版社2009年版，第77页。

② 中共中央文献研究室编：《十七大以来重要文献选编》中，中央文献出版社2011年版，第567页。

③ 中共中央文献研究室编：《十七大以来重要文献选编》下，中央文献出版社2013年版，第974页。

一以贯之、长期坚持,推动科技实力、经济实力、综合国力实现新的重大跨越。”“要坚持把创新驱动发展战略贯彻到现代化建设整个进程中,激发全社会创造活力,让建设创新型国家成为全社会共同行动。”[①]2012年11月,党的十八大正式提出“实施创新驱动发展战略”。

美国学者迈克尔·波特认为,经济发展具有阶段性,在不同的发展阶段,驱动经济增长的力量是不一样的。国家竞争优势的发展可分为四个阶段,即要素驱动阶段、投资驱动阶段、创新驱动阶段和财富驱动阶段。当今世界,典型的创新型国家的发展都是依靠创新实现经济跨越式发展,依靠创新保持长期的经济增长。进入21世纪以后,特别是在国际金融危机发生后,世界上主要发达国家更加重视创新的驱动作用,以创新为利器推动经济长期持续增长。实施创新驱动发展战略,是世界科技发展和国内经济社会发展的必然选择。

第一,实施创新驱动发展战略是抢占未来发展制高点、赢得发展主动权的迫切要求。进入新世纪新阶段特别是国际金融危机发生以来,世界各国尤其是主要大国纷纷加大科技投入。科技竞争在综合国力竞争中的地位更加突出,科学技术日益成为经济社会发展的主要驱动力。培育新的经济增长点、抢占国际经济科技制高点已经成为世界发展大趋势。主要国家纷纷调整科技部署,把科技创新上升为国家发展战略,努力保持科技前沿领先地位。

第二,实施创新驱动发展战略是迎接新科技革命挑战的迫切要求。随着新科技革命的发展,科学技术对经济社会发展的支撑引领作用日益凸显,成为推动经济结构调整、产业优化升级的主要力量。科技创新带动高新技术产业发展,促进新经济形态产生,在创造需求、改善民生、促进就业等方面发挥着巨大作用,从根本上改变着全球竞争格局,深刻地影响未来社会发展和人类文明演化的进程。

第三,实施创新驱动发展战略是提高我国自主创新能力的迫切要求。我国已经构建了比较完整的学科体系,拥有丰富的科技人力资源,科技发展具有良好基础。但是我国自主创新能力与发达国家相比还有很大差距,许多关键技术和核心技术还依赖进口;科技体制改革还存在一些突出问题,与加快转变

① 《胡锦涛文选》第3卷,人民出版社2016年版,第599页。

经济发展方式的要求仍不适应，与新一轮科技革命和科技创新驱动发展的新要求仍不适应。

第四，实施创新驱动发展战略是我国经济社会发展提出的迫切要求。作为一个拥有13亿多人口的发展中大国，我国在迈向现代化的进程中遇到的矛盾和问题无论规模还是复杂性都世所罕见，任务之繁重前所未有。我国发展面临一系列突出矛盾和挑战，比如发展中不平衡、不协调、不可持续问题依然突出，科技创新能力不强，产业结构不合理，发展方式依然粗放，资源环境约束加剧等。加快科技创新，推动我国经济发展更多依靠科技创新驱动，才是解决这些问题的根本途径。

实施创新驱动发展战略的内涵和要求是坚定不移走中国特色自主创新道路，坚持自主创新、重点跨越、支撑发展、引领未来的方针，把推动科技创新驱动发展作为重要任务，紧紧围绕改革开放和社会主义现代化建设的紧迫需求，抓住新科技革命的战略机遇，大幅提高自主创新能力，增强共性、核心、关键技术突破能力，促进科技成果向现实生产力转化，大力推动科技惠及民生，推动我国经济社会发展尽快走上创新驱动的轨道。要实现创新驱动发展，最根本的是要依靠科技的力量，最关键的是要大幅提高自主创新能力。为此，必须进一步增强自主创新能力，提高原始创新、集成创新和引进消化吸收再创新能力，更加注重协同创新。要实现创新驱动发展，必须紧紧抓住促进科技与经济社会紧密结合、支撑引领可持续发展这个核心，既要从经济社会发展需求中找准科技创新主攻方向，又要把科技成果迅速转化为现实生产力，促进科技成果向现实生产力转化。要实现创新驱动发展，必须坚持把以人为本贯穿科技工作始终，让广大人民群众共享科技创新成果，让广大人民生活得更健康、更舒适、更安全、更幸福。要实现创新驱动发展，必须建立健全科学合理、富有活力、更有效率的国家创新体系。为此必须深化科技体制改革，统筹技术创新、知识创新、国防科技创新、区域创新、科技中介服务体系建设，推动创新体系协调发展。要实现创新驱动发展，必须以人才为本。为此必须进一步完善人才发展机制，优化创新环境，最大限度鼓励和支持科技创新，最大限度激发科技人员创新激情和活力，最大限度鼓励人才干事业、支持人才干成事业、帮助人才干好事业。

4. 加快培育和发展战略性新兴产业

国际金融危机发生以来,世界主要国家纷纷加快部署战略性新兴产业,抢占新一轮经济和科技发展制高点。以胡锦涛为总书记的党中央审时度势,及时作出“加快培育发展战略性新兴产业”[①]的重大决策。

在党的文献中,很早就有与战略性新兴产业相关的一些提法和表述,比如“新兴产业”“战略高技术”“战略意义的新兴产业”等。1985年9月,中共中央关于制定“七五”计划的建议中,就提出要积极开拓新兴技术领域,逐步形成若干新兴产业。1999年8月20日颁布的《中共中央 国务院关于加强技术创新,发展高科技,实现产业化的决定》提出:注重加强战略高技术研究。江泽民在1999年8月23日的全国技术创新大会的讲话中强调:“特别要加强基础性、关键性的高新技术领域的创新,加速高技术产业尤其是具有战略意义的新兴产业的发展和应用。”2000年10月中共中央关于制定“十五”计划的建议中提出:要积极推进具有战略意义的高技术研究。无论是“新兴产业”还是“战略意义的新兴产业”“战略意义的高技术”,都不能等同于2010年我国正式提出的“战略性新兴产业”的概念。战略性新兴产业不是一般的产业概念,而是基于抢占新一轮经济科技发展制高点而提出的国家层面的产业发展概念,是为解决一系列重大、紧迫的经济社会需求而科学选择的特殊产业,突出体现了国家战略需求。可以说,在2008年国际金融危机发生以前,时代的发展还没有真正把战略性新兴产业的重要性、紧迫性凸显出来。

2008年国际金融危机发生后,发达国家和主要的新兴经济体都在加快布局发展战略性新兴产业——即国际上所说的新兴产业(英语为emergent industry)。美国在2009年最新版的《国家创新战略》中提出,要大力发展可再生能源、电动汽车、生物技术、空间技术、纳米技术等六个新兴产业,欧盟在2009年出台了《2020智慧可持续包容增长战略》,也明确了类似的新兴产业发展规划。日本在其《2020迈向光辉日本新增长战略》中,也提出类似的产业发展重点和技术目标。其他几个新兴经济体,也在加快推进新兴产业。其中,巴西把

① 《胡锦涛文选》第3卷,人民出版社2016年版,第512页。

生物燃料、生物柴油作为重点，印度提出要发展信息技术、生物技术、空间技术等，都是雄心勃勃、力度很大。正如温家宝所说的："我们注意到，西方各国在应对国际金融危机的同时，都在对本国科技和产业发展进行新的部署，开始了新一轮抢占科技和产业发展制高点的竞争。"[①]在几经酝酿、讨论、研究后，2010年10月，《国务院关于加快培育和发展战略性新兴产业的决定》发布。随后，党的十七届五中全会通过的《中共中央关于制定国民经济和社会发展第十二个五年规划的建议》以及十一届全国人大四次会议批准的《中华人民共和国国民经济和社会发展第十二个五年规划纲要》，对发展战略性新兴产业作出了部署。

战略性新兴产业，是指以重大技术突破和重大发展需求为基础，对经济社会全局和长远发展具有重大引领带动作用，知识技术密集、物质资源消耗少、成长潜力大、综合效益好的产业。战略性新兴产业的产生来源是重大技术突破，成长背景是重大发展需求，特殊地位是对经济社会全局和长远发展具有重大引领带动作用，基本特征是知识技术密集、物质资源消耗少、成长潜力大、综合效益好。完全具备这些构成条件的产业，才可称为战略性新兴产业。例如物流会展、旅游度假等产业都属于发展前景广阔的新兴产业，但知识技术密集的特点不突出。又如化工、冶金等产业是知识技术密集型的支柱产业，但环境污染严重、资源消耗大。再如仪器仪表、食品饮料等传统制造业虽然不断有技术创新和新产品涌现，但总体来看产业规模不够大，对国民经济全局的引领带动作用不强。这些产业都具备战略性新兴产业的一个或几个构成条件，但不能满足全部构成条件，因而都不能归为战略性新兴产业。战略性新兴产业是新兴科技与新兴产业的深度融合，既代表着科技创新方向，也代表着产业发展方向。温家宝指出，选择战略性新兴产业的科学依据最重要的有三条：一是产品要有稳定并有发展前景的市场需求；二是要有良好的经济技术效益；三是要能带动一批产业的兴起。

加快培育和发展战略性新兴产业是迎接新科技革命挑战、构建国际竞争

---

① 中共中央文献研究室编：《十七大以来重要文献选编》下，中央文献出版社2013年版，第374页。

新优势、掌握发展主动权的迫切需要，是推进产业结构升级、加快转变经济发展方式、建设创新型国家的重大举措。胡锦涛反复强调："要加快培育和发展战略性新兴产业，努力在新一轮科技革命和产业革命中走在世界前列。"[①]根据战略性新兴产业的特征，立足我国国情和科技、产业基础，我国现阶段选择节能环保、新一代信息技术、生物、高端装备制造、新能源、新材料、新能源汽车七个产业，在重点领域集中力量，加快推进。《国务院关于加快培育和发展战略性新兴产业的决定》提出了"三步走"的战略性新兴产业发展目标：到2015年，战略性新兴产业形成健康发展、协调推进的基本格局，对产业结构升级的作用显著增强，增加值占国内生产总值的比重力争达到8%左右。到2020年，战略性新兴产业增加值占国内生产总值的比重力争达到15%左右，吸纳、带动就业能力显著提高。节能环保、新一代信息技术、生物、高端装备制造产业成为国民经济的支柱产业，新能源、新材料、新能源汽车成为国民经济的先导产业。到2030年前后，战略性新兴产业的整体创新能力和产业发展水平达到世界先进水平，为经济社会可持续发展提供强有力的支撑。概括来说就是：七大产业用20年时间达到世界先进水平。

5. 实施人才强国战略

人才是指具有一定的专业知识或专门技能，进行创造性劳动并对社会作出贡献的人，是人力资源中能力和素质较高的劳动者。人才是先进生产力和先进文化的重要创造者和传播者，是我国经济社会发展的第一资源。当今世界，在知识创新、科技创新、产业创新不断加速的时代条件下，谁拥有了人才优势，谁就拥有了竞争优势。"谁能把人才优势转化为知识优势、科技优势、产业优势，谁就能够赢得竞争主动权。"[②]以胡锦涛为总书记的党中央把人才工作纳入国家经济社会发展的总体布局，作出了实施人才强国战略的重大决策。胡锦涛反复强调，必须坚定不移地实施人才强国战略，大力开发人才资源，努力

---

① 中共中央文献研究室编：《十七大以来重要文献选编》下，中央文献出版社2013年版，第676页。

② 《胡锦涛文选》第2卷，人民出版社2016年版，第124页。

造就数以亿计的高素质劳动者、数以千万计的专门人才和一大批拔尖创新人才,把优秀人才集聚到国家科技事业中来,开创人才辈出的生动局面。

人才强国战略的酝酿和提出,经历了一个长时期的过程。我们党历来高度重视人才工作,在革命、建设、改革各个历史时期,制定和实施了一系列重大方针政策,为党和人民的事业发展培养和集聚了宏大的人才队伍。邓小平“尊重知识,尊重人才”和江泽民“人才资源是第一资源”的思想,是我们党制定并实施人才强国战略的理论先声。2002年5月,中共中央办公厅、国务院办公厅印发《2002—2005年全国人才队伍建设规划纲要》,决定实施人才强国战略。2002年底召开的全国组织工作会议明确提出党管人才的方针。2003年12月,中共中央、国务院召开全国人才工作会议。专门召开这样的会议,在我们党和新中国的历史上还是第一次,这也充分表明了中央对人才工作的高度重视。会议总结交流了人才工作经验,并就推动实施人才强国战略进行了全面部署。胡锦涛在会上发表《大力实施人才强国战略,不断开创人才工作新局面》的重要讲话,指出:落实好人才强国战略,必须树立适应新形势新任务要求的科学人才观,使我国由人口大国转化为人才资源强国。这是首次提出了以“人才资源是第一资源、人人都可以成才、以人为本”为核心理念的科学人才观。2003年12月26日颁布的《中共中央 国务院关于进一步加强人才工作的决定》,是新世纪新阶段党和国家大力实施人才强国战略的宣言书,是大力开发和集聚人才资源的纲领性文件。2007年10月,党的十七大报告和十七大通过的党章修正案首次把人才强国战略写入其中,进一步提升了人才强国战略在党和国家战略布局中的地位。从2008年开始,中央人才工作协调小组围绕贯彻落实党的十七大提出的更好实施人才强国战略的总体要求,组织编制《国家中长期人才发展规划纲要(2010—2020年)》。2010年4月,中共中央、国务院批准印发的《国家中长期人才发展规划纲要(2010—2020年)》是我国第一个中长期人才发展规划,提出了到2020年我国进入世界人才强国行列的奋斗目标。2010年5月,全国人才工作会议召开,部署落实《国家中长期人才发展规划纲要(2010—2020年)》。胡锦涛在会议上发表讲话,强调切实做好人才工作,加快建设人才强国,深刻阐述了加快建设人才强国的重要意义和主要任务。2012年,中共中央办公厅印发《关于进一步加强党管人才工作的意义》,强调要健全党管人才领导体制和工作格局，完善党管人才工作运行机制，创新党管人才方式方法，不断提高人才工作科学化水平。

人才问题是关系党和国家事业发展的关键问题，人才工作在党和国家工作全局中具有十分重要的地位。实施人才强国战略，加快建设人才强国，是抓住和用好我国科技发展的重要战略机遇、应对日益激烈的国际人才竞争的必然要求，是确立我国人才竞争比较优势、增强国家核心竞争力的战略选择。当今世界，随着经济全球化和新科技革命的迅猛发展，人才的市场化、国际化趋势日益加强，围绕人才展开的国际竞争愈来愈激烈。人才竞争出现了国内竞争国际化、国际竞争国内化的新变化。不少国家制定并实施新的人才战略，千方百计吸引人才、延揽人才。新科技革命背景下的综合国力竞争和人才竞争，对我们既是机遇也是挑战。我国虽然是人口大国，人力资源丰富，但是人才资源并不丰富，人才总量相对不足，人口资源优势还没有转化为人才优势。蓬勃发展的新科技革命，极大地改变了经济发展主要依靠自然资源和资本投入的传统发展模式，人才资源正在成为经济社会发展和知识创新的决定性因素。新科技革命向我们提出了努力扩大人才总量，不断提升人才素质，将人口负担转化为人才优势，把我国建设成为人才强国的迫切要求。切实做好人才工作，加快建设人才强国，对于推进中国特色社会主义事业、实现中华民族伟大复兴具有重大而深远的意义。人才强国战略已经成为我国经济社会发展的一项基本战略，已经成为中国特色社会主义理论体系中的一个重要内容。

《国家中长期人才发展规划纲要（2010—2020年）》提出了到2020年我国人才发展的总体目标：培养和造就规模宏大、结构优化、布局合理、素质优良的人才队伍，确立国家人才竞争比较优势，进入世界人才强国行列，为在21世纪中叶基本实现社会主义现代化奠定人才基础。我们要围绕这个总体目标，坚持党管人才原则，坚定不移走人才强国之路，逐步实现由人力资源大国向人才强国转变。第一，坚持服务发展、人才优先、以用为本、创新机制、高端引领、整体开发的二十四字指导方针。第二，坚持“四个优先”，即人才资源优先开发、人才结构优先调整、人才投资优先保证、人才制度优先创新，确立人才优先发展战略布局。第三，统筹推进各类人才队伍建设。加强统筹协调，努力建设一支政治坚定、勇于创新、勤政廉洁、求真务实、奋发有为、善于推动科学发展的高素质党政人才队伍;培养造就一大批具有全球战略眼光、市场开拓精神、管理创新能力和社会责任感的优秀企业家和一支高水平的企业经营管理人才队伍;打造一支宏大的高素质专业人才队伍;大力培养门类齐全、技艺精湛的高技能人才队伍;大力培养服务农村经济社会发展、数量充足的农村实用人才队伍;大力培养职业化、专业化的社会工作人才队伍。在统筹抓好各类人才队伍建设时,特别要突出培养造就创新型科技人才,大力开发经济社会发展重点领域的紧缺专门人才。青年是祖国的未来,要抓紧培养造就青年人才。第四,加快人才发展体制机制改革和政策创新。创新人才工作体制机制,要重点围绕用好用活人才、提高人才效能来进行,积极构建与社会主义市场经济体制相适应、有利于科学发展的人才培养开发机制、人才评价发现机制、人才选拔任用机制、人才流动配置机制、人才激励保障机制等一整套人才发展体制机制。以政策创新带动人才体制机制创新,是人才工作发展的基本路径。研究制定财税金融、创业扶持、人才流动等方面的人才政策,通过政策创新不断解决人才发展中的重大问题,形成激发人才创造活力、具有国际竞争力的人才制度优势。第五,坚持扩大人才工作对外开放。坚持人才自主培养和引进海外人才相结合,做好人才"引进来"和"走出去"工作,统筹开发利用国内国际两种人才资源。

总之,胡锦涛从贯彻落实科学发展观、推动经济社会又好又快发展的高度,对科技工作作出了一系列论述。这些论述是科学发展观的重要内容,同时也是中国特色社会主义理论体系关于科技思想的新成果。可以说,中国特色社会主义事业新局面的开创、中国特色社会主义理论体系的新发展,也是与应对新科技革命相伴相随的。

第七章 | 创新发展：中国特色社会主义理论体系的深化

党的十六大以后，以胡锦涛为总书记的党中央，面对国际局势风云变幻、新科技革命迅猛发展、综合国力竞争空前激烈的新形势，及时提出和全面贯彻落实科学发展观，在新的历史起点上坚持和发展了中国特色社会主义。在前进过程中，以胡锦涛为总书记的党中央大力弘扬求真务实、开拓进取精神，坚持推进实践创新、理论创新、制度创新、科技创新，提出了一系列创新的重大战略思想和决策：着眼于经济社会又好又快发展，提出了加快转变经济发展方式的战略任务；坚持把解决好"三农"问题作为全党工作的重中之重，提出走中国特色农业现代化道路，建设社会主义新农村；牢牢把握社会主义先进文化的前进方向，提出走中国特色社会主义文化发展道路，建设社会主义文化强国；准确把握人民群众的根本利益和共同愿望，提出构建社会主义和谐社会；坚持以改革创新精神推进党的建设新的伟大工程，提出了提高党的建设科学化水平的新任务。这些重大战略思想和决策，拓展了中国特色社会主义理论体系的理论视野，深化了中国特色社会主义理论体系的内容，开拓了我国经济社会发展的广阔空间。

本章主要以科学发展观中的五个重大战略思想为例，分析新科技革命与加快转变经济发展方式、建设社会主义新农村、建设社会主义文化强国、构建社会主义和谐社会、提高党的建设科学化水平等重大战略思想和决策之间的关系，研究新科技革命如何促进了中国特色社会主义理论体系的创新发展和深化。

一、加快转变经济发展方式

加快转变经济发展方式，是以胡锦涛为总书记的党中央在探索和把握我国经济发展规律的基础上提出的重大战略任务，体现了对新世纪新阶段我国经济发展理念上的深化、发展道路上的拓展。胡锦涛强调，加快转变经济发展方式，最根本的是要靠科学的力量。要充分发挥科学技术在加快转变经济发展方式中的重要作用，为加快转变经济发展方式提供强大的科技支撑。

1. 加快转变经济发展方式重大战略思想的形成过程

加快转变经济发展方式，是一个关系经济社会发展全局的重大理论课题和实践课题。早在1994年11月，江泽民在中央经济工作会议上就提出了转变经济增长方式的战略任务。他指出："我们通常讲的经济增长，既包括数量和规模的扩大，也包括质量和效益的提高。"[①]"积极推进经济增长方式由粗放经营为主向集约经营为主的转变"，"是我国经济发展战略转变的核心和主要课题"。[②]1995年9月，党的十四届五中全会通过的《中共中央关于制定国民经济和社会发展"九五"计划和2010年远景目标的建议》，就明确提出实行两个具有全局意义的根本性转变：一是经济体制从传统的计划经济体制向社会主义市场经济体制转变，二是经济增长方式从粗放型向集约型转变。经济增长方式的转变就是"两个根本性转变"的内容之一。党的十四届五中全会强调，积极推进经济增长方式转变，把提高经济效益作为经济工作的中心，向结构优化要效益，向规模经济要效益，向科技进步要效益，向科学管理要效益。这就揭示了科技进步对于经济增长方式转变的意义。

经过多年努力，我国经济增长方式取得明显进步，效益不断提高。但从总体上看，转变经济增长方式还没有取得根本性突破，以高投入、高消耗、高排放和低效率为特征的粗放型经济增长格局仍在继续。粗放型的增长方式超过了

① 江泽民：《论社会主义市场经济》，中央文献出版社2006年版，第193页。
② 江泽民：《论社会主义市场经济》，中央文献出版社2006年版，第194页。

能源资源和生态环境的承载能力，严重制约全面建成小康社会目标的实现。2006年10月，胡锦涛在党的十六届六中全会上，强调“要转变发展观念、创新发展模式、提高发展质量，努力把速度和结构、质量、效益统一起来”，并提出了“促进经济又好又快发展”[①]的新要求。从“又快又好”到“又好又快”，这绝不是简单的文字变动，而是中央关于经济发展理念的重大转变。“好”与“快”，是对经济发展一种通俗的说法，“好”讲的是发展的质量和效益，“快”讲的是发展的速度。促进经济又好又快发展，是“好”与“快”的有机统一。“好”与“快”互为条件，既相互促进又相互制约。“又好又快”，要求“快”以“好”为前提，坚持“好”字优先，好中求快，把握发展的节奏和步伐。从“又快又好”到“又好又快”，从“快”字当头到“好”字优先，深化了对于经济发展规律的认识。在获得了这样重大的理念突破之后，“转变经济发展方式”的概念呼之欲出。

2006年12月，胡锦涛在中央经济工作会议上总结近几年贯彻落实科学发展观的六点体会和认识，其中第一条就是“又好又快发展是全面落实科学发展观的本质要求”[②]。2007年6月，胡锦涛在中央党校发表的重要讲话中强调，要促进国民经济又好又快发展。2007年9月，胡锦涛以科学发展观为指导创新发展理念，从战略高度提出“转变经济发展方式”的概念。他指出，中国将“努力实现经济社会又好又快发展。中国将坚持走科技含量高、经济效益好、资源消耗低、环境污染少、人力资源优势得到充分发挥的新型工业化道路，加快调整经济结构、转变经济发展方式”[③]。就这样，经过思考和探索，我们党终于提出了“转变经济发展方式”的概念。

2007年10月，胡锦涛在党的十七大报告中，以科学发展观为指导，总结改革开放以来特别是提出转变经济增长方式以来的实践，科学分析我国经济发展中的矛盾和问题，指出：加快转变经济发展方式“是关系国民经济全局紧迫

① 中共中央文献研究室编：《十六大以来重要文献选编》下，中央文献出版社2008年版，第679页。

② 《胡锦涛文选》第2卷，人民出版社2016年版，第545页。

③ 胡锦涛：《推进全面合作 实现持续发展——在亚太经合组织商业峰会上的演讲》，《人民日报》2007年9月7日，第2版。

而重大的战略任务”[①]。“实现未来经济发展目标，关键要在加快转变经济发展方式、完善社会主义市场经济体制方面取得重大进展。”[②]胡锦涛强调，加快转变经济发展方式，必须坚持“三个转变”：促进经济增长由主要依靠投资、出口拉动向依靠消费、投资、出口协调拉动转变，由主要依靠第二产业带动向依靠第一、第二、第三产业协同带动转变，由主要依靠增加物质资源消耗向主要依靠科技进步、劳动者素质提高、管理创新转变。这是总结我国现代化建设长期实践得出的重要结论，是推动我国经济社会发展必须坚持的正确方向。党的十七大将加快转变经济发展方式上升为国家战略，标志着加快转变经济发展方式重大战略的正式确立。

2007年12月，胡锦涛在新进中央委员会的委员、候补委员学习贯彻党的十七大精神研讨班上，对党的十七大作出的加快转变经济发展方式的重大战略决策作了说明。他指出：“由转变经济增长方式到转变经济发展方式，虽然只是两个字的改动，但却有着十分深刻的内涵。转变经济发展方式，除了涵盖经济增长方式的全部内容外，还对经济发展的理念、目的、战略、途径等提出了新的更高的要求。”[③]与转变经济增长方式相比，转变经济发展方式不仅要继续保持量的增长，而且更要注重质的提升，坚持好字当头，好中求快，努力实现速度、结构、质量、效益相协调，消费、投资、出口相协调，人口、资源、环境相协调，真正做到又好又快发展。

以上分析表明，经过长期的探索，经过“两弃两立”，即：放弃使用“转变经济增长方式”的概念，代之以“转变经济发展方式”的新概念；放弃快字当头的发展理念，不再将追求国内生产总值的快速增长置于战略优先地位，代之以又好又快、好字优先的新的发展理念，我们党不断深化对社会主义建设规律的认识。与这种思想认识相对应，在实践中，我们党确立了加快转变经济发展方式的重大战略，强调要加快形成符合科学发展观要求的发展方式。

2008年下半年以来，美国次贷危机引发了波及全球的国际金融危机。国

---

① 《胡锦涛文选》第2卷，人民出版社2016年版，第630页。
② 《胡锦涛文选》第2卷，人民出版社2016年版，第629页。
③ 《胡锦涛文选》第3卷，人民出版社2016年版，第4页。

际金融危机迅速从局部发展到全球，从发达国家传导到新兴市场国家，从金融领域扩散到实体经济领域，给世界各国经济发展和人民生活带来严重影响。受国际金融危机影响，我国经济发展遭遇了进入21世纪以来最严重的困难。“国际金融危机对我国经济的冲击，表面上是对经济增长速度的冲击，实质上是对经济发展方式的冲击。”[①]综合国际国内经济形势看，转变经济发展方式已刻不容缓。党中央、国务院果断采取有力措施，有效应对国际金融危机冲击，保持了经济平衡较快发展的良好态势。

随着“十一五”规划确定的主要目标和任务胜利完成，党中央在研究制定“十二五”规划时，深刻认识并准确把握国内外形势的新变化、新特点，强调要以科学发展为主题，以加快转变经济发展方式为主线。2010年10月，党的十七届五中全会通过的《中共中央关于制定国民经济和社会发展第十二个五年规划的建议》明确指出：“以加快转变经济发展方式为主线，是推动科学发展的必由之路，符合我国基本国情和发展阶段性特征。”[②]加快转变经济发展方式是我国经济社会领域的一场深刻变革，关系改革开放和社会主义现代化建设全局，意义十分重大。

2. 新科技革命深刻影响着经济发展方式

当今世界，科技进步日新月异，科技知识创新、传播、应用的规模和速度不断提高，科学研究、技术创新、产业发展、社会进步相互促进和一体化发展的趋势更加明显，一系列重大科技成果以前所未有的速度转化为现实生产力。科学技术正在深刻改变经济发展方式，对经济发展方式提出了新的更高的要求。

第一，只有加快转变经济发展方式，才能更好地适应全球需求结构的重大变化，增强我国经济抵御国际市场风险能力。国际金融危机暴露了全球经济增长模式的不可持续性，以发达国家过度消费拉动全球经济增长的需求动力结构正在发生变化，而新兴市场国家的需求增长在短期内还难以完全承担起

① 《胡锦涛文选》第3卷，人民出版社2016年版，第329页。

② 中共中央文献研究室编：《十七大以来重要文献选编》中，中央文献出版社2011年版，第975页。

经济发展的主导力量。国际金融危机的影响广泛而深远,世界经济形势的复杂变化,必然会对我国发展产生重大影响。我国发展环境中存在许多不确定、不稳定因素。世界经济增长速度减缓,我国发展的外部空间将受到制约;全球科技和产业变革、国家间贸易关系的调整,将使我国未来发展面临的国际产业、市场、资源、人才、技术竞争更加激烈;应对气候变化的博弈和能源资源的获取,粮食供求形势和金融体制的变化调整,也将影响我国经济安全。各国在应对国际金融危机冲击的同时,都在抓紧进行经济结构调整,为未来更高水平的发展做准备。一些发达国家开始实行经济"再平衡""再工业化"等措施,对我国继续稳定和拓展外需形成较大制约。我国经济运行中的新老矛盾和问题相互交织,经济社会发展中仍然存在一些突出矛盾和问题。面对新的国际环境,我们只有加快转变经济发展方式,有效实施扩大内需战略,深入挖掘国内需求的巨大潜力,合理调整总需求结构,才能拓宽我国经济发展的回旋余地,使我国经济发展在风云变幻的国际市场中始终处于主动。

第二,加快转变经济发展方式,是世界科技发展大势提出的必然要求。从科技发展和知识创新的角度看,世界范围经济发展方式正呈现出一些新的重要特点。一是"科学技术迅猛发展深刻改变着经济发展方式,创新成为解决人类面临的能源资源、生态环境、自然灾害、人口健康等全球性问题的重要途径,成为经济社会发展的主要驱动力"[①]。经济发展方式从资源依赖型、投资驱动型向创新驱动型为主转变,以知识为基础的产业快速发展。经济发展方式将加速向资源节约、环境友好、人与自然和谐相处的方向转变,推动可持续发展成为各国共同面临的任务和挑战。二是知识创新成为国家竞争力的核心要素,知识生产和消费成为经济发展、社会进步乃至人的全面发展的重要方式。三是科学技术迅猛发展正在引发社会生产方式的深刻变革。信息网络技术的广泛应用不断推动生产方式发生变化,柔性制造、网络制造、绿色制造、智能制造、全球制造日益成为生产方式变革的方向,互联网、云计算、物联网、知识服务、智能服务的快速发展为个性化制造和服务创新提供了有力工具和环境,人依靠机器生产产品变成机器围绕人生产产品成为可能,个性化制造和规模化

① 《胡锦涛文选》第3卷,人民出版社2016年版,第399—400页。

协同创新有机结合将成为重要的生产方式。四是“科技创新将不断深化人们对自然界、人类社会发展规律的系统认知,将不断丰富促进社会和谐的文化基础,引导人们树立科学的世界观和价值观、确立科学的发展理念,有效激发全社会的创新意识和全民的创新兴趣,推动形成科学理性的生产方式和生活方式”[①]。

第三,加快转变经济发展方式,是在新的国际竞争中抢占制高点、争创新优势的必然要求。国际金融危机发生后,我国发展面临的外部条件和内部条件都发生了很大变化,转变经济发展方式问题更加凸显出来,刻不容缓。从世界经济发展史看,一个国家要保持充满活力、持续向上的发展态势,关键是要紧跟世界科技革命的潮流,不断形成新的战略支点。在应对国际金融危机的冲击中,世界各国尤其是主要大国都对本国科技和产业发展进行新的部署,开始了新一轮抢占科技和产业发展制高点的竞争。发达国家积极探索和大力培育新的经济增长点,纷纷把新能源、新材料、信息网络、生物医药、节能环保、低碳技术、绿色经济等作为新一轮科技和产业发展的重点,力图在未来国际竞争中保持领先地位。从总体上讲,我国产品的技术含量不高,企业技术创新能力不强,产业结构不合理。一些高消耗、高排放的重化工行业产能严重过剩。这种状况如不扭转,将使我国在未来激烈的国际竞争中处于被动地位。我们必须加快转变经济发展方式,着力提高自主创新能力,推动产业结构优化升级,努力改变经济大而不强的局面,力争在国际竞争中抢占制高点,形成新优势。

第四,加快转变经济发展方式,是提高可持续发展能力、建设生态文明的必然要求。改革开放以来,我国经济社会发展取得了很大的成就,但是也要看到,我们的经济增长付出了很大的代价,尤其是能源资源不足和生态环境脆弱的矛盾十分突出。随着工业化、信息化、城镇化、农业现代化深入发展,经济总量不断扩大,人口继续增加,我国经济发展中不平衡、不协调、不可持续的问题会依然突出,经济增长的资源环境约束也会强化。如果仍然按照高投入、高消耗、高排放的传统增长路子走下去,生产要素支撑难以为继,经济社会发展也

① 中共中央文献研究室编:《十七大以来重要文献选编》中,中央文献出版社2011年版,第746页。

将受到影响。加快转变经济发展方式,大力节约能源资源,切实加强生态环境建设,有利于促进节约发展、清洁发展、安全发展和可持续发展,有利于建设资源节约型、环境友好型社会,有利于建设生态文明,对于推动科学发展、走中国特色新型工业化道路具有十分重要的意义。

实践充分证明,科学技术是经济社会发展中最活跃、最具革命性的因素。当前,人和自然的关系日益密切和复杂,寻求科学的发展理念和可持续的发展方式已成为世界各国共同关注的重大问题。当今世界,各国都在积极追求绿色、智能、可持续的发展。绿色发展,就是要发展环境友好型产业,降低能耗和物耗,保护和修复生态环境,发展循环经济和低碳技术,使经济社会发展与自然相协调。智能发展,就是要推进信息化与工业化融合,不断创造新的经济增长点、新的市场、新的就业形态,提高社会运行效率,实现互联互通、信息共享、智能处理、协同工作。可持续发展,就是要解决好经济社会发展的能源资源约束,有效保证发展对能源资源的需求,不仅要造福当代人,而且要使子孙后代永续发展。

在这样的背景下,各国尤其是主要大国都在对自身经济发展进行战略筹划。我们必须把握机遇,审时度势,科学谋划,顺势而为,加快转变经济发展方式,使我国发展质量越来越高、发展空间越来越大、发展道路越走越宽,在激烈的国际竞争中赢得主动。

3. 用科技的力量推动经济发展方式转变

胡锦涛指出:“加快转变经济发展方式,最根本的是要靠科技的力量,最关键的是要大幅度提高自主创新能力。”[①]党的十七届四中全会强调:“坚持把科技进步和创新作为加快转变经济发展方式的重要支撑。”[②]这些重要战略判断,都深刻揭示了科学技术对于加快转变经济发展方式的极端重要性。在经济发展方式转变的各个方面和整个过程,都离不开科技进步和创新的强大支撑作

① 中共中央文献研究室编:《十七大以来重要文献选编》中,中央文献出版社2011年版,第1004页。

② 中共中央文献研究室编:《十七大以来重要文献选编》中,中央文献出版社2011年版,第975页。

用。比如,从节能减排方面看,只有大力发展能源资源开发利用科学技术,推广应用节能、低碳、绿色、环保技术,才能形成可持续的能源资源体系,突破资源环境对我国经济社会发展的约束。从发展现代农业方面看,只有提高现代农业科学技术水平,加大农业科技推广应用,才能实现农产品优质化、营养化、功能化,保障国家粮食和农产品安全。从推动产业结构优化升级方面看,推动产业结构优化升级迫切需要科技进步和创新。从提高人民生活水平和质量方面看,科学技术关系到人民生活的方方面面,只有大力发展健康科学技术,才能更好地保障食品药品的供应和安全,改善人民群众的健康营养状况,使广大人民过上更加幸福的生活。总之,科学进步和创新成为解决人类面临的能源资源、生态环境、自然灾害、人口健康等全球性问题的重要途径,成为我国加快转变经济发展方式的重要支撑,成为推动我国经济社会又好又快发展的重要动力。

当今时代,科技与经济社会发展方式与人们的生产生活越来越紧密地融合在一起。只有紧紧跟上世界经济技术发展潮流,在自主创新方面持续占有优势地位的国家才能够在激烈的国际竞争中把握先机、赢得主动。我们必须紧紧抓住新一轮世界科技革命带来的战略机遇,更加注重自主创新,谋求经济发展主动权,形成长期竞争优势,为加快转变经济发展方式提供强有力的科技支撑。

第一,要加强自主创新,坚定不移走中国特色自主创新道路。加快转变经济发展方式,根本出路在于自主创新。要切实把科学技术摆在优先发展的战略地位,坚持自主创新、重点跨越、支撑发展、引领未来的方针,把增强自主创新能力作为科学技术发展的战略基点和调整经济结构、转变经济发展方式的中心环节来抓,把增强自主创新能力作为国家战略贯彻到现代化建设各个方面。要着力提升原始创新能力,大力增强集成创新和引进消化吸收再创新能力,更加注重协调创新,提升知识、技术转移转化和规模产业化能力,形成更多具有自主知识产权的创新技术,构建完整的创新体系,牢牢把握发展主动权。

第二,依靠科技的力量加快推进经济结构调整和产业结构调整。调整经济结构,对加快转变经济发展方式具有决定性意义。我国经济发展中不平衡、不协调、不可持续的问题依然突出,经济运行质量总体不高,很大程度上是由不合理的经济结构造成的。我们必须按照优化需求结构、供给结构、要素投入结构的方向和基本要求，从解决对经济发展全局影响较大的结构性问题入手，把调整经济结构作为转变经济发展方式的战略重点。推进产业结构调整是加快转变经济发展方式的重要途径和主要内容，对推动经济从粗放型增长转变为集约型增长、实现全面协调可持续发展具有重要意义。目前我国产业结构仍然以传统产业为主，制造业增加值率、服务业比重还比较低，产业总体水平不高。必须着力改变“一产不稳、二产不强、三产不足”的状况，促进三次产业在更高水平上协同发展。产业结构调整的重点是适应需求结构变化趋势，优化三次产业结构，加快产业结构升级，完善现代产业体系。要大力发展结构优化、技术先进、清洁安全、附加值高、吸纳就业能力强的现代产业体系，全面提升产业技术水平和国际竞争力。要积极承接国际服务业转移，加快发展服务业特别是现代服务业。要巩固农业基础地位，加快发展现代农业，大力发展高产、优质、高效、生态、安全农业和相关生物产业。要积极培育战略性新兴产业，运用高新技术改造提升传统产业，推动传统制造业向价值链高端延伸，继续淘汰落后产能，促进工业由大变强。加快发展服务业，提高服务业的比重和水平。要促进要素投入结构优化，增强自主创新能力，坚持优先发展教育，充分发挥科学技术第一生产力和人才第一资源的作用，促进经济增长向主要依靠科技进步、劳动者素质提高、管理创新转变。要继续加强节能减排，加强生态文明建设，坚持绿色、循环、低碳发展理念，加强资源节约和生态环境保护，大力发展绿色产业和节能环保产业，促进经济发展与人口、资源、环境相协调。

第三，要大力发展战略性新兴产业。必须把科技进步与国家发展战略、经济社会发展目标、人民日益增长的物质文化需要紧密结合起来，站到科技和产业发展前沿，选择对国家长远发展具有带动作用的先导性战略高技术领域进行部署，推动科学研究、技术创新、产业发展有效结合，花大力气解决影响我国未来发展的重大科学和关键技术问题，重点突破制约我国经济社会发展的瓶颈问题，着力突破制约我国产业升级的核心技术、关键技术、共性技术，推动产业从规模优势向技术优势转变。现阶段要大力发展节能环保、新一代信息技术、生物、高端装备制造、新能源、新材料、新能源汽车七个战略性新兴产业。

第四，坚持以人为本，大力发展与民生相关的科学技术。要按照以改善民生为重点加强社会建设的要求,把科技进步和创新与提高人民生活水平和质量、提高人民科学文化素质和健康素质紧密结合起来,着力解决关系民生的重大科技问题,不断强化公共服务、改善民生环境、保障民生安全。

第五,在若干重点科技发展领域争取尽快取得突破性进展。科技进步和创新是加快转变经济发展方式的重要支撑,其作用体现在转变经济发展方式的各个方面和整个过程。因此,要在重点科技发展领域加强科技进步和创新。一是坚持系统谋划、节能优先、创新替代、循环利用、绿色低碳、安全持续,加强对我国能源资源问题的研究,"大力发展能源资源开发利用科学技术";二是重视材料的环境友好性、可再生循环性、制备使役全过程的节能减排特性,推进制造业绿色化、智能化,"大力发展新材料和先进制造科学技术";三是抓住新一代信息网络技术发展的机遇,创新信息产业技术,"大力发展信息网络科学技术",推进国民经济和社会信息化;四是"大力发展现代农业科学技术",构建我国生态高值农业和生物产业体系,建成农业高值转化的产业体系,形成生态系统持续良性循环、景观优美、功能多样、城乡一体的新型农业;五是"大力发展健康科学技术",建设世界先进水平的生物安全、食品安全、健康营养生活方式的科技保障系统;六是"大力加强生态环境保护科学技术",构建人与自然和谐相处的生态环境保育发展体系,建立资源节约型、环境友好型技术体系和生产体系;七是"大力发展空间和海洋科学技术",保证我国有效和平利用空间,支撑我国海洋事业发展;八是"大力发展国家安全和公共安全科学技术",加快发展空间安全、海洋安全、生物安全、信息网络安全技术,构建先进的国家安全和公共安全体系。①

二、建设社会主义新农村

重视农业、农村、农民问题是我们党一贯的战略思想。我国是一个农业大国,农村人口众多。要在这样的国情下领导人民进行革命、建设、改革,就要把"三农"问题作为必须紧紧抓住的全局性和根本性问题。在长期实践中,我们

① 《胡锦涛文选》第3卷,人民出版社2016年版,第403—406页。

党坚持把马克思主义基本原理同我国具体实际相结合，始终高度重视、认真对待、着力解决“三农”问题，成功开辟了新民主主义革命胜利道路和社会主义事业发展道路。进入新世纪新阶段，以胡锦涛为总书记的党中央，提出了建设社会主义新农村的重大战略思想。胡锦涛强调，要大力发展现代农业科技，为建设社会主义新农村提供科技支撑。

1. 实现农业现代化，必须进行一次新的农业科技革命

农业是国民经济的基础，农村稳定是整个社会稳定的基础，农民问题始终是我国革命、建设和改革的根本性问题。邓小平高度重视科学技术对于建设现代农业的重要性。他指出：“农业现代化不单单是机械化，还包括应用和发展科学技术等。”①“将来农业问题的出路，最终要由生物工程来解决，要靠尖端技术”②；“最终可能是科学解决问题”③；“农业的发展，一靠政策，二靠科学”④。江泽民指出：“振兴我国农村经济，最终取决于我国农业科学技术的重大突破和广泛应用。”⑤“先进的农业科学技术的应用，不仅可以有效地弥补农业资源的短缺，而且可以提高物质投入的有效性。因此，我们一定要树立科学技术是第一生产力的马克思主义观点，积极创造条件，把农业和农村经济的发展，逐步地转移到依靠科技进步和提高劳动者素质的轨道上来。”⑥江泽民强调：“我国农业发展中科技进步因素在不断提高，已经取得很大进步，但同国际先进水平相比，仍处于较低水平。”⑦这一现状决定了我们始终“要依靠科技进步振兴

① 《邓小平文选》第2卷，人民出版社1994年版，第28页。
② 《邓小平文选》第3卷，人民出版社1993年版，第275页。
③ 《邓小平文选》第3卷，人民出版社1993年版，第313页。
④ 《邓小平文选》第3卷，人民出版社1993年版，第17页。
⑤ 教育部、中共中央文献研究室编：《毛泽东邓小平江泽民论教育》，中央文献出版社、人民教育出版社、北京师范大学出版社2002年版，第238页。
⑥ 中共中央文献研究室编：《江泽民论有中国特色社会主义》（专题摘编），中央文献出版社2002年版，第127—128页。
⑦ 中共中央文献研究室编：《江泽民论有中国特色社会主义》（专题摘编），中央文献出版社2002年版，第127页。

农业”[1]；“坚定不移地实施科技、教育兴农的发展战略。”[2]江泽民在分析我国农业科技现状的基础上明确提出：“我们的农业科技必须有一个大的发展，必须要进行一次新的农业科技革命。”[3]胡锦涛强调：“加快建设现代农业，提高农产品的国际竞争力，必须把加快农业科技进步列入建设创新型国家规划，作为一项关键措施来落实，大力提高我国农业科技整体实力。”[4]这些重要论述，都阐明了科学技术对于解决“三农”问题的重要作用。

世界农业发展的历史和我国农业发展的进程表明，科技进步是农业发展的决定性因素，农业科技革命能够带来农业生产方式的巨大变革和农业生产力的极大提高，最终促进经济和社会的全面进步。20世纪50年代以来，世界农业的高速发展主要得益于农业科技革命。以现代育种和农业化学技术为代表的第一次农业技术革命，使世界农业特别是粮食生产大幅度增长。在这场农业科技革命中，发达国家凭借其强大的工业基础和先进的科学技术，率先在第二次世界大战后实现了农业现代化。广大发展中国家通过加强自主研究和技术引进，发起了一场作为全球性农业科技革命重要组成部分的“绿色革命”，极大地提高了发展中国家粮食生产能力，有效地改善了粮食供应状况，为经济发展奠定了基础。正如江泽民所指出的：“每一次农业科技的重大突破，都会引起农业生产的一次革命。”[5]

从20世纪50年代开始，我国主要依靠自己的力量，相继育成了一批矮秆水稻和杂交水稻，使我国稻谷产量大幅度提高。特别是改革开放以来，我国涌现出一大批农业科技成果，如杂交水稻、杂交玉米，畜禽、水产优良品种，科学施肥、地膜覆盖、模式化栽培、病虫害综合防治技术，以及饲料开发和高效低耗

① 中共中央文献研究室编：《江泽民论有中国特色社会主义》（专题摘编），中央文献出版社2002年版，第127页。

② 教育部、中共中央文献研究室编：《毛泽东邓小平江泽民论教育》，中央文献出版社、人民教育出版社、北京师范大学出版社2002年版，第238页。

③ 江泽民：《论科学技术》，中央文献出版社2001年版，第81页。

④ 《胡锦涛文选》第2卷，人民出版社2016年版，第414页。

⑤ 教育部、中共中央文献研究室编：《毛泽东邓小平江泽民论教育》，中央文献出版社、人民教育出版社、北京师范大学出版社2002年版，第238页。

养殖等技术。这些技术的广泛应用,使我国农业综合生产能力显著增强。改革开放以来,我国粮食在播种面积调减的情况下总产量不断增加,相继成为世界畜禽、水产养殖大国,科学技术发挥了重大作用。目前我国农业科技的部分领域已经跃居世界先进行列,科技进步对农业增长的贡献率大幅提高。我国农业生物技术成就显著,为提高农产品产量和质量,增加农民收入作出了重要贡献。

进入21世纪后,随着科学技术的突飞猛进,一场以生物技术和信息技术为代表的新的农业科技革命已经拉开序幕。这场新的农业科技革命将信息技术、生物技术、新能源技术、新材料技术、海洋开发技术和空间开发技术等新技术中的新理论、新方法应用于农业,实现农业生产自动化、农业动力电气化、生产条件控制化、农业育种定向化。它包括农业生物技术革命、空间农业技术革命、农业信息技术革命、农业新材料技术革命、农业新能源技术革命、海洋农业技术革命等一系列内容,这些内容既相对独立又相互影响,共同发展,促进全面的农业新科技革命。如果说上一次世界农业科技革命把20世纪上半叶低发展速度的资源消耗型农业,带入到高发展速度的资源集约型农业时代,那么这场新的农业科技革命,将把21世纪的农业带入高效、低耗、集约型的可持续发展阶段。这场新的农业科技革命的主要特征表现在以下三个方面:一是生物技术取得长足发展并显示出强大的生命力和巨大的潜力,从而将农业变成以生物技术为主的高新技术主导的科技密集型产业;二是计算机和信息技术的发展及其向农业领域的不断渗透,将使农业逐步成为可控性行业,农业技术定量化、规范化、集成化程度提高;三是材料、能源科学和工程技术的发展和应用,将进一步促进农业向可持续发展农业转变。

这场新的农业科技革命,是在资源、环境、人口等全球性问题日趋严重,国际社会正在积极寻求21世纪农业发展战略的过程中发生的,因而受到世界各国的高度重视,给我们提供了千载难逢的机遇。我们必须顺应世界农业科技革命的潮流,乘势而上;必须紧紧抓住这场全球性农业科技革命的机遇,大力提高我国农业科技发展水平并取得突破性进展,才能从根本上提高农业综合生产能力和农业竞争力,否则就难以实现全面建成小康社会的奋斗目标。江泽民立足于世界农业科技革命的前沿,一再强调:“二十一世纪将是生物技术大发展的世纪。加强生物技术和其他高新技术的研究,是发展农业生产力的一个长远的战略问题,中央和地方的有关部门要预作筹谋。”[①]胡锦涛反复强调,“要瞄准世界农业科技发展前沿领域,把握战略重点,加强自主创新,着力解决促进农业科技发展的重大问题”[②]。以胡锦涛为总书记的党中央强调:“必须紧紧抓住世界科技革命方兴未艾的历史机遇,坚持科教兴农战略,把农业科技摆上更加突出的位置,下决心突破体制机制障碍,大幅度增加农业科技投入,推动农业科技跨越发展,为农业增产、农民增收、农村繁荣注入强劲动力。”[③]

2. 建设社会主义新农村是新形势下推进农村改革发展的战略任务

2002年11月,江泽民在党的十六大报告中指出:统筹城乡经济社会发展,建设现代农业,发展农村经济,增加农民收入,是全面建设小康社会的重大任务。2004年9月,胡锦涛在党的十六届四中全会第三次会议上提出了“两个趋向”的判断,指出:综观一些工业化国家发展的历程,在工业化初始阶段,农业支持工业、为工业提供积累是带有普遍性的趋向;但在工业化达到相当程度以后,工业反哺农业、城市支持农村,实现工业与农业、城市与农村协调发展,也是带有普遍性的趋向。2004年12月,胡锦涛在中央经济工作会议上指出,中国现在总体上已到了以工促农、以城带乡的发展阶段。这些重要论述,都为提出建设社会主义新农村的重大战略思想奠定了基础。2005年10月,党的十六届五中全会提出:建设社会主义新农村是我国现代化进程中的重大历史任务。要按照生产发展、生活宽裕、乡风文明、村容整洁、管理民主的要求,坚持从各地实际出发,尊重农民意愿,扎实稳步推进新农村建设。这就正式提出了建设社会主义新农村的重大战略思想。2005年12月,中共中央、国务院发出《中共中央 国务院关于推进社会主义新农村建设的若干意见》。2006年2月,中共中

---

① 教育部、中共中央文献研究室编:《毛泽东邓小平江泽民论教育》,中央文献出版社、人民教育出版社、北京师范大学出版社2002年版,第238页。

② 《胡锦涛文选》第2卷,人民出版社2016年版,第414页。

③ 中共中央文献研究室编:《十七大以来重要文献选编》下,中央文献出版社2013年版,第726页。

央在中央党校举办省部级主要领导干部建设社会主义新农村专题研讨班。胡锦涛在会上发表讲话，对建设社会主义新农村作出了战略部署。2006年12月中共中央、国务院发出《中共中央 国务院关于积极发展现代农业扎实推进社会主义新农村建设的若干意见》。2008年10月，党的十七届三中全会通过的《中共中央关于推进农村改革发展若干重大问题的决定》明确提出了新形势下推进农村改革发展的指导思想、目标任务、重大原则和战略举措。

当前，我国总体上已进入以工促农、以城带乡的发展阶段，进入加快改造传统农业、走中国特色农业现代化道路的关键时刻，进入着力破除城乡二元结构、形成城乡经济社会发展一体化新格局的重要时期。以胡锦涛为总书记的党中央强调要适应农村改革发展新形势，顺应亿万人民过上美好生活新期待，奋力开创社会主义新农村建设的崭新局面。

建设社会主义新农村不是一个新概念。新中国成立以来，我们党对建设社会主义新农村进行了不懈探索，在不同时期曾多次提出过建设社会主义新农村的任务和要求。特别是进入20世纪80年代后，伴随着农村改革的推进，我们党再次提出建设社会主义新农村，并不断丰富其内涵。党的十六届五中全会进一步明确提出建设社会主义新农村，与我们党改革开放以来提出的农村改革发展的目标，在战略思想上是一脉相承的，都是为了促进农业和农村发展、改善农民生活，促进国家经济社会发展、保持社会稳定，同时又有着更深刻的时代背景、更鲜明的时代特征、更明确的基本方向、更全面的要求。

第一，建设社会主义新农村具有更深刻的时代背景。建设社会主义新农村是在我国总体上进入以工促农、以城带乡的发展新阶段后提出的课题。目前，我国国民经济的主导产业已由农业转变为非农产业，经济增长的动力主要来自非农产业。根据国际经验，我国现在已经到了工业反哺农业的阶段。工业反哺农业的政策重点，不是直接对农民进行收入补贴或对农产品价格进行补贴，而是指从用农业积累支持工业转向加强对农业的扶持和保护，加大公共财政的支农力度，让公共服务更多地深入农村、惠及农民，让公共财政更多地覆盖农村。建设社会主义新农村这个提法，与党的十六大第一次正式提出的解决城乡二元结构矛盾、统筹城乡发展的指导思想，以及随后连续重申的解决好“三农”问题是全党工作的重中之重的提法一以贯之。建设社会主义新农村，是统筹城乡发展和以工促农、以城带乡的具体化，是遏止城乡差距拉大趋势、扩大农村市场需求的根本出路，是解决“三农”问题、全面建成小康社会的重大战略举措。另外，现在推进社会主义新农村建设，是在我国经济实力不断增强、农村生产力持续发展和农村经营体制日趋完善的新形势下提出的，发展的起点更高。

第二，建设社会主义新农村具有更鲜明的时代特征。从思路看，现在强调建设社会主义新农村，是要贯彻科学发展观，统筹城乡发展，推动农村全面小康建设进程，指导方针更明确。从方式看，现在强调建设社会主义新农村，明确要加大国家投入，“坚持工业反哺农业、城市支持农村和多予少取放活方针”[①]，并动员全社会广泛参与，充分调动广大农民的积极性、主动性、创造性。这表明国家的扶持力度更大了。

第三，建设社会主义新农村具有更明确的基本方向。党的十七届三中全会提出：建设社会主义新农村，必须把走中国特色农业现代化道路作为基本方向。从国际经验看，一个国家的农业现代化选择什么样的道路，与这个国家的农业资源结构密切相关。世界各国农业现代化选择各自不同道路的实践说明，世界上并不存在唯一的农业现代化道路和模式。我国的基本国情是人多地少，农村劳动力丰富，平均每个农业劳动力负担的耕地少，农户经营规模小，这就决定了我国的农业现代化必须更加注重集约利用土地和发展劳动密集型生产，必须走出一条与我们的农业资源禀赋相适应的具有中国特色的农业现代化道路。把走中国特色农业现代化道路作为基本方向，就是要在推进农村改革发展过程中，高度重视发展现代农业，立足我国基本国情和发展阶段，遵循农业现代化建设一般规律，加强农业基础设施建设，提高农业物质技术装备水平，转变农业发展方式，提高农业综合生产能力，培育有文化、懂技术、会经营的新型农民，走出一条具有中国特色的发展现代农业、实现农业现代化的道路。

第四，建设社会主义新农村具有更全面的要求。建设社会主义新农村是一项庞大的系统工程，涵盖经济建设、政治建设、文化建设、社会建设以及生态

---

① 《胡锦涛文选》第3卷，人民出版社2016年版，第91页。

文明建设和党的建设,工作布局更全面。“生产发展、生活宽裕、乡风文明、村容整洁、管理民主,是建设社会主义新农村的总要求。”[①]这20个字体现了我国广大农民群众的根本利益和强烈愿望,涵盖了当前和今后一个时期“三农”工作的主要方面。另外,党的十七届三中全会还明确提出:新形势下推进农村改革发展,必须“把加快形成城乡经济社会发展一体化新格局作为根本要求”[②]。把加快形成城乡经济社会发展一体化新格局作为根本要求,就是要着眼于建立有利于逐步消除城乡二元结构的体制机制,大力推进城乡建设规划一体化、产业布局一体化、基础设施建设一体化、公共服务一体化、人力资源市场一体化、社会管理一体化,形成以工促农、以城还乡的长效机制,促进公共资源在城乡之间均衡配置、生产要素在城乡之间自由流动,推动城乡经济社会发展相互融合,实现城乡经济社会发展一体化。

总之,我们党在进入新世纪新阶段后强调建设社会主义新农村,是对我们党长期以来特别是改革开放以来重视“三农”问题的战略思想的继承和发展,是在新形势下加强“三农”工作、更好地推进全面建成小康社会进程和现代化建设的战略举措。

3. 坚持科教兴农战略,推动农业科技跨越发展

建设社会主义新农村,就是要在推进农村改革发展的过程中,高度重视社会主义新农村建设,把社会主义新农村建设放在更加突出的战略位置,按照生产发展、生活宽裕、乡风文明、村容整洁、管理民主的要求,扎实推进社会主义新农村建设。农业发展的根本出路在于科技进步。农业科技是确保国家粮食安全的基础支撑,是突破资源环境约束的必然选择,是加快现代农业建设的决定性力量,具有显著的公共性、基础性、社会性。2011年12月发布的《中共中央 国务院关于加快推进农业科技创新持续增强农产品供给保障能力的若干意见》指出:“必须紧紧抓住世界科技革命方兴未艾的历史机遇,坚持科教兴农

---

① 《胡锦涛文选》第2卷,人民出版社2016年版,第412—413页。

② 中共中央文献研究室编:《十七大以来重要文献选编》上,中央文献出版社2009年版,第671—672页。

战略，把农业科技摆上更加突出的位置，下决心突破体制机制障碍，大幅度增加农业科技投入，推动农业科技跨越发展，为农业增产、农民增收、农村繁荣注入强大动力。”[①]

胡锦涛反复强调：“大力发展现代农业科学技术”[②]，“大力提高我国农业科技整体实力”[③]，为走中国特色农业现代化道路、建设社会主义新农村提供强大的科技支撑。

第一，明确农业科技创新方向，大力发展现代农业科学技术。总的要求是：发展高产、优质、高效、生态、安全农业和相关生物产业，保障粮食和主要农产品安全，实现农产品优质化、营养化、功能化，推进农业信息化、数字化、精准化，构建我国生态高值农业和生物产业体系，建成农业高值转化的产业体系，形成生态系统持续良性循环、景观优美、功能多样、城乡一体的新型农业。发展先进育种技术，提高农产品质量、产量和抗逆性，研发推广节约资源、减少面源污染、农业废弃物资源化利用等技术，提高我国农业可持续发展能力和国际竞争力。要明确农业科技创新方向，着眼长远发展，超前部署农业前沿技术和基础研究，力争在世界农业科技前沿领域占有重要位置。面向产业需求，着力突破农业重大关键技术和共性技术，切实解决科技与经济脱节问题。立足我国基本国情，遵循农业科技规律，把保障国家粮食安全作为首要任务，把提高土地产出率、资源利用率、劳动生产率作为主要目标，把增产增效并重、良种良法配套、农机农艺结合、生产生态协调作为基本要求，努力构建适应高产、优质、高效、生态、安全农业发展要求的技术体系。要突出农业科技创新重点，稳定支持农业基础性、前沿性、公益性科技研究，大力加强农业基础研究，加快推进前沿技术研究，着力突破农业技术瓶颈。

第二，依靠科技进步和创新，大力推进农业结构战略性调整，加快转变农业发展方式。农业和农村经济结构调整，要面向市场，依靠科技，不断向生产的广度和深度进军。结构调整是实施科教兴农的过程。调整农业和农村经济

---

① 中共中央文献研究室编：《十七大以来重要文献选编》下，中央文献出版社2013年版，第726页。

② 《胡锦涛文选》第3卷，人民出版社2016年版，第405页。

③ 《胡锦涛文选》第2卷，人民出版社2016年版，第414页。

结构，必须以科技为支撑。结构调整的效果如何，关键要看能否提高农产品的科技含量，能否提高科技对农业增长的贡献率，农业的增长能否真正转移到主要依靠科技进步和提高劳动者素质的轨道上来。结构调整是农业从粗放经营向集约经营转变的过程。通过调整结构优化品种、提高质量、增加效益，优化农业生产结构和区域布局。农业要实现可持续发展，承担起支撑经济社会长期发展的重任，必须加快转变增长方式，加快改变粗放型的经营方式。要按照建设资源节约、环境友好型社会的要求，发展循环农业，强化生态保护，坚持节约生产、清洁生产、安全生产，走出一条中国特色农业现代化道路。推动工业化、信息化、城镇化、农业现代化同步发展，统筹城乡经济社会发展，建立促进城乡经济社会发展一体化制度。

第三，以科技创新为手段，着力构建现代农业产业体系。建设社会主义新农村，必须着力构建现代产业体系，不断拓宽农业内涵和外延，优化农业产业结构，拓展农业产业领域，提升农业产业竞争力。要以市场需求为导向、科技创新为手段、质量效益为目标，构建现代农业产业体系。从推进我国农业现代化建设的基本任务出发，构建现代农业产业体系要抓好三大体系建设。一是农产品产业体系。必须在稳定发展粮食生产的基础上，鼓励和支持优势产区集中发展棉花、油料等大宗产品，加快发展畜牧、水产、蔬菜、水果等各个产业，确保国家粮食安全和主要农产品供给。二是多功能产业体系。必须在发挥农业提供食物和原料功能的同时，加快培育和拓展与生态保护、休闲观光、文化传承、生物能源等密切相关的循环农业、特色农业、生物能源产业、乡村旅游业和农村二、三产业等，充分发挥农业的多种功能。三是现代农业支撑产业体系。必须加快发展农业科技、社会化服务、农产品加工、市场流通、信息咨询等为农服务的相关产业，提升农业现代化水平。

第四，深化农业科技改革，加快农业科技创新体系建设。根据我国的基本国情、农业科技发展现状和世界科技特别是高新技术发展趋势，推进我国农业科技革命，必须深化农业科技体制改革，逐步建立起适应我国农业发展和国际竞争要求的新型农业科技创新体系。要以促进农科教、产学研用紧密结合为重点，深化农业科技体制改革，形成学科联合、领域交叉、开放共享的农业科技创新格局和交流平台。加快农业科技创新体系建设，必须以“科学布局，优化资源，创新机制，提升能力”为总体思路，以提高科技持续创新能力和效率为核心，以整合资源和创新机制为手段，以食物特别是粮食安全、生态安全和农民增收为主要任务，从知识创新、技术创新、成果创新和产品创新四个方面进行系统设计，初步建成由国家农业技术创新基地、区域性农业科研中心、试验站和企业农业科技研发中心为主组成的开放式的国家农业科技创新体系。要完善农业科技创新机制，打破部门、区域、学科界限，有效整合科技资源，建立协同创新机制，推动产学研、农科教紧密结合。深化农业科研院所改革，完善农业科研立项机制、农业科研评价机制。

第五，顺应世界科技发展潮流，不断促进农业技术集成化、劳动过程机械化、生产经营信息化。就当前和今后一个时期而言，我国农业科技创新的重要和关键领域，是实现农业技术集成化、劳动过程机械化、生产经营信息化。技术集成化是现代科技发展的必然趋势，是加速我国农业科技进步的重要形式。农业技术集成化强调的是多项技术的联动创新和配套运用。现阶段，发展现代农业，转变农业发展方式，实现农业生产的高产、优质、高效、生态、安全，仅仅依靠单一技术的突破是远远不够的，必须整合科技资源，选择对农业发展关联度和带动性强的多项农业技术进行联合攻关。为此，要加强农业技术研发和集成，重点支持生物技术、良种培育、丰产栽培、农业节水、疫病防治、防灾减灾等领域的科技创新。随着农业劳动力大量向外转移和农村生产生活方式的变化，农产品生产的某一环节或全过程迫切需要实现机械化。因此，必须紧紧围绕农业的规模化、精准化、设施化，大力推进田间作业、设施栽培、健康养殖、精深加工、储运保鲜等关键环节的科技创新，开发出一批多功能、智能化、经济型的装备设施运用于农业过程。要充分发挥农业机械集成技术、节本增效、推动规模经营的重要作用，不断拓展农机作业领域，提高农机服务水平。农业生产经营信息化是指在农业领域充分利用计算机技术、通信技术、光电技术、遥感技术等多项现代信息技术装备农业，实现农产品生产、加工、储运和市场销售等环节的科学化和智能化，构建现代化的农业信息服务体系。从目前情况看，农民在走向市场时，面临的最大问题是不知市场在何处，也不知道怎样才能迈进市场。农民亟须的是市场信息、技术服务、销售渠道等。因此，要通过资金投入、技术管理、市场拓展、教育培训、信息咨询等方式，为推动农业结构战略性调整和农民增收提供有效服务，完善以科技服务和信息服务为重点的农业社会化服务体系。要注意引进先进的农业技术，并组织好科技人员下乡，为农民提供科技服务。要强化基层公益性农技推广服务，引导科研教育机构积极开展农技服务，培育和支持新型农业社会化服务组织。

第六，加强农业技术推广普及，推动农业科技成果转化。国内外农业发展史证明，科技成果转化应用是农业科技产业链的一个关键环节，不仅不可缺少，而且对农业现代化建设起着事半功倍的巨大促进作用。必须按照经营性服务和公益性职能分开的要求，改革农业科技推广体制，加快农业科技成果转化。一是要强化基层公益性农技推广服务。充分发挥各级农技推广机构的作用，着力增强基层农技推广服务能力，推动家庭经营向采用先进科技和生产手段的方向转变。二是要引导科研教育机构积极开展农技服务。引导高等院校、科研院所成为公益性农技推广的重要力量，强化服务“三农”职责，完善激励机制，鼓励科研教学人员深入基层从事农技推广服务。三是要培育和支持新型农业社会化服务组织。通过政府订购、定向委托、招投标等方式，扶持农民专业合作社、供销合作社、专业技术协会、农民用水合作组织、涉农企业等社会力量广泛参与农业产前、产中、产后服务。总之，要通过改革，尽快形成一个以公益性农业技术推广机构为主，农村合作经济组织为基础，科研院所、教学单位、涉农企业、中介机构等社会力量广泛参与的新型农技推广体系。

三、建设社会主义文化强国

文化是民族的血脉，是人民的精神家园。改革开放以来，邓小平反复强调：“我们要在建设高度物质文明的同时，提高全民族的科学文化水平，发展高尚的丰富多彩的文化生活，建设高度的社会主义精神文明。”[①]江泽民在论述“三个代表”重要思想时，明确指出中国共产党要始终代表中国先进文化的前进方向。胡锦涛深刻指出：“发展社会主义先进文化，是建设中国特色社会主义的应有之义，是马克思主义政党思想精神上的旗帜，是推动我国经济社会发

① 《邓小平文选》第2卷，人民出版社1994年版，第208页。

展的必然要求，是实现中华民族伟大复兴的显著标志。”[①]以胡锦涛为总书记的党中央在深入研究我国文化建设的新形势、新要求，全面总结我国文化改革发展的成就和经验的基础上，深刻阐述了中国特色社会主义文化发展道路，提出了建设社会主义文化强国的重大战略思想，极大地推动了我国文化改革发展进程。党的十七届六中全会通过的《中共中央关于深化文化体制改革推动社会主义文化大发展大繁荣若干重大问题的决定》指出：“要发挥文化和科技相互促进的作用，深入实施科技带动战略”，“推进文化科技创新”。[②]这是立足我国文化建设实际、面向日新月异的新科技革命提出的重大战略任务。

1. 科技创新是文化发展的重要引擎

科学技术在推动社会主义文化大发展大繁荣、建设社会主义文化强国中发挥着重要的作用。

要认识到中国特色社会主义文化发展道路就是建设社会主义文化强国之路。

“文化是民族凝聚力和创造力的重要源泉，是综合国力竞争的重要因素，是经济社会发展的重要支撑。”[③]国家富强、民族振兴、人民生活幸福安康，需要强大的经济力量，也需要强大的文化力量。随着世界多极化、经济全球化的深入发展和科学技术的日新月异，文化与经济、政治相互交融的程度不断加深，与科学技术的结合更加紧密，经济的文化含量日益提高，文化的经济功能越来越强，文化已经成为国家核心竞争力的重要因素，成为衡量一个国家综合实力强弱的重要尺度。谁占据了文化发展的制高点，谁就拥有了强大的文化软实力，谁就能够在激烈的国际竞争中掌握主动权。胡锦涛指出：“综合国力竞争的一个显著特点，就是文化的地位和作用更加凸显，经济较量中的文化因素日

① 《胡锦涛文选》第2卷，人民出版社2016年版，第538页。

② 中共中央文献研究室编：《十七大以来重要文献选编》下，中央文献出版社2013年版，第575页。

③ 中共中央宣传部、中共中央文献研究室编：《论文化建设——重要论述摘编》，学习出版社、中央文献出版社2012年版，第13页。

益突出，越来越多的国家把提高文化软实力作为重要发展战略。”[1]现在，越来越多的国家看重文化的巨大作用，千方百计壮大本国文化的整体实力和国际竞争力。我国作为发展中的社会主义国家，要在新的国际竞争中立于不败之地，维护国家发展利益和文化安全，必须尽快形成与我国经济社会发展和国际地位相适应的文化优势，努力建设社会主义文化强国。

党的十七届六中全会对建设社会主义强国的奋斗目标进行了阐述，其中指出：建设社会主义文化强国，就是要着力推动社会主义先进文化更加深入人心，推动社会主义精神文明和物质文明全面发展，不断开创全民族文化创造活力持续迸发、社会文化生活更加丰富多彩、人民基本文化权益得到更好保障、人民思想道德素质和科学文化素质全面提高的新局面，建设中华民族共有精神家园，为人类文明进步作出更大贡献。

建设社会主义文化强国，必须坚持中国特色社会主义文化发展道路。改革开放特别是党的十六大以来，我们党始终把文化建设放在党和国家全局工作的重要战略地位，坚持物质文明和精神文明两手抓、依法治国和以德治国相结合、文化事业和文化产业同发展，在推动文化建设不断取得新成就的过程中，走出了中国特色社会主义文化发展道路。这条道路的内涵十分丰富，主要包括：坚持社会主义先进文化前进方向，以科学发展为主题，以建设社会主义核心价值体系为根本任务，以满足人民精神文化需求为出发点和落脚点，以改革创新为动力，发展面向现代化、面向世界、面向未来的，民族的科学的大众的社会主义文化，培养高度的文化自觉和文化自信，提高全民族文明素质，增强国家文化软实力，弘扬中华文化，努力建设社会主义文化强国。这是新中国成立，特别是改革开放以来我国文化建设实践探索的基本结论，鲜明回答了新的历史条件下我国文化改革发展走什么样的路、朝什么样的目标迈进这个带有方向性、战略性的重大问题。中国特色社会主义文化发展道路就是建设社会主义文化强国之路。胡锦涛强调：坚持中国特色社会主义文化发展道路，必须坚持以马克思主义为指导，坚持社会主义先进文化前进方向；必须发挥人民在

---

① 中共中央宣传部、中共中央文献研究室编：《论文化建设——重要论述摘编》，学习出版社、中央文献出版社2012年版，第12页。

文化建设中的主体作用,坚持文化发展为了人民、文化发展依靠人民、文化发展成果由人民共享;必须继承和发扬中华优秀文化传统,大力弘扬中华文化,建设中华民族共有精神家园;必须坚持一手抓公益性文化事业、一手抓文化产业,推动文化事业和文化产业全面协调可持续发展。"四个必须"为坚持走中国特色社会主义文化发展道路、建设社会主义文化强国指明了前进方向。

要辩证认识文化和科技的关系。

文化与科技历来如影随形,科学技术的每一次重大进步,都会渗透到文化建设的各个方面,都会给文化的内容、传播方式、文化业态、表现形式带来革命性变化。

从文化的内容上看,科技创新在不断深化人类对于自然、社会发展规律认识的同时,扩展着人类的精神世界,不断丰富、塑造和影响着文化的内容。随着科学技术的发展,人类的科技知识不断延伸,人类的思维方式不断完善,这些都是文化的重要内容,是文化在科技领域的体现。可以说,科学技术在一定程度上反映了该时期人类认识世界的能力,反映了该时期文化发展的水平和特点。科学技术水平越高,围绕科学技术而形成的知识体系越丰富,文化的内涵也就随之更丰富。

从文化的传播方式看,科技创新推动着文化发展传播方式发生深刻变革。科学技术是第一生产力,是先进生产力的集中体现和主要标志。科学技术对人类社会的推动作用,固然首先直接地表现为对生产力的推动作用,但是又不仅仅局限于生产力方面,还体现在经济社会发展的方方面面,比如社会形态的更替、政治经济格局的变化、国际关系的调整、文化传播方式的更新等。随着人类认识能力的提高和科学技术的进步,人类从狩猎时代、农耕时代渐次进入大机器工业时代、电气化时代,现在已进入信息化时代。在狩猎时代、农耕时代,人类主要靠语言、古文字、石刻等形式传播文化。在印刷术发明后,书籍、报刊又成为文化的传播载体。进入到大机器工业时代、电气化时代后,文化有了新的传播方式,比如电影、广播、电视等。进入到信息化时代后,文化的传播方式迅速多样化,令人目不暇接。广播、电视、电影、书籍、报刊、各种演出以及文化旅游等传统文化传播方式,在当代社会仍然发挥着重要的作用。但是,更为重要、给人类带来更深影响的是:随着信息技术的突飞猛进,互联网等新兴媒体迅速发展，网络出版、移动电视、数字媒体等传播方式日益进入人们的生活，并为人们所喜爱和接受。其中一个突出现象就是网络正在成为人们日常生活中不可或缺的文化传播工具。比如：传统出版是以纸质为媒介，现在出现了网络出版物等；过去人们靠书信等方式传递信息，现在则普遍使用电子邮件等方式传递信息。另一个突出现象是多媒体技术的运用。比如：过去展览馆、博物馆等文化场馆主要靠文物、文字等陈列展示，现在则可以使用数字影像、数字三维模拟展示、融声光电一体的多媒体技术布展，营造出了逼真的氛围，给观众带来了更为丰富的文化与艺术体验。数字、网络等技术的快速发展及其在文化领域的广泛应用，使文字、声音、图像等信息可以大量快捷地复制与传输。新技术、新兴媒体具有便捷、信息多源、互动、开放等传播特点，极大地提高了传播的效率，拓展了文化传播的渠道。

从文化业态看，文化产业的发展是伴随着科技进步和创新而不断向前演进的，“科技创新是促进新型文化业态形成发展的核心动力”①。科学技术的每一次重大进步运用于文化领域，都会引起文化生产方式的深刻变革，导致文化业态的重大变化。历史上，留声机、摄影术、电子技术、光纤通信、无线电通信、激光照排，以及CD、VCD、DVD等技术的发展，推动了音响业、电影业、广播电视业等文化行业的形成和发展，并使新闻出版业发生革命性的变化。在当今的信息化时代，互联网、移动通信、数字化、多媒体等高新技术在文化领域的广泛运用，正在深刻影响着文化产业的发展，使文化产业在创作、传播、消费终端以及服务模式等方面不断推陈出新，产业结构不断升级。以动漫、网络游戏、手机媒体、多媒体产品等为代表的新兴文化业态，已逐渐成为继信息技术产业后最具潜力的产业之一。我国一些信息产业发展较快的地区，已经逐步形成了包括网络出版、动漫、移动内容、数字媒体等为主的数字内容产业群，为文化产业的发展注入了新的动力。正因如此，党的十七大报告提出了“运用高新技术创新文化生产方式，培育新的文化业态”②的任务。

---

① 王志刚：《推动文化与科技融合，加强文化创新》，《〈中共中央关于深化文化体制改革推动社会主义文化大发展大繁荣若干重大问题的决定〉辅导读本》，人民出版社2011年版，第155页。

② 《胡锦涛文选》第2卷，人民出版社2016年版，第641页。

从文化的表现形式看，科技创新使文化表现形式更加丰富多彩，大大提升了文化产品的表现力、影响力、感染力。网络技术、数字技术、新型显示技术、虚拟现实技术等高新技术在文化领域的广泛渗透和应用，使文化表现形式多姿多彩，极大提升了各类文化产品的表现力。高新技术推动了影视动漫、网络视频、电子图书等文化表现形态的兴起，以独特的方式提升了文化产品的影响力。数字影像、新型显示、数字三维模拟展示、电脑特技等诸多高新技术的应用，大大提升了演艺会展、大型文化传播活动、广播影视的感染力。互联网、手机等新兴媒体为文化发展注入新的元素，使得新闻出版、休闲娱乐以及公共文化服务等文化事业和文化产业充满蓬勃生机和活力，也激发了全民文化创造活力。

总之，高新科技的发展尤其是新兴媒体技术的发展，为文化发展注入新的内涵、新的动力，越来越成为撬动文化发展的强大杠杆。随着新科技革命突飞猛进，科学技术在文化发展中的先导地位和支撑作用日益显著。因此，必须正确认识文化和科技的关系，认真研究科学技术的发展给文化建设带来的新情况、新问题，充分运用高新技术推动文化改革发展，不断提高文化创新能力，努力建设社会主义文化强国。

2. 发展创新文化，培育全社会创新精神

新科技革命对文化建设提出了发展创新文化的要求，创新文化丰富了文化建设的内涵。2006年1月，胡锦涛在全国科学技术大会上，在动员全党全社会坚持走中国特色自主创新道路、为建设创新型国家而努力奋斗的重要时刻，提出了一个极为重要的任务："发展创新文化，努力培育全社会创新精神。"[①]

创新文化丰富了文化建设的内涵。

科学的本质就是创新。江泽民高度重视创新，反复指出："创新是一个民族进步的灵魂，是一个国家兴旺发达的不竭动力，也是一个政党永葆生机的源泉。"[②]创新是事业发展的巨大动力。在中国这样一个经济文化相对落后的国

① 中共中央文献研究室编：《十六大以来重要文献选编》下，中央文献出版社2008年版，第193页。

② 《江泽民文选》第3卷，人民出版社2006年版，第64页。

家建设社会主义,是前无古人的事业,没有任何成功的经验可以借鉴,没有任何现成的模式可以套用。不创新就不能发展,不创新就不能进步。世界在变化,我国改革开放和现代化建设在前进,人民群众的实践在发展,迫切需要我们与时俱进,大力推进理论创新、科技创新、体制创新、文化创新以及各方面创新。

创新是一个民族文化活力的标志。一个民族的文化是否具有创新能力,决定了民族的兴衰和国家的强弱。欧洲文艺复兴时期的思想创新,打破了中世纪的黑暗;法国启蒙运动的文化创新,揭开了思想解放的序幕。这些思想文化观念的创新,成为推动文明进步的先导。回顾历史,几次重大的科技革命的历史进程表明:越是创新活跃的国家和地区,就越能走向强盛;一旦创新活力丧失,就面临着竞争出局的危险。18世纪以来,世界的科学中心和工业重心从英国转到德国,再到美国,表面上是地理位置的更替,实质上是创新能力强弱的转换,其中无不包含深厚的文化根由。

胡锦涛指出:"一个国家的文化,同科技创新有着相互促进、相互激荡的密切关系。创新文化孕育创新事业,创新事业激励创新文化。"①创新文化来源于创新实践、创新事业,一经形成之后又反过来为创新实践、创新事业提供不竭的精神动力。创新文化是孕育创新实践、创新事业的重要前提,是推进创新实践、创新事业发展的核心资源,是提升国家创新能力和竞争力的重要基础。"观念的创新、科技的创新、体制的创新都要回归于文化的创新,这不仅是逻辑的必然,也是历史的必然。要实现科技创新和体制上的创新,必须把建立创新文化当作一个重要的前提。"②发展创新文化不仅可以为创新实践、创新事业提供思想基础、动力支持,而且还可以为创新实践、创新事业构建改革创新、锐意进取的文化氛围。

发展创新文化是建设社会主义文化强国的一项重要任务。

当今时代,人类社会步入了一个科技创新不断涌现的重要时期。人类创新活动更加活跃和频繁,创新对经济社会发展的重要作用更加明显,发展创新

① 《胡锦涛文选》第2卷,人民出版社2016年版,第409页。

② 徐冠华:《大力构建有利于创新的文化环境》,《中国软科学》2001年第3期,第3页。

文化的重要意义更加突出。创新文化、创新能力越来越决定着一个国家、一个民族的发展进程。如果不能创新,一个民族就难以兴盛,难以屹立于世界民族之林。发展创新文化,培育全社会创新精神,是科技进步和创新最深厚、最持久的社会基础。创新精神是我们时代精神的核心,创新文化是先进文化的重要组成部分。只有大力发展创新文化,才能不断丰富和拓展先进文化。发展创新文化,是建设社会主义文化强国的一项重要任务。建设社会主义文化强国,迫切需要加强创新文化建设,大力培育全社会创新精神,从而为中国特色社会主义事业提供良好的创新文化氛围。

第一,要把解放思想作为发展创新文化的重要前提。客观事物是不断发展的,人类的社会实践也是不断发展的,与此相适应,人类对于客观事物的规律和人类实践的规律的认识也是不断地发展和深化的。新的形势、新的实践和新的任务要求我们的思想认识决不能停留在一个水平上,一定要不断地有所发现,有所创新,有所前进。解放思想、实事求是、与时俱进,既是实践提出的客观要求,同时也是创新文化提出的首要要求。只有坚持解放思想、实事求是、与时俱进,才能在实践中开拓前进,不断根据实践的要求进行创新。必须始终坚持解放思想、实事求是、与时俱进,不断推进理论创新、制度创新、文化创新以及各方面的创新,为科技创新提供科学的理论指导、有力的制度保障和良好的文化氛围。

第二,要把开展科技普及作为发展创新文化的基础性工程。科技普及与科技创新,如同车之两轮、鸟之两翼,是科技事业发展的两个重要方面,不可或缺。在加强科技进步和创新的同时,大力加强全社会的科技普及工作,对于培育全社会的创新精神尤其重要。要大力弘扬求真务实、勇于创新的科学精神,坚持学术民主、鼓励探索、宽容失败,营造有利于创新创造的文化氛围。要广泛宣传我国科技发展伟大成就,宣传科技创新的典型事迹和典型人物,激发广大人民特别是青少年的科技兴趣和创新热情,树立勇于创新的价值导向。要在全社会广为传播科学知识、科学方法、科学思想、科学精神,使广大人民群众更好地接受科学技术的武装,进一步形成讲科学、爱科学、学科学、用科学的社会风尚。要加强科普能力建设,促进科普与教育、科技、文化等有机结合,发挥好科技活动周等科普平台的作用,更好地展示科技魅力、推动科技普及、提高全民科学素质。

第三，要把营造创新制度环境作为发展创新文化的体制机制保障。“创新的种子要发芽生长，需要适宜的气候和环境。发展创新文化、培育创新精神，需要观念的支撑，更呼唤制度的保障。”[①]要坚持以人为本，尊重人的自由探索，尊重人的首创精神，鼓励人们进行各种形式的创新活动，使全社会的创新智慧竞相迸发、各方面创新人才大量涌现。努力形成激励创新、宽容失败的评价机制，营造学术民主、宽松和谐的创新氛围，保护创新的积极性、主动性。建立健全鼓励创新的分配制度和激励机制，让创新型人才得到优厚报酬。加强制度建设，完善体制机制，为创新活动创造良好的法制环境、政策环境，形成鼓励创新创业的社会环境，切实保障创新文化价值观的形成和确立。发展创新文化，既要大力继承和弘扬中华文化的优良传统，又要充分吸收国外文化的有益成果。要坚持对外开放的基本国策，扩大多种形式的国际和地区科技交流合作，有效利用全球科技资源。

3. 建设健康向上的网络文化

高新技术尤其是信息网络技术的发展，催生了网络文化。网络文化是中国特色社会主义文化的重要组成部分。目前，人们对于网络文化还没有形成一致性的表述，比较有代表性的观点认为：“网络文化是指网民借助网络技术在网络空间中从事各种活动的文化表现。”[②]

高新技术尤其是信息网络技术的突飞猛进，带来了人类传播方式的革命性飞跃。互联网已经成为覆盖广泛、快捷高效、影响巨大的大众传媒，成为思想文化信息的集散地和社会舆论的放大器。特别是3G手机的应用，进一步推动了由固网互联网向移动互联网延伸，使人人、时时、处处上网成为可能。在信息化时代，网络无处不在，网络文化快速发展。我国网络文化的快速发展给我国社会主义文化建设提出了新的课题和挑战。

---

① 任仲平：《没有那么一股子气，不行——论发展创新文化与建设创新型国家》，《人民日报》2006年4月5日，第1版。

② 杨永志：《发展健康向上网络文化的三个着力点》，《人民日报》2012年2月6日，第7版。

从国内环境看，随着改革开放的深入，人们思想活动的独立性、选择性、多变性、差异性不断增强，人民群众精神文化需求多方面、多层次、多样性特征日益凸显。社会思想多元多样多变的现状都反映在互联网上，并得到放大。互联网彻底改变了人类的沟通方式和效率，人们自发参与各种形式的文化传播与互动，活动日益活跃，越来越多的人借助互联网参与文化创造、文化建设。网络文化在迅速发展的同时，也出现了一些不容忽视的问题。比如：在互联网上，正确与错误、先进与落后、健康与腐朽、高尚与庸俗的思想相互交织，真实与虚假、精华与糟粕、科学与谬误、正面与反面的信息同时并存；“水军”操纵舆论、推波助澜，“推手”虚构事实、炮制新闻，非法网络公关大量出现，黑客、病毒无孔不入，违法、不良信息屡禁不绝；网络谣言、网络暴力等不文明现象时有发生，网络诈骗等违法行为不断改头换面；等等。这些情况也使得网络文化呈现出复杂性。

从国际环境看，全球性的文化交流更加便捷，外来文化的表现力不断增强，对于我国文化建设的影响日趋明显。西方敌对势力不甘心看到中国发展强大，对中国在战略上围堵，安全上威胁，发展上牵制，统一上阻挠，主权上干扰，责任上施压，形象上丑化，思想文化上渗透。“西强我弱”的国际舆论格局短期内难以改变，而我们的国际传播能力和文化软实力与我国日益提高的国际地位还不相适应。

在这样一种复杂的形势下，网络文化建设和管理的任务更加迫切。能否积极利用和有效管理互联网，能否真正使互联网成为传播社会主义先进文化的新途径、公共文化服务的新平台、人们健康精神文化生活的新空间，关系到社会主义文化事业和文化产业的健康发展，关系到国家文化信息安全和国家长治久安。加强网络文化建设，繁荣网络文化，已经成为关系中国特色社会主义事业全局的重大问题。正因如此，党的十六届六中全会提出了“发展健康向上的网络文化”的战略任务。胡锦涛在党的十七大报告中强调：“加强网络文化建设和管理，营造良好网络环境。”①

加强我国网络文化建设和管理，必须从中国特色社会主义事业总体布局

① 《胡锦涛文选》第2卷，人民出版社2016年版，第640页。

和文化发展战略出发，牢牢把握社会主义先进文化的发展要求，坚持“积极利用、科学发展、依法管理、确保安全”的方针，以先进技术传播先进文化，更好地满足人民群众日益增长的精神文化需要，为全面建成小康社会提供有力的思想保证和舆论支持。

第一，树立网络阵地意识，唱响网上思想文化主旋律。当今时代，互联网日益成为文化交流、思潮交汇的平台，成为文化较量、意识形态领域渗透与反渗透的新战场和主阵地。如果马克思主义不去占领这个阵地，各种非马克思主义和反马克思主义就会去占领。发展健康向上的网络文化，首先必须牢固树立网络阵地意识，积极进行正确的舆论引导。要坚持社会主义先进文化的发展方向，唱响网上思想文化的主旋律，努力宣传科学真理、传播先进文化、倡导科学精神、塑造美好心灵、弘扬社会正气。要掌握网上舆论主导权，提高网上引导水平，讲求引导艺术，积极运用新技术，加大正面宣传力度，形成积极向上的主流舆论，达到弘扬社会正气、通达社情民意、引导社会热点、疏导公众情绪、有效凝聚共识的目的。

第二，以科技进步和创新为手段，提高网络文化产品和服务的供给能力。要加快传统文化产业与网络文化产业的融合，提高网络文化创作生产的集约化、规模化、专业化水平，创造丰富多彩的网络文化产品。把博大精深的中华文化作为网络文化的重要源泉，推动我国优秀文化产品的数字化、网络化，加强高品位文化信息的传播，努力形成一批具有中国气派、体现时代精神、品位高雅的网络文化品牌，使积极健康的网络文化产品占据网上主导地位。充分运用技术创新成果，以新技术、新业务吸引网民，占领网络信息传播制高点，推动网络文化发挥滋润心灵、陶冶情操、愉悦身心的作用，为社会提供优质便捷的网络文化服务。

第三，强化网络文化管理，形成共建共享的网上精神家园。坚持一手抓繁荣、一手抓管理，在发展繁荣过程中不断改进和创新网络文化管理，通过科学有效的管理促进网络文化发展繁荣。进一步丰富管理手段，在恰当运用思想教育手段的同时，更加注重依法管理为主，并综合运用法律、经济、行政、科技等手段。加强网络法制建设，加快形成法律规范、行政监管、行业自律、技术保障、公众监督、社会教育相结合的互联网管理体系。倡导文明办网、文明上网，净化网络环境,努力营造文明健康、积极向上的网络文化氛围,营造共建共享的精神家园。积极推进网络安全技术研发,加快互联网核心装备技术国产化,加大网上个人信息保护力度,切实维护国家信息安全。

总之,要适应信息化发展的新趋势,切实加强网络文化建设,“加快形成中国特色网络文化”[①]。

4. 推动文化与科技融合

科学技术作为社会智力发展的一个方面,既是文化的重要内容,同时也是文化的重要体现形式和载体。推动文化与科技融合,实现文化与科技创新要素的有机结合,促进文化科技创新发展,是开辟文化发展新途径、赢得文化竞争新优势的重要举措,是促进文化又好又快发展的手段和必然要求。

推动文化与科技融合的重要性、紧迫性。

文化与科技是人类对世界认识的不同侧面,两者同源于一个世界,都是人类认识世界的文明成果,但两者又以不同形式揭示和表达着这个世界的本质和规律。文化和科技是相互促进的。一方面,文化的发展离不开科技的支撑,科技创新是文化发展的重要引擎。另一方面,文化发展影响着科技的生成、发展、传播和应用,先进文化是科技创新的重要动力。

在新科技革命的推动下,人类已经进入了信息化时代。在信息技术高度发展的情况下,谁的传播手段先进、传播能力强大,谁的文化产品就能更有力地影响世界。数字技术、网络技术的迅速发展和广泛应用,显著提升了文化的创造力和传播力,催生了一系列新的文化业态和新的表现形式。这些新的文化业态和新的表现形式,是文化产业中最具活力、最有潜力的部分,代表了未来文化产业的发展方向。当今时代,日新月异的新科技革命和文化建设的生动实践都表明,文化与科技相互促进、融合发展是文化建设的重要特征和发展趋势。推动文化改革发展,迫切需要发挥文化和科技相互促进的作用,推动文化与科技融合。这是新形势下的文化建设给科技工作提出的新的更高的

① 中共中央文献研究室编:《十七大以来重要文献选编》上,中央文献出版社2009年版,第175页。

要求。

必须看到,现在我们在国际文化竞争中所面临的压力,一个重要方面就是与西方发达国家之间的科技差距。推动文化与科技融合,是加快转变文化发展方式、提升文化发展质量和效益的重要途径。只有加快高新技术的开发和应用,才能不断提升中华文化的传播力、影响力,培育我们的文化优势,拓展我们的文化利益,维护国家文化安全。加快推进文化与科技融合,提高文化发展的科技含量和科技水平,是建设创新型国家的应有之义,是建设社会主义文化强国的必然要求,是坚持中国特色社会主义文化发展道路的客观需要。

党的十六大以来,中央高度重视推进文化与科技融合工作,始终把文化科技创新作为文化改革发展的重要内容,作出了一系列重大部署。党的十七大明确提出要运用高新技术创新文化生产方式,培育新的文化业态,加快构建传输快捷、覆盖广泛的文化传播体系。党的十七届六中全会进一步强调推进文化科技创新,发挥文化和科技相互促进的作用,深入实施科技带动战略,增强自主创新能力。国家还颁布了《国家"十二五"时期文化改革发展规划纲要》《国家文化科技创新工程纲要》《国家级文化和科技融合示范基地认定暂行办法》,为加快推进文化与科技的融合提供了政策保障。各地区、各部门认真贯彻中央部署,围绕文化发展的重点任务开展工作,以文化科技创新体系、文化标准体系、文化科技管理体系为主体的文化科技支撑体系初步形成,文化科技研发能力不断提升,文化科技创新氛围日益浓厚,新兴文化业态发展迅猛,科技服务文化事业和文化产业的能力明显增强。

在看到成绩的同时,也要清醒地认识到,我国文化事业和文化产业的发展状况与现代科技迅猛发展及广泛应用的形势和水平还不相适应,文化产品的创作力、表现力、传播力、竞争力和影响力,还有待进一步借助科技的支撑和引领作用,实现全面提升。从全球文化竞争格局看,我国文化科技发展仍相对滞后。其中最为突出的是文化与科技融合还不够紧密,主要表现为:科技对文化发展的支撑不够,尚未形成支撑和引领文化发展的科技支撑体系;文化发展需求对科技创新的带动不足,文化领域核心技术和高端系统装备国产化不足、进口依赖度高,文化科技创新体系有待完善。同时也要看到,现代科技日新月异,信息传播技术进入发展应用的裂变期,更新换代周期不断缩短,频率不断加快。与之相比，我们运用现代科技发展文化的意识和能力还不强，科技成果的转化率还不高，文化科技人才还比较缺乏。推动文化与科技融合，加强文化科技创新，已经成为事关文化改革发展的一项重大而紧迫的课题。

在更高起点上促进文化与科技融合发展。

根据我国文化科技发展的现状、需求和存在的问题，我们必须主动适应当代科技发展的新趋势，加快高新技术的研发应用，着力提高我国文化发展的科技含量和技术装备水平，更好地用先进技术建设和传播先进文化，推动社会主义文化大发展大繁荣。

第一，不断拓展文化与科技融合的广度和深度。要加快高新技术在文化领域的运用，把科技进步和创新的最新成果渗透到文化创作、生产、传播和消费的每一个环节，贯穿到文化事业、文化产业发展的各个方面，在这当中，要坚持做到“三个更加注重”。一是更加注重用高新技术改造传统文化产业，提高传统文化产业的科技含量，加快转型升级。二是更加注重用高新技术培育新的文化业态。新兴文化业态是文化与现代科技结合的最新产物，是文化产业中最具潜力的部分，也是我们发挥后发优势、实现赶超的关键所在。要及时掌握高新科技发展的最新成果，大力发展文化创意、数字出版、移动多媒体、网络电视、动漫游戏等新兴文化产业，拓展文化产业发展领域，不断提升新兴文化业态的比重。三是更加注重用高新技术提升文化产品的表现力、吸引力和感染力。针对图书出版、广播影视、演艺会展、娱乐休闲等领域多种形式文化产品的创新创意需要，充分利用科技手段丰富创作内容和形式。利用数字化、网络化以及模拟仿真等科技手段开展各类文化资源数据库、信息库、素材库的建设和共享利用。利用数字、网络、3D、4D、高清、激光显示、多媒体、虚拟展示等高新技术，创新文化产品及服务模式。

第二，着力提升文化与科技融合的集约化、规模化、专业化水平。要做大做强一批文化科技企业和基地，集成资源、集聚优势，不断提高文化与科技融合的效率。以科技进步和创新为支撑，加快转变文化发展方式，促进从粗放型向集约型、质量效益型转变，增强文化产业整体实力和竞争力。进一步完善文化产业结构，按照结构优、布局好、效益高、可持续的要求推进文化产业结构调整，发展壮大传统文化产业，加快发展新兴文化产业。要坚持走集约型发展道路，鼓励有实力的文化企业跨地区、跨行业、跨所有制兼并重组，提高文化产业规模化、集约化、专业化水平。促进文化与科技融合，企业是主体，产业基地是平台。要切实抓好“三个一批”工作，着力完善以企业为主体、市场为导向、产学研相结合的文化技术创新体系。一是打造一批带动性强的文化科技企业和企业集团，使之在文化科技创新领域发挥骨干作用。二是打造一批特色鲜明、产业链完备的文化和科技融合示范基地。紧紧依托国家高新技术园区、国家可持续发展实验区等深入推进文化和科技融合示范基地建设，坚持特殊经济功能区的战略定位，突出文化科技创新的鲜明特色，切实发挥好示范带动作用。三是培育一批拥有自主知识产权、具有核心竞争力的文化科技品牌。要强化品牌意识，树立内容为王的观念，立足于专、精、特、新，努力打造更多技术含量高、思想含量高的文化产品。

第三，实施文化科技创新工程，加强对重大文化科技项目攻关。按照面向需求、系统推进、促进融合、加强创新的思路，实施文化科技创新工程。要紧紧抓住加强技术攻关、提高自主研发能力这个关键环节，加强对文化发展重大科技项目攻关，积极抢占文化与科技融合发展的制高点。围绕重点领域，针对重点文化产品创作、生产和传播对于基础研究和关键技术、装备的需求，抓住一批具有全局性、战略性的重大科技课题，加强核心技术、关键技术、共性技术攻关和推广应用。瞄准世界文化科技发展的前沿，加强高新技术的引进、吸收、再创新。加强科技成果的转化应用，牢固确立以市场为导向的研发方向，架设技术与市场、技术与企业的桥梁，提高文化科技创新成果的转化率。

第四，加快构建技术先进、传输快捷、覆盖广泛的现代传播体系。要把构建先进的现代文化传播体系作为推动文化与科技融合的重要突破口，形成与我国经济社会发展水平和国际地位相称的传播能力。要统筹国内传播和国际传播，统筹传统媒体与新兴媒体发展，充分运用先进技术特别是数字化技术改造传统传播模式，实施好重点文化传播工程，大力发展新兴媒体，加强重点新闻网站建设，促进报、台、网融合互动，建立传输快捷、覆盖广泛的新闻信息采集、传输与播发系统，推动优秀文化的网络化传播。适应现代信息技术发展趋势，积极推进电信网、广电网、互联网三网融合，努力实现三网之间的互联互通、资源共享、有序运行。按照“积极利用、科学发展、依法管理、确保安全”的方针,统筹建设与管理,建立健全相关安全监管系统,用科技确保网络信息安全和文化安全,促进文化产业、信息产业和相关服务业健康发展。

总之,发展创新文化、推动文化与科技融合,丰富了中国特色社会主义文化建设的内涵,拓展了中国特色社会主义文化发展道路。科学技术就是这样深深地影响着中国特色社会主义文化建设,进而给中国特色社会主义文化建设增添了富有时代特色的新内容。

四、构建社会主义和谐社会

构建社会主义和谐社会,是以胡锦涛为总书记的党中央,从全面建成小康社会、开创中国特色社会主义事业新局面的全局出发提出的一项重大任务。明确提出构建社会主义和谐社会,反映了我们党对中国特色社会主义事业发展规律的新认识,也反映了我们党对执政规律、执政能力、执政方略、执政方式的新认识。

1. 中国共产党对构建社会主义和谐社会的不懈探索

实现社会和谐,建设美好社会,始终是人类孜孜以求的一个社会理想,也是包括中国共产党在内的马克思主义政党不懈追求的一个社会理想。在革命、建设、改革的长期实践中,我们党不断探索和发展了具有中国特色的社会主义社会建设理论。

以毛泽东为核心的党的第一代中央领导集体把马克思主义基本原理同中国具体实际相结合,取得了新民主主义革命的胜利,建立了人民当家做主的新中国,进而建立了社会主义制度,为构建社会主义和谐社会创造了根本的政治前提。1956年,毛泽东在《论十大关系》中提出了调动国内外一切积极因素的基本方针,对正确处理我国社会的一些重大关系作出了深刻论述。1957年,毛泽东在《关于正确处理人民内部矛盾的问题》中明确提出了社会主义基本矛盾的理论,创立了关于两类不同性质矛盾的学说,要求学会用民主的方法解决人民内部矛盾,包括坚持百花齐放、百家争鸣的方针以解决科学文化领域里的矛盾,坚持长期共存、互相监督的方针以解决共产党与民主党派的矛盾,坚持统筹兼顾、适当安排的方针以解决全国城乡各阶层以及国家、集体、个人三者之间的矛盾，等等。他还提出："我们的目标，是想造成一个又有集中又有民主，又有纪律又有自由，又有统一意志、又有个人心情舒畅、生动活泼，那样一种政治局面。"①由于历史的复杂的原因，这些正确思想后来没有得到全面贯彻，我们党在社会主义建设道路的探索中发生曲折，特别是后来发生了"文化大革命"这样全局性的严重错误。但是，党的第一代中央领导集体关于社会主义社会建设的正确思想，对我们构建社会主义和谐社会仍然具有重要的指导意义。

党的十一届三中全会以后，以邓小平为核心的党的第二代中央领导集体，深刻总结新中国成立以来正反两方面的经验，果断地把党和国家的工作重点转移到社会主义现代化建设上来，坚定不移地实行改革开放，开辟了建设中国特色社会主义的新道路。邓小平科学阐述了建设中国特色社会主义的一系列重大理论观点，也对社会主义社会建设作出了一系列重要论断。邓小平强调，社会主义的本质，是解放生产力，发展生产力，消灭剥削，消除两极分化，最终达到共同富裕；贫穷不是社会主义，社会主义要消灭贫穷，提高人民的生活水平；社会主义发展生产力，成果是属于人民的；要调动一切积极因素，努力化消极因素为积极因素，团结一切可以团结的力量，为把我国建设成为现代化的社会主义强国而奋斗；要按照统筹兼顾的原则来调节各种利益的相互关系，正确处理人民内部矛盾，调动人民群众的积极性；没有安定团结的政治环境，没有稳定的社会秩序，什么事也干不成；等等。

党的十三届四中全会以后，以江泽民为核心的党的第三代中央领导集体，根据国内外形势的发展变化，根据我国经济社会发展的新要求和我们党肩负的新任务，进一步丰富和发展了我们党关于社会主义社会建设的理论。江泽民强调：发展是党执政兴国的第一要务，要坚持用发展的办法解决前进中的问题；社会主义社会是以经济建设为重点的全面发展、全面进步的社会，要促进社会主义物质文明、政治文明、精神文明协调发展，促进人的全面发展；必须处理好各种关系，团结全国各族人民，调动一切积极因素，加快社会主义现代化

① 中共中央文献研究室编：《建国以来重要文献选编》第15册，中央文献出版社1997年版，第240页。

建设;要始终代表中国最广大人民的根本利益,始终保持党同人民群众的血肉联系,实现好、维护好、发展好最广大人民的根本利益;要正确处理新形势下的人民内部矛盾,正确反映和兼顾不同方面群众的利益;要坚持稳定压倒一切的方针,正确处理改革、发展、稳定三者的关系,把不断改善人民生活作为处理改革、发展、稳定三者关系的重要结合点,在社会稳定中推进改革发展,通过改革发展促进社会稳定;等等。党的十六大报告在阐述全面建设小康社会的奋斗目标时,强调要使社会更加和谐,还强调要努力形成全体人民各尽其能、各得其所而又和谐相处的局面。把社会更加和谐作为我们党要为之奋斗的一个重要目标明确提出来,这在我们党历次代表大会的报告中是第一次。

党的十六大以后,以胡锦涛为总书记的党中央强调要坚持立党为公、执政为民,做到权为民所用、情为民所系、利为民所谋;牢固树立和落实科学发展观,按照"五个统筹"的要求,推进经济社会全面协调可持续发展;发展党内民主和人民民主,充分调动一切积极因素;坚持以人为本,始终把最广大人民的根本利益作为党和国家工作的根本出发点和落脚点,切实做好关心群众生产生活的工作;等等。这些都是为了推进社会主义社会建设。2004年9月,党的十六届四中全会通过的《中共中央关于加强党的执政能力建设的决定》,明确提出了提高"五个方面能力"的战略任务。不断提高构建社会主义和谐社会的能力,就是其中一个重要方面。党的十六届四中全会明确提出了构建社会主义和谐社会的任务,强调要把和谐社会建设摆在重要位置,最广泛、最充分地调动一切积极因素,不断提高构建社会主义和谐社会的能力。2006年11月,党的十六届六中全会通过的《中共中央关于构建社会主义和谐社会若干重大问题的决定》,明确提出了到2020年构建社会主义和谐社会的指导思想、目标任务、工作原则和重大部署。这表明我们党对构建社会主义和谐社会的认识日益深刻、日益丰富。

我们党提出构建社会主义和谐社会,既是对我国改革开放和现代化建设经验的科学总结,也是在新的国内外形势下提高党的执政能力、贯彻落实科学发展观、更好地推进我国经济社会发展的战略举措。构建社会主义和谐社会的重大战略思想,既是对我国社会主义建设规律认识的深化,也是对共产党执政规律、社会主义建设规律、人类社会发展规律认识的深化;既是对中国特色社会主义理论的丰富和发展，也是对马克思主义关于社会主义社会建设理论的丰富和发展。

构建社会主义和谐社会的重大战略思想拓展了中国特色社会主义理论体系的内涵。

第一，拓展了中国特色社会主义事业的总体布局。党的十一届三中全会以来，我们党始终把建设社会主义物质文明和精神文明作为两个基本的战略目标。邓小平指出："我们要建设的社会主义国家，不但要有高度的物质文明，而且要有高度的精神文明。"[①]江泽民提出了政治文明的概念，并强调建设社会主义政治文明是全面建设小康社会的重要目标，从而确立了中国特色社会主义事业"三位一体"的总体布局。以胡锦涛为总书记的党中央，明确提出构建社会主义和谐社会，要求在建设中国特色社会主义的伟大实践中更加自觉地加强社会主义和谐社会建设，使社会主义物质文明、政治文明、精神文明建设与和谐社会建设全面发展。这表明随着我国经济社会的不断发展，中国特色社会主义事业的总体布局，更加明确地由社会主义经济建设、政治建设、文化建设"三位一体"发展为社会主义经济建设、政治建设、文化建设、社会建设"四位一体"。社会建设由此成为中国特色社会主义理论体系中的重要内容。把社会建设纳入中国特色社会主义事业的总体布局，表明我们党对中国特色社会主义理论和实践的把握，又跃上了新台阶。此后，我们党又提出了生态文明建设的思想，形成了中国特色社会主义事业"五位一体"的总体布局。

第二，深化了我们党对中国特色社会主义的科学内涵和现代化建设目标的认识。胡锦涛指出："我们所要建设的社会主义和谐社会，应该是民主法治、公平正义、诚信友爱、充满活力、安定有序、人与自然和谐相处的社会。"[②]民主法治，就是社会主义民主得到充分发扬，依法治国基本方略得到切实落实，各方面积极因素得到广泛调动；公平正义，就是社会各方面的利益关系得到妥善协调，人民内部矛盾和其他社会矛盾得到正确处理，社会公平和正义得到切实维护和实现；诚信友爱，就是全社会互帮互助、诚实守信，全体人民平等友爱、

① 《邓小平文选》第2卷，人民出版社1994年版，第367页。

② 《胡锦涛文选》第2卷，人民出版社2016年版，第285页。

融洽相处;充满活力,就是能够使一切有利于社会进步的创造愿望得到尊重,创造活动得到支持,创造才能得到发挥,创造成果得到肯定;安定有序,就是社会组织机制健全,社会管理完善,社会秩序良好,人民群众安居乐业,社会保持安定团结;人与自然和谐相处,就是生产发展,生活富裕,生态良好。社会主义和谐社会的这些基本特征,反映了新世纪新阶段我国经济社会发展的新要求和我国社会出现的新趋势、新特点,体现了广大人民群众的根本利益和共同愿望,顺应了各族人民过上更加美好生活的新期待。提出构建社会主义和谐社会,使我们党的基本路线中“把我国建设成为富强民主文明的社会主义现代化国家”的表述增添了新的内涵,党的奋斗目标由此成为“把我国建设成为富强民主文明和谐的社会主义现代化国家”。及至后来将生态文明建设纳入中国特色社会主义事业“五位一体”的总体布局后,我们党形成了“把我国建设成为富强民主文明和谐美丽的社会主义现代化强国”的奋斗目标。

2. 为构建社会主义和谐社会提供科技支撑

我们党关于构建社会主义和谐社会的重大战略举措,是在我国对内加快推进工业化、信息化、城镇化、农业现代化,对外勇敢地迎接经济全球化和新科技革命的挑战,以及我国经济社会生活出现“四个多样化”的大背景下提出来的。我们要构建的社会主义和谐社会,是在中国特色社会主义道路上,中国共产党领导全体人民共同建设、共同享有的和谐社会。构建社会主义和谐社会,使得中国特色社会主义事业具有了许多全新的特征,也对包括科技工作在内的各方面工作提出了新的要求。

构建社会主义和谐社会,给建设中国特色社会主义的一系列方针政策增加了社会和谐的要求和内容。比如:提出科学发展和社会和谐是内在统一的,没有科学发展就没有社会和谐,没有社会和谐也难以实现科学发展,强调要实现各方面事业有机统一、社会成员团结和睦的和谐发展,从而为科学发展观增添了新的内涵和要求;提出在经济发展的基础上,加快推进以保障和改善民生为重点的社会建设,加强和创新社会管理,建设中国特色社会主义社会管理体系;在统战工作方面,提出要促进政党关系、民族关系、宗教关系、阶层关系、海内外同胞关系的和谐,团结一切可以团结的力量;在民族关系方面,提出要牢牢把握各民族共同团结奋斗、共同繁荣发展的主题，巩固和发展平等、团结、互助、和谐的社会主义民族关系；在国际战略和外交工作方面，提出在国际关系中弘扬民主、和睦、协作、共赢精神，始终不渝走和平发展道路，推动建设持久和平、共同繁荣的和谐世界；等等。这些方针政策和措施，极大地丰富了中国特色社会主义理论体系。

构建社会主义和谐社会，为加强和创新社会管理指明了方向。社会管理是人类社会必不可少的一项管理活动。我们加强和创新社会管理，根本目的是维护社会秩序、促进社会和谐、保障人民安居乐业，为党和国家事业发展营造良好的社会环境。社会管理的基本任务包括协调社会关系、规范社会行为、解决社会问题、化解社会矛盾、促进社会公正、应对社会风险、保持社会稳定等方面。做好社会管理工作，促进社会和谐，是全面建成小康社会、坚持和发展中国特色社会主义的基本条件。加强和创新社会管理，是构建社会主义和谐社会的必然要求，也是构建社会主义和谐社会的重要前提和保障。对于我们这样一个有13亿多人口、经济社会快速发展的国家来说，如果没有稳定的政治和社会环境，再好的规划、方案都将难以实施，再好的目标、蓝图也将难以实现，总之一切都将无从谈起。当前我国既处于发展的重要战略机遇期，又处于社会矛盾凸显期，加强和创新社会管理尤为迫切、尤为必要。从一定意义上讲，社会建设水平的高低、社会管理能力的强弱，是衡量和检验我们党执政能力、执政水平的一个重要标志。胡锦涛强调：要“牢牢把握最大限度激发社会活力、最大限度增加和谐因素、最大限度减少不和谐因素的总要求”，“以解决影响社会和谐稳定突出问题为突破口”，提高社会管理科学化水平，“建设中国特色社会主义社会管理体系，确保社会既充满活力又和谐稳定”。[①]胡锦涛提出的“总要求”“突破口”以及“建设中国特色社会主义社会管理体系”的奋斗目标，都深刻揭示了构建社会主义和谐社会与加强和创新社会管理之间的内在联系。加强和创新社会管理、建设中国特色社会主义社会管理体系，进一步丰富了构建社会主义和谐社会的内涵，由此也进一步丰富了中国特色社会主义理论体系的内容。

---

① 《胡锦涛文选》第3卷，人民出版社2016年版，第499—500页。

构建社会主义和谐社会,也为科技工作指明了新的方向。

第一,明确科技为经济社会发展服务的导向。以胡锦涛为总书记的党中央,把社会发展纳入科技工作的基本方针,丰富和发展了新时期科技工作的基本方针:“坚定不移地贯彻经济建设和社会发展必须依靠科学技术、科学技术发展必须面向经济建设和社会发展的方针。”[①]与过去相比,科技工作的基本方针增加了社会发展的内容,进一步明确了科技为经济社会发展服务的导向。这意味着,既要从经济社会发展需求中找准科技创新的主攻方向,又要把科技成果应用于经济社会发展,迅速转化为现实生产力。这就要求我们必须把经济发展、社会进步、民生改善、国家安全中亟待科技提供支撑的领域作为重点,集中力量在解决制约经济社会发展的重大科技问题、关系国民经济命脉和国家安全的关键领域取得突破,努力掌握关键技术和共性技术,解决重大公益性科技问题。

第二,确立科技事业发展的根本出发点和落脚点。胡锦涛指出:“要坚持把以人为本、改善民生作为科技事业发展的根本出发点和落脚点,使科技进步和创新成果惠及广大人民群众。”[②]坚持以人为本,是贯彻落实科学发展观的要求,也是我国科技事业改革发展的必然要求。以胡锦涛为总书记的党中央,强调以人为本,科技工作要为促进人的全面发展作出贡献,为构建社会主义和谐社会提供科技支撑;强调立足于提高人民的生活质量和健康水平,围绕粮食和食物安全、重大疾病防治等事关人民切身利益的关键科技问题,重点攻关、务求突破,为全面提高人民生活和健康水平提供科技保障;强调针对公共安全保障体系的重大科技需求,全面提高国家抗御和应对重大灾害、事故、案件与突发事件的科技能力,实现公共安全从被动应付型向主动保障型的战略转变。这些,都体现了党中央从科技角度对构建社会主义和谐社会的战略思考。

第三,“着力解决关系民生的重大科技问题”[③]。要把科技进步同国家发展

① 中共中央文献研究室编:《十六大以来重要文献选编》下,中央文献出版社2008年版,第480—481页。

② 中共中央文献研究室编:《十七大以来重要文献选编》上,中央文献出版社2009年版,第502页。

③《胡锦涛文选》第3卷,人民出版社2016年版,第403页。

战略、经济社会发展目标、人民日益增长的物质文化需要紧密结合起来，着力突破一批重大关键技术和共性技术，加快科技成果向现实生产力转化，为促进经济发展和社会和谐发挥重要作用。要把发展科技事业同提高人民生活水平和质量、提高人民科学文化素质和健康素质紧密结合起来，认真解决关系民生的重大科技问题。大力发展与民生相关的科学技术，不断强化公共服务、改善民生环境、保障民生安全，让广大人民生活得更健康、更舒适、更安全、更幸福。要面向民生重大需求，加强关系人民衣食住行的科技创新，努力解决人民群众高度关注的食品安全、饮水安全、空气质量的科技问题，努力解决多发病、常见病、急性传染病诊断和治疗药物问题，发展早期监测、早期干预技术，努力攻克对人民群众有严重危害的重大慢性疾病医疗技术，发展应对人口老龄化的科学技术。要“大力发展健康科学技术”[①]，建设世界先进水平的生物安全、食品安全、健康营养生活方式的科技保障系统，建设突发公共卫生事件及生物防范网络和系统，构建以创新药物研发和先进医疗设备制造为龙头的规模化医药研发产业链，提高生物医药产业水平，为基本公共卫生保健普惠化、个性化发展提供先进、可靠并可共同分享的技术支持，提高疾病预防、早期诊断、治疗康复能力，提高健康科学和健康服务水平。要全面实施食品安全工程、国民健康工程等，不断提升消费品和公共产品的科技含量和质量，让广大群众吃得更放心、住得更舒适、出行更便捷、身心更健康、生活更幸福。要面向生态环境保护重大需求，发展城乡环境保护、治理、修复技术，着力解决环境污染、垃圾处理等突出问题，开展示范和推广应用，促进城镇化健康发展和新农村建设，提高自然灾害监测预报和防灾减灾能力。

第四，以科学方法推进社会管理创新。新科技革命为加强和创新社会管理提供了新的手段和方法。以科学方法推进社会管理工作，就是要与时俱进，努力探索运用新学科、新技术、新知识做好社会管理工作。要学习和运用系统论、控制论、信息论以及管理学、组织学、心理学等现代科学理论，重视应用心理分析、数据统计等现代科学技术。要积极探索新技术、新知识运用于社会管理工作中的途径和手段。比如，在思想道德教育中，可以充分运用新兴媒体、

---

① 《胡锦涛文选》第3卷，人民出版社2016年版，第405页。

远程教育等载体;在流动人口管理方面,可以利用各种先进的统计方法、统计技术,建立覆盖全国人口的国家人口基础信息库;在引导社会舆论方面,可以充分利用各种网络资源,提高对虚拟社会的管理水平,发挥好网络舆论的作用;在预防腐败方面,可以大力推进电子政务建设;加强案件查处,可以健全网络举报和受理机制、信息采集机制,提高依法查处大案要案的能力。

3. 加强和完善信息网络管理,提高对虚拟社会的管理水平

信息网络带来了人类传播方式的革命性飞跃,正在成为信息社会的基本工具。在我国,信息网络飞速发展,已经深深融入人们的工作、学习和生活当中,推动着社会政治、经济和文化的不断进步,同时对人们的思想观念产生着越来越大的影响。与报纸、广播、电视等传统媒体相比,信息网络具有开放度高、信息量大、交互性强等特点,打破了传统媒体的时空界限,成为覆盖广泛、快捷高效、影响巨大、最具潜力的大众传媒,在新的舆论格局中发挥着不可替代的重要作用。目前,信息网络已覆盖渗透到世界的每一个角落。对人们尤其是广大网民来说,信息网络已成为第一信息来源。尤其是在重大事件发生时,越来越多的人首先通过信息网络获取信息、发表看法,信息网络已成为各种信息的集散地和社会舆论的放大器。网络不仅是信息来源的主平台,也是信息运用的最前沿,还是社会管理的第一线。可以说,网络作为经济社会发展的战略要地,已成为各种力量角逐争锋之地。因此,必须大力加强和完善信息网络管理,使之成为促进社会和谐的重要阵地。

我国网民数量庞大,是世界上互联网使用人口最多的国家。互联网迅速发展,促进了经济社会发展,方便了群众生活和工作,但同时也给社会管理带来了不容忽视的新情况、新问题。一是网上违法犯罪活动日益突出,现实社会违法犯罪向虚拟社会蔓延,利用互联网等媒体传播淫秽色情信息和进行赌博诈骗等违法犯罪活动猖獗,败坏社会风气,污染社会环境,影响未成年人健康成长。二是虚拟社会对现实社会的影响日益增强,特别是虚拟社会的舆论影响力和组织动员力越来越强,一些影响较大的公共事件呈现网上网下遥相呼应的趋势。三是网上炒作日益严重,各种社会矛盾和热点敏感问题极易在网上快速扩散、放大,一些非理性的声音、负面舆论、有害信息迅速传播。四是网

上信息安全问题日益凸显，我国互联网核心技术和基础资源受制于人的局面尚未根本改变，国家信息安全和网络运行安全面临较大风险，网上窃密、泄密事件频发，危害我国国家安全和利益。这些现象，对网络信息安全和社会和谐稳定提出了新挑战。加强和完善信息网络管理，加强虚拟社会管理，迫在眉睫。针对信息网络建设管理面临严峻挑战的形势，胡锦涛把"进一步加强和完善信息网络管理"作为加强和创新社会管理八项重点工作之一，强调要"提高对虚拟社会的管理水平"[①]。

第一，进一步加强和完善信息网络管理。

进一步加强和完善信息网络管理，必须按照积极利用、科学发展、依法管理、确保安全的方针，形成法律规范、行政监管、行业自律、技术保障、公众监督、社会教育相结合的互联网管理体系，提高对虚拟社会的管理水平。要落实互联网管理责任，明确各有关单位的法律责任和权责关系，形成党委统一领导、政府严格管理、企业依法运营、行业加强自律、全社会共同监督的互联网综合管理格局。要健全网上舆论引导机制，坚持及时准确、公开透明、有序开放、有效管理、正确引导，加强网络舆情分析和研判，建立网络舆情监测体系。

要进一步加强重点新闻网站建设。重点新闻网站作为重要新闻媒体，是党的宣传思想工作的重要阵地，是开展互联网新闻宣传的主力军。要理顺发展思路，调整发展战略，突出重点、整合资源、办出特色，力争通过几年的努力，打造出一批综合实力强、在国内外有广泛影响的新闻网站。要加强和改进网上舆论引导。互联网作为高技术的新型媒体，有其自身的特点，如果只是用传统的方法引导网上舆论、管理网络宣传，不可能收到好的效果。必须适应网上信息传播即时、快捷、互动的特点，认真研究网民的心理特征和思维习惯，善于运用网络语言，善于与网民交流互动，善于把新闻宣传与信息服务结合起来，不断增强网上舆论引导的针对性、实效性。

要创新信息网络管理方式方法。信息网络的健康发展，离不开科学有效的管理。伴随着信息网络的快速发展，管理任务越来越重、难度越来越大，特别是在管理方式、技术手段和法律依据等方面不适应的问题日益突出。必须

---

① 《胡锦涛文选》第3卷，人民出版社2016年版，第504页。

牢固树立以管理促发展的理念，综合运用法律、行政、经济、思想教育、行业自律和社会监督等多种办法，走出一条党委部门与政府部门相配合、主管部门与协管部门相协调、行业管理与属地管理相衔接的信息网络新闻宣传和管理的新路子。要树立科学的管理思想，立足于运用技术手段解决技术发展过程中带来的问题，加大监管和防范技术的研发力度，不断提高对网上有害信息的检测、监控和封堵能力。要适应依法治国的要求，按照条件成熟、突出重点、区分轻重缓急的要求，加快立法步伐，抓紧制定和颁布相关法律法规，加大执法工作力度，严肃查处违法违规行为。

要加快建设社会管理领域的科技支撑体系。充分运用信息技术等先进手段，建设网络化、广覆盖的公共服务平台。着力推进政府相关部门信息共享、互联互通。建立健全以自主知识产权为核心的互联网信息安全关键技术保障机制，促进信息网络健康发展。

第二，加强对虚拟社会的管理。

随着信息技术的不断发展，计算机网络遍布各个行业，形成了一种新的社会形态——网络虚拟社会。网络虚拟社会是现实社会主体以虚拟存在方式在信息网络中开展活动、相互作用构成的社会关系体系。其主要特征，一是空间虚拟性和跨地域性，二是高度开放性和交互性，三是结构独特性和管理自治性。网络虚拟社会作为现实社会在计算机网络上的映射和延伸，现实社会中的违法犯罪以及其他治安问题已经开始向网络虚拟社会蔓延，目前在现实社会的很多违法犯罪及其他治安问题都可以在网络虚拟社会中找到，并且随着计算机网络的进一步普及和发展，形势将变得更加严峻，给社会管理带来网络犯罪、信息安全、信息污染、信息知识产权等一系列的问题。目前，网络虚拟社会管理存在的不足主要表现在：法律法规滞后，专业化队伍建设不足，专用设备、管理技术手段落后，等等。

随着我国在新的历史起点上向前迈进，党和国家统筹兼顾各方面利益的难度加大，公民政治参与和网络问政议政的积极性高涨，出现了网上虚拟社会呼声同网下现实社会问题相交织的新情况。由于信息网络的发展，社会管理领域从现实社会延伸至虚拟社会，“人（流动人口）、屋（出租屋）、车（机动车）、场（重点场所）、网（互联网）、会（社会组织）”等社会管理要素纷繁复杂，新情况、新问题层出不穷。

网络作为新兴媒体，提供了全新的公共话语空间，拥有旺盛的生命力和巨大的影响力。网络空间是个虚拟社会，但同样需要真实的秩序。网络空间的秩序该怎样建立和维护，这是一个必须高度重视的新课题。要适应信息网络发展的形势，建立健全虚拟社会综合管理机制。要把对网络虚拟社会与对现实社会的管理统筹起来抓，加强网络管理能力建设和机制创新，积极构建和谐虚拟社会。要明确职责，落实责任，理顺管理体制，创新工作机制，引导互联网业界实行行业自律，有效防范、打击利用和针对信息网络的各种违法犯罪活动，做到既顺应社会信息化发展的大势，又能有效解决虚拟社会管理中出现的各种复杂问题。

五、提高党的建设科学化水平

以胡锦涛为总书记的党中央，在继承邓小平、江泽民关于党的建设的一系列重要论述的基础上，鲜明地提出了全面提高党的建设科学化水平的重大战略任务。强调全面提高党的建设科学化水平，表明作为领导中国特色社会主义伟大事业的执政党，我们党的自身建设正在按照共产党执政规律、社会主义建设规律、人类社会发展规律，更加自觉地朝着科学化、现代化奋进；表明我们党为应对新形势、新挑战而进一步提高管党治党水平，以改革创新精神不断提高和完善自己。新科技革命中涌现出来的高新技术尤其是信息网络技术的广泛运用，拓展了党建工作的领域和途径，提升了党建工作的覆盖面和实效性。面对新科技革命给党的建设带来的机遇和挑战，我们要顺应新科技革命发展趋势，牢牢把握信息化发展要求，努力将现代科学技术尤其是信息网络技术与党建工作结合起来，创新党建工作的方式方法，不断提高党的建设科学化水平。

1. 新科技革命对党的建设的影响

新科技革命对党的先进性和纯洁性建设的影响。先进性、纯洁性是马克思主义政党的本质属性，是马克思主义政党的生命所系、力量所在。党的先进性是历史的、具体的，既是一以贯之的，又是与时俱进的。现在，我们党是在国际形势深刻变化、国际竞争日趋激烈、国内改革开放日益深化的条件下带领人民搞社会主义现代化建设的。深刻变化的国际国内环境,给党员队伍和党的自身建设带来了深刻影响。其中一个重要的背景就是新科技革命蓬勃发展,科技进步日新月异。新科技革命使保持和发展党的先进性既面临许多新情况、新考验,又面临许多新任务、新要求。我们党之所以能始终保持和发展党的先进性,就是因为党始终代表中国先进生产力的发展要求,始终代表中国先进文化的前进方向,始终代表中国最广大人民的根本利益。其一,科学技术是第一生产力,是先进生产力的集中体现和主要标志。我们必须敏锐地把握新科技革命的发展趋势,大力推动科技进步和创新,不断用先进科技改造和提高国民经济,努力实现我国生产力发展的跨越。这是我们党代表中国先进生产力发展要求必须履行的重要职责。在新科技革命的浪潮中,我们党如何始终代表中国先进生产力的发展要求,不仅仅是经济社会发展方面的重大问题,而且是党的先进性建设中的重大问题。其二,新科技革命导致信息传播方式发生了革命性变革,互联网等新技术、新媒介迅速发展,信息的传播更加高效、快捷、透明、广泛,网络文化方兴未艾。但是,新技术、新媒介的运用也使得信息的复杂性增加,真假信息难辨,各种价值观念互相冲突,网络中还存在着大量的虚假信息、谣言和非理性成分。在新科技革命的浪潮中,如何加强网上思想文化建设、发展健康向上的网络文化,如何壮大主流舆论、提高舆论引导能力,如何把社会主义核心价值体系融入国民教育、精神文明和党的建设全过程,等等,这些都是对我们党始终代表先进文化前进方向提出的新要求。其三,新科技革命引发了产业结构、社会阶层结构的变化,传统产业工人的规模在逐渐缩小,新的社会阶层不断产生,出现了民营科技企业的创业人员和技术人员、受聘于外资企业的管理技术人员、个体户、私营企业主、中介组织的从业人员、自由职业人员等社会阶层,许多人在不同所有制、不同行业、不同区域之间流动频繁。由此提出了在新形势下如何妥善处理各种利益关系的问题。面对新科技革命的浪潮,我们党如何始终代表最广大人民的根本利益,如何认真考虑和兼顾不同阶层、不同方面群众的利益,如何增强党的阶级基础、扩大党的群众基础,也是加强党的先进性建设的重大问题。

新科技革命对党的执政能力建设的影响。执政能力建设是党执政后的一项根本建设。党的执政地位不是与生俱来的,也不是一劳永逸的。党的十六届四中全会通过的《中共中央关于加强党的执政能力建设的决定》明确提出:要不断提高驾驭社会主义市场经济的能力、发展社会民主政治的能力、建设社会主义先进文化的能力、构建社会主义和谐社会的能力、应对国际局势和处理国际事务的能力。要提高这五种能力,我们首要的是要把握世界经济、科技发展趋势和我国改革发展的新形势,并在此基础上科学制定方针政策。因而,能否准确把握新科技革命的基本特征和发展趋势,实际上是关系到党的执政能力建设的重大问题。江泽民曾经指出:"如果我们不努力提高自己的科技知识素养,不充分了解当今世界科技进步的趋势"①,要做好领导工作是很困难的。"各级领导干部要自觉站在新科技革命的前列,认真学习现代科学技术知识。"②只有通过学习科技知识,才能增强推动科技进步和创新的本领,成为新形势下领导经济和科技工作的内行。党员干部的科技知识、科技素养,以及推动科技进步和创新的能力、推动科技成果转化的能力和领导科技工作的能力,都是党的执政能力的题中应有之义,也是新形势下衡量和检验我们党领导水平和执政能力的一个重要标志。并且,随着新科技革命的发展,这方面的能力越来越重要。新科技革命还给党的执政能力增添了新的内涵,提出了新的要求。比如:同媒体打交道的能力。胡锦涛曾经指出:"各级领导干部要充分认识新闻舆论的重要作用,善于通过新闻宣传推动实际工作,热情支持新闻媒体采访报道,正确对待舆论监督,提高同媒体打交道能力。"③又比如:坚持党管人才原则、切实做好人才工作的能力。长期以来,我们都把人才纳入干部范畴,用管理干部的方式管理人才。随着新科技革命的蓬勃发展和改革开放的不断深入,我国干部队伍的结构发生了很大变化,人才的内涵、来源、规模和结构也有了很大变化,人才的流动性也大大增加,传统意义上的干部管理已经难以适应党对人才宏观管理所应承担的责任,也难以有效地管好用活现在的人才队伍。为适应新的情况,我们已经对干部人事制度进行了改革,对干部队伍实行

① 《江泽民文选》第2卷,人民出版社2006年版,第297页。
② 江泽民:《论科学技术》,中央文献出版社2001年版,第158页。
③ 《胡锦涛文选》第3卷,人民出版社2016年版,第64页。

分级分类管理，不再以管理党政干部的方式管理专业技术人才和企业经营管理人才。我们提出坚持党管人才原则，目的是更好地统筹人才发展和经济社会发展，更好地统筹人才工作的各个方面，把人才管好用活，为一切有志成才的人提供更多发展机遇和更大发展空间。坚持党管人才原则、切实做好人才工作的能力，成为新形势下提高党的执政能力的一个重要方面。

新科技革命对党的思想政治工作的影响。“信息技术特别是信息网络技术的发展，为我们开展思想政治工作提供了现代化手段，拓展了思想政治工作的空间和渠道。”①在经济体制深刻变革、社会结构深刻变动、利益格局深刻调整、思想观念深刻变化的形势下，党的思想政治工作面临许多新情况、新问题。比如社会思想多元多样多变的趋势日益明显，用社会主义核心价值体系引领社会思潮的任务更加紧迫；人们思想活动的独立性、选择性、多变性、差异性明显增强，思想观念更加活跃，多样化的精神文化需求日益增长，要求思想政治工作进一步增强针对性和实效性；社会成员的活动空间更为广阔，出现了大规模的人员流动，产生了新的社会组织和社会群体，要求思想政治工作建立有效覆盖全社会的工作体系和工作网络；互联网、手机短信等现代信息技术的出现和迅速发展，为思想政治工作提供了新的手段，拓展了思想政治工作的空间，同时也给国内外一些错误思想和不良文化提供了新的传播渠道，要求思想政治工作注重网上思想舆论阵地建设，掌握网上舆论主导权，进一步增强思想政治工作的时效性和影响力；西方一些国家利用信息网络技术优势对我国进行思想渗透、文化渗透，巩固社会主义意识形态的工作更加艰巨，要求思想政治工作增强社会主义意识形态吸引力，有效抵御西方错误思潮的影响，维护我国国家安全。面对这些新情况、新问题，思想政治工作必须认真研究社会生活的深刻变化、现代科学技术的迅猛发展及其对党员干部和群众思想活动的影响，积极探索信息化条件下做好思想政治工作和意识形态工作的规律、方法，使思想政治工作和意识形态工作与时俱进，不断提高思想政治工作和意识形态工作的感召力和渗透力。

新科技革命对党的基层组织建设的影响。党的基层组织是党全部工作和

---

①《江泽民文选》第3卷，人民出版社2006年版，第94页。

战斗力的基础。党的基层组织是否坚强有力，直接关系到党的生机活力，关系到党的事业兴衰成败，关系到党的执政地位巩固。党通过各领域各单位的基层组织，把广大党员组织起来，成为一个有统一意志、统一行动的整体。党的基层组织分布在农村、企业、街道社区、机关、学校、科研院所、医院、社会中介机构、社会团体、协会、学会、人民解放军连队等基层单位。尽管这些基层单位的工作性质、领导体制有所不同，党的基层组织的具体职能、工作方式方法也不完全一样，但都要履行党章规定的职责，充分发挥推动发展、服务群众、凝聚人心、促进和谐的作用。同时，党的基层组织还是党员履行义务、行使权利的平台，每一个党员都要在党的一个基层组织中参加活动、发挥作用。基层组织是我们党的细胞。如果细胞发生了病变，党的整个肌体就不可能健康，最后甚至可能垮掉。因此，我们党反复强调要防止出现“基础不牢、地动山摇”的情况。在新科技革命的影响下，随着我国经济成分和经济利益、社会生活方式、社会组织形式、就业岗位和就业方式日趋多样化，包括人员流动在内的各类要素资源的流动也日趋加快。党员队伍中处于流动状态的党员数量越来越多，基层党组织有效管理及服务党员的难度越来越大。一些地方和单位由于党员流动而对党员底数掌握不清，使部分党员游离于党组织之外；一些党员外出流动不及时转接组织关系，成为“口袋党员”，少数党员甚至与组织失去联系，成为“档案党员”；一些工作在非公有制经济组织、新社会组织中的党员尚未纳入党组织的管理和服务中。针对新情况、新问题，一些地方进行了卓有成效的探索。具体做法是：基层党组织利用互联网加强流动党员的管理和服务，利用网络高效快捷、具有开放性和交互性、不受时空制约等特点，通过建立网上党支部、支部之家等形式加强对流动党员的管理和服务，使流动党员随时随地都可以在网上开展组织生活、进行学习交流。实践表明，现代科学技术尤其是信息技术在党建领域的广泛应用，极大地提高了基层党组织的管理和服务水平。基层党组织肩负着教育、管理、服务党员的重大责任。党的建设的大量经常性工作，要在基层党组织中进行，靠基层党组织开展。在新形势下大力加强基层党组织建设，迫切需要运用现代科学技术尤其是信息技术手段推进党员动态管理，尽快使党员信息管理系统终端覆盖到全国基层党组织，实现党组织和党员的即时联系和互动，真正做到党员与党组织的联系零距离，党员在哪里，党组织的管理和服务就跟进到哪里,哪里就是党员参加活动、发挥作用的场所。

新科技革命对反腐倡廉建设的影响。坚持惩治和有效预防腐败,关系人心向背和党的生死存亡,是党必须始终抓好的重大政治任务。党的十七大报告创造性地提出"反腐倡廉建设"的概念,并把反腐倡廉建设同党的思想建设、组织建设、作风建设和制度建设并列起来,形成了"五位一体"的党建总体布局,进一步凸显了我们党把反腐倡廉建设放在更加突出的位置的要求。现代科学技术尤其是信息技术的飞速发展,推动了新兴媒体的兴起。新兴媒体相比传统媒体的监督作用更加直接、更加通畅、更加高效、更加迅速、更加及时。现在,一种新的社会监督形式——网络监督正在形成。2010年12月我国首次发布的《中国的反腐败和廉政建设》白皮书充分肯定了网络监督的作用,指出网络监督是一种反应快、影响大、参与面广的监督方式。网络监督成为广大群众参与监督的重要形式。网络以其公开、透明、快捷的特点,成为反腐败的重要战场。党员领导干部的一举一动、一言一行都呈现在"全社会的聚光灯"下。"天价烟""天价表""微笑局长"等事件暴露出少数党员领导干部言行不当及其背后隐藏的党性党风党纪问题。"网络曝光—媒体共鸣—组织查处"的"三步曲",几乎成了当下网络反腐的常态和基本模式,也被人们称为"小鼠标"扳倒"大贪官"。实践表明,现代科学技术尤其是信息技术拓宽了反腐倡廉的领域和途径。2005年以来,中央纪委监察部及部分省(区、市)纪检监察机关相继开通了举报网站。通过举报网站,各级纪检监察机关受理了大量群众举报,发现了许多有价值的案件线索,整理提供了一批高质量的重要信息。举报网站的开通,为人民群众参与党风廉政建设和反腐败斗争提供了一条方便、快捷的渠道。2008年6月,中央纪委监察部开通全国统一举报电话"12388",进一步拓宽信访举报渠道。2009年2月,中央组织部开通了"12388"举报网站,主要受理反映领导班子和领导干部违规选人用人问题的举报,及时发现和严肃纠正违规用人问题。2009年10月,中央纪委监察部统一开通全国纪检监察举报网站。举报网站受理群众对党员、党组织和行政监察对象违反党纪政纪行为的检举控告,以及对党风廉政建设和反腐败工作的意见建议。举报人在互联网上登录www.12388.gov.cn之后,即可按照网站说明向中央纪委监察部以及全国各省级纪检监察机关的举报网站反映有关问题。开通全国纪检监察举报网站，是充分发挥网络监督、群众监督作用的又一重要举措，对于严肃查处党员干部违纪违法案件具有极为重要的作用。

2. 努力建设学习型、创新型、服务型的马克思主义执政党

胡锦涛在党的十八大报告中，把建设学习型、创新型、服务型的马克思主义执政党作为全面提高党的建设科学化水平的重要目标。建设学习型、创新型、服务型的马克思主义执政党，是在世界多极化、经济全球化深入发展，科技进步日新月异、社会信息化持续推进的新形势下，保持党的先进性和纯洁性的战略任务，也是把党建设成为坚强有力、人民拥护的马克思主义执政党的重要途径。

建设学习型的马克思主义执政党，是全面提高党的建设科学化水平的重要前提。2007年10月，胡锦涛在党的十七大报告中提出了建设学习型政党的要求。2009年9月，党的十七届四中全会通过的《中共中央关于加强和改进新形势下党的建设若干重大问题的决定》，明确提出要把建设马克思主义学习型政党作为重大而紧迫的战略任务抓紧抓好，并就建设学习型党组织作出了部署。2009年12月，中共中央办公厅印发《关于推进学习型党组织建设的意见》，提出了建设学习型党组织的总体要求、主要原则和学习内容。

当今世界正处在大发展大变革大调整时期，知识创造、知识更新速度大大加快，建设马克思主义学习型政党越来越成为党始终走在时代前列引领中国发展进步的决定性因素。我们今天所处的时代，是一个以变革、调整、创新为显著特征的时代。现代科学技术进步日新月异，新发明、新创造层出不穷，知识和人才成为社会发展进步的第一资源，知识经济、创意产业成为重要经济形态，创新能力成为综合国力和国际竞争力的核心因素。重视和加强学习，倡导建设学习型组织、学习型社会，已经成为一股世界潮流。无论是个人还是社会，无论是国家还是政党，如果不加强学习，不提高学习能力，势必会落伍。我们党要更好地肩负起历史和时代赋予的崇高使命，就必须更加重视学习、更加善于学习，努力掌握和运用一切科学的新思想、新知识、新经验。只有这样，才能敏锐把握时代前进脉搏，更好地带领人民在时代的风云变幻和激烈的国际竞争中抢占先机、掌握主动，始终立于不败之地。正因如此，党的十七届四中

全会提出：必须按照科学理论武装、具有世界眼光、善于把握规律、富有创新精神的要求，把建设马克思主义学习型政党作为重大而紧迫的战略任务抓紧抓好。党中央把这一重大任务提到全党面前，这充分体现了我们党在新的历史条件下敏锐的时代意识、强烈的进取精神和高度的政治责任感，反映了马克思主义政党永不满足、永不停滞的鲜明特征。

建设学习型党组织是建设马克思主义学习型政党的基础工程，具有很强的现实针对性和紧迫性。我们党是以组织的形式存在和发展的，正是通过遍布全国各地、各条战线和各个单位的党的组织，我们党才成为一个有统一意志、统一行动的整体。建设马克思主义学习型政党，基础在各级党组织。必须按照以学习为组织建设的重要特征、以学习为组织活动的重要内容、以学习为提高组织战斗力的重要途径的要求，广泛开展创建学习型党组织活动，努力营造良好的学习环境，形成浓厚的学习风气，把各级党组织建设成为学习型党组织，把各级领导班子建设成为学习型领导班子。

新科技革命既是我们党提出建设学习型政党、学习型党组织的一个重要决策背景，同时也影响着各级党组织、广大党员干部的学习内容和学习方法。从学习内容上看，要高度重视现代科技知识的学习。既要深入学习马克思主义理论，学习中国特色社会主义理论体系，学习党的路线方针政策和国家法律法规，又要学习社会主义现代化建设所必需的各方面知识。中国特色社会主义是全面发展、全面进步的社会主义，现代化建设所需要的知识是广泛的、全面的。这就要求各级党组织、广大党员干部在认真学习马克思主义理论和党的路线、方针、政策的同时，还必须积极认真地学习人类社会创造的一切文明成果，学习现代化建设所需要的经济、政治、文化、科技、社会和国际等各方面知识，学习反映当代世界发展趋势的现代市场经济、现代国际关系、现代社会管理、现代信息技术等方面的知识。这其中，学习现代科学技术知识就是很重要的一个内容。学习现代科技知识、努力提升党员干部的科技素养，是建设学习型政党、学习型党组织的题中应有之义和重要抓手、重要内容。从学习的方式方法上看，要运用现代科学技术尤其是信息技术创新学习形式，建设学习型政党、学习型党组织。要充分利用新兴媒体不受时间、空间限制的特点，借助网络多媒体、移动多媒体、手机报、手机短信等新兴领域和新兴传播阵地，随时随地进行学习,快捷、及时地获取知识。党组织要积极利用新兴媒体开发适合本单位特点的学习平台,供党员干部学习知识、交流体会,使新兴媒体成为建设学习型党组织的最便捷的工具。

建设服务型的马克思主义执政党,是全面提高党的建设科学化水平的根本要求。长期以来,一些党员干部以为执政党的任务就是领导人民群众、管理人民群众。这种思想观念,导致在实际工作中存在重管理、轻服务的倾向,一些人甚至认为"管理就是收费、管理就是办证"。在管理和服务的关系上,一些人往往认为"管理在先,服务在后"或"先有管理,后有服务"。这也是不对的。社会管理,说到底是对人的服务和管理。社会管理应该寓管理于服务之中,应该是"服务为先,管理在后"。只有先给人民群众提供了优质的公共服务,人民群众才会相信党和政府,才会主动配合管理,积极参与到社会管理的各项事务中来。因此,必须树立服务为先的理念,寓管理于服务之中,以服务促管理,努力实现管理与服务的有机统一,做到"该服务的服务好、该管理的管到位"。要变"管字当头"为"服务为先",从管制型管理向服务型管理转变,使人民群众在社会生活中切实感受到保障,心情更加舒畅。

我们党来自人民、根植人民、服务人民,密切联系群众是我们党最大的政治优势,全心全意为人民服务是党的根本宗旨。新形势下建设服务型的马克思主义执政党,就是坚持全心全意为人民服务的根本宗旨,坚持以人为本、执政为民理念,牢固树立马克思主义群众观点,自觉贯彻党的群众路线,始终保持党同人民群众的血肉联系,始终与人民群众同呼吸、共命运、心连心,始终依靠人民推动历史前进。面对新科技革命迅猛发展、知识更新传播速率加快的趋势,一些党员干部往往感到"老办法不管用、新办法不会用"。时代在前进,事业在发展。在科技进步日新月异、社会信息化持续推进的新形势下,如果还是用陈旧的、过时的办法来干工作,那是不能胜任领导重担和服务使命的。我们要加强学习,勤于实践,不断增强服务群众的本领,团结带领人民群众一道前进。

建设创新型的马克思主义执政党,是全面提高党的建设科学化水平的时代要求。江泽民指出:"创新是一个民族进步的灵魂,是一个国家兴旺发达的不竭动力,也是一个政党永葆生机的源泉。”[①]胡锦涛反复强调要激发全民族创新精神,大力推进理论创新、制度创新、科技创新,不断巩固和发展中国特色社会主义伟大事业。新科技革命给我们提出了增强自主创新能力、走中国特色自主创新道路、建设创新型国家的任务。一个国家、一个民族,如果没有自主创新能力,就不能自立于世界民族之林。同样,一个政党如果缺少创新精神,自主创新能力不强,同样也不能担负起执政使命、完成执政任务。一个领导创新型国家建设的党,也必然是创新型的执政党。

通过理论创新推动制度创新、科技创新、文化创新以及其他各方面的创新,不断在实践中探索前进,永不自满,永不懈怠,这是我们要长期坚持的治党治国之道。创新就要不断解放思想、实事求是、与时俱进、求真务实,这是我们党坚持先进性和纯洁性,增强创造力、凝聚力、战斗力的决定性因素。实践发展永无止境,解放思想永无止境,改革创新也永无止境。我们一定要适应实践的发展,以实践来检验一切,坚持做到“三个解放出来”,即:自觉地把思想认识从那些不合时宜的观念、做法和体制的束缚中解放出来,从对马克思主义的错误的和教条式的理解中解放出来,从主观主义和形而上学的桎梏中解放出来。这在经济体制深刻变革、社会结构深刻变动、利益格局深刻调整、思想观念深刻变化的新形势下,尤其重要。

3. 提高对新兴媒体的建设和管理水平,加强和改进党的思想政治工作

高新技术特别是信息网络技术迅猛发展,对我们提出了积极利用、大力发展、科学管理新兴媒体的新任务。以互联网、手机为代表的新兴媒体的迅速发展和广泛普及,日益深刻影响社会生活和人们的精神生活,带来了传播方式和媒体格局的深刻变革。特别是3G手机的应用,进一步推动了由固定互联网向移动互联网延伸,使人人、时时、处处上网成为可能。这一方面为宣传党的理论和路线方针政策、传播科学文化知识提供了新手段,另一方面也对传统主流媒体影响力提出了新挑战,对加强和完善互联网、手机的运用和管理,维护信息安全和意识形态安全提出了新要求。特别是当前,通过互联网、手机,淫秽

① 《江泽民文选》第3卷,人民出版社2006年版,第64页。

色情等有害信息传播蔓延，敌对势力加紧对我国进行思想文化渗透。互联网日益成为各种社会思潮和利益诉求的集散地，同时也成为敌对势力进行意识形态渗透着力利用的渠道和腐朽思想文化沉渣泛起的一个传播途径。我们的工作对此还很不适应，掌握还不够有力，在管理、引导、运用上还有很大差距。“互联网已经成为思想政治工作一个新的重要阵地”，“我们要研究其特点，采取有力措施应对这种挑战”。[①]适应科学技术的迅猛发展、应对互联网等新兴媒体的挑战，迫切需要加强改进思想政治工作。我们必须更加积极主动地顺应信息网络技术迅猛发展的新趋势，深入研究信息化条件下思想政治工作的特点和规律，努力运用互联网、手机等新兴媒体，加快占领新兴媒体阵地，提高驾驭新兴媒体的能力，形成网上正面舆论强势，建设开展思想政治工作的新平台，不断提升信息化条件下思想政治工作的时效性和感染力。

一是要始终坚持正面宣传为主，不断提高舆论引导能力。党的舆论引导能力，是党的领导能力和执政能力的重要方面。胡锦涛指出：“舆论引导正确，利党利国利民；舆论引导错误，误党误国误民。”[②]面对信息网络技术飞速发展、广泛应用的趋势，必须坚持及时准确、公开透明、有序开放、有效管理、正确引导的原则，抢占舆论制高点，最大限度地挤压负面信息的传播空间。在互联网内容传播上，要做到倡导积极的、支持有益的、改造落后的、抵制腐朽的、打击有害的。二是要适应新兴媒体格局的新变化，努力提高驾驭互联网、手机等新兴媒体的能力。按照“积极利用、科学发展、依法管理、确保安全”的方针，一手抓建设、一手抓监管，一手抓运用、一手抓引导，把对互联网、手机等新兴媒体的建设和管理提高到新水平。三是要把运用新兴媒体作为党的思想理论传播和思想政治工作的重要阵地。在信息传播技术高度发达的当今社会，主流媒体向互联网等新兴传播领域延伸是大势所趋。要积极推动主流媒体向互联网延伸，积极开拓新兴媒体领域，不断扩大覆盖面，不断扩大主流媒体的辐射力和影响力。要坚持党对新兴媒体管理工作的领导，要有“阵地意识”，把新兴媒体作为我们党传播先进思想理论、先进文化的重要阵地，在思想政治工作中掌

① 《江泽民文选》第3卷，人民出版社2006年版，第94页。

② 胡锦涛：《在人民日报社考察工作时的讲话》，《人民日报》2008年6月21日，第4版。

握话语权、赢得主动权，为党的思想理论建设、思想政治工作以及意识形态工作创造良好的条件。四是努力提高同媒体打交道的能力。随着新科技革命迅猛发展以及信息技术在新闻传播领域的广泛应用，新闻媒体越来越成为影响社会生活和人们思想的重要因素，越来越成为我们党治国理政的重要资源和重要手段。胡锦涛指出："加强和改善党对新闻媒体的领导，有效引导社会舆论，是加强党的执政能力建设的重要方面，也是对党的宣传思想工作的重要考验。"[①]要适应时代发展要求，进一步加强对媒体的建设、运用和管理，切实做到善待媒体、善用媒体、善管媒体，统一思想、增进共识、凝聚力量，为党和政府工作营造良好的社会舆论环境。

4. 推进基层党建工作信息化

新科技革命给我们提出了运用科学的方法推进党建工作方式方法创新的重大课题。党的建设作为一门科学，必须有科学的研究方法，作为一种实践活动，必须有科学的工作方法。用什么样的方法开展党建工作，对于党组织能否发挥其职能，调动每个党员的积极性、创造性、主动性，起着至关重要的作用。改革开放以来，我们党在运用科学方法推进党的建设方面进行了大量有益探索，积累了丰富经验，同时还要随着时代发展和形势的变化，结合新的实际加以丰富和发展。当前无论是党的内部建设还是党的执政能力建设，都面临着信息化的机遇和挑战。运用现代科学技术特别是信息网络技术加强党的建设，是提高党的建设科学化水平的重要内容。将新媒体技术运用到党建工作中，既是信息化时代发展的客观要求，也是党建工作与时俱进，着力增强时代性和实效性的重要体现。随着信息网络技术的发展，互联网、移动电话、数字电视等在全社会的普及和应用进一步升级。这就要求我们进一步增强党的建设和新兴媒体的融合共生度，不断开拓党建工作创新的途径和方法。例如，针对党员流动性、分散性、自主性逐步增强的实际，探索建立"网络党支部""党员e家"等虚拟组织和平台，把虚拟和现实结合起来，把网上活动与网下活动结合起来。推行电子党务，建立党建网站、党员信息库，探索运用在线学习、手机

① 《胡锦涛文选》第2卷，人民出版社2016年版，第529页。

报、党建短信等手段开展党员教育培训，都是创新党建手段的体现。在科技进步日新月异的形势下，我们党作为马克思主义执政党，必须勇立时代潮头，适应新科技革命发展趋势，积极利用新兴媒体技术，加快推动党建工作向现代方式转变。要积极探索运用管理学、组织学、心理学等现代科学方法和信息网络等现代科技手段，推动党建工作创新。

推进基层党建工作信息化是全面推进党建工作科学化、规范化的一个重大举措。党的十七届四中全会通过的《中共中央关于加强和改进新形势下党的建设若干重大问题的决定》指出，要“推进基层党建工作信息化”[①]。这是适应我国信息化发展趋势，全面推进新科技革命形势下基层党建工作的新要求。将现代高新技术尤其是信息网络技术应用到党建工作中，既是信息化时代发展的客观要求，也是党建工作与时俱进、改革创新的重要体现。

一是鼓励和支持基层党组织创造条件开设党建网站，占领信息化条件下基层党建工作的制高点，在有效扩大基层党组织活动党员参与面、提高吸引力和实效性的同时，增强基层党务工作的公开性和透明度。近年来，一些地方推行电子党务，建立党建网站，为广泛运用信息网络技术开展党建工作奠定了基础。基层党组织利用党建网站这一平台，设立“网上党校”“时代先锋”“组织生活”“生产技术”“科技示范”“文明常识”等栏目，开展党员在线交流学习，使在外务工经商的流动党员都能及时参加党组织活动，有的还实现了实时查询党内信息、网上接转组织关系等功能。要总结推广这些做法和经验，抓好网上党建资源的开发整合和管理，使基层党建网站办出特色。

二是继续抓好党员电化教育。这是实现基层党组织工作信息化的便捷手段。在信息化条件下，尽管新技术、新媒介广泛应用，但在一些偏远山区、边疆民族地区，由于受到交通和通信条件等限制，电化教育仍不失为一种深受基层广大干部群众普遍欢迎的好办法。要继续办好“空中课堂”“网络课堂”等，使党员电化教育真正成为教育党员的阵地、宣传党建的窗口、传播知识的课堂、服务群众的平台。

---

① 中共中央文献研究室编：《十七大以来重要文献选编》中，中央文献出版社2011年版，第155页。

三是充分利用互联网、手机等新兴媒体和通信工具为基层党建服务。2010年1月,全国基层党建工作手机信息系统开通。该系统收集汇总了全国100万名基层党组织书记、大学生“村官”及省、市、县党委组织部长的手机号码,通过手机短信互动,实现了中央组织部、省(自治区、市)党委组织部与基层党组织书记、大学生“村官”之间快捷、及时、双向、安全的联系沟通,是运用现代化手段加强党的建设的一项创新举措。习近平曾指出,建设全国基层党建工作手机信息系统,找到了现代科技与基层党建工作一个新的结合点,创新了党的工作方法和手段,拓宽了党委组织部门与基层的沟通联系渠道,丰富了党员教育、党建宣传的形式和手段,是基层党建工作中一件新事、一件好事、一件大事,对于推进基层党组织工作信息化,畅通党内信息上下互通渠道,促进党内基层民主建设,扩大党的工作的影响力和覆盖面,推动学习型党组织建设,具有十分重要的意义。要重视利用这个系统,不断探索这个系统发挥作用的方式和途径,把全国党建工作手机信息系统真正建成传播党的声音的重要窗口、通达社情民意的崭新渠道、推进基层党建的有效载体、服务基层的重要手段。各地基层党组织要在充分用好这个信息系统的基础上,积极探索现代通信条件下基层党建工作信息化的实现形式,支持有条件的地方党委开办党建电视频道或电视栏目,不断拓展基层党建工作空间。

四是加快农村党员干部现代化远程教育网络建设步伐。要使农村党员干部现代远程教育站点与村级组织活动场所实现一体化,真正做到有村级组织活动场所的地方,就有建设好的农村党员干部现代远程教育站点。要坚持以用为本,高度重视远程教育网络的使用,努力使基层党组织和党员群众用得上、用得好。

5. 不断提高反腐倡廉工作的科技含量

胡锦涛指出:“在新的历史条件下提高党的建设科学化水平,必须坚持标本兼治、综合治理、惩防并举、注重预防的方针,深入开展党风廉政建设和反腐败斗争,始终保持马克思主义政党的先进性和纯洁性。”[1]

---

① 《胡锦涛文选》第3卷,人民出版社2016年版,第533页。

我国现阶段的反腐败斗争，是在严峻复杂的国际环境下，是在国内经济体制深刻变革、社会结构深刻变动、利益格局深刻调整、思想观念深刻变化和各种社会矛盾凸显的历史条件下进行的，各方面体制机制还不完善，各种腐朽思想的影响仍然存在，腐败现象滋生蔓延的土壤在短时期内难以清除，党风廉政建设和反腐败斗争面临不少新情况、新问题。主要表现在：权力集中部门和岗位的腐败案件依然多发，资金密集领域和行业的商业贿赂、内幕交易等现象严重，土地和矿产资源领域的腐败现象易发多发，监管薄弱领域的违纪违法问题突出，一些群众反映强烈的问题屡禁不止；腐败活动向一些关键领域渗透、向一些社会领域扩散，传统领域的腐败案件居高不下，教育、医疗、社会保障、环境保护等领域的腐败案件逐渐增多；党员、领导干部违纪违法现象依然严重，一些腐败案件涉案金额巨大、社会影响恶劣；违纪违法行为日趋复杂化、隐蔽化、智能化、期权化，新兴经济领域案件和利用高新技术手段作案有所增加；党员、干部作风方面仍然存在不少问题，损害群众利益的突出问题和不正之风仍然比较严重；一些反腐倡廉制度执行得还不够有力，建设科学严密、完备管用的反腐倡廉制度体系还任重道远；等等。这些问题，有些是经过长期整治仍未得到有效解决的痼疾，有些是新形势下出现的新问题，危害严重，影响恶劣。

胡锦涛在十七届中央纪委第六次全会上的重要讲话中，从党和国家事业发展全局和战略的高度，全面、系统、深入地分析了当前的反腐倡廉形势。他深刻指出，当前党风廉政建设和反腐败斗争的总体态势是，成效明显和问题突出并存，防治力度加大和腐败现象易发多发并存，群众对反腐败期望值不断上升和腐败现象短期内难以根治并存，反腐败斗争形势依然严峻、任务依然艰巨。这“三个并存”“两个依然”，充分体现了我们党对当前反腐倡廉形势的科学判断和深刻把握。反腐败斗争形势依然严峻，任务依然艰巨。我们必须居安思危，增强忧患意识，坚持拒腐防变常抓不懈，时刻做到警钟长鸣。

面对新科技革命迅猛发展的态势，胡锦涛深入思考了如何利用科技手段推进反腐倡廉建设的问题，提出了“把科技手段融入制度设计之中，不断提高反腐倡廉工作科技含量”[①]的新思路。他指出：我们要坚持运用在长期实践中

---

① 《胡锦涛文选》第3卷，人民出版社2016年版，第304页。

积累的成功方式方法,更要适应新形势、新任务的要求,积极探索新学科、新技术、新知识与制度建设有机结合的途径和手段,高度重视现代科学技术尤其是信息技术在反腐倡廉建设中的作用,把科技手段融入制度设计之中,不断提高反腐倡廉工作的科技含量。比如,加强反腐倡廉教育,可以充分运用新兴媒体、远程教育系统等载体和手段,以增强教育的针对性、实效性和说服力、感染力;加强监督检查,可以充分利用各种监督资源,发挥好舆论监督、网络监督的作用;加强预防腐败,可以大力推进电子政务建设,逐步把行政审批、政府采购、公共资源交易、服务群众窗口等重点领域和关键环节纳入电子监察范围,更有效地收集和利用反腐败信息,提高工作的预见性和主动性;加强案件查处,可以健全反腐倡廉网络举报和受理机制、网络信息收集和处置机制,提高依法采取各种手段查处案件特别是大案要案的能力。

胡锦涛强调要“健全反腐倡廉网络举报和受理机制、网络信息收集和处置机制”[①]。这是针对违纪违法行为智能化、利用高新技术手段作案有所增加的现象而作出的重大战略部署,顺应了信息化发展趋势,是反腐倡廉建设的重大创新。

互联网的发展,既促进了整个社会的进步和创新,又为反腐倡廉工作提供了广阔的平台。我们党高度重视并充分发挥互联网的监督作用。对公众通过互联网反映的问题,要求各级党委和政府及时调查解决,并向公众反馈处理结果。绝大多数党政机关的网站都公布了电子邮箱、电话号码,以便于公众及时反映党和政府工作中存在的问题。近几年,一大批通过互联网反映出来的问题得到了解决。为便于公众举报贪污腐败等问题,中央纪检监察部和最高人民法院、最高人民检察院等开设了举报网站。中央纪委监察部举报网站、国家预防腐败局网站等开通后,为惩治和预防贪污腐败发挥了重要作用。

要充分认识互联网发展带来的深刻影响,切实加强新形势下反腐倡廉网络信息的收集、研判和处置工作,拓宽了解社情民意的渠道,充分发挥人民群众在反腐倡廉建设中的积极作用。要发挥新媒体在弘扬正义、鞭挞腐败、威慑犯罪、曝光丑闻等方面起到的独特作用,充分利用广大网民的信息源,整合社

① 《胡锦涛文选》第3卷,人民出版社2016年版,第304页。

会各方面的反腐倡廉资源，及时公布反腐倡廉舆情动态，不断扩大反腐倡廉的影响，开辟反腐倡廉新领域，推进反腐倡廉建设。要高度重视网络举报在反腐倡廉建设中的积极作用，充分发挥全国纪检监察统一举报网站的重要作用，切实加强管理，完善网络举报法规制度建设，健全网络举报受理机制，完善线索运用和反馈制度，真正为群众提供一条便捷、畅通的监督渠道，进一步调动和保护广大群众参与反腐倡廉的积极性。要继续推进全国纪检监察网络举报系统建设，完善中央、省、市、县四级统一的纪检监察网络举报体系。要充分认识做好新形势下反腐倡廉网络信息工作的重要性，深入研究互联网等新型传媒对反腐倡廉建设的影响，深刻把握新形势下反腐倡廉网络信息工作的规律，创新理念思路、方式方法和体制机制，不断提高做好网络信息工作的能力和水平。要加强反腐倡廉信息的收集、研判和处置工作，健全制度、完善机制，及时了解把握情况，准确判断舆情发展趋势，掌握工作的主动权。要广泛宣传党中央关于反腐倡廉的方针政策、重大决策部署，宣传反腐倡廉工作进展和取得的成效，宣传先进典型。要高度重视网民对反腐倡廉建设的意见和建议，积极回应网民关切，对大案要案以及群众关心的其他反腐倡廉热点问题，及时发布权威信息，解疑释惑。要充分发挥网络监督的积极作用，努力做到准确监督、科学监督、依法监督、建设性监督。要加强纪检监察系统的互联网阵地建设，通过创建互联网站、反腐倡廉网页等形式，巩固和扩大网上舆论阵地，推动网络廉政文化建设。

加快转变经济发展方式是我国经济社会发展领域的一场深刻变革，关系中国特色社会主义建设全局。以加快转变经济发展方式为主线，是推动科学发展的必由之路。农业是安天下、稳民心的战略产业，没有农业现代化就没有国家现代化，没有农村繁荣稳定就没有全国繁荣稳定，没有农民全面小康就没有全国人民全面小康。提出建设社会主义新农村的重大战略思想，从实践上看，拓展了中国特色社会主义道路的内涵；从理论上看，丰富了中国特色社会主义理论体系的内容。文化建设是中国特色社会主义事业总体布局的重要组成部分，文化繁荣发展是全面建成小康社会的重要目标。坚持中国特色社会主义文化发展道路，是在文化领域坚持和拓展中国特色社会主义道路的集中体现。在新的历史起点上深化文化体制改革、推动社会主义文化大发展大繁荣,努力建设社会主义文化强国,关系坚持和发展中国特色社会主义,关系增强国家文化软实力,关系实现中华民族伟大复兴。构建社会主义和谐社会是贯穿中国特色社会主义事业全过程的长期历史任务。我们党自觉提出构建社会主义和谐社会这个重大战略任务,拓展了中国特色社会主义事业的总体布局。中国特色社会主义伟大事业同党的建设新的伟大工程相互联系、相互依存、相互促进。改革开放以来,我们党既紧紧围绕推进中国特色社会主义伟大事业来推进党的建设,使中国特色社会主义伟大事业成为党的建设的出发点和归宿;又通过推进党的建设新的伟大工程来推进中国特色社会主义伟大事业,使党的建设符合中国特色社会主义的发展要求,使党始终站在时代前列带领人民不断开创事业发展新局面。全面提高党的建设科学化水平,是以改革创新精神推进党的建设新的伟大工程的新任务,是确保党始终成为中国特色社会主义事业坚强领导核心的必然要求。

科技进步和创新为加快转变经济发展方式、建设社会主义新农村、建设社会主义文化强国、构建社会主义和谐社会、全面提高党的建设科学化水平提供了重要支撑。同时,这五个重大战略思想和决策又对我国科技工作提出了新的要求。这五个创新的重大战略思想和决策,是科学发展观的重要内容。新科技革命推动了科学发展观的形成和发展,同时又推动了中国特色社会主义理论体系的深化。

第八章 | 理论建构:中国特色社会主义理论体系的科技逻辑

任何一个理论体系都是由一系列相互联系的概念、文献、理论观点构成的。研究理论体系的逻辑建构,也就是要研究这个理论体系包含哪些概念、文献、理论观点,它们在整个理论体系中的地位和作用,以及它们之间内在的逻辑关系。研究理论体系的逻辑建构,不仅有助于我们从整体上把握理论体系的全貌,而且还有助于我们具体地把握理论体系内部各个理论观点、概念、文献之间的相互关系。

本章主要从科技角度研究中国特色社会主义理论体系的逻辑建构问题,也可以说是研究中国特色社会主义理论体系内在的科技逻辑。为此,我们选择中国特色社会主义理论体系中那些与科学技术密切相关的内容来进行分析。为什么选择科技这个角度呢?这是由科学技术在经济社会发展中的地位和作用所决定的。当今世界,科技进步日新月异,科学技术已经深深地渗透到经济社会发展的各个方面、各个领域,推动世界范围内生产力、生产关系以及人们生活方式发生深刻变革,导致全球政治经济格局的深刻变化和利益格局的重大调整。科学技术作为先进生产力的集中体现和主要标志,不能不对我国的改革开放和现代化建设产生影响,不能不对我们党的实践创新、理论创新产生影响,不能不影响中国特色社会主义理论体系的内容。

我们认为,可以从四个层次研究中国特色社会主义理论体系的逻辑建构。第一个层次是中国特色社会主义理论体系中的科技概念。第二个层次是中国特色社会主义理论体系中关于科技工作的重要文献。第三个层次是中国特色社会主义理论体系中关于科学技术的思想,即中国特色社会主义科技思想。第四个层次是中国特色社会主义的理论观点。

由于我们选择从科技这个角度研究中国特色社会主义理论体系的逻辑建构,因而,本章所论述的内容,远非中国特色社会主义理论体系的全部内容。选择以科技为视角和焦点,便于我们集中进行分析,可以很好地、清晰地看到新科技革命对中国特色社会主义理论体系所产生的广泛而深刻的影响。我们的研究意在说明:新科技革命不仅推动了中国特色社会主义理论体系的形成和发展,而且影响着中国特色社会主义理论体系的内容,给中国特色社会主义理论体系打上了深深的“科技烙印”。

本章主要讨论新科技革命是如何影响中国特色社会主义理论体系的理论建构,揭示中国特色社会主义理论体系形成和发展的科技逻辑。

一、中国特色社会主义理论体系中的科技概念

任何一门科学的理论体系,都有其特定的概念。概念在理论体系的构成中,虽然与基本原理、基本内容或理论观点的地位和作用有所不同,但在中国特色社会主义理论体系的构建中也发挥着十分重要的作用。有时我们了解某一理论体系,可以先从概念着手。概念是反映事物本质联系的思维形式,是构成理性认识的基本形式,也是思维的起点。一切科学知识的成果,都是通过概念来汇集总结的。基本原理、基本内容或理论观点往往通过概念来表达,揭示的是相互关联的概念之间的内在关系。基本原理、基本内容或理论观点是更高层次的、带有本质规律的反映。一个理论体系中,往往会有许许多多的概念,它们作为整个理论体系的有机构成,体现在该理论体系的各个领域、各个方面,通过特定的关系去反映该理论体系的基本原理、理论观点。因此,研究中国特色社会主义理论体系的理论建构,不能不研究它的概念和范畴。

新科技革命领域广泛,各门科学、技术中的名词、术语、语汇一旦与中国特色社会主义实践发生关联,就被赋予了实践特色,从而成为与中国特色社会主义实践相结合的科技概念。这些科技概念,是我们党在迎接新科技革命挑战、推进我国科技事业发展的过程中,对一些重要问题和矛盾关系的反映与概括,是研究中国特色社会主义理论体系的基本元素。

中国特色社会主义理论体系中的科技概念，遍布新科技革命发展的各个领域，体现在我国科技事业的方方面面，比如创新、科技创新、技术创新、自主创新、国家创新体系、知识创新体系、风险投资、高附加值加工制造业、现代流通方式、电子商务、电子政务、高新技术产业、战略性新兴产业、绿色产业、节能环保产业、装备制造业、先进制造业、循环经济、低碳经济、智能发展、智能服务、知识服务、信息化、互联网、云计算、物联网、三网融合、新一代信息技术、增材制造、柔性制造、网络制造、绿色制造、智能制造、全球制造、智慧地球、网络伦理、科技伦理、基因安全、高新技术开发区、国家自主创新示范区等，不胜枚举。这些科技概念，极大地丰富了中国特色社会主义理论体系的概念系统。

范畴是反映事物本质属性及其内在联系的基本概念，但范畴又不等于一般概念，而是一种特定的概念。列宁曾经指出："范畴是区分过程中的一些小阶段，即认识世界的过程中的一些小阶段，是帮助我们认识和掌握自然现象之网的网上纽结。"[①]有些范畴是成对出现的，比如"有所为、有所不为"，"稳住两头、放开一片"，虚拟经济与实体经济，战略性新兴产业与传统产业，信息化与工业化，等等。每一对范畴都是在科技实践的基础上，内化、积淀并抽象概括的结果，是对我国科技发展规律的真实把握。

考察中国特色社会主义理论体系中的科技概念，可以发现其形成和发展具有四个特点。

1. 迅即认同，及时部署

迅即认同并及时部署，这是中国特色社会主义理论体系中的科技概念所体现出来的第一个特点。它体现了科技概念在时间上的特点。从时间上看，新科技革命中的一些新概念、新范畴在西方兴起后，迅速出现在党和国家领导人的讲话中，出现在党的文献中，充分表明了党宽广的世界眼光和敏捷的反应能力。

比如云计算（Cloud Computing）泛指云计算服务、支撑云计算服务的云计算

---

① 中共中央马克思恩格斯列宁斯大林著作编译局编译：《列宁哲学笔记》，人民出版社 1960 年版，第 90 页。

平台和相关云计算构架技术，是计算机科学和互联网技术发展融合的产物。云计算最早由美国谷歌公司于2006年提出，很快在全球引起巨大反响。国内科技界、学术界也对云计算进行了讨论和展望。2010年6月，胡锦涛在中国科学院第十五次院士大会、中国工程院第十次院士大会上的讲话中，就使用了云计算的概念，并以之为例指出：科学技术迅猛发展正在引发社会生产方式的深刻变革，云计算等信息网络技术的快速发展为个性化制造和服务创新提供了有力的工具和环境。2010年10月，《国务院关于加快培育和发展战略性新兴产业的决定》明确提出要促进云计算的研发和示范应用。2011年3月，《中华人民共和国国民经济和社会发展第十二个五年规划纲要》把云计算确定为我国发展新一代信息技术产业的重点领域，提出要加强云计算服务平台建设。云计算是引领未来信息产业创新的关键战略性技术和手段，它引起了党和国家领导人的高度关注，并迅速地出现在党的文献中，极大地增强了中国特色社会主义理论体系的科技概念和范畴系统的时代特色、时代气息。

又比如物联网（Internet of Things，简称IOT），又称传感网，即“物物相连的互联网”。物联网，是指通过信息传感设备，按照约定的协议，把任何物品与互联网连接起来，进行信息交换和通信，以实现智能化识别、定位、跟踪、监控和管理的一种网络。它是在互联网基础上延伸和扩展的网络。物联网最早由美国麻省理工学院自动识别技术中心于1999年提出，2005年国际电信联盟对物联网进行了扩展，此后国际社会对物联网的研究不断深入，其广泛应用和美好前景引起世界各国关注。2009年8月，温家宝到无锡考察中国科学院传感网研究中心，充分肯定了年轻的科技创业者们关于“感知中国”的构想，强调要加快推进传感网发展，迅速建立起中国的传感信息中心，即“感知中国”中心。2010年3月，温家宝在《政府工作报告》中提出要“加快物联网的研发应用”[①]。2010年6月，胡锦涛在中国科学院第十五次院士大会、中国工程院第十次院士大会上的讲话中，强调要“加快发展物联网技术”[②]。2010年10月，《国务院关于加快

① 中共中央文献研究室编：《十七大以来重要文献选编》中，中央文献出版社2013年版，第568页。

②《胡锦涛文选》第3卷，人民出版社2016年版，第404页。

培育和发展战略性新兴产业的决定》,明确提出要促进物联网的研发和示范应用。2011年3月,《中华人民共和国国民经济和社会发展第十二个五年规划纲要》把物联网确定为推动跨越发展的重点领域,把“建设物联网应用示范工程”确定为产业创新发展工程。

云计算、物联网这些新概念,代表着新科技革命的最新前沿。对这些新概念的认同、接纳,对它们的规划、部署、应用,表明党始终与新科技革命发展的时代潮流同步。

2. 作出中国特色的应用

这是中国特色社会主义理论体系中的科技概念的第二个特点,是从内容上讲的。从内容上看,很多概念是我们党对国际上已经形成的概念作出具有中国特色的应用,形成具有中国特色的内涵。

比如战略性新兴产业,即国际上所说的新兴产业(Emergent Industry),代表着科技创新和产业发展的方向,体现着科学技术和新兴产业的深度融合。2008年以来的国际金融危机推动全球进入一个创新密集和新兴产业快速发展的时代,世界主要国家纷纷加快部署,把新能源、新材料、生物医药、节能环保、低碳技术、绿色经济等作为新一轮产业发展的战略重点。培育和发展战略性新兴产业已经成为世界主要国家抢占经济科技发展制高点的重大战略。不同国家战略性新兴产业的重点领域和发展方向不尽相同。我国在顺应世界经济科技这一新动态的基础上,组织科技界、产业界、经济界专家反复讨论,研究我国战略性新兴产业未来发展的方向。根据我国国情和科技、产业基础,我国现阶段选择节能环保、新一代信息技术、生物、高端装备制造、新能源、新材料、新能源汽车七个产业领域为突破口,集中力量加速推进。我国确立的这七个战略性新兴产业重点领域,是根据我国经济社会发展需要和科技进步实际情况而确定的,具有鲜明的中国特色。

又比如国家高新技术产业区,最初是借鉴美国等发达国家的做法而设立的,但是我们又不是完全照搬照抄国外的经验,而是有自己的创造,有自己的创新。美国的硅谷位于美国西海岸加利福尼亚州北部,介于旧金山和圣胡安两城之间。这一长48公里、宽16公里的狭长地带,集中了当时全美96%的电子公司，是袖珍计算器、电子玩具、家用电脑、无线电话、激光技术、微处理机、电子表等新型电子产品和技术的诞生地。硅谷的发展模式为我们提供了借鉴。早在1984年6月，国家科委就提出要制定新技术园区和企业孵化器的政策。1985年3月，《中共中央 国务院关于科技体制改革的决定》明确指出要在有条件的城市试办新技术园区。同年7月，中国科学院与深圳市政府兴办了中国第一个高新区。1988年5月，在中关村电子一条街的基础上，国务院批准建立第一个国家高新区——北京新技术产业开发试验区。1991年3月，国务院批准建立武汉东湖、南京等26个国家高新区，并出台了全国适用的扶持政策。20多年来，国务院先后批准建立了105个国家高新区。建立国家高新区是党中央、国务院为发展中国高新技术产业、调整产业结构、推动传统产业改造、增强国际竞争力作出的重大战略部署。国家高新区虽然是借鉴发达国家经验而设立的，但是在实施过程中非常注重与国情结合，非常注重探索和创新。国家高新区在科技、教育、人才、财税、金融、土地、经贸和开放合作等方面开创性地制定了一系列政策措施，不断优化创新创业环境，创新管理体制机制，完善科技服务体系，一大批高科技企业在国家高新区成长壮大。现在，国家高新区已经成为中国高新技术产业化成果丰硕、高新技术企业集中、民营科技企业活跃、创新创业氛围浓厚、金融资源关注并进入的区域，在社会主义现代化建设中起到了良好的示范、引领和带动作用。据统计，2012年，国家高新区实现营业总收入165690亿元，上缴税费9581亿元；从业人员1269.5万人；高新区企业研发经费支出达2749.1亿元，占全国企业的35.6%；高新区企业获得授权发明专利4.3万件。[①]多年来，国家高新区以创新为动力，以改革促发展，成功探索出科技与经济紧密结合的有效途径，走出了一条具有中国特色的高新技术产业化道路。各个高新区既各有特色而又优势互补，成为带动区域经济发展的强大引擎，成为抢占世界高新技术产业制高点的前沿阵地。

战略性新兴产业、高新区这些概念，都是源于发达国家但又融入了中国元素。这类概念，虽然西方发达国家也在使用，但其一旦进入中国特色社会主义实践，就有了全新的、不同于西方的内涵。

---

① 吴佳坤：《国家高新区20年成就展举办》，《科技日报》2013年7月29日，第1版。

3. 形成中国特色的理解构架

对科技领域中普遍性、共性、一般性的概念，进行中国特色的阐释加工和内涵解读，形成具有中国特色的理解构架，这是中国特色社会主义理论体系中的科技概念的第三个特点。

由于西方国家的科技水平处于领先地位，因而许多科技语汇来源于西方发达国家。我们作为发展中的社会主义国家，在运用这些科技语汇时，必须进行马克思主义的、中国特色的阐释和加工。这里以自主创新为例进行说明。坚持自主创新，是以江泽民为核心的党的第三代中央领导集体和以胡锦涛为总书记的党中央反复强调的一个重要思想。自主创新这一范畴，一般包括三个方面的内容：原始创新、集成创新、引进消化吸收再创新。原始创新是一种超前的科学思维或挑战现在科技理论的重大科技创新，它以获得科学发现和技术发明为目的。原始创新大多建立在新的科学和工程原理基础之上，具有基础性、关键性和战略突破性的特征。集成创新是指通过多种相关技术的有机融合，形成有市场竞争力的产品或者新兴产业。实行集成创新的企业可以先拥有一些核心技术，然后再连接相关领域的技术进行创新，也可以通过购买某些核心技术或核心零部件，把它们有效集成起来推出新产品。引进消化吸收再创新是指在引进国内外先进技术的基础上，学习、分析、借鉴，进行再创新，形成拥有自主知识产权的新技术。随着新科技革命的发展和我国科技事业的推进，以胡锦涛为总书记的党中央将协同创新也纳入自主创新的范畴中，从而使自主创新涵盖四个方面的内容。胡锦涛在党的十八大报告中谈到坚持走中国特色自主创新道路时，强调要“以全球视野谋划和推动创新，提高原始创新、集成创新和引进消化吸收再创新能力，更加注重协同创新”[①]。显然，协同创新是党对自主创新提出的新要求，对于我们这样一个社会主义大国来说，具有很强的针对性。

协同创新，是指多主体、多因素围绕创新目标共同协作、相互促进、有效配合的创新模式。胡锦涛在庆祝清华大学建校100周年大会上，从建设创新型国

---

① 《胡锦涛文选》第3卷，人民出版社2016年版，第629页。

家的战略高度提出了"协同创新"的重要思想,强调"政、产、学、研、用"各主体要围绕国家需求,瞄准世界一流,整合资源,创新体制机制,开展协同创新,推进创新型国家建设。目前,我国在创新活动组织、创新资源配置和创新制度保障等方面尚存在分散、封闭、低效等突出问题,开展协同创新显得尤其紧迫而重要。开展协同创新,能促使政府加大科技管理部门之间的协调力度,建立科学合理、富有活力、更有效率的科技管理体制机制,解决科技资源分散、重复配置以及利用效率低等问题,建立促进科技资源共享、风险共担、利益共享的政策法规体系;能促使"政、产、学、研、用"各主体积极发挥各自优势,突破制约创新的体制机制障碍,打破不同创新主体之间的体制壁垒,在目标一致的基础上明确各方权责,促进科技资源开放共享,共同提升国家创新体系的整体效能。协同创新是提高自主创新能力、促进科技与经济结合的有效途径,是完善国家创新体系的重大举措。

上述例子表明,中国特色社会主义理论体系中的许多科技概念,是普遍和特殊、共性和个性、一般和个别的结合。所谓普遍、共性、一般,是指该概念的普遍意义、共同属性。所谓特殊、个性、个别,是指该概念的中国特色。科技概念只有被赋予中国特色,才能在中国特色社会主义的科技实践中焕发生机,显示出源源不断的活力。一言以蔽之,决不能脱离中国的具体国情去应用西方的科技概念,而要对西方的科技概念进行中国特色的解读并赋予中国特色的内容。

4. 提出中国特色的新概念

立足中国科技事业的实践进程,提炼出具有中国特色、中国气派、中国风格的科技概念,这是中国特色社会主义理论体系中的科技概念的第四个特点。

新中国成立以来尤其是改革开放以来,我国科技事业取得了举世瞩目的成就。成就不仅体现在取得了很多重大的科技成果,如杂交水稻、高性能计算机、高温超导研究等方面,而且还体现在精神、思想、文化等方面,如提出了许多新的科技理念、科技概念、科技思想等。科技理念、科技概念、科技思想虽然属于上层建筑的观念领域,但却具有巨大的精神力量,甚至可以说是重要的软实力。

在推进我国科技事业的进程中，党和国家着眼于实践发展，在探索、试点的基础上提出了许多新的关于科技工作的思路、概念。比如，2010年4月中共中央、国务院正式颁布的《国家中长期人才发展规划纲要（2010—2020年）》提出要完善专业技术人才柔性流动机制。专业技术人才柔性流动是适应改革开放新形势而出现的一种新型的、更加灵活高效的人才流动配置方式。所谓专业技术人才柔性流动机制，是指专业技术人才在不改变原有身份和不损害所在单位利益的前提下，通过特聘、兼职、项目合作、参与攻关等形式，为社会其他组织或单位提供智力服务和技术支持。柔性流动是实践的产物。改革开放以来，我国出现了很多专业技术人才流动形式，如高等院校的访问学者、科技攻关项目的协作等。这些探索积累了宝贵的经验。柔性流动也就是通常所说的“户口不迁，关系不转，身份保留，来去自由”。柔性流动体现了“不求所有，但求所用”的用人思想和灵活方式，实质是“借脑引智”，解除了人才的户口、待遇等后顾之忧。相对于迁户口、转关系的落地生根，这种能进能出的柔性流动机制灵活自由，深受人们欢迎。它以特聘、兼职、项目合作、咨询服务、交流交换以及承担委托项目、技术入股、承包经营等多种参与开发的形式，为各种人才营造可来可走、可进可退的自由空间。柔性流动是一种适应社会主义市场经济体制、符合科技发展规律、有利于人才创新的人才流动方式。《国家中长期人才发展规划纲要（2010—2020年）》提出了柔性流动的新举措、新要求：“制定双向挂职、短期工作、项目合作和高等学校专业技术人才向企业、社会组织和基层一线有序流动，促进专业技术人才合理分布。”这对盘活人才资源、引导专业技术人才在国家最需要的地方发挥聪明才智、促进创新型国家建设，都具有积极的意义。可见，人才柔性流动概念的提出以及其内涵的丰富，党和国家关于柔性流动的政策规定、引导和部署，都极大地拓展了人才工作的空间，丰富了人才强国战略的内容。

从人才柔性流动这一概念可以看出，一个新概念的提出，往往能带来新的政策调整、新的工作部署，其实践意义、理论意义都是巨大的。新的科技概念，就是这样参与了我国科技工作的进展，就是这样参与了我国科技理论的创新。

伟大的事业产生伟大的精神。在迎接新科技革命挑战、推进我国科技事业发展的历史进程中，广大科技工作者和全国人民一道努力奋斗，不仅创造了非凡的业绩，而且铸就了一系列伟大精神，如“两弹一星”精神、载人航天精神、“八六三”精神、星火精神、火炬精神等。这些伟大精神是中国人民在20世纪为中华民族创造的宝贵精神财富，是以爱国主义为核心的民族精神和以改革创新为核心的时代精神的生动体现。这些宝贵财富丰富了社会主义核心价值体系的内涵，为中国人民沿着中国特色社会主义道路奋勇前进增添了精神力量，是激励我们在全面建成小康社会的伟大征程中阔步前进的强大动力。

关于“两弹一星”精神。我国在物质技术基础十分薄弱的条件下，成功研制出“两弹一星”，不仅使我国的国防实力发生了质的飞跃，而且广泛带动了我国科技事业的发展。“两弹一星”的伟业，是新中国建设成就的重要象征，是人类文明史上的一个勇攀科技高峰的空前壮举。在为“两弹一星”事业奋斗的过程中，广大科研工作者培育和发扬了一种崇高的精神，这就是“两弹一星”精神。1999年9月，江泽民在表彰为研制“两弹一星”作出突出贡献的科技专家大会上，精辟概括了“两弹一星”精神，即“热爱祖国、无私奉献，自力更生、艰苦奋斗，大力协同、勇于攀登”[①]。“两弹一星”精神是爱国主义、集体主义、社会主义精神和科学精神的活生生的体现。

关于载人航天精神。发展航天事业，是党和国家为推动我国科技事业发展，增强我国经济实力、科技实力、国防实力和民族凝聚力而作出的一项强国兴邦的战略决策。载人航天工程是当今世界高新技术发展水平的集中展示，是衡量一个国家综合国力的重要标志。广大航天工作者以特有的崇高境界、顽强意志和杰出智慧，培育和发扬了特别能吃苦、特别能战斗、特别能攻关、特别能奉献的载人航天精神。2005年11月，胡锦涛在庆祝神舟六号载人航天飞行圆满成功大会上的讲话中，进一步从五个方面论述了载人航天精神，指出载人航天精神主要表现为：热爱祖国、为国争光的坚定信念；勇于登攀、敢于超越的进取意识；科学求实、严肃认真的工作作风；同舟共济、团结协作的大局观念；淡泊名利、默默奉献的崇高品质。他在一系列讲话中反复强调，载人航天精神，是“两弹一星”精神在新时期的发扬光大，是以爱国主义为核心的民族精神和以改革创新为核心的时代精神的生动体现。

① 江泽民：《论科学技术》，中央文献出版社2001年版，第166页。

关于“八六三”精神。“八六三”计划是我国瞄准世界科技前沿开展高技术研究和跟踪的重要计划。“八六三”计划实施以来，广大科技工作者牢记使命、不负众望，发扬公正、献身、创新、求实、协作的“八六三”精神，大力推进“八六三”计划的实施和滚动发展。正是在“八六三”精神的激励和哺育下，广大科技工作者艰苦奋斗、顽强拼搏，取得了一大批具有世界先进水平的成果。在前沿创新和关键技术突破方面，掌握了一批核心技术，占据了制高点，缩小了与国际先进水平的差距；在技术集成和应用示范方面，研发应用了一批重大战略性产品和技术集成系统，提升了高技术产业的竞争力；在推动高技术产业化方面，培育了一批高技术产业生长点。正是靠着这样一股“八六三”精神，我国初步走出了一条具有中国特色的发展高新科学技术之路。

关于星火精神。星火计划是我国科技界的一个创举，是引导广大农民依靠科学、战胜迷信、摆脱贫困、走向富裕的一个伟大实践。星火计划实施以来，广大科技工作者大力发扬“依靠科技，开拓创新，务实奉献，为民报国”的星火精神，极大地提高了广大农民的科技文化素质，培育了一批具有科技支撑的区域性支柱产业，形成了一批星火技术密集区，有力地促进了农村、经济社会和科技、文化的协调发展，推动了农业产业化、农民知识化和农村小康建设。可以说，星火精神为建设社会主义新农村提供了强大的精神力量。

关于火炬精神。火炬计划是我国首次探索以市场机制推进高新技术产业化发展的指导性计划。火炬计划率先冲破传统计划体制的束缚，以科技拨款制度改革和技术成果商品化为契机和突破口，大胆推进制度创新，创造和优化了与社会主义市场经济体制相适应的有利于高新技术产业快速发展的社会环境，体现出强大的生命力。火炬计划催生了体现时代特征的“创新创业，富民强国”的火炬精神。正是在火炬精神的激励下，社会各界尤其是科技界大力发扬敢为天下先的精神，牢固树立科技创造财富和富民强国的理念，勇于创新、锐意进取，不断创造和完善有利于高新技术产业化发展的环境，加速高新技术成果的商品化、产业化和国际化，探索出一条中国特色的高新技术产业化道路。

这些由我们自己提出、归纳、概括的新概念，凝聚了党和人民的创造性。尤其是科技活动中体现出来的伟大的精神，每一种精神的形成、提炼，背后都可能会有许多感人的事迹、动人的细节，渗透着广大科技工作者的心血、汗水甚至是生命的代价。这些科技精神，值得我们高度重视、高度关注，值得我们深入学习、深入研究。

二、中国特色社会主义理论体系中关于科技工作的重要文献

文献是中国特色社会主义理论体系研究中需要借重、依凭的资源。研究中国特色社会主义理论体系，不仅要研究其中的概念范畴、理论观点、战略部署，还应研究中国特色社会主义理论体系形成和发展过程中产生的重要文献。对文献进行文本研究，是中国特色社会主义理论体系研究的基础和理解中国特色社会主义理论体系的重要途径。

1. 文献是理论体系的文本基础

改革开放以来，党在迎接新科技革命挑战的过程中，形成了关于科技工作的一系列重要文献。这些科技工作的重要文献，生动记录了党大力发展科学技术、不断开创我国科技事业新局面的波澜壮阔的历史行程，全面展现了广大科技工作者和全国人民奋力推进我国科技进步与创新的宏伟画卷，集中反映了党把马克思主义科技理论同当代中国科技实践和新科技革命发展趋势相结合创造性地提出的重大理论成果，科学总结了党实施科教兴国战略、建设创新型国家、走中国特色自主创新道路的宝贵经验。深入研究这些重要文献，对于准确了解党对新科技革命形势的分析和判断，对于准确理解党作出的一系列重大决策和战略部署的原因、过程及实施效果，对于准确把握党为迎接新科技革命挑战、推进我国科技事业而提出的一系列创新的理论观点，具有极为重要的意义。梳理这些重要文献的形成轨迹，对于继续推进理论创新，也是有借鉴意义的。

有人可能会认为，这些重要文献只是现行政策和工作层面的部署，而不是理论。我们不赞同这种看法。文献是理论的文本基础、物质载体，是党在推进理论创新、实践创新过程中形成的思想结晶。文献的生成过程，是与中国特色

社会主义实践探索和理论创新过程相伴相随的。党的文献,为准确理解党提出的创新的理论观点、作出的重大决策和战略部署的历史背景、原因,提供了最原始的文献资料。不同的文献之间相互印证、关联、接续,有助于完整地了解党的理论思考和战略决策的历史轨迹、发展脉络。脱离了文献,中国特色社会主义理论体系无论在体系框架、基本原理、理论观点方面,还是在概念、命题方面,都缺乏原始的文本依据。我们认为,必须充分认识文献研究在中国特色社会主义理论体系研究整体格局中的地位和价值,应把文献研究作为中国特色社会主义理论体系研究的一个重要领域和研究路径。

中国特色社会主义理论体系中关于科技工作的重要文献,大体可以分为以下几类:

第一,党和国家领导人论述科技工作的重要文献。具体又可分为好几种类型。

一是党和国家领导人关于科技工作的专题文集。目前,党和国家领导人的科技专题文集,已经出版了一些,影响很大。比如江泽民的《论科学技术》、江泽民的《论中国信息技术产业发展》、李鹏的《论科教兴国》等。这类专题文集主题鲜明,内容丰富,是研究中国特色社会主义科技思想的重要资料。还有一类比较特殊的专题文集,经由相关机构、职能部门组成编辑组,根据领导人有关论述编辑而成。比如《邓小平科技思想年谱(1975—1994)》,由科学技术部、中共中央文献研究室共同编辑,比较系统地反映了邓小平关于科技工作的思考和论述。党和国家领导人的专题文集,便于读者了解领导人思想和论述的全貌,对实际工作也有很强的针对性、指导性。

二是党和国家领导人文选、综合性文集中关于科技工作的文献。邓小平、江泽民、胡锦涛高度重视科技工作,对推进我国科技事业作出了一系列重要论述,形成了一系列重要文献。这些重要文献,很多已经收入《邓小平文选》《江泽民文选》和《胡锦涛文选》中。

《邓小平文选》中,直接以科技工作为主题的文献就有多篇,比如:《大批提拔年轻的技术干部》(1961年11月23日)、《科研工作要走在前面》(1975年9月26日)、《尊重知识、尊重人才》(1977年5月24日)、《关于科学和教育工作的几点意见》(1977年8月8日)、《在全国科学大会开幕式上的讲话》(1978年3月18

日）、《用先进技术和管理方法改造企业》（1978年9月18日）、《实行开放政策，学习世界先进科学技术》（1978年10月10日）、《利用外国智力和扩大对外开放》（1983年7月8日）、《改革科技体制是为了解放生产力》（1985年3月7日）、《中国要发展，离不开科学》（1986年10月18日）、《科学技术是第一生产力》（1988年9月5日、12日）、《中国必须在世界高科技领域占有一席之地》（1988年10月24日）等。至于在讲话中涉及科技工作的文献，篇目就更多了，范围也就更广了，如《教育战线的拨乱反正问题》（1977年9月19日）、《在全国教育工作会议上的讲话》（1978年4月22日）、《在武昌、深圳、珠海、上海等地的谈话要点》（1992年1月18日—2月21日）等。比如，《在武昌、深圳、珠海、上海等地的谈话要点》中就讲道："经济发展得快一点，必须依靠科技和教育"；"要提倡科学，靠科学才有希望"；"高科技领域，中国也要在世界占有一席之地"；"搞科技，越高越好，越新越好"。[①]这篇文献虽然不是通篇论述科技工作，但却是能充分反映邓小平科技思想发展的一篇重要文献。其本身具有科技方面的理论价值和指导意义，加上它又是"南方谈话"中的重要内容，因此，这篇文献体现了邓小平在重大历史关头对科技工作的思考，应该看作是邓小平极为重要的论述科技工作的文献。邓小平关于科技工作的一系列重要文献，是邓小平科技思想的载体和重要组成部分。

《江泽民文选》中，收入了多篇论述科技工作的文献，内容涵盖了科学技术的重要地位、实施科教兴国战略、建设国家创新体系、深化科技体制改革、推动科技进步与创新、实施科教兴农、推进中国特色军事变革、建立高尚的科技伦理、加强科技法制建设、扩大国际科技交流与合作、提高全民族的科学素质、改善党对科技工作的领导等方面。这里就不再一一列举具体篇目了。它们构成了"三个代表"重要思想科技理论的重要内容。

《胡锦涛文选》中，收入了胡锦涛关于科技工作的一系列重要论述，内容包括走中国特色自主创新道路、建设创新型国家、实施创新驱动发展战略、依靠科技创新实现全面协调可持续发展、加快培育发展战略性新兴产业、实施人才强国战略、推进国防和军队建设科学发展等方面。它们构成了科学发展观科

---

① 《邓小平文选》第3卷，人民出版社1993年版，第377—378页。

技思想的重要内容。

三是发表于党和国家重要文献选编、重要报刊中的关于科技工作的文献。具体又分为两种情况。一种是发表于党的十一届三中全会以来重要文献选编系列中的文献。在《三中全会以来重要文献选编》至《十七大以来重要文献选编》中，收入邓小平、江泽民、胡锦涛关于科技工作的大量文献。另一种是发表于《人民日报》《求是》等重要报刊中的文献。

四是以其他形式发表于各类传播载体中的文献资料，比如题词、贺电、书信、批示、答记者问等。它们也是党和国家领导人论述科技工作的文献的组成部分。这类文献，特别是批示、题词等，虽然篇幅很小，但却短小精悍，其思想内容不可忽视。它们是制定相关决策、作出相关战略部署的不可或缺的认识环节。

这里仅举与“八六三”计划相关的一组批示为例。1986年3月5日，邓小平对王大珩、王淦昌、杨嘉墀、陈芳允四位科学家提出的关于跟踪高技术发展的建议批示：“这个建议十分重要”；“找些专家和有关负责同志讨论，提出意见，以凭决策。此事宜速作决断，不可拖延”。4月6日，他针对选择高技术发展项目是以发展国民经济为主还是以增强军事实力为主的不同意见，作出批示：“我赞成‘军民结合，以民为主’的方针。”10月6日，他又在关于高技术研究发展计划的报告上批示：“我建议，可以这样定下来，并立即组织实施。如有缺点或不足，在实施中可以修改和补充。”在邓小平的支持和推动下，同年11月，中共中央、国务院批准了《高技术研究发展计划纲要》，简称“八六三”计划。1987年3月，这个计划开始组织实施。1991年4月13日，邓小平为“八六三”计划工作会议题词：“发展高科技，实现产业化”。这一题词言简意赅，深刻阐明了中国发展高科技的战略思路。从这一系列批示、题词中可以看出邓小平在制定“八六三”计划中的关键作用，从中可以了解这一重要科技计划的决策过程及其理论创新意义。

第二，中共中央、国务院下发的关于科技工作的重要文献。改革开放以来，党就如何推进我国科技事业发展作出一系列决策、部署，颁布了一系列文件，包括决定、规定、意见、办法等。这些文献，内容涉及科技工作的方方面面，体现在科技发展的各个领域，对于指导实践、推动工作具有重要的意义。

党的历次全国代表大会，都要对事关中国未来发展的重大问题作出战略部署，这其中也包括对我国科技事业的战略部署。党的十二大、十三大、十四大、十五大、十六大、十七大、十八大政治报告中，都根据当时经济社会发展实际和世界新科技革命进展，对我国科技工作作出了论述和部署，具有十分重要的理论价值和实践意义。

党的中央全会都有明确的主题，都会集中研究某一领域、某一方面的重大问题。由于科学技术已经渗透到经济社会发展的各个方面，因而，在研究解决相关领域、相关方面的问题时，科技在其中都发挥着极为重要的作用。由此也就不难理解，为什么党的中央全会文件中，经常会对科技工作作出相应的部署。比如1993年11月14日党的十四届三中全会通过的《中共中央关于建立社会主义市场经济体制若干问题的决定》，其中就专设一篇“进一步改革科技体制和教育体制”，提出“科技体制改革的目标，是建立适应社会主义市场经济发展，符合科技自身发展规律，科技与经济密切结合的新型体制，促进科技进步，攀登科技高峰，以实现经济、科技和社会的综合协调发展”，并从五个方面对“积极促进科技经济一体化”作出部署。2003年10月党的十六届三中全会通过的《中共中央关于完善社会主义市场经济体制若干问题的决定》，第十部分以“深化科技教育文化卫生体制改革，提高国家创新能力和国民整体素质”为题，就实施人才强国战略、深化科技教育文化等体制改革作出部署。2013年11月党的十八届三中全会通过的《中共中央关于全面深化改革若干重大问题的决定》，第13条专门就深化科技体制改革作出部署，强调要建立健全鼓励原始创新、集成创新、引进消化吸收再创新的体制机制，建立产学研协同创新机制，建设国家创新体系。再看看中央全会关于农业的几个决定。1998年10月党的十五届三中全会通过的《中共中央关于农业和农村工作若干重大问题的决定》，第六部分以“依靠科技进步，优化农业和农村经济结构”为题，就推进农业科技革命作出了部署。2008年10月党的十七届三中全会通过的《中共中央关于推进农村改革发展若干重大问题的决定》，在第四部分“积极发展现代农业，提高农业综合生产能力”中，对“加快农业科技创新”作出了部署。

历次党的中央全会都会提出大量的创新的理论观点，都会对社会主义现代化建设作出新的部署。这其中，自然也会对科技工作提出新要求、新任务。

这充分表明科技工作在中央决策中的分量和重要性，也表明科技创新与党的理论创新密不可分。

我们党作出的重大科技决策，通常都是通过中共中央、国务院文件的形式下发。这些文件是中共中央、国务院作出决策的文献载体和见证，在形式上具有权威性，在工作中具有指导性。要理解党和国家作出的重大科技决策，不能不研究这些文件。比如《中共中央 国务院关于加速科学技术进步的决定》（1995年5月6日），明确提出实施科教兴国的战略，并就科教兴国战略作出一系列部署。这个文件是实施科教兴国战略的纲领性文献。

第三，有关部委及相关职能部门发布的文件。这类文件或是落实中共中央、国务院关于科技工作的具体工作部署，或是实施中共中央、国务院有关政策条例的细则。它们在实践中的指导性、针对性很强，是各地各级职能部门开展工作的指导性文件。

第四，关于科技法律制度建设方面的文献。主要是一些科技法律、法规、制度、法令、条例等。国际科技、经济竞争，往往伴随着法律制度和法治水平的冲突和较量。准确把握新科技革命的发展趋势，努力加强科技法制建设，建立和完善一整套符合社会主义市场经济运行规律、科学技术发展规律的法律制度，推动我国科学技术事业沿着法制道路蓬勃发展，这既是依法治国、完善中国特色社会主义法律体系的时代要求，也是实施科教兴国战略、建设创新型国家的重要内容。科技法律是中国特色社会主义法律体系中的一个重要方面。

改革开放以来，我国根据经济社会发展和科技工作实际，制定了一系列促进科技进步与创新的法律。科技法律将党和国家的重大科技政策通过立法程序上升为法律，为推进我国科技事业发展提供了保障。比如，《中华人民共和国科学技术进步法》（1993年7月2日第八届全国人民代表大会常务委员会第二次会议通过，2007年12月29日第十届全国人民代表大会常务委员会第三十一次会议修订）是我国科技工作的基本大法。其中总则第二条指出：“国家坚持科学发展观，实施科教兴国战略，实行自主创新、重点跨越、支撑发展、引领未来的科学技术工作指导方针，构建国家创新体系，建设创新型国家。”第三条指出：“全社会都应当尊重劳动、尊重知识、尊重人才、尊重创造。”这就把“四个尊重”写入法律中。第四条指出：“经济建设和社会发展应当依靠科学技术，科学技术进步工作应当为经济建设和社会发展服务。”把这些重大科技政策写入法律,是适应形势任务发展变化、全面推进科技事业的客观需要。

经过多年努力,我国科技立法工作取得巨大成就。我国已经制定并实施了《中华人民共和国科学技术进步法》《中华人民共和国技术合同法》《中华人民共和国促进科技成果转化法》《中华人民共和国农业技术推广法》等重要法律。在保护知识产权方面,先后出台了《中华人民共和国商标法》《中华人民共和国专利法》《中华人民共和国著作权法》《中华人民共和国反不正当竞争法》以及《中华人民共和国计算机软件保护条例》等,并且逐步与国际接轨。此外,还制定了若干科技行政法规等。比如,《国家自然科学基金条例》(2007年2月14日国务院第169次常务会议通过),是规范国家自然科学基金的使用与管理,提高国家自然科学基金使用效益的基本法。

2. 文献的关联研究

科技工作文献是中国特色社会主义理论体系建构的一个必不可少的部分。文献可能不如重要的理论观点、战略决策那样广为人知,比如,知道科教兴国战略的人不一定都知道《中共中央 国务院关于加速科学技术进步的决定》(以下简称《决定》)。事实上,正是这个《决定》正式提出了科教兴国战略。但是,文献的形成过程、发表公布有着深厚的时代背景、实践基础,其所展现的丰富的内容、具体的要求、明确的部署,却是理解、贯彻、执行重大战略思想、重要战略决策的依据和指南。尤其值得注意的是,文献在起草、修改过程中的变动,体现了党和国家战略决策的酝酿过程、思考过程和决策过程。这也是为什么我们研究中国特色社会主义理论体系不能忽略文献研究的原因所在。

研究党和国家关于科技工作的重要文献,对于总结科技工作经验、提高科技治理水平,对于推进我国科技事业、建设创新型国家,对于推进科技理论创新、科技实践创新,都具有极其重要的意义。

那么,科技工作文献在中国特色社会主义理论体系的建构中发挥什么样的作用呢?

中国特色社会主义理论体系中有很多关于科技工作的重要文献,每一篇科技工作文献都不是孤立存在的。不同的科技工作文献相互联系、相互印证、相互补充，对这些文献进行关联研究，就能了解某一重大战略思想、重要战略决策的来龙去脉，理解重大战略思想和决策部署的制定原因、形成过程、主要内容、基本要求、目标任务、实施方案。所谓文献的关联研究，就是将相关主题、相关专题、相关内容的文献集中起来、组合起来进行系统的研究。

这里以建设创新型国家这一重大战略为例。《国家中长期科学和技术发展规划纲要（2006—2020年）》（以下简称《规划纲要》）是我国进入新世纪新阶段对科学技术发展进行的第一次全面规划，也是在社会主义市场经济条件下制定的第一个中长期科技发展规划。《规划纲要》确定了我国科技发展的大政方针，描绘了我国科技发展的宏伟蓝图，是指导未来15年我国科技发展的纲领性文件。但是，想要深刻、全面地理解党中央作出的建设创新型国家的重大决策，仅仅研读这个《规划纲要》是不够的，还必须进行文献的关联研究。至少要研读以下五篇重要文献：

表8—1　提出、部署建设创新型国家的五篇重要文献

文献名称	文献说明	主要内容
《国家中长期科学和技术发展规划纲要（2006—2020年）》（国发〔2005〕44号）	以增强自主创新能力为主线，以建设创新型国家为奋斗目标，对我国未来15年科学和技术发展作出了全面规划与部署，是新时期指导我国科学和技术发展的纲领性文件。	《规划纲要》全文共分十个部分：一、序言；二、指导方针、发展目标和总体部署；三、重点领域及其优先主题；四、重大专项；五、前沿技术；六、基础研究；七、科技体制改革与国家创新体系建设；八、若干重要政策和措施；九、科技投入与科技基础条件平台；十、人才建设。
《坚持走中国特色自主创新道路，为建设创新型国家而努力奋斗》（2006年1月9日）	胡锦涛在全国科学技术大会上的讲话。	深刻分析了世界新科技革命带来的机遇和挑战，阐述了建设创新型国家的重大意义。提出五个方面的工作要求：一是实施正确的指导方针，努力走中国特色自主创新道路；二是坚持把提高自主创新能力摆在突出位置，大幅度提高国家竞争力；三是深化体制改革，加快推进国家创新体系建设；四是创造良好环境，培养造就富有创新精神的人才队伍；五是发展创新文化，努力培育全社会的创新精神。

续表

文献名称	文献说明	主要内容
《认真实施科技发展规划纲要，开创我国科技发展的新局面》（2006年1月9日）	温家宝在全国科学技术大会上的讲话摘要。	论述了制定《规划纲要》的重大意义，阐述了科技发展的指导方针和目标、我国中长期科技发展的重点任务、落实推进科技发展的政策措施，分析了实施《规划纲要》需要把握的几个重大关系。
《中共中央 国务院关于实施科技规划纲要增强自主创新能力的决定》（2006年1月26日）	为组织实施《规划纲要》，增强自主创新能力，努力建设创新型国家而作出的决策部署。	提出到2020年我国科学和技术发展要以提升国家竞争力为核心，实现八个方面的重要目标。强调要创新体制机制，走中国特色自主创新道路。提出必须从财税、金融、政府采购、知识产权保护、人才队伍建设等方面制定配套政策，激励自主创新。
《实施〈国家中长期科学和技术发展规划纲要（2006—2020年）〉的若干配套政策》（国务院2006年2月7日印发）	为实施《规划纲要》，营造激励自主创新的环境，推动企业成为技术创新的主体，努力建设创新型国家而制定的配套政策。	就科技投入、税收激励、金融支持、政府采购、引进消化吸收再创新、创造和保护知识产权、人才队伍、教育与科普、科技创新基地与平台、加强统筹协调十个方面的政策作出规定。

梳理这五篇重要文献，我们可以看出：这五篇重要文献反映了党中央提出建设创新型国家这一重大战略思想的原因，以及从正式提出到召开会议作出部署、制定配套政策扎实推进的过程。为贯彻落实《规划纲要》，中共中央、国务院于2006年1月9日至11日召开了全国科学技术大会。这次会议的主要任务是：分析形势，统一思想，总结经验，明确任务，部署实施《规划纲要》，动员全党全社会坚持走中国特色自主创新道路，为建设创新型国家而努力奋斗。胡锦涛在会议上发表了《坚持走中国特色自主创新道路 为建设创新型国家而努力奋斗》的重要讲话。温家宝发表了《认真实施科技发展规划纲要 开创我国科技发展的新局面》重要讲话。随后，《中共中央 国务院关于实施科技规划纲要增强自主创新能力的决定》发布，国务院《实施〈国家中长期科学和技术发展规划纲要（2006—2020年）〉的若干配套政策》印发。这五篇重要文献，体现了

科学发展观的要求，体现了社会主义市场经济的要求，体现了建设创新型国家的要求。这五篇重要文献阐述了建设创新型国家的战略意义、内涵、目标、要求、实施步骤和方案，理论性、实践性都很强。它们相互关联，成为理解中央提出、部署建设创新型国家的重要文献。

这些前后相继的文献，清晰地勾勒出科技工作的若干流程：提出一个重大战略思想，作出一个战略决策，召开一次动员会议作出部署，党和国家领导人在会议上发表重要讲话，随后国务院制定具体方案。当然，如果起点往前延伸，再研究《规划纲要》起草过程中形成的文献，如果往后延伸，进一步研究有关实施过程中形成的文献，那么，我们从一系列的文献中，可以了解从酝酿、研究、决策再到部署、实施的整个过程。

将文献进行关联研究的一个重要方式就是对文献作纵向考察。所谓纵向考察，也就是历史的考察，通过对文献进行历史的分析，揭示其内在的思想发展脉络和认识过程。这里，我们以科技奖励为例来加以说明。

科学技术奖励工作是我国科技工作中的重要方面，是党尊重知识、尊重人才方针的具体体现。新中国成立初期，党和政府就十分重视科学技术奖励工作，科技奖励体系雏形初显。1950年8月至1955年8月，国家先后颁布了三个科技奖励条例。但在“文化大革命”期间，刚起步的国家科技奖励制度被迫中断。1978年3月，全国科学大会的召开标志着我国科技奖励制度的恢复。改革开放后，我国科技奖励工作进入了一个新的发展时期。1984年，国家科学技术进步奖设立。1993年，国务院对三个奖励条例进行了修改。1994年，中华人民共和国国际科学技术合作奖设立。1999年，国务院对国家科技奖励制度进行了一次全面的改革，发布了《国家科学技术奖励条例》。1999年，科技部发布实施《国家科学技术奖励条例实施细则》以及《省、部级科学技术奖励管理办法》《社会力量设立科学技术奖管理办法》。2003年，科技部又发布实施了《关于受理香港、澳门特别行政区推荐国家科学技术奖的规定》。至此，一个相对完整、层次鲜明、管理规范、导向明确的国家科技奖励体系基本成形，我国科技奖励基本形成了一个“国家科技奖‘少而精’、省部级奖和社会力量设奖健康有序发展”的新局面。

以下一些文献，生动地反映了改革开放以来我国科技奖励制度的改革和发展进程。

表8—2　反映改革开放以来我国科技奖励制度的文献

文献名称	制定、修订及发布时间	主要内容
《国务院关于修改三个奖励条例的决定》	1993年6月28日国务院发布。其中包括三个附件:附件1:《中华人民共和国自然科学奖励条例》(1979年11月21日国务院发布,1984年4月25日国务院修订,1993年6月28日国务院第二次修订)。附件2:《中华人民共和国发明奖励条例》(1978年12月28日国务院发布,1984年4月25日国务院修订,1993年6月28日国务院第二次修订)。附件3:《中华人民共和国科学技术进步奖励条例》(1984年9月12日国务院发布,1993年6月28日国务院修订)。	对《中华人民共和国自然科学奖励条例》第三条、《中华人民共和国发明奖励条例》第六条、《中华人民共和国科学技术进步奖励条例》第五条进行了修改,对三个奖项的等次、授予等作出了规定。删去《中华人民共和国发明奖励条例》第九条,并对其条文顺序作相应的调整。 1999年5月23日《国家科学技术奖励条例》发布,上述三个条例同时废止。
《国家科学技术奖励条例》	1995年5月23日中华人民共和国国务院令第265号发布,根据2003年12月20日《国务院关于修改〈国家科学技术奖励条例〉的决定》修订。	国务院设立国家科学技术奖,包括国家最高科学技术奖、国家自然科学奖、国家技术发明奖、国家科学技术进步奖、中华人民共和国国际科学技术合作奖。条例对国家科学技术奖各奖项的条件、等级、数目以及评审和授予等作出了规定。
《科学技术奖励制度改革方案》	1999年7月23日国务院办公厅转发。	奖励制度改革的指导思想是:鼓励创新,鼓励攀登科技高峰,建立和完善人才培养和使用的激励机制,促进研究、技术开发与经济社会发展密切结合,促进科技成果商品化和高新技术产业化,加速科教兴国战略和可持续发展战略的贯彻实施。 就改革奖项设置、调整奖励结构,加强对部门、地方和社会力量设立科技奖励的管理、国家科技奖奖金标准等作出规定。

续表

文献名称	制定、修订及发布时间	主要内容
《国家科学技术奖励条例实施细则》	1999年12月24日科学技术部第1号令公布，根据2004年12月27日科学技术部令第9号《关于修改〈国家科学技术奖励条例实施细则〉的决定》第一次修改，根据2008年12月23日科学技术部令第13号《关于修改〈国家科学技术奖励条例实施细则〉的决定》第二次修改。	对国家科学技术奖的候选人及组织、奖励范围和评审标准、评审组织、推荐和受理、异议处理、评审、批准和授奖、监督及处罚等事项作出了规定。
《省、部级科学技术奖励管理办法》	1999年12月26日科技部发布，科学技术部令第2号。	规范省、自治区、直辖市人民政府和国务院有关部门设立的科学技术奖励行为，加强对省、部级科学技术奖励的管理和指导，解决部门和地方层层设立科学技术奖励的问题，将省、部级科学技术奖励工作纳入科学和法制的轨道。
《社会力量设立科学技术奖管理办法》	1999年12月26日科学技术部第3号令发布，根据2006年2月5日科学技术部令第10号《关于修改〈社会力量设立科学技术奖管理办法〉的决定》修订。	社会力量设奖实行登记管理制度。建立科学、民主的评审程序，实行公开授奖制度。 对社会力量设奖的申请与受理，审查与登记，延续、变更与注销，监督与管理，法律责任等作出了规定。
《关于受理香港、澳门特别行政区推荐国家科学技术奖的规定》	2003年1月16日科技部发布，科学技术部令第6号。	对特别行政区政府推荐的国家科技奖的候选人、负责推荐的日常事务机构、推荐材料的评审等作出了规定。
《国家科学技术奖评审行为准则与督查暂行办法》	2003年7月1日国家科学技术奖励工作办公室发布，国科奖字第9号。	对国家科技奖评审组织者、评审委员、推荐者、评审对象、评审活动的督查以及罚则等作出了规定。

梳理上述文献,我们从中可以得到几点认识:第一,这些文献就奖励的原则、奖励的对象和范围、奖项的设置和评审等作出了明确的规定,具有原则性和操作性,为推荐者、评审者和管理者贯彻实施奖励条例提供了依据和规范文本。第二,这些文献相互关联、相辅相成,共同形成了国家科技奖励体系。第三,从历史过程看,这些文献前后相继,表明国家科技奖励的管理越来越规范,逐步走上了制度化、规范化、程序化的轨道。第四,鼓励创新的导向越来越明确。国家科技奖励把推动自主创新摆在突出位置,国家自然科学奖和国家技术发明奖重视加强对原始性创新成果和尖子人才的奖励,国家科技进步奖重点奖励系统集成的创新和引进消化吸收再创新,促进科技与经济社会的紧密结合。

由以上这四点认识,我们可以进一步得出结论:上述这些文献,是探索我国科学技术奖励制度的理论结晶,其本身就是我国科技政策的重要组成部分。它们对于尊重人才、鼓励创新,建立和完善国家科技创新评价体系,推进科教兴国战略的实施和建设创新型国家,具有十分重要的意义。这也充分说明,这些文献的形成和发展,是构建中国特色社会主义理论体系不可或缺的组成部分。它们以特定的方式参与了中国特色社会主义理论体系的建构,并在其中发挥着独特的作用。

三、中国特色社会主义科技思想

中国特色社会主义科技思想是新时期我们党领导科技工作实践经验的科学总结,是我们党把马克思主义科技理论同中国科技发展实际相结合形成的又一个重大理论成果,是对马克思主义科技理论、毛泽东科技思想的继承和发展。

马克思主义高度重视科学技术,历来把科学技术活动看成是人类伟大的实践活动之一,看成是社会进步的动力。马克思把科学看成是在历史上起推动作用的力量,明确指出:“生产力中也包括科学”[①],“劳动生产力是随科学和

① 《马克思恩格斯全集》第46卷(下),人民出版社1980年版,第211页。

技术的不断进步而不断发展的”[①]。

以毛泽东为核心的党的第一代中央领导集体，在延安时期就组建了自然科学院，在新中国成立后不久，又适时提出了“向科学进军”的历史任务，在国家经济困难的时期下大力气抓“两弹一星”的研制工作，为我国科技的发展奠定了深厚的基础。为了尽快改变我国经济和技术落后的状况，毛泽东多次对科技工作作出指示，并明确了革命和建设时期发展科学技术的理论、方针和政策，形成了毛泽东科技思想。毛泽东科技思想是我们党把马克思科技理论同中国科技发展实际相结合形成的一个重大理论成果。

毛泽东科技思想包含许多内容，主要有：第一，科学技术这一仗一定要打，而且必须打好。要争取用几十年的时间实现科学技术的现代化，否则就会挨打。第二，发展科学技术不能跟在别人后面爬行，要打破常规，迎头赶上。要有计划地在科学技术上赶超世界水平，先接近，后超过。第三，大力发展国防科技。“再穷也要有一根打狗棒。”[②]中国必须掌握尖端国防科学技术，先进武器必须要搞。第四，发展科学文化事业，必须发挥知识分子的作用。搞技术革命，没有科技人员不行。中国要培养大批知识分子。第五，对外国的科学、技术和文化，要努力向外国学习，要有批评地学。不加分析地一概排斥和不加分析地一概照搬，都不是马克思主义的态度，都对我们的事业不利。

在毛泽东科技思想的指导下，我国科技事业稳步发展，取得了“两弹一星”等重大科技成果，极大地提升了我国的综合实力和国际竞争力。但是，由于后来的“左”的错误，我国没有抓住第二次世界大战后蓬勃兴起的新科技革命的发展机遇，落后于时代的步伐。

面对十年“文化大革命”造成的危难局面，以邓小平为核心的党的第二代中央领导集体作出了把党和国家工作中心转移到经济建设上来、实行改革开放的历史性决策，吹响了走自己的路、建设中国特色社会主义的时代号角。邓小平在领导开创中国特色社会主义的过程中，密切关注世界范围内科学技术迅猛发展的情况，对我国科学技术的发展作出了一系列重要论述，形成了邓小平科技思

① 《马克思恩格斯全集》第23卷，人民出版社1992年版，第664页。

② 陈建新、关前：《当代中国科学技术发展史》，湖北教育出版社1994年版，第170页。

想。以江泽民为核心的党的第三代中央领导集体，面对世界多极化、经济全球化加速发展和科技进步日新月异的态势，对深化改革、扩大开放、发展社会主义市场经济条件下的科技工作提出了一系列新思想、新观点、新论断，形成了“三个代表”重要思想科技理论。进入新世纪新阶段，以胡锦涛为总书记的党中央紧紧抓住我国发展的重要战略机遇期，在全面建成小康社会进程中大力推进实践创新、理论创新，提出了科学发展观等重大战略思想，在新的历史起点上坚持和发展了中国特色社会主义。胡锦涛高度重视科学技术，对推进我国科技事业发展作出了一系列重要论述，形成了科学发展观科技思想。改革开放以来，我们党坚持解放思想、实事求是、与时俱进、求真务实，在推进我国科技事业发展的历史进程中先后形成了邓小平科技思想、“三个代表”重要思想科技理论、科学发展观科技思想。它们汇合起来、集中起来，就是中国特色社会主义理论体系关于科技工作的思想，我们把它称为中国特色社会主义科技思想。

中国特色社会主义科技思想，就是包括邓小平科技思想、“三个代表”重要思想科技理论、科学发展观科技思想等在内的关于发展我国科学技术的理论体系。中国特色社会主义科技思想是一个系统的科学理论。它准确把握了新科技革命发展的新趋势、新特点，紧密结合我国科技发展实际，深刻回答了“发展什么样的科技、怎样发展科技”这个根本问题，为我国未来科技发展提供了科学的指导。中国特色社会主义科技思想内容十分丰富，主要包括：

——坚持以中国特色社会主义理论体系为指导推进我国科技事业。必须坚持以邓小平理论和“三个代表”重要思想为指导，深入贯彻落实科学发展观，科学把握新科技革命的发展趋势，努力探索新形势下我国科技事业发展的特点和规律，不断提高科技工作水平。

——坚持科学技术是第一生产力，大力实施科教兴国战略。“科学技术是第一生产力，是先进生产力的集中体现和主要标志，这是我们党对马克思主义关于科学技术和社会生产力理论的重大发展，是中国特色社会主义理论体系关于科技思想的基本观点。”[①]必须充分发挥科学技术是第一生产力的作用，为

① 中共中央文献研究室编：《十七大以来重要文献选编》上，中央文献出版社2009年版，第498页。

推动经济社会又好又快发展提供强大科技支撑、驱动和引领。必须坚定不移地实施科教兴国战略,把科技和教育摆在优先发展的战略地位,把经济建设转移到依靠科技进步和提高劳动者素质的轨道上来。

——坚持中国特色自主创新道路,建设创新型国家。必须把增强自主创新能力作为发展科学技术的战略基点,坚持自主创新、重点跨越、支撑发展、引领未来的方针,推动我国科学技术的跨越式发展。必须把推动科技创新驱动发展作为重要任务,大力实施创新驱动发展战略,推动我国真正走上创新驱动、内生增长的轨道。必须加快推进国家创新体系建设,努力实现建设创新型国家的宏伟目标。

——贯彻经济建设和社会发展必须依靠科学技术、科学技术发展必须面向经济建设和社会发展的方针。科学技术工作必须面向、服务于经济和社会发展的主战场。必须把经济和社会发展转移到依靠科技进步和提高劳动者素质的轨道上来。

——深化科技体制改革。必须坚持以提高自主创新能力为核心,以促进科技与经济社会发展紧密结合为重点,进一步深化科技体制改革,着力解决制约科技创新的突出问题,建立适应社会主义市场经济体制、符合科技自身发展规律的新型科技体制。必须优化科技力量布局和科技资源配置,完善科技管理体制和科技评价奖励制度,为科技创新营造良好的体制环境。

——坚持有所为、有所不为,总体跟进、重点突破。必须瞄准世界科技发展前沿,紧紧围绕改革开放和现代化建设的紧迫需求,选择具有一定基础和优势、关系国计民生和国家安全的关键领域,集中力量、协同攻关,实现重点突破、跨越式发展,带动经济实力、科技实力、国防实力整体跃升。

——加强基础研究,形成和发展我国自身的科技优势。基础研究是科技进步和创新的先导与源泉,是培育创新人才的摇篮。必须坚持服务国家目标与鼓励自由探索相结合,突出科学的长远价值,稳定支持、超前部署基础研究,并通过基础研究解决我国未来发展中的关键、瓶颈问题。

——发展高科技,实现产业化。高新技术产业化是国际经济科技的制高点,发展高科技、实现产业化是推进产业结构升级和转变经济发展方式的根本途径。必须努力发展高科技,实现产业化,建设一批对经济社会发展具有重大引领带动作用的高新技术产业,使我国在世界高科技及其产业领域占领一席之地。必须积极探索战略性新兴产业的发展规律,将战略性新兴产业加快培育成为先导产业和支柱产业。必须强化科技创新成果产业化,提升产业核心竞争力。

——实施人才强国战略。人才是科技创新中最具能动性的要素,人才资源是第一资源。必须坚持尊重劳动、尊重知识、尊重人才、尊重创新,坚持党管人才原则,大力实施人才强国战略,加快建设人才强国。坚持服务发展、人才优先、以用为本、创新机制、高端引领、整体开发,确立人才优先发展战略布局。以高层次人才、高技能人才为重点,统筹推进各类人才队伍建设。创新人才工作体制机制,激发人才创造活力。

——加强科技法制建设。按照依法治国、建设社会主义法治国家的要求,把推动科技进步和创新的方针政策用法律形式固定下来并逐步加以完善,增强对科技前沿领域的重要立法的预见性和系统性,建设中国特色社会主义法律体系。加大科技执法力度,使科技工作纳入法制化轨道。大力实施知识产权战略,加强知识产权运用和保护。

——推进科学技术普及,提高全民族科学文化素质。开展科技普及、发展创新文化是建设创新型国家的基础性工程。要在全社会普及科学知识、弘扬科学精神、宣传科学思想、传播科学方法。大力弘扬求真务实、勇于创新的科学精神,营造有利于创新创造的文化氛围。加强科普能力建设,促进科普与教育、科技、文化等有机结合,提高全民族科学文化素质。

——扩大科技开放合作,提高国际科技交流与合作水平。对外开放,积极参加国际科技交流与合作是在经济全球化条件下加快发展我国科技事业的重要途径。必须抓住国际科技资源加快流动和重组的重要机遇,积极开展全方位、多层次、高水平的国际科技交流与合作,提高我国科技发展的国际化水平。加大利用全球科技资源的力度,积极参与国际科技合作计划。在对外开放中必须高度重视维护国家安全。

——加强和改善党对科技工作的领导。党的领导是实施科教兴国战略和建设创新型国家的政治保证。党政第一把手要亲自抓第一生产力。各级党政部门要把科技工作列入重要议事日程,深入研究制定科技发展政策和措施。

要充分听取和采纳科技界的意见，积极推进决策的科学化、民主化。各级领导干部要带头学习科技知识，提高科技素质。

总之，中国特色社会主义科技思想内容十分丰富，涵盖科技工作的指导思想、科学技术的性质和地位、科技发展战略和目标、科技工作的基本方针、科技体制改革、科技人才、对外开放、科技普及等内容。它以中国特色社会主义理论体系为指导思想，以科教兴国战略为基本方略，以建设创新型国家为总体目标，以中国特色自主创新道路为路径，以提高自主创新能力为重要抓手，以深化科技体制改革为突破口，以培养大量科技人才为基本着力点，以加强和改善党对科技工作的领导为领导力量，以完善科技法制为保障条件，形成了完整的科学体系。

中国特色社会主义科技思想是中国特色社会主义理论体系在科技领域的具体体现和运用，是中国特色社会主义理论体系的有机构成。那么，中国特色社会主义科技思想在中国特色社会主义理论体系中处于什么样的地位？是一个重要的构成部分，还是处于边缘地位的一般性的、分支性的理论？这是需要深入思考的一个重大问题，也是理解中国特色社会主义理论体系的一个关键问题。我们认为，中国特色社会主义科技思想在中国特色社会主义理论体系中居于十分重要的地位，是中国特色社会主义理论体系的重要构成部分。我们党为实现全面建成小康社会、基本实现现代化，实现中华民族伟大复兴，制定了科学的理论和路线方针政策，明确了经济、政治、文化、社会、生态文明建设以及党的建设等各个领域的发展规划、各个方面的战略举措和工作部署。要把党的理论和路线方针政策、各个领域发展规划、各个方面战略举措和工作部署贯彻落实好，必须以科技为支撑、靠科技来驱动。科学技术是经济社会发展中最活跃、最具革命性的因素。实现我国发展的战略目标，最根本的是要靠科技的力量。新科技革命迅猛发展，使得科学技术日益渗透到现代化建设各个领域、各个方面，与经济、政治、文化、社会、生态文明建设以及党的建设有机融合在一起，已经不分彼此。所以，中国特色社会主义科技思想绝不是中国特色社会主义理论体系中可有可无的、处于边缘地位的一般性理论，也不是分支性的理论，而是与中国特色社会主义的经济建设思想、政治建设思想、文化建设思想、社会建设思想、生态文明建设思想以及党的建设思想相互依存、紧密联系的思想体系。中国特色社会主义科技思想已经内化于中国特色社会主义理论体系之中，成为中国特色社会主义理论体系的重要构成部分。

四、中国特色社会主义理论体系内在的科技逻辑

在这一节，我们要研究新科技革命与中国特色社会主义理论体系中的若干重大理论观点的关系，进而分析贯穿在这一系列重大理论观点之中的科技逻辑。

中国特色社会主义理论体系是系统的科学理论。这个理论体系在建设中国特色社会主义的思想路线、发展道路、发展阶段、根本任务、发展动力、依靠力量、国际战略、领导力量和根本目的等问题上，形成了一系列独创性的理论观点。这个理论体系，内容贯通哲学、政治经济学、科学社会主义等学科，涵盖社会主义经济建设、政治建设、文化建设、社会建设、生态文明建设和党的建设以及国防和军队现代化建设、祖国统一、国际战略和外交工作等各个领域，涉及改革发展稳定、内政外交国防、治党治国治军等各个方面，是系统完整的科学理论体系。

在本书的第三章、第五章、第七章以及第四章、第六章中，我们分别从不同的角度，分析了中国特色社会主义理论体系中的20个重大理论观点。

我们先看20个重大理论观点中的15个重大理论观点。这15个重大理论观点分别分布在邓小平理论、“三个代表”重要思想、科学发展观中。在第三章，分析了邓小平理论中的5个重大理论观点：社会主义本质论、社会主义改革开放论、社会主义初级阶段论、“三步走”发展战略、和平与发展的时代主题观。如果从中国特色社会主义理论体系全局来看，全面建设小康社会是“三步走”发展战略的内容，和平与发展的时代主题观是建设和谐世界的内容。在第五章，分析了“三个代表”重要思想中的5个重大理论观点：建立社会主义市场经济体制、走新型工业化道路、建设社会主义政治文明、实施可持续发展战略、推进中国特色军事变革。如果从中国特色社会主义理论体系全局来看，实施可持续发展战略是建设生态文明的内容。在第七章，分析了科学发展观中的5个重大理论观点：加快转变经济发展方式、建设社会主义新农村、建设社会主

义文化强国、构建社会主义和谐社会、提高党的建设科学化水平。

我们再来看直接形成于科技工作的5个重大理论观点。在第四章中分析“三个代表”重要思想科技理论时，我们论述了科教兴国战略。在第六章中分析科学发展观科技思想时，我们论述了建设创新型国家、实施创新驱动发展战略、培育和发展战略性新兴产业、实施人才强国战略。

上述两个方面加起来，一共分析了20个重大理论观点。从中国特色社会主义理论体系的板块结构来看，这20个重大理论观点分别属于邓小平理论、“三个代表”重要思想和科学发展观。

如果按理论的不同层次分类，我们认为可以将这20个重大理论观点分为两个层次。第一个层次是中国特色社会主义理论体系的理论基石，包括社会主义本质论、社会主义改革开放论、社会主义初级阶段论、社会主义市场经济论这4个重大理论观点，它们属于宏观指导层面的基本原理。第二个层次是中国特色社会主义理论体系的基本内容，包括16个重大理论观点，它们属于战略布局层面上的理论观点和决策部署。

1. 根基：中国特色社会主义理论体系的理论基石

理论基石在理论体系的构建中居于基础性、支撑性地位，对理论体系的全部理论观点产生根本性的影响。理论基石渗透到理论体系的基本内容之中，理论体系的基本内容都是理论基石在各个领域、各个层次上的具体展开和深化。学术界对中国特色社会主义理论体系的理论基石进行了研究，提出了很多有价值的见解。代表性的观点有：“一基石论”，社会主义社会矛盾理论①；“二基石论”，解放思想、实事求是，社会主义市场经济理论②；“三基石论”，社会主义本质理论，社会主义初级阶段理论，社会主义市场经济理论③；“四基石论”，解放思想、实事求是，社会主义本质论，社会主义初级阶段论，社会主义改

① 赵曜：《论中国特色社会主义理论体系》，《光明日报》2008年5月6日，第9版。

② 聂运麟：《科学社会主义从经典理论到当代理论的发展》，《社会主义研究》1994年第5期，第12页。

③ 罗文东：《中国特色社会主义理论体系的科学内涵和重大意义》，《思想理论教育导刊》2008年第12期，第14页。

革论[①];等等。还有的学者也持“四基石论”,但认为四个理论基石是:基本路线、社会主义市场经济理论、社会主义本质理论、社会主义初级阶段理论。[②]以上种种观点,可以说见仁见智,各有其根据和理由。在中国特色社会主义理论体系的理论基石问题上之所以产生了不同观点和看法,原因在于视角和出发点不同,对构成理论基石条件的把握各不相同。

我们认为,中国特色社会主义理论体系的基石有四个。但是,我们所强调的“四基石论”,与上述所列的“四基石论”在内容上有所不同。在我们看来,社会主义本质理论、社会主义改革开放理论、社会主义初级阶段理论、社会主义市场经济理论是中国特色社会主义理论体系的四大理论基石。它们从理论上阐明了什么是中国特色社会主义以及在我国现实条件下社会主义所处的历史阶段和社会主义的实践形式,是中国特色社会主义理论体系中最基础性的理论内容,对中国特色社会主义理论体系起着奠基作用。它们从宏观层面对中国特色社会主义进行诠释,是宏观指导层面上的基本理论。解放思想、实事求是的思想路线,是中国特色社会主义理论体系的精髓。党的思想路线是贯穿于中国特色社会主义理论体系的一根红线,属于方法论层面。虽然我们没有将其纳入理论基石之内,但其地位和作用绝不可低估。

学术界对理论基石的具体看法虽然有所不同,但有一点是共同的,即:学者们所列出的作为理论基石的这些理论观点,无论是几个,都显示了这些理论观点在中国特色社会主义理论体系中的重要性。我们在此把社会主义本质理论、社会主义初级阶段理论、社会主义改革开放论、社会主义市场经济理论作为中国特色社会主义理论体系的四大基石,丝毫也没有降低其他理论观点的重要性。我们这里所作的区分,只是从逻辑构建的角度进行层次上的区分,揭示它们之间的内生关系和相互联系。它们总体上都内在地汇合于、统一于中国特色社会主义理论体系之中。

关于社会主义本质理论。社会主义本质理论回答了“什么是社会主义、怎

---

① 靳辉明主编:《中国特色社会主义理论体系研究》,安徽人民出版社1998年版,第135—141页。

② 张星炜:《关于中国特色社会主义理论体系研究的几个问题》,《毛泽东思想研究》2008年第2期,第88—93页。

样建设社会主义"这一首要的基本问题，抓住了巩固和发展中国特色社会主义的关键，为开辟中国特色社会主义道路、形成中国特色社会主义理论体系奠定了前提和基础。社会主义本质论是由邓小平提出的。新科技革命是邓小平提出社会主义本质论的一个重要视角。同时，新科技革命又为实现社会主义本质提供了实践基础和技术支撑。

关于社会主义改革开放理论。新时期最鲜明的特征是改革开放，改革开放是强国之路，是决定当代中国命运的关键抉择，是坚持和发展中国特色社会主义的必由之路。党的十一届三中全会以来，我们党反复强调，改革是社会主义制度的自我完善和发展，要把改革创新精神贯彻到治国理政各个环节，毫不动摇地坚持改革方向，提高改革决策的科学性，增强改革措施的协调性，加快重要领域和关键环节的改革步伐。必须坚定不移地实行对外开放的基本国策，实施"引进来"和"走出去"相结合的对外开放战略，积极推进全方位、多层次、宽领域的对外开放，完善互利共赢、多元平衡、安全高效的开放型经济体系。改革开放是党在新科技革命日新月异的发展态势下，为赶上时代潮流而作出的重大决策。新科技革命是党作出改革开放决策的一个重要时代背景。新科技革命的发展态势，影响着改革开放的内容、重点、步骤和实施方案。一方面，改革开放的战略部署在经受新科技革命的洗礼中不断深入推进、丰富完善；另一方面，改革开放又为党迎接和应对新科技革命挑战创造了良好的环境，改革开放的成效推动了中国科学技术事业的发展。新科技革命与改革开放就是这样内在地、有机地、不可分割地紧紧联系在一起。

关于社会主义初级阶段理论。社会主义初级阶段理论是对社会主义的发展阶段和发展进程以及中国社会主义所处的历史方位的科学认识，是我们党对人类社会发展规律和中国国情的正确判断。社会主义初级阶段理论不仅是中国特色社会主义实践的出发点，而且是中国特色社会主义理论体系的立论基础。社会主义初级阶段理论的确立，为我们党制定正确的路线、方针、政策提供了基本依据和理论前提。社会主义初级阶段理论是我们党在科学分析我国基本国情的基础上提出的，我国的科技发展水平和现状始终是我国基本国情的一个重要方面。我国基本国情有很多特点，这些特点都与科学技术密切相关，都可以从科技发展水平及状况方面找到原因。我们党在分析社会主义初级阶段的含义、基本特征、历史特点、发展进程时,不断作出关于新科技革命和我国科技发展现状的思考及判断。可以说,如果缺少了科技方面的考量,社会主义初级阶段理论就不可能如此深刻。

关于社会主义市场经济理论。社会主义市场经济理论是中国特色社会主义理论体系中最富有特色、最富有创造性的一个重要内容。社会主义社会与市场经济关系的问题,是一直困扰社会主义建设的一个重大理论和实践问题。社会主义市场经济理论破解了这一世界难题,突破了社会主义与市场经济不相容的传统观念,实现了社会主义制度与市场经济体制的有机结合,丰富和发展了马克思主义政治经济学理论。我国经济体制改革就是在新科技革命和经济全球化蓬勃发展的背景下进行的。新科技革命深刻地影响着社会主义市场经济体制框架的建立和完善。

新科技革命与社会主义本质理论、社会主义改革开放理论、社会主义初级阶段理论、社会主义市场经济理论的内在关系如此密切,表明新科技革命对于中国特色社会主义理论体系的四大理论基石的重要意义,也表明新科技革命参与了中国特色社会主义理论体系建构的最重要工作。

2. 主干:中国特色社会主义理论体系的基本内容

中国特色社会主义理论体系是内容丰富的理论体系。在这个理论体系中,既包括宏观指导层面的理论观点,即作为整个理论体系基础的理论基石,同时又包括一系列战略布局层面的理论观点、战略决策。这些理论观点和战略决策,体现了中国特色社会主义发展的路径选择、战略设计、决策部署。它们分属于社会主义现代化建设的各个不同领域,揭示了中国特色社会主义经济建设、政治建设、文化建设、社会建设、生态文明建设以及党的建设的规律,构成了中国特色社会主义理论体系的基本内容。

从大的方面看,中国特色社会主义理论体系中有16个重大理论观点、重大战略,与新科技革命密切相关。它们是:实施科教兴国战略、建设创新型国家、实施创新驱动发展战略、培育和发展战略性新兴产业、实施人才强国战略、全面建设小康社会(与“三步走”发展战略相关联)、加快转变经济发展方式、走新型工业化道路、建设社会主义新农村、建设社会主义政治文明、建设社会主义文化强国、构建社会主义和谐社会、实施可持续发展战略(与生态文明建设相关联)、推进中国特色军事变革、建设和谐世界(与和平与发展的时代主题观相关联)、提高党的建设科学化水平。这16个重大理论观点、重大战略都包含着科技方面的内容和要求,都离不开科学技术的支撑。

比如,在建设社会主义文化强国方面,新科技革命给我们提出了推动文化与科技融合、实施科技带动战略的新要求。推进文化科技创新是2011年10月党的十七届六中全会提出的一个创造性的战略思想,是建设社会主义文化强国的必然要求。《中共中央关于深化文化体制改革推动社会主义文化大发展大繁荣若干重大问题的决定》指出:“科技创新是文化发展的重要引擎。要发挥文化和科技相互促进的作用,深入实施科技带动战略,增强自主创新能力。”推动文化与科技融合,深刻揭示了文化和科技的关系,突出了高新技术对于发展文化产业、形成新型文化业态的重要作用。这一重大战略的提出,归根结底源于高新科技催生了新的文化业态。当今时代,文化一旦与科技相结合,就产生了质的飞跃。网络出版、数字媒体、影视动漫等为文化发展注入新的动力和元素。正是由于高新技术的迅猛发展及其在文化领域的广泛运用,使得我们党深化了对文化和科技关系的认识,作出了推进文化科技创新的重大决策,从而拓展了中国特色社会主义文化发展道路的内涵,丰富和发展了中国特色社会主义文化建设的理论和实践。

又比如,推动建设持久和平、共同繁荣的和谐世界是胡锦涛于2005年9月在联合国成立60周年首脑会议上提出的重大战略思想,是新世纪新阶段中国对外战略思想和对外政策的集中体现。从思想渊源上看,邓小平提出的和平与发展的时代主题观,为我们党后来提出走和平发展道路、建设和谐世界提供了重要的思想前提和方法论原则。推动建设和谐世界,必须坚持互利合作,实现共同繁荣。在国际外交领域,一些全球性的问题需要各国共同努力,其中许多问题与科学技术密切相关。比如近年来,全球酷暑、干旱、洪涝等极端气候事件频发,气候变化影响日益显现,国际社会围绕气候变化问题进行了多轮磋商,有关国家先后签署了《联合国气候变化框架公约》《京都议定书》等,还制定了巴厘岛路线图。各国携手应对气候变化,共同推进绿色、低碳发展已成为当今世界的主流。作为一个负责任的发展中国家,中国充分认识应对气候变化的重要性和紧迫性,采取了一系列应对气候变化的政策和措施。这些政策和措施都离不开科技的支撑。2008年6月,中共中央政治局第六次集体学习安排的内容就是全球气候变化和我国加强应对气候变化能力建设。胡锦涛在集体学习时明确提出要“全面加强应对气候变化能力建设”,强调要把应对气候变化与实施可持续发展战略,加快建设资源节约型、环境友好型社会,建设创新型国家结合起来,以科技进步为支撑,努力控制和减缓温室气体排放,不断提高适应气候变化能力,不断增强可持续发展能力。2009年9月,胡锦涛在联合国气候变化峰会开幕式上发表的《携手应对气候变化挑战》讲话中,鲜明地提出了“气候友好技术”的概念,强调“气候友好技术应该更好服务于全人类共同利益。应该建立政府主导、企业参与、市场运作的良性互动机制,让发展中国家用得上气候友好技术”。可以说,应对气候变化,既是我国科技工作的重要内容,同时也是我国外交工作的重要内容。中国依靠科技加强应对气候变化能力的政策和措施,体现了推动建设持久和平、共同繁荣的和谐世界的要求,极大地拓展了中国特色社会主义和平发展道路的内涵,丰富和发展了中国特色社会主义外交和国际战略的理论和实践。

上述16个重大理论观点、重大战略中,实施科教兴国战略、建设创新型国家、人才强国战略、创新驱动发展战略、培育和发展战略性新兴产业,是依靠科技建设中国特色社会主义的基本方略,它们虽然属于科技领域却又具有全局性的意义,渗透在社会主义现代化建设各个领域。加快转变经济发展方式、走新型工业化道路、建设社会主义新农村属于经济建设领域。其他几个重大理论观点、重大战略分别属于政治建设、文化建设、社会建设、生态文明建设、国防和军队建设、外交工作、党的建设等领域。由这16个重大理论观点、重大战略可以看出,科学技术深深渗透于中国特色社会主义理论体系之中,已经与中国特色社会主义紧密地结合在一起。研究中国特色社会主义理论体系的逻辑建构,可以发现贯穿于中国特色社会主义理论体系中的科技逻辑。

本书在前面的章节中,研究了中国特色社会主义理论体系中的20个重大理论观点,探讨了新科技革命对邓小平理论、“三个代表”重要思想、科学发展观的影响。新科技革命与中国特色社会主义理论体系的相互作用,可以用下图示意:

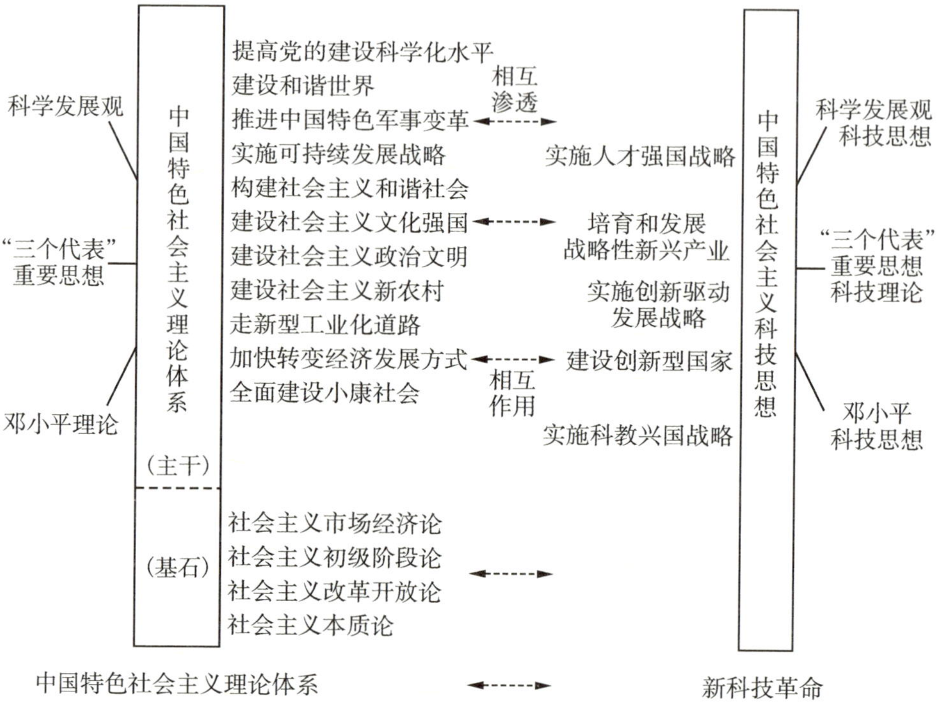

图8—1　新科技革命与中国特色社会主义理论体系的相互作用

从上图可以看出，科学技术深深渗透于中国特色社会主义理论体系之中，深刻地影响着中国特色社会主义理论体系的重大理论观点。同时，中国特色社会主义理论体系又具有理论指导作用，它反过来又作用于我国科技工作实践。

中国特色社会主义理论体系的科技逻辑，是从理论体系建构的角度而言的，是指推动中国特色社会主义理论体系形成和发展并贯穿始终，同时又体现在中国特色社会主义理论体系基本原理和重大理论观点之中的逻辑。中国特色社会主义理论体系的科技逻辑之所以存在并发挥作用，是由科学技术的性质、功能所决定的。当今世界，科学技术作为第一生产力的作用日益突出，科学技术比历史上任何时期都更加深刻地决定着经济发展、社会进步、人民幸福。随着经济全球化深入发展、科技进步日新月异，科技创新越来越成为经济社会发展的主要驱动力。科技知识创新、传播、应用的规模和速度不断加快，科学研究、技术创新、产业发展、社会进步相互促进和一体化发展趋势更加明显,一系列重大科技成果以前所未有的速度转化为现实生产力,正在深刻改变人类社会的生产方式、生活方式。这就决定了科学技术对我国经济社会发展的辐射是全方位的,决定了科学技术对现代化建设各个领域、各个方面的影响是广泛而深刻的。由此使得科技因素越来越多地渗透到中国特色社会主义经济建设、政治建设、文化建设、社会建设、生态文明建设和党的建设中,实现了科学技术与中国特色社会主义的有机结合。正是这种有机结合,使得中国特色社会主义理论体系内在的科技建构逻辑愈益鲜明地凸显出来。

研究中国特色社会主义理论体系的形成和发展,必须要研究其中的重大战略思想、重大决策部署,但仅仅停留在这个层面还是不够的。我们认为,还要研究贯穿于重大理论观点背后的理论建构逻辑。科技逻辑就是支撑起中国特色社会主义理论体系这样一个博大精深的理论体系的建构逻辑。

中国特色社会主义理论体系的科技逻辑表明,新科技革命不仅参与了中国特色社会主义理论体系的建构,而且还形成了贯穿于中国特色社会主义理论体系之中的科技逻辑。这一科技逻辑清晰地展现了中国特色社会主义理论体系的实践生成机制。随着新科技革命的迅猛发展,随着科学技术社会功能的拓展,随着科技在国家社会生活中重要性的加深,科技在中国特色社会主义理论体系的理论建构中发挥着越来越重要的作用:重大战略思想的提出背景中,都有深厚的科技背景;重大决策部署的制定,都有科技因素的考量;重大战略思想及决策的实施,都离不开科技的支撑;经济社会的发展进步,都离不开科技的驱动引领……中国特色社会主义理论体系中的科技因素也日渐增多、强化,科技逻辑也日渐明朗、清晰,实践生成机制也愈益明确、成型。

第九章 | 双向互动：科学技术的新功能与新取向

通过前面八章的分析，我们可以看出，新科技革命参与了中国特色社会主义理论体系的建构，推动了中国特色社会主义理论体系的形成和发展，深刻地影响着中国特色社会主义理论体系的内容。在本章，我们将进一步研究党应对新科技革命的实践模式，分析新科技革命在推动中国特色社会主义理论体系形成和发展的同时，它自身又发生了什么样的变化。

我们的研究表明，科学技术在深刻影响着中国特色社会主义理论和实践的同时，自身也受中国特色社会主义的影响而发生了变化。科学技术日益承担着驱动引领经济社会发展、服务国家重大需求、应对突发重大事件的功能。我们党在迎接新科技革命挑战、推动我国科技事业发展的进程中，形成了创新为民、科技惠民的新理念。我国科技发展形成了民生科技、生态科技的新取向。

一、应对新科技革命的三种模式

改革开放以来，我国科技事业硕果累累，成就非凡。我们之所以不断推进科技实践创新、科技理论创新，其中一个重要原因在于我们成功地应对新科技革命。面对新科技革命的挑战，我们党没有回避，没有退缩，而是勇敢地参与到新科技革命的浪潮中，积极探寻应对方案。这里，我们试图对党应对新科技革命的模式进行归纳。

1. “跟踪—规划”模式

要迎接新科技革命挑战，首先必须紧密关注新科技革命发展进程，跟踪世界科技前沿,把握新科技革命发展趋势。“跟踪—规划”模式是党应对新科技革命主要的、基本的实践方式。正是在关注、跟踪新科技革命的基础上,党对新科技革命发展态势才有了深入、全面的了解,进而作出正确的应对之策。

科学技术作为第一生产力,作为先进生产力的集中体现和主要标志,对一个国家、一个民族的发展具有决定性意义。综观当今世界,尽管各国在历史文化、发展水平、社会制度等方面存在着这样那样的差异,但普遍关注和重视科学技术,希望通过科技进步和创新来推动本国的经济社会发展。世界各国特别是主要大国都高度关注科学技术的发展趋势,纷纷加强科学展望和技术预见,认真思考和积极实施新的科技发展战略和科技政策。我们必须高度关注世界科技领域的每一个重大突破和进展,跟踪世界科技先进水平和前沿研究。鉴于我国经济科技实力与西方发达国家相比还有一定的差距,我们要想短期内在所有的领域都赶上世界先进水平是不现实的。因此,必须着眼于世界科技前沿和国家战略需求,紧紧把握可能发生革命性变革的重要研究方向,坚持突出重点、有限目标,坚持有所为、有所不为,选择具有一定优势和基础、对国家发展具有全局和长远影响的重点领域,明确主攻方向,有效组织力量开展攻关,力争取得突破和进展。以这些重点领域为支撑,通过伞形辐射,带动我国科技整体水平的提高。

关注、跟踪世界科技前沿是实现科技进步和创新的前提条件。“跟踪—规划”模式要求密切关注世界科技动态,同步跟踪全球创新资源和最新成果。我国各级科研部门中的科技情报中心、科技信息中心等机构,承担着关注、跟踪世界科技进展的职能。科学家们要开展课题研究,也必须关注、跟踪世界科技前沿和相关研究领域的现状及最新成果。党制定科技政策、谋划未来科技发展,更需要在国家战略层面上关注、跟踪新科技革命发展趋势和各国的科技发展战略。

需要注意的是,第一,作为党应对新科技革命的基本实践方式,“跟踪—规划”虽然目标对象是国外科技发展状况、世界科技进展,但是其着眼点还是放在国内。“跟踪—规划”模式的特点是立足国内,放眼世界。正是因为放眼世界,我们的一系列重大科技决策部署、科技规划计划,才有了宽广的世界眼光。放眼世界,我国科技工作才不致与世界新科技革命脱节,才能对我国科技发展的方向、目标形成科学的认识。正是因为立足国内，我们才能结合我国经济社会发展实际和科技工作现状，制定正确的战略决策、规划计划。立足国内，我们放眼世界才能有的放矢，才有现实针对性，才能明确我国科技发展重点和措施，真正做到"有所为、有所不为"。第二，"跟踪—规划"并非是滞后的，它也带有超前部署的性质。"跟踪—规划"模式强调在跟踪世界科技先进水平时，要从全局性、战略性、前瞻性的高度对我国科技发展进行思考和谋划。只有具备了超前的战略眼光，"跟踪—规划"才能站得高、看得远，而不是就事论事。

"跟踪—规划"为我们制定规划、作出决策提供了基本依据。比如，新中国成立以来，我国先后制定的十个科技规划，都是在关注、跟踪国外科技发展状况并结合我国科技工作实际的基础上作出的。

表9—1　我国制定的十个科技规划

科技规划	主要内容
《1956—1967年科学技术发展远景规划纲要》(即十二年科技规划)	确定了"重点发展，迎头赶上"的指导方针，从13个方面提出了57项重大科学技术任务、616个中心问题、12个重点任务。
《1963—1972年科学技术发展规划》(即十年规划)	确定了"自力更生，迎头赶上"的科技发展方针，确定了374项重点研究试验项目、3205个中心问题、15000个研究课题。
《1978—1985年全国科学技术发展规划纲要》(即八年规划纲要)	提出了"全面安排，突出重点"的方针，确定了8个重点发展领域和108个重点研究项目。1982年，国家计委、科委将该规划的主要内容调整为38个攻关项目，以"六五"国家科技攻关计划的形式实施。
《1986—2000年科学技术发展规划》(即十五年规划)	强调贯彻"科学技术必须面向经济建设，经济建设必须依靠科学技术"的基本方针，突出重点，不搞面面俱到，不片面追求"赶超"，而是根据我国的实际情况，发展具有我国特色的科学技术体系。该规划包括《1986—1990年全国科学技术发展计划纲要》和12个领域的技术政策(1988年又增加了2个领域)。

续表

科技规划	主要内容
《1991—2000年科学技术发展十年规划和“八五”计划纲要》(该规划系根据《国家中长期科学技术发展纲领》及《纲要》制定)	继续坚持“依靠、面向”的方针,确定了十年和五年的科技发展目标和任务。
《全国科技发展“九五”计划和2010年长期规划纲要》	由于种种原因,1998年经国家科教领导小组讨论后,该规划未对外正式发布。但“依靠、面向、攀高峰”仍然是这一时期科技工作的方针。
《国民经济和社会发展第十个五年计划科技教育发展专项规划》	在“依靠、面向、攀高峰”的基础上,提出了“有所为、有所不为,总体跟进、重点突破,发展高科技、实现产业化,提高科技持续创新能力、实现技术跨越式发展”的指导方针,并在“促进产业技术升级”和“提高科技持续创新能力”两个层面进行战略部署。
《国家中长期科学和技术发展规划纲要(2006—2020年)》	确立了“自主创新、重点跨越、支撑发展、引领未来”的方针,提出了建设创新型国家的奋斗目标。确定了11个重点领域、68项优先主题、16个重大专项、8个技术领域的27项前沿技术、18个基础科学问题,并提出实施4个重大科学研究计划。
《国家“十一五”科学技术发展规划》	重点在“发挥科技支撑与引领作用”和“加强科技创新能力与制度建设”两个方面进行战略部署:集中力量组织实施一批重大科技专项,加强关键技术攻关,超前部署前沿技术,稳定支持基础研究,支撑和引领经济社会持续发展;加强科技创新的基础能力建设,进一步深化科技体制改革,完善自主创新的体制机制。
《国家“十二五”科学和技术发展规划》	对加快实施国家科技重大专项、大力培育和发展战略性新兴产业、推进重点领域核心关键技术突破、前瞻部署基础研究和前沿技术研究、加强科技创新基地和平台建设、大力培养造就创新型科技人才、提升科技开放与合作水平、深化科技体制改革、强化科技政策落实和制定等进行了部署。

综观上述十个科技规划,可以看出,“跟踪—规划”模式对我国明确科技发展方向、确定科技发展方针、选择科技发展重点领域,都有极为重要的影响。制定正确的科技规划,既要顺应世界科技发展的潮流,遵循科技规律,又要紧密结合国情和国家战略需求,选择顺应时代发展要求、符合我国实际的科技发展方针、领域、项目。在制定上述十个科技规划的过程中,国家组织了大量专家,包括科技、经济、社会、管理等各方面的专家开展了讨论,并尽可能调动一线科技人员参与。这十个科技规划,都是在深入进行战略研究的基础上制定的,离不开对世界科技发展的密切关注和长期跟踪。它们之所以能对我国科技事业起到巨大的推动作用,关键在于既关注、跟踪世界科技前沿、把握住新科技革命的前进方向和发展趋势,同时又结合我国实际,确定了我国科技发展的重点领域、项目,对我国科技发展作出了部署和安排。这十个科技规划实际上是从全局性、战略性高度对我国科技发展进行前瞻性的总体规划和统筹安排。这十个规划的制定过程,实际上是持续关注、跟踪世界科技前沿,对我国科技发展作出规划、设计的过程。这十个科技规划前后相继,推动了我国科技事业一步一步向前发展。

2. “触发—回应”模式

考察改革开放以来我国科技事业发展的历程,可以发现一个值得深思的现象:我国作出的几个大的应对新科技革命的重大决策,都是由美国等西方发达国家引发的。比如,1983年美国总统里根提出“星球大战”计划,引发了我国科技界长达三年的讨论。经过研讨、分析、论证,我国于1986年制定了“八六三”计划。比如,1993年美国总统克林顿提出信息高速公路设想后,世界掀起了信息高速公路冲击波,各国纷纷展开了讨论和研究。我国学者从1993年到1995年对我国信息化建设展开了热烈的讨论。我国信息化建设在1995年左右大大提速,到2000年,我国正式提出了国民经济和社会发展信息化战略以及以信息化带动工业化的思路,到2002年进一步提出走以信息化带动工业化、以工业化促进信息化的新型工业化道路。又比如,1997年亚洲金融危机发生后,江泽民敏锐地认识到:发展中国家如果不努力提高本民族的科技文化素质和本国的知识创新、技术创新能力,就会在国际经济竞争中处于被动和依附的地位。这场亚洲金融危机凸显了加强自主创新的重要性。经过反思、研究，党中央作出了建设国家创新体系的重大决策，并开展了国家知识创新工程试点工作。从作出“八六三”计划、建设国家创新体系、走新型工业化道路等重大决策的背景及过程，可以看出它们有一个共同之处，即都是经由突发考验而引发的应对之策。我们把这种反应模式称为“触发—回应”模式。

“触发—回应”模式表明，一些重大的科技决策往往是受到刺激而引发的反应。这种刺激既可以来自内部刺激，又可以来自外部刺激，而反应总是伴随着刺激而呈现的。反应周期有长有短，周期长短和反应快慢取决于主体的认知水平。如果机体、系统没有受到刺激，反应行为也可能不会发生，或推延发生。

需要指出的是：第一，“触发—回应”模式绝不是危机之下的仓促应对，绝不意味着它是纯粹被动应对的模式。从刺激发生、接受挑战到作出应对之策，这中间一般要经历一段时间的分析、研究、论证，直至正式作出决策，这其实也是一种主动的探索过程，是自主的、创造性行为。所以，“触发—回应”模式虽然刺激在先，但实质上仍是一种带有主动性、创造性的应对模式。第二，“触发—回应”模式绝不是单纯强调外部刺激，决不意味着作出重大科技决策可以脱离中国国情。事实上，“八六三”计划确定的七个重点领域，以及现阶段我国确定战略性新兴产业的七个领域，都是立足于我国经济社会发展实际和科技、产业基础而确定的。第三，作为引起我们回应的触发因素、触发事件，虽然是以突然的、不可预料的形式出现，但并不意味着它们平时一点迹象、一点征兆也没有，而是我们平时对这些细微的迹象、征兆没有强调，没有给予应有的重视，或者说重视程度不够。突发事件一旦发生，便会立即显示出相关领域、相关研究、相关工作的重要性，于是提高重视程度，加快研究进度，加大工作力度，进而作出化解危机的应对之策。

这里，我们需要分辨一下“触发—回应”模式与“冲击—反应”模式的区别。“冲击—反应”模式是现代化理论中由来已久、颇具影响的一种理论分析范式。“冲击—反应”模式论最初是费正清等西方学者于20世纪50年代正式提出来的。费正清在《美国与中国》以及他与邓嗣禹合著的《中国对西方之反应》等著作中认为，中国社会走向现代化的模式是西方冲击、中国反应的“冲击—反应”模式。这种模式描述的情景是:中国社会是一个陷入惰性、停滞不前的体系,由于缺乏内部驱动力,难以突破传统框架。只有当西方文明的巨大外力对这个体系发起冲击,中国社会才被迫作出反应,一步一步向现代演进。许多学者认为,从思想理论的角度看,“冲击—反应”模式有其合理成分,但是这种模式是从“西方中心论”出发的,忽视了中国社会的内生发展。基于此,保罗·柯文等提出了“中国中心观”,以中国社会内部为出发点,探讨中国社会内部的变化动力和形态结构。我们认为,单纯地强调“西方中心论”或“中国中心观”都是片面的。当今世界,经济全球化与新科技革命相互交织,决定了任何一个国家都不可能脱离全球体系而存在。影响中国作出科技决策的因素是复杂的,既有外因,也有内因,是由内因和外因同时起作用的结果。来自外部的新科技革命挑战和来自我国经济社会发展的科技需求所形成的合力,共同推动了党和国家重大科技决策的形成。“触发—回应”模式中的触发,既有来自外部的触发因素,也有来自内部的触发因素。“回应”是主体主动的反应,不同于行为心理学中机体接受外部刺激而形成的被动反应。

改革开放以来,中国特色社会主义事业经历了不少来自政治、经济领域和自然界的困难和风险。面对突如其来的考验,党从容应对,经受了一次又一次考验。进入新世纪新阶段,一系列突发事件频频发生,“触发—回应”模式作为应对新科技革命的实践方式,越来越发挥其在实践创新和理论创新方面的作用。这里再以军队建设为例进行说明。抗洪抢险、抗震救灾斗争,提出了军队在新时期如何更好地履行历史使命的新问题。一方面,在新科技革命和世界新军事变革的大背景下,信息化战争成为21世纪战争的基本形态,必须明确把军事斗争准备的基点放到打赢信息化条件下的局部战争上。另一方面,在和平与发展仍然是时代主题的背景下,非战争军事应急行动增多,军队在和平时期要参与一些非战争性任务。形势的发展给新时期军队建设提出了新的要求:提高军队应对多种安全威胁、完成多样化军事任务的能力。党中央、中央军委强调在大力加强核心军事能力建设的同时,必须统筹抓好非战争军事行动能力建设,提高军队遂行非战争军事行动能力。基于这样一种新的形势、这样一种新的战略判断,党中央、中央军委明确提出军队要“提高以打赢信息化条件下局部战争能力为核心的完成多样化军事任务能力”。这一创新的表述,为我军全面履行新世纪新阶段历史使命增添了新内容、新要求。

由外界因素而触发的科技议题,都可以归属为回应型议题。这些议题的产生都是在相关问题已经出现之后,才逐渐引起重视,进而纳入议题。这样的议题在特殊的时期,显得非常重要,确实需要开展深入研究。但是,对于我们这样一个发展中大国来说,如果我们能主动地提出科技议题、创造性地设置科技议题,我们将能在日益激烈的国际经济科技竞争中赢得先机。这实质上也就是要求我们打破西方国家的科技霸权、话语权,提出具有前瞻性、主动性的科技议题。一个国家、一个民族能否提出具有前瞻性、主动性的科技议题,是这个国家、民族整体科技实力强弱、自主创新能力大小的表现。

3.“前瞻—引领”模式

新科技革命日新月异的发展态势,使得科技竞争在综合国力竞争中的地位越来越突出。世界主要国家纷纷调整科技战略,进行前瞻规划,在一些重要领域超前部署,努力保持科技优势。综观全球,超前部署科技发展已经成为一种趋势。如果不把握先机、超前部署,就会在激烈的国际竞争中落伍,落后于时代。超前部署的目的,是为了通过科技创新而驱动引领未来经济社会发展,其实质是抢占未来发展制高点,赢得发展主动权。我们把进行前瞻规划、作出超前部署的科技决策模式称为“前瞻—引领”模式。

加快培育和发展战略性新兴产业,是我国超前部署的一个经典决策。2008年国际金融危机发生后,世界主要国家纷纷在新能源、新材料、信息网络、生物医药、节能环保、低碳技术、绿色经济等重要领域加强布局,部署战略性新兴产业。“我们注意到,西方各国在应对国际金融危机的同时,都在对本国科技和产业发展进行新的部署,开始了新一轮抢占科技和产业发展制高点的竞争。”面对这场百年罕见的金融危机,“我们作出了一个判断,就是每一次国际金融危机都会带来一场科技的革命,或者说大的变革,而决定应对经济危机取得胜利的关键，还是在于人的智慧和科技的力量”[①]。在应对国际金融危机冲击的过程中，党中央、国务院既立足当前渡难关，又着眼长远上水平，不断探索发展什么样的产业、培育哪些新的经济增长点、如何抢占科技制高点等问题。2009年3月，国务院印发《国务院关于发挥科技支撑作用促进经济平稳较快发展的意见》，要求加快实施重大专项，为保增长、调结构、上水平提供科技支撑。2009年5月，中央财政预算安排628亿元，加快实施新一代宽带无线移动通信网、转基因生物新品种培育、重大新药创制等11个科技重大专项。随后，国务院出台《促进生物产业加快发展的若干政策》，把生物医药、生物农业、生物能源、生物制造和生物环保产业作为重点，大力发展生物产业。这些探索，都为研究制定我国的战略性新兴产业发展战略奠定了基础。

科学选择战略性新兴产业非常关键。选对了就能跨越发展，选错了将会贻误时机。如何突出重点，确定中国战略性新兴产业的发展方向？如何加强科技支撑，突破产业发展的关键和核心技术？这些都是党中央、国务院向广大科技工作者提出的需要研究的课题。2009年7月7日和9日，国务院总理温家宝召开两次经济形势座谈会，分别听取经济学者和企业、行业协会负责人的意见和建议。他指出：克服当前这场金融危机带来的影响，从根本上要靠科技创新。他强调：支持和推进新能源、生物医药、第三代移动通信、“三网融合”、节能环保等战略性新兴产业的技术研发和产业化，创造新的市场需求，培育新的经济增长点。2009年8月7日，温家宝到无锡物联网产业研究院考察，听取我国物联网发展和应用的汇报。他强调要培育新的增长点，在经济发展和科技创新上占领制高点，这样才能保证国家可持续发展能力和竞争力。2009年9月下旬，国务院连续三次召开座谈会，听取47位经济、科技专家的意见。专家们围绕新能源、节能环保、电动汽车、新材料、新医药、生物育种和信息产业发展进行了热烈的讨论，提出了很好的意见和建议。讨论中，专家们都感到，除了发挥诸如装备制造业这种传统优势以外，应该大力发展互联网、绿色经济、低碳经济、环保技术、生物医药这些关系到未来环境和人类生活的重要领域的科

① 新华社：《温家宝总理就当前经济形势和明年经济工作接受专访》，《人民日报》2009年12月28日，第2版。

技。在进行这些调查和座谈以后,2009年11月3日,温家宝在北京组织召开了一次科技界大会,总结和归纳了科技界、产业界、经济界提出的建议,比较系统地提出了我国战略性新兴产业未来发展的方向。

2009年12月的中央经济工作会议指出要发展战略性新兴产业,推进产业结构调整。要抓紧研究提出培育我国战略性新兴产业的总体思路,强化政策支持,加大财政投入,培育新的经济增长点。2009年12月27日,温家宝在中南海紫光阁就当前经济形势、2010年我国经济工作等问题接受了新华社记者独家专访。在谈到战略性新兴产业时,温家宝对这个探索过程作了回顾和说明:"在应对这场危机当中,因为开始比较紧张,我们把力量集中在应对上。到今年下半年,我们开始有时间冷静地思考一下我们的过去,研究应对危机中出现的问题,冷静地思考一下我们的未来。"[①]经过讨论,从模糊到清晰,从零散到集聚,发展战略性新兴产业的思路和领域日益明确。2010年2月,国家发改委、科技部、工信部、财政部等20个有关部门和单位,成立了战略性新兴产业发展思路研究部际协调小组,在对全国重点地区进行实地调研,广泛听取相关行业、企业、专家以及社会方方面面意见的基础上,提出了加快培育发展战略性新兴产业的指导思想、目标、重点任务和重大政策措施,形成了《国务院关于加快培育和发展战略性新兴产业的决定》上报稿。2010年9月8日,国务院常务会议审议并原则通过《国务院关于加快培育和发展战略性新兴产业的决定》。会议确定了战略性新兴产业发展的重点方向、主要任务和扶持政策。10月10日,国务院颁布《国务院关于加快培育和发展战略性新兴产业的决定》。10月18日,党的十七届五中全会通过的《中共中央关于制定国民经济和社会发展第十二个五年规划的建议》第四部分第13条专门论述了"培育发展战略性新兴产业"。2011年3月,十一届人大四次会议通过的《中华人民共和国国民经济和社会发展第十二个五年规划纲要》提出,"促进新兴科技与新兴产业深度融合","把战略性新兴产业培育发展成为先导性、支柱性产业"。"十二五"规划纲要还具体明确了若干项战略性新兴产业创新发展工程。

---

① 新华社:《温家宝总理就当前经济形势和明年经济工作接受专访》,《人民日报》2009年12月28日,第2版。

部署战略性新兴产业，是以胡锦涛为总书记的党中央在准确判断新科技革命发展趋势、科学把握全球经济科技竞争格局深刻调整的基础上，立足我国国情和科技产业现状而作出的重大决策，是建设创新型国家的重大战略举措。正如温家宝所指出的："部署战略性新兴产业，我们与西方发达国家几乎是同步的。从这点看机遇是抓住了。"[①]

"前瞻—引领"模式是积极主动的应对模式，具有三个特点：一是前瞻性。着眼长远，前瞻未来，科学选择关系国计民生、国家安全，具有发展前景的科技领域。二是超前部署。及时规划，及早安排，抢占科技前沿和产业发展的先机。三是注重科技的驱动引领功能，通过科技创新创造新的市场需求和产业，培育新的经济增长点，使科学技术成为引领未来经济社会发展的主导力量。

"跟踪—规划""触发—回应""前瞻—引领"这三种应对模式是我们从不同层面所作的思维概括，意在从不同角度揭示党应对新科技革命的模式、机理及其特点。三者并不相互排斥、相互隔绝，而是相互联系、相互交织、相得益彰。面对突发事件和刺激诱因，如果没有平时对新科技革命动态的长期关注和跟踪，很可能会束手无措、一筹莫展。可以说，"跟踪—规划"为"触发—回应"打下了坚实的基础。突发事件和刺激诱因一旦发生，立刻显示出"跟踪—规划"的重要性，并在危急关头、重要时刻以特殊的方式、特殊的力度将"跟踪—规划"的认识成果提升到空前的高度加以部署。比如，"八六三"计划是因美国提出"星球大战"计划而作出的应对之策，但是从它的酝酿、提出、论证到制定，都与我国科技界长期关注、跟踪世界科技前沿进展密切相关。尤其是我国于1983年开始的新科技革命对策研究所提出的八个分领域对策，为"八六三"计划确定七个领域提供了技术领域框架。同样，"跟踪—规划"也为"前瞻—引领"奠定了坚实的基础。科学选择前瞻性的科技领域进行超前部署，离不开长期的"跟踪—规划"。"跟踪—规划"为"前瞻—引领"作了必要的、必需的科技准备。比如，部署发展战略性新兴产业，离不开对世界主要国家科技发展战略的

① 中共中央文献研究室编：《十七大以来重要文献选编》下，中央文献出版社2013年版，第378页。

高度关注和产业部署重点的密切跟踪。在一定意义上可以认为，“触发—回应”“前瞻—引领”以“跟踪—规划”为基础，同时又运用和发展了“跟踪—规划”的成果。

“跟踪—规划”“触发—回应”“前瞻—引领”三种应对模式相互联系，三者之间也有一定的动态演进。长期来看，“跟踪—规划”始终是应对新科技革命的基本模式。最近几年来，由于国际经济科技形势的发展变化，世界各国越来越强调主动应对、超前部署，因而“前瞻—引领”模式愈益突出、愈益重要。由于新科技革命的迅猛发展，科技创新到成果应用的周期不断缩短，全球进入创新密集和新兴产业快速发展的时代。这使得发达国家有可能更加频繁地提出新的科技战略，我国需要作出回应的概率较过去而言将会大大增加。“触发—回应”模式也可能会由过去的偶发状态、小概率事件逐渐变成常态化、大概率事件。这就启示我们：必须打牢“跟踪—规划”的根基，随时准备对突发挑战作出回应，同时还要主动对未来科技发展作出前瞻设计和超前部署。

二、不断推进实践基础上的理论创新

实践是认识的来源，是认识发展的动力。江泽民曾经指出：“实践基础上的理论创新是社会发展和变革的先导。通过理论创新推动制度创新、科技创新、文化创新以及其他各方面的创新，不断在实践中探索前进，永不自满，永不懈怠，这是我们要长期坚持的治党治国之道。”[①]理论创新是在实践基础上进行的，而理论创新反过来又指导实践，指引实践创新。这就是理论和实践、理论创新和实践创新的辩证关系。

1. 理论创新的科技实践基础

我国科技工作的实践，为我们党进行理论创新提供了广阔的空间和深厚的实践基础。改革开放以来，我国科技工作有声有色、深入推进，科技发展的

① 《江泽民文选》第3卷，人民出版社2006年版，第537—538页。

战略决策与部署与时俱进，科技事业实现了中华民族史上最快的发展与最大的跨越。在这不平凡的历程中，我们党不断推进实践基础上的理论创新。邓小平、江泽民、胡锦涛都对我国科技发展作出了一系列重要论述，形成了邓小平科技思想、“三个代表”重要思想科技理论、科学发展观科技思想。它们集中起来就是中国特色社会主义科技思想。从更宽广的角度看，中国特色社会主义科技思想是中国特色社会主义理论体系中的重要内容。可以说，科技实践创新推动了科技理论创新，进而推动了中国特色社会主义理论体系的创新发展。

在此，我们以载人航天工程为例，说明实践创新推动理论创新、理论创新指引实践创新。

表9—2　江泽民关于载人航天工程的重要论述（从神舟一号到神舟四号）

背　景	讲话时间及场所	主要内容
1999年11月20日6时30分，我国第一艘载人航天试验飞船神舟号，在酒泉卫星发射中心新建成的航天发射场发射升空。在完成预定的空间科学试验之后，11月21日3时41分，飞船在内蒙古自治区中部地区成功着陆。这是我国载人航天工程的第一次飞行试验，标志着我国载人航天技术有了新的重大突破。	1999年11月24日，江泽民视察神舟号试验飞船返回舱，会见部分工程研制和试验人员并发表讲话。	一、要求科技人员对试验结果进行充分的分析研究，认真总结经验，科学制定发展计划，拓宽我国和平利用空间资源的领域。二、希望广大航天科技工作者抓住机遇，努力驾驭新科技革命的趋势，瞄准世界科技发展的先进水平，结合我国社会主义现代化建设的实际，坚持自主创新，奋起直追，加快科教兴国战略的实施，把我国的科技事业不断推向前进。
2001年1月10日1时整，我国自行研制的神舟二号无人飞船在酒泉卫星发射中心发射升空，10分钟后成功进入预定轨道。这是我国载人航天工程第二次飞行试验，标志着我国载人航天事业取得了新进展，向实现载人飞行迈出了重要的一步。	2001年1月10日凌晨，江泽民亲笔致电祝贺神舟二号发射成功。	向参加研制和发射工作的广大科技人员、干部职工和解放军指战员致以热烈的祝贺和亲切的慰问。希望再接再厉，夺取新的更大的胜利。

续表

背　景	讲话时间及场所	主要内容
2002年3月25日22时15分,我国自行研制的神舟三号飞船在酒泉卫星发射中心发射升空并成功进入预定轨道。神舟三号飞船发射成功,标志着我国在载人航天技术领域又迈出了坚实的一步,实现了新的突破。	2002年3月26日,江泽民在酒泉卫星发射中心会见参加载人航天工程试验的科技人员和人民解放军指战员代表,发表《加快我国航天事业发展步伐》的讲话。	一、要认真贯彻科教兴国、科技强军战略,继续瞄准世界科技发展的前沿,抓住机遇,开拓进取,加快我国航天事业发展步伐。二、要不断提高自主创新能力,造就一支高素质的、勇于创新的航天科技队伍,集中力量攻克重大关键技术,掌握核心技术,形成自主知识产权,走出一条投入少效益高、有中国特色的航天发展道路。
2002年12月30日凌晨,我国自行研制的神舟四号无人飞船在酒泉卫星发射中心发射升空并成功进入预定轨道。这是我国载人航天工程的第四次飞行试验。2003年1月5日19时16分,神舟四号飞船在完成预定空间科学和技术试验任务后,在内蒙古中部地区准确着陆。	2012年12月30日,江泽民致电解放军总装备部并载人航天工程指挥部,祝贺神舟四号飞船发射成功。	神舟四号飞船的成功发射,是我国航天事业取得的一项历史性成就,是我国改革开放和社会主义现代化建设的一个重大胜利。要再接再厉,开拓前进,为人类和平开发利用太空作出应有的贡献。

表9—3　胡锦涛关于载人航天工程的重要论述(从神舟五号到神舟九号)

背　景	文献名称及时间	主要内容
2003年10月15日9时整,我国自主研制的神舟五号载人飞船在酒泉卫星发射中心用长征二号F型运载火箭发射升空。9时9分50秒,飞船准确进入预定轨道,将中国第一名航天员成功送上太空。飞船绕地球飞行14圈后,于10月16日清晨返回。中国已成为世界上第三个独立掌握载人航天技术的国家。	《在庆祝我国首次载人航天飞行圆满成功大会上的讲话》(2003年11月7日)	四点启示:一、必须坚持以科技进步和创新为先导,努力实现技术发展的跨越;二、必须坚持发挥社会主义制度的政治优势,形成万众一心共创伟业的生动局面;三、必须坚持自主创新的方针,牢牢掌握尖端技术发展的主动权;四、必须坚持发扬艰苦奋斗的优良作风,以与时俱进的精神不懈登攀。

续表

背　景	文献名称及时间	主要内容
2005年10月12日9时9分52秒，我国自主研制的神舟六号载人飞船，在酒泉卫星发射中心发射升空后，准确进入预定轨道。10月17日4时33分，神舟六号返回舱成功着陆。神舟六号载人飞船的飞行，是我国第二次进行载人航天飞行，也是我国第一次将两名航天员同时送上太空，实现了从神舟五号“一人一天”航天飞行到神舟六号“多人多天”航天飞行的重大跨越。神舟六号载人航天飞行的圆满成功，是我国载人航天工程“三步走”战略进入第二步的重要开局。	《在庆祝神舟六号载人航天飞行圆满成功大会上的讲话》(2005年11月26日)	阐述了载人航天精神的五个表现。提出了四点要求:一、要始终坚持科学技术是第一生产力的战略思想，充分发挥科学技术推动经济社会发展的关键作用;二、要始终把提高自主创新能力摆在突出位置，显著提高我国的科技实力;三、要始终把科学管理作为推动科技进步和创新的重要环节，不断提高科学管理水平;四、要始终树立人才资源是第一资源的观念，大力培养造就高素质的科技人才队伍。
2007年10月24日18时05分，中国首颗探月卫星嫦娥一号发射升空，准确进入预定轨道。我国首次月球探测工程的成功，是继人造地球卫星、载人航天飞行取得成功之后我国航天事业发展的又一座里程碑，实现了中华民族的千年奔月梦想，开启了中国人走向深空探索宇宙奥秘的时代，标志着我国已经进入世界具有深空探测能力的国家行列。	《在庆祝我国首次月球探测工程圆满成功大会上的讲话》(2007年12月12日)	四点启示和经验:第一，必须坚持发展是第一要义，着力推动经济社会又好又快发展;第二，必须坚持自主创新，着力建设创新型国家;第三，必须坚持实施人才强国战略，着力培养造就高素质人才队伍;第四，必须坚持弘扬求真务实精神，着力推动各项工作的落实。

续表

背　景	文献名称及时间	主要内容
2008年9月25日21时10分04秒,我国自主研制的神舟七号载人飞船发射升空。9月27日16时41分00秒,我国航天员首次实施空间出舱活动。这一举世瞩目的伟大成就向世界宣告,中国已成为世界上第三个独立掌握空间出舱关键技术的国家。	《在庆祝神舟七号载人航天飞行圆满成功大会上的讲话》(2008年11月7日)	四点启示:第一,科学发展是实现发展目标的必然要求;第二,社会主义制度是凝聚强大力量的政治优势;第三,自主创新是掌握民族发展命运的关键之举;第四,爱国主义是成就伟大事业的精神动力。 四点要求:要始终把改革创新精神作为强大动力,不断激发全社会的创造活力;要始终把提高自主创新能力作为战略任务,切实增强国家科技实力;要始终把培养造就高素质人才作为根本大计,努力建设宏大的创新型人才队伍;要始终把深化科技体制改革作为重要保障,加快推进国家创新体系建设。
2010年10月1日18时59分57秒,长征三号丙火箭点火发射,把嫦娥二号卫星成功送入太空。经过三次近月制动,11月2日,嫦娥二号卫星顺利返回环月长期运行轨道,开展科学探测任务。嫦娥二号任务圆满成功,标志着探月工程二期任务迈出了成功的第一步。	《在庆祝探月工程嫦娥二号任务圆满成功大会上的讲话》(2010年12月20日)	四点启示和经验:必须大力推动科学发展;必须大力发挥社会主义制度优势;必须大力推进科技进步和创新;必须大力实施科教兴国战略和人才强国战略。

续表

背　景	文献名称及时间	主要内容
2011年9月29日21时25分45秒，我国自主研制的天宫一号目标飞行器发射升空后准确进入预定轨道。11月3日凌晨1时36分，天宫一号目标飞行器与神舟八号飞船成功实现首次交会对接。天宫一号与神舟八号交会对接成功，标志着我国在突破和掌握空间交会对接技术上迈出了重要一步。	《在庆祝天宫一号与神舟八号交会对接任务圆满成功大会上的讲话》（2011年12月16日）	四点要求：第一，必须坚持自力更生、自主创新，走创新发展之路；第二，必须坚持集中力量、重点突破，走跨越发展之路；第三，必须坚持服务经济、服务民生，走融合发展之路；第四，必须坚持着眼长远、引领未来，走可持续发展之路。
2012年6月16日18时56分，神舟九号载人飞船发射升空后准确进入预定轨道，顺利将三名航天员送上太空。6月18日14时14分，天宫一号与神舟九号载人飞船首次成功实现自动交会对接。6月29日，神舟九号载人飞船安全着陆，我国首次载人交会对接任务取得圆满成功。这是继成功实施首次空间交会对接之后，我国载人航天事业发展的又一重要里程碑，实现了我国空间交会对接技术的又一重大突破，标志着我国载人航天工程第二步战略目标取得了具有决定性意义的重要进展。	2012年6月16日，正在丹麦访问的胡锦涛电贺神舟九号发射成功。2012年6月26日，胡锦涛来到北京航天飞行控制中心与在太空的神舟九号载人飞船飞行乘务组三名航天员进行实时天地视频通话。2012年7月28日，胡锦涛会见天宫一号与神舟九号载人交会对接任务航天员及参研参试人员代表。	要继续发扬载人航天精神，精心做好各项后续工作。手控交会对接任务的顺利完成，标志着我国全面掌握了空间交会对接技术。

表9—4 习近平关于载人航天工程的重要论述(神舟十号、嫦娥三号)

背景	讲话时间及场所	主要内容
2013年6月11日17时38分,神舟十号载人飞船发射升空,准确进入预定轨道,顺利将三名航天员送入太空。神舟十号载人飞船在轨运行期间先后同天宫一号目标飞行器成功进行自动和手控交会对接。26日8时07分,在经过15天太空飞行后,神舟十号载人飞船返回舱安全着陆。天宫一号与神舟十号载人飞行任务的圆满成功,进一步巩固了我国空间交会对接技术,标志着我国载人航天工程第二步战略目标取得了重大阶段性胜利。以这次任务圆满成功为标志,我国载人航天事业进入空间站工程建设的崭新发展阶段。	2013年6月11日晚,习近平在酒泉卫星发射中心接见天宫一号与神舟十号载人飞行任务参研参试单位代表。	发展航天事业,建设航天强国,是我们不懈追求的航天梦。希望总结经验、再接再厉,精心做好各项后续工作,确保任务取得全面胜利,在实现航天梦的征程中谱写新的壮丽篇章。
	2013年7月26日,习近平会见神舟十号载人飞行任务航天员和参研参试人员代表。	载人航天事业的成就,充分展示了伟大的中国道路、中国精神、中国力量,坚定了全国各族人民实现中华民族伟大复兴的中国梦的决心和信心。
2013年12月2日嫦娥三号探测器发射升空,12月14日实现月面软着陆,12月15日进行两器分离和互拍成像。嫦娥三号任务圆满成功,首次实现了我国航天器在地外天体软着陆和巡视勘察,标志着我国探月工程第二步战略目标全面实现,中华民族跻身于世界深空探测先进行列。	2014年1月6日,习近平会见探月工程嫦娥三号任务参研参试人员代表。	嫦娥三号任务圆满成功,为我国航天事业发展树立了新的里程碑,在人类攀登科技高峰征程中刷新了中国高度。创新是一个民族进步的灵魂,是一个国家兴旺发达的不竭源泉,也是中华民族最鲜明的民族禀赋。嫦娥三号任务是我国航天领域迄今最复杂、难度最大的任务之一,是货真价实、名副其实的中国创造。取得这样的成就,最根本的一点,就是中国航天事业始终坚持自力更生、自主创新。中国是一个大国,必须成为科技创新大国。

在梳理载人航天工程的实践进程,分析党和国家领导人的相关活动及讲话后可以看出,这一系列重要论述对于中国特色社会主义理论体系建构的意

义。第一,生动反映了中国载人航天工程稳步推进、不断创新的实践进程。载人航天工程是自主创新的重大跨越,以神舟十号为代表的神舟系列飞船和天宫一号目标飞行器成功完成使命,突破了一大批拥有自主知识产权的核心关键技术。短短20多年时间,我国先后实现了从无人飞行到载人飞行、从“一人一天”到“多人多天”、从舱内实验到出舱活动、从单船飞行到组合体稳定运行、从无人交会对接到载人交会对接、从天地对话到太空授课等重大跨越,快速跻身于世界航天大国之列。第二,不断深化了对走中国特色自主创新道路的认识。在推进我国航天事业发展的过程中,江泽民反复强调要不断提高自主创新能力,走出一条投入少效益高、有中国特色的航天发展道路。胡锦涛多次总结载人航天工程的经验及其对建设创新型国家、走中国特色自主创新道路的启示意义。经过20多年的发展,我国航天事业走出了一条探索太空、和平利用太空的中国道路。这条道路,是中国特色自主创新道路在航天事业中的具体体现。可以说,这一系列文献,从航天事业发展的角度,丰富了中国特色自主创新道路的内涵。第三,深化了对中国特色社会主义理论体系的认识。上述这一系列重要文献,既继承了邓小平科技思想,又丰富了“三个代表”重要思想科技理论和科学发展观科技思想。这些文献从科技角度深化了我们党对中国特色社会主义理论体系的认识。这些文献清晰地表明,在实现载人航天技术的跨越发展时,党对科学发展观的认识也在不断加深。正如胡锦涛所强调的,科学发展是实现发展目标的必然要求,必须走创新发展之路,走跨越发展之路,走融合发展之路,走可持续发展之路。第四,更为重要的是,习近平将航天事业与中国梦、中国道路、中国精神、中国力量联系起来,提出了建设航天强国、实现航天梦的目标。把航天梦作为中国梦的一个重要方面,表明党把对航天事业的认识上升到一个新的高度。第五,提出了成为科技创新大国的奋斗目标。江泽民曾经指出,创新是一个民族的灵魂,是一个国家兴旺发达的不竭动力,也是一个政党永葆生机的源泉。习近平进一步指出,创新也是中华民族最鲜明的民族禀赋。习近平总结了我国载人航天工程取得重大成就的经验,指出最根本的一点,就是中国航天事业始终坚持自力更生、自主创新。习近平在会见嫦娥三号任务参研参试人员时明确提出:“中国是一个大国,必须成为科技创新大国。”我国曾经先后提出:到2020年进入创新型国家行列,进入世界人才强国行列。2012年发布的《中共中央 国务院关于深化科技体制改革加快国家创新体系建设的意见》,又提出了"新中国成立一百周年时成为世界科技强国"[①]的奋斗目标。现在,习近平提出中国"必须成为科技创新大国"的宏伟目标。从时间上看,到2020年我国成为人才强国,成为创新型国家,在此基础上再经过几十年的奋斗,到21世纪中叶新中国成立100周年时,我国成为科技强国。科技创新大国,是我们党继提出人才强国、创新型国家、科技强国之后的又一个新的、更高的奋斗目标。

2. 科技实践如何推动理论创新

科技实践是如何推动理论创新的?对不同的科技实践主体而言,实践创新推动理论创新的形式可能有所不同。比如,如果以党为主体来分析,那么,党推进理论创新的形式主要是科学决策、民主决策,通过制定科技发展战略、方针政策,组织实施重大科技活动,加强党对科技工作的领导等形式来实现的。如果以科技界为主体来分析,那么,科技界推进理论创新,主要是通过研究国家科技规划和发展战略,为中央宏观决策提供科学依据和咨询建议,实施重大科技计划、落实重大科技部署等形式来实现的。

科技界是国家科学技术思想库。长期以来,科技界和各方面专家围绕国家经济社会发展中的战略问题、世界和我国科技发展中的重大问题等积极建言献策,提出了许多重要咨询意见,为中央决策提供了科学依据。很多重大的科技决策,都是科技界在深入研究、反复论证的基础上提出的,凝聚着科技界的心血和智慧。在此,我们以科技界为实践主体进行分析。

第一,科技部门参与起草国家科技发展规划、研究国家科技发展战略,参与了国家重大科技决策。

关于科教兴国战略的制定。1994年8月,国务院领导在北戴河研究制定"九五"计划及2010年远景目标规划时,提出了科教兴国问题。1995年,中央政治局常委会在确定工作要点时,把开好全国科学技术大会列为重要内容之

① 中共中央文献研究室编:《十七大以来重要文献选编》下,中央文献出版社2013年版,第1034页。

一。在党中央、国务院直接领导下，国家科委受命负责《中共中央 国务院关于加速科技进步的决定》的起草工作。国家科委组织力量，深入全国各地调研，广泛召开座谈会听取专家建议，研究《中共中央 国务院关于加速科技进步的决定》起草问题，形成了《中共中央 国务院关于加速科技进步的决定》草稿，随后又征求各有关部门意见。在充分吸取各方面修改意见的基础上，国家科委对《中共中央 国务院关于加速科技进步的决定》草稿进行了修改。1995年4月26日，江泽民主持召开中央政治局常委会，研究审议《中共中央 国务院关于加速科技进步的决定》送审稿。1995年5月6日，《中共中央 国务院关于加速科技进步的决定》正式发布，明确提出了科教兴国战略。

关于建设国家创新体系的决策。1997年，中国科学院组织力量研究21世纪我国科技发展战略问题，于当年年底向中央提交了《迎接知识经济挑战，建设国家创新体系》战略研究报告。1998年2月，江泽民在报告上作出批示，强调要"真正搞出我们自己的创新体系"[①]。根据江泽民的批示精神，国务院领导同志多次与中国科学院和有关部委的负责人磋商研究，形成了由中国科学院实施国家知识创新工程试点的战略构想。1998年6月，国家科技领导小组正式批准中国科学院开展知识创新工程，作为建设国家创新体系的试点。国家知识创新工程是继1993年教育部启动"211工程"、1996年国家经贸委和科技部实施"技术创新工程"之后，建设我国国家创新体系的又一重大举措，是实施科教兴国战略的重大步骤。

关于建设创新型国家的提出。为编制《国家中长期科学和技术发展规划纲要(2006—2020年)》，国务院专门成立了中长期科学和技术发展规划领导小组，科技部为组长单位，来自国家有关部门、中科院、工程院以及部分大学、科研机构、企业的2000多名专家参与了这项工作。《国家中长期科学和技术发展规划纲要(草案)》的编制工作从2003年6月开始，历时两年。在规划战略研究的基础上，《国家中长期科学和技术发展规划纲要(草案)》起草工作经历了前期准备、框架设计、任务凝练与政策梳理、草案形成和征求意见五个阶段，先后12次易其稿。其间，科技部专题研究组分析了世界上主要创新型国家建设的

---

① 《江泽民思想年谱(1989—2008)》，中央文献出版社2010年版，第316页。

典型案例与国际经验，提交了《主要创新型国家科技创新发展的历程及经验》的报告，为我国提出建设创新型国家提供了可资借鉴的参考材料。《国家中长期科学和技术发展规划纲要（2006—2020年）》分析了我国科技发展面临的形势，提出了建设创新型国家的战略目标，明确了今后15年科技发展的指导方针和总体部署。

第二，科技部门充分发挥学科、专业优势，为中央提出建议。

比如，国际金融危机爆发后，科技部组织科技界，会同经济界和产业界，认真分析国际金融危机对中国经济发展带来的影响，深入研究科技支撑措施，及时向国务院提出建议，使科技支撑措施成为中央应对国际金融危机一揽子计划的重要组成部分。2009年3月，国务院专门发布了《国务院关于发挥科技支撑作用促进经济平稳较快发展的意见》，围绕“加强重大专项，支撑产业振兴，支持企业创新，发展高新产业，深入基层服务，促进人才建设”，提出了六项科技支撑政策保障条件。教育部召开了“发挥高校科技支撑作用，服务经济平稳较快发展”视频会议，作出部署。中科院提出了面向企业开放研发资源，组织服务团队等一系列措施。中国工程院开展了“院士行”等活动。国家自然科学基金会与企业和地方政府共同设立支持科技创新的联合基金。

又比如，中国科学院组织专家深入研究我国科技发展的路线图，向中央报送了关于我国面向2050年科技发展的战略研究报告。制定科技路线图是世界上通行的一种方法。世界主要国家和地区为抓住新的科技革命的机遇，纷纷提出了一系列重要的战略研究报告及相应的创新政策和长远发展规划。美国在2004年发布了以探索月球和火星为主线的2020年及以后空间探索路线图，欧盟在2006年发布了《欧洲研究基础设施路线图规划（2006年度报告）》，日本在2007年发布《技术战略路线图2007》。科技路线图有别于一般的规划和技术预见。它包含了满足未来发展需求的科学和技术，以及实现这些目标所选择的路径。中科院借鉴国际上制定路线图的方法，吸纳我国进行科技战略规划的成功经验，提出了以科技创新为支撑的八大经济社会基础和战略体系。中科院早在国际金融危机爆发之前，就已经组织300多位优秀科技专家、管理专家和情报专家参加了18个专题组的研究，提出了面向2050年的科技重点领域发展路线图，初步勾画出至2050年依靠科技支撑和引领我国现代化进程的宏观图景和相应的体系特征。中科院向中央报送了关于我国面向2050年科技发展的战略研究报告。2009年6月10日，中科院正式发布报告《科技革命与中国的现代化——关于中国面向2050年科技发展战略的思考》，提出了“以科技创新为支撑的八大经济社会基础和战略体系”的整体构想，提出加强八大体系建设：一是构建我国可持续能源与资源体系，二是构建我国先进材料与智能绿色制造体系，三是构建我国无所不在的信息网络体系，四是构建我国生态高值农业和生物产业体系，五是构建满足我国十几亿人口需要的普惠健康保障体系，六是构建支撑我国人与自然和谐相处的生态与环境保育发展体系，七是构建我国空天海洋能力新拓展体系，八是构建我国国家与公共安全体系。中科院的建议很快被中央采纳。2010年6月7日，胡锦涛在中国科学院第十五次院士大会、中国工程院第十次院士大会上的讲话中，强调要大力发展能源资源开发利用科学技术、新材料和先进制造科学技术、信息网络科学技术、现代农业科学技术、健康科学技术、生态环境保护科学技术、空间和海洋科学技术、国家安全和公共安全科学技术八个方面的科学技术。

第三，科技部门积极响应中央号召，围绕相关重大决策制定相应的科技实施计划，从而丰富了重大决策的内容。

比如，2010年5月，中央召开了新疆工作座谈会。中央召开新疆工作座谈会后，科技部门把落实中央关于推进新疆实现跨越式发展和长治久安的决策部署作为科技工作的重点任务之一，成立了科技援疆工作领导小组，对科技援疆工作进行周密部署。科技部强调要支持新疆矿产资源勘探、现代农牧业发展、传统产业升级和战略性新兴产业发展、产业聚集园区建设；动员全国科技力量支援新疆，统筹协调有关科技援疆工作；启动科技援疆规划编制工作，并把科技援疆内容纳入国家“十二五”科技发展规划中加以重点支持；围绕新疆科技创新体系建设，进一步加大支持力度，全面促进新疆自主创新能力的提高。这些重大举措，将中央关于新疆跨越式发展的重大部署落到实处，为新疆实现跨越式发展提供了强大的科技支撑。

又比如，支持东北地区等老工业基地振兴是党的十六大作出的重大战略决策。2004年初，中国科学院发布《中国科学院东北振兴科技行动计划纲要》，提出要实施“东北振兴科技行动计划”，为东北地区全面协调可持续发展不断作出基础性、战略性和前瞻性的科技创新贡献。为贯彻落实东北振兴科技行动计划纲要，中国科学院成立了“中国科学院东北振兴科技行动计划领导小组”。为保证“东北振兴科技行动计划”的顺利实施，中国科学院特别设立了“东北振兴科技行动计划”专项资金，总经费7500万元，其中项目经费6000万元，人才培养专项经费1500万元。中国科学院还结合实施振兴东北老工业基地战略，实施了“东北之春”计划，为东北地区培养一定数量的学术带头人和青年科技骨干。

新形势下，发挥科技界在党和国家决策中的重要作用，是党推进理论创新的一项重要课题，也是提高党的执政能力建设的一个重要方面。面对新科技革命日新月异的形势，面对我国改革发展艰巨繁重的任务，党和国家迫切需要科技界和各方面专家研究分析经济社会发展面临的重大问题，为国家宏观决策提供科学的咨询意见。江泽民指出，“领导机关和领导干部要认真听取群众意见，充分发挥各类专家和研究咨询机构的作用”[①]。胡锦涛强调：要“推进决策科学化、民主化，完善决策信息和智力支持系统”[②]。科技界和各方面专家是决策信息系统和决策智力支持系统中极为重要的力量。各级党委和政府要认真听取科技界和各方面专家的意见，充分发挥科技界和各方面专家的作用，积极推进决策科学化、民主化。科技界和各方面专家要更加积极主动地参与决策咨询，努力为解决经济社会发展中的战略问题提供方案，为国家决策提供建议，以实际行动推动重大决策的科学化、民主化。要“建立健全国家宏观决策咨询制度”[③]，建立健全科学民主决策的评估制度、监督机制、责任制度，探索推进国家宏观决策咨询制度法制化的有效途径，为科技界和各方面专家发挥咨询作用提供舞台。

---

① 《江泽民文选》第1卷，人民出版社2006年版，第236页。

② 《胡锦涛文选》第2卷，人民出版社2016年版，第636页。

③ 中共中央文献研究室编：《十七大以来重要文献选编》上，中央文献出版社2009年版，第505页。

三、科技功能的新嬗变

科学技术作为人类智慧的伟大结晶,推动创造了人类文明大厦。人类文明就是在认识、利用、适应自然的过程中不断发展进步的,永不停息的科技进步和创新使人类认识、利用、适应自然的水平和能力不断提升。反向观之,人类文明进步不断给科学技术提出了新要求、新任务。适应新要求、新任务,科学技术自身也会相应地发生改变和调整。改革开放以来尤其是进入新世纪新阶段以来,国际国内发生的一些重大事件以及我国科技事业改革发展的实践,引发了我们党关于科学技术社会功能的思考,极大地深化了我们党对科学技术社会功能的认识。

1. 驱动引领经济社会发展

改革开放以来,我们党高度重视科学技术在经济社会发展中的作用。在相当长的时期内,我们党都是把科学技术作为经济社会发展的推动力量来看待的,反复强调要为经济社会发展提供强大的科技支撑。推动和支撑,是科学技术社会功能的主要体现。2004年6月,胡锦涛在中国科学院第十二次院士大会、中国工程院第七次院士大会上的讲话中,科学分析了进入21世纪以来世界经济、科技发展情况的深刻变化,明确提出了科学技术"是引领未来发展的主导力量"[①]的重要论断。把科学技术作为引领力量来看待,表明党对科学技术社会功能的认识有了新的变化。随后,在研究制定《国家中长期科学和技术发展规划纲要(2006—2020年)》的过程中,经过科技界、经济界、理论界等各方面的专家研究、论证,我们党逐渐对科学技术的引领功能形成共识。2005年底印发的《国家中长期科学和技术发展规划纲要(2006—2020年)》和2006年1月胡锦涛在全国科学技术大会上的讲话《坚持走中国特色自主创新道路,为建设创新型国家而努力奋斗》中,明确提出并阐述了新世纪我国科技发展的指导方针:自主创新、重点跨越、支撑发展、引领未来。引领未来,就是着眼长远,超前

---

① 《胡锦涛文选》第2卷,人民出版社2016年版,第192页。

部署前沿技术和基础研究,创造新的市场需求,培育新兴产业,引领未来经济社会发展。将引领未来明确写入新世纪科技发展的指导方针之中,这是认识上的一个飞跃。

人类文明的每一次重大进步都与科学技术的革命性突破密切相关。当今世界,科学技术迅猛发展,新的科技突破正在孕育和兴起。美国、日本、欧盟等国家和地区纷纷将科技创新提升为国家发展的核心战略。科学技术日益成为经济社会发展的主要驱动力。我国已经进入工业化、城市化、信息化和农业现代化四股潮流深入发展时期,以往依靠高投入、高能耗的粗放型发展方式已难以为继。我国正处在由科技大国向科技强国迈进的重要时期,但各种结构性、深层次矛盾进一步凸显,特别是资源环境约束矛盾日益严重,发展不平衡、不协调、不可持续问题依然突出。如何切实为我国经济社会发展奠定动力基础,是科技发展面临的一项重大问题。以胡锦涛为总书记的党中央,科学分析世界科技创新格局调整的新情况,牢牢把握新一轮科技革命和产业变革的机遇,作出了实施创新驱动发展战略的重大决策。胡锦涛多次指出,必须把创新驱动发展作为面向未来的一项重大战略,推动我国经济社会发展尽快走上创新驱动的轨道。2011年6月,胡锦涛在中共中央政治局第二十九次集体学习时强调,充分发挥科技引领作用,加强经济社会发展创新驱动。党的十八大报告强调:必须把科技创新摆在国家发展全局的核心位置,加快实施创新驱动发展战略,着力增强创新驱动发展新动力。

改革开放以来,尤其是进入新世纪新阶段以来,科学技术对国家经济社会发展的驱动引领作用越来越突出。比如事关国家发展全局的战略高技术研究取得重大突破,16个国家科技重大专项全面实施,信息、高端制造、新材料等战略性新兴产业迅速发展。重大创新成果加快应用,“十城千辆”“十城万盏”等示范工程扎实推进。国家高新区建设步伐加快,高技术产业化能力显著增强。农业科技创新能力大幅提升,现代农业建设取得显著进展。民生科技成效显著,医疗、环保、公共安全等领域的科技创新提高了人民群众的生活水平。一系列事实都表明:我国科技工作始终坚持与经济社会发展紧密结合,有力地驱动引领经济社会持续健康发展。

实践是认识的来源,是认识发展的动力。正是在推进我国科技事业发展的实践进程中,党敏锐地观察到科学技术日益成为经济社会发展的主要驱动力量和引领力量,深化了关于科学技术社会功能的认识。科学技术不仅是经济社会发展的推动、支撑力量,而且还是经济社会发展的驱动、引领力量。由推动到驱动,由支撑到引领,表明我们党对科学技术社会功能的认识上升到一个新的高度。驱动和推动都表明了科技对于经济社会发展的动力作用,但驱动包含了推动的内涵和要求,同时又更加突出"驱"。引领和支撑都是科技动力作用于经济社会发展的表现,引领以支撑为基础,同时又更加突出"引"。

创新驱动、引领未来,这是党面对日新月异的新科技革命,科学分析科技发展趋势,深刻把握科技发展规律而提出的带有全局性、根本性的重要战略判断,体现了党对科学技术社会功能的新认识。当代科学技术的一个突出特点,是不断为人们的生产和生活指出新方向、开辟新领域。特别是科学理论越来越走在技术和生产的前面,为技术和生产发展引领新的道路。科学技术的迅猛发展和重大突破,深化了我们对人类自身和宇宙自然的认识,提升了人们的科学理性,开辟了生产力发展的新空间,创造了新的社会需求,深刻影响着人类的生产方式、生活方式、思维方式,从根本上驱动人类社会前进,引领未来经济社会发展。

科学技术的驱动引领功能,昭示了科技发展的一个客观的、不以人的意志为转移的基本规律:未来经济社会发展的状况,取决于科技革命的突破性进展。科技决定经济社会发展的未来,科技创造未来的经济社会发展。它揭示了科学技术作用于经济社会发展的内在机理和方式。科学技术是驱动、引领经济社会发展的第一动力,这种驱动、引领作用是通过科技创新来实现的。当今世界,科技知识创新、传播、应用的规模和速度不断提高,科技创新已经成为解决人类面临的能源资源、生态环境、自然灾害、人口健康等全球性问题的重要途径,成为经济社会发展的主要驱动力。实现经济社会可持续发展和人的全面发展,最根本的是要依靠科技的持续进步和创新。由此可见,科技创新才是驱动、引领的底蕴和精髓所在。

创新驱动、引领未来,既体现了科学技术的社会功能,同时也体现了科技规划、科技发展部署的基本原则,由此也决定了科技要"更好地承担起支撑和引领中国发展的使命"[①]。科学技术不仅必须为经济社会发展提供强有力的支撑,实现经济社会持续健康发展,而且还要通过探索新的发展方向,开拓新的发展空间,引导经济社会进入全新的发展阶段。因此,在科技规划、科技部署上,就必须兼顾当前的紧迫需要和未来的长远发展。我们应当前瞻未来发展和长远利益,在基础科学和前沿技术研究若干领域超前部署,不断探索新的发展方向,提高持续创新能力,使科学技术成为经济社会发展的主导力量。

充分发挥科学技术的创新驱动、引领未来功能,必须大力推动科技创新尤其是自主创新,释放创新活力,努力使科技创新成为经济社会发展主要驱动要素,为全面协调可持续发展提供持久动力,为经济社会发展提质增效,推动我国走上科学发展、创新驱动、内生增长的轨道。

2. 服务国家重大需求

迎接新科技革命挑战、推进我国科技事业发展,要求我国科技界不仅要瞄准科技前沿努力攻关,也要围绕国家重大需求开展科技创新和技术转移。服务国家重大需求,是科学技术面向经济社会发展主战场的体现。国家重大需求体现了国家的战略意志,具有明确的国家导向,需要发挥社会主义制度集中办大事的政治优势。国家重大需求项目通常以重大建设工程、重大科研项目、举办重大国际性活动等形式来体现,必然会涉及一系列重大技术难题,因此,国家重大需求项目通常也是科技含量高、科技创新程度高的项目,对科技进步、自主创新提出了很高的要求。

比如,青藏铁路是西部大开发的标志性工程,是世界上海拔最高、线路最长的高原冻土铁路。工程建设面临着多年冻土、高寒缺氧、生态脆弱三大世界性工程技术难题。为解决多年冻土引起的路基冻胀、融沉等变形病害,铁道部、中国科学院、中国工程院等组织冻土工程试验,全线共建立五个冻土工程试验段,开展了大规模的冻土技术攻关。经过系统的试验研究,中国工程技术人员确立了"主动降温、冷却地基、保护冻土"的全新设计思想。在多年冻土工

---

① 中共中央文献研究室编:《十七大以来重要文献选编》下,中央文献出版社2013年版,第383页。

程设计上实现了“三大转变”，即：对冻土环境分析由静态转变为动态；对冻土保护由被动保温转变为主动降温；对冻土治理由单一措施转变为多管齐下、综合施治，使地基始终处于冻结状态。2004年在兰州召开的第六届国际多年冻土工程会议上，中外专家对中国铁路建设者攻克冻土难题所取得的成果给予高度评价，称赞其是“21世纪工程建设领域最伟大的成就之一”[①]。青藏铁路冻土工程技术的创新和突破，为建设世界一流高原铁路提供了保证。建成后的青藏铁路冻土地段时速达到100公里，创造了世界高原冻土区铁路运行时速的最高纪录。青藏铁路海拔4000米以上的地段占全线的85%左右，年平均气温在0摄氏度以下，极端最低气温为零下45摄氏度，空气氧含量平均只有内地的50%—60%，加之风沙肆虐，紫外线强，自然疫源多，被称为“生命禁区”。铁路建设单位与科研单位合作，在海拔4700米以上地区首次研制并使用每小时生产24立方米氧气的高原制氧设备，并在全线设置17个大型制氧站。由于特殊的地理环境和严酷的气候条件，青藏铁路沿线生态环境非常敏感脆弱，一旦受到扰动破坏，短期内极难恢复，甚至根本无法恢复，这对环境保护工作提出了严峻挑战。为将青藏铁路建成生态环保型铁路，建设单位树立环保新理念，坚持预防为主、保护优先的原则，组织专家开展高原地表植被保护、野生动物通道设置等课题研究。通过采用人工播种，辅以喷播、覆膜等培育技术，开创了高原人工植草试验的先例，形成了人工种草和移植草皮法，把路基边坡变为“绿色长廊”。通过深入研究野生动物分布习性和迁徙规律，建设33处野生动物通道，保证迁徙活动不受干扰。为减轻对生态的影响，客车采用封闭式车体，车上垃圾在指定车站定点回收，各中心车站取暖使用燃油锅炉或采用太阳能等环保型能源。此外，青藏铁路还采用了覆盖全线的视频监控系统、供电运动控制系统、车轴温度红外探伤系统等高科技，使行车设备状态尽在掌握中，成为青藏铁路安全行车的守护神。

又比如，成功举办北京奥运会是全国的一件大事，也是全国科技界的一件大事。北京奥运会提出的“科技奥运”理念，是奥运史上首次明确把科学技术的作用与举办奥运会相结合。为践行“科技奥运”的理念，科技部等九部门共

---

① 刘毅：《铁龙跃动在世界屋脊》，《人民日报》2006年1月28日，第5版。

同启动的“奥运科技(2008)行动计划”，围绕六个方面进行攻关。这六个方面包括奥运场馆建设、奥运安全保障、北京大气环境、水源和洁净能源、北京交通、信息通信技术以及运动科技。组织和动员全国的科技力量，集中开展了“科技奥运”关键技术攻关和高新科技成果的应用示范，解决了北京奥运建设中的一批关键技术难题，取得了多项“世界第一”的科技创新成果，为奥运建设提供了全方位的技术支撑和服务。在北京奥运会期间，595辆纯电动和燃料电池等新能源汽车投入使用，在世界奥运史上首次实现在奥林匹克中心区域的交通“零排放”。一批太阳能和风能发电技术的应用，使奥运场馆绿色能源供应比例达到26%以上。一批先进奥运信息技术的应用，实现了无障碍的信息服务。北京奥运会成为一届科技含量极高的体育盛会，成为展示中国高科技和创新实力的窗口和舞台。科学技术与奥林匹克精神有机融合，使北京奥运成为传播科学知识、提高科学素质、促进科技进步、惠及人民大众的盛会。

改革开放以来，随着我国经济社会的发展，体现国家重大需求的项目日益增多，科技服务国家重大需求已经成为我国科技工作的一种新的趋势。无论是三峡工程、青藏铁路、西电东送、南水北调、西气东输等重大工程，还是举办北京奥运会和残奥会、上海世博会等国际性活动，广大科技工作者和全体建设人员在充分借鉴世界先进科技成果的同时，大力发扬自力更生精神，大力推进科技进步和创新，开展大量科学试验，取得一系列重大成果，为圆满完成任务提供了强大的科技支撑和智力支持。

服务国家重大需求，是科技服务大局、服务发展的一个重要体现。

3. 应对突发重大事件

客观世界中事物的发展、变化不以人的意志为转移，并且存在大量不可预见的突发状况。1998年长江流域特大洪涝、2003年“非典”疫情、2008年南方低温雨雪冰冻灾害和四川汶川特大地震、2010年青海玉树地震和甘肃舟曲泥石流灾害等，给我国人民的生命财产和经济社会发展造成了重大损失。要应对这些突发事件，离不开科学技术。救灾抢险需要科技的物质支撑，需要先进的科技设备。了解灾难成因、灾情及动态，需要科学理论的解释，需要高精度遥感遥测技术开展科学监测。在突发灾难面前作出快捷及时的反应，决不能靠经验、价值判断,必须依靠强大的科技后盾、科技手段。在汶川特大地震抗震救灾中,太阳能电源、卫星移动通信、数字集群通信系统为救援指挥、运输提供了保障,战地医院、远程医疗、快速检测技术为救助灾民发挥了重要作用,数字电视、网络教室设备为灾区恢复教育作出了贡献。青海玉树地震发生后,科技部门第一时间报送了有关玉树地震的灾情、灾区卫星遥感图片等资料,组织跨部门、跨领域的专家成立科技抗震救灾专家组提供建议和咨询,紧急启动了应急科技项目。在灾后重建的过程中,科技部启动并实施了"青海玉树灾后恢复重建关键技术集成与示范"科技示范项目,积极推动灾区经济社会的恢复和发展。

在应对突发事件时,面对不同的决策方案,需要有科学家和专家的参与,寻求在当时情况下最科学、最有效、综合效果最大化的方案。比如,由汶川特大地震灾害引发山体滑坡而形成的唐家山堰塞湖,成为悬在数百万群众头上的"悬湖"。堰塞湖一旦溃决,后果不堪设想。水利部、国家防总、四川省委和省政府、成都空军、武警水电部队等部门迅速抽调力量,共同组建了唐家山堰塞湖抢险指挥部。为实时监测灾情及水位变化,抢险指挥部建立了宽带无线监测系统,在堰塞湖上游和下游安装3部云台摄像机,设立3个监测点。为实现24小时监控,又架设两台夜视仪。云台摄像机和夜视仪将采集到的图像,通过卫星传输到后方指挥部,后方指挥部可通过卫星遥控操作云台摄像机。专家组通过航空勘察、实地勘测,进一步明确了堰塞湖的规模、名称、所在位置和地理坐标,制定了抢险设计施工方案。由于采取了科学有效的应对措施,"悬湖"终于顺利泄洪,解除险情。

值得一提的是,科学技术还在灾害面前发挥了巨大的人文关怀作用,凸显了科技精神与人文精神的高度结合。四川汶川特大地震后,灾区群众不仅需要物质上的援助,还需要情感上的支持。面对失去亲人和家园的惨痛现实,需要关注受灾群众的心理创伤,特别是地震中丧失父母的孤儿、失去孩子的父母、失去亲人的家属、从废墟中营救出来的幸存者及地震中失去肢体的伤残人员。党和国家高度重视灾区群众的心理干预工作,迅速发起了新中国成立以来规模最大的心理救援行动。卫生部组织专家编写了《心理危机干预》方案,印发了《紧急心理卫生干预指导原则》,积极开展心理救援工作。卫生部还邀请数十位国内精神病学和心理学的知名专家,为四川灾区600多名从事心理干预的专业医护人员进行心理干预培训。中国科学院派出心理学专家到灾区开展心理救援、心理减压工作,对灾区群众进行有针对性的心理评估和心理干预治疗。心理救援成为科技救灾工作的重要组成部分。

由于在应对一系列突发事件的过程中有科技的参与,并在其中发挥了极为重要的作用,人们也因此从这些突发事件中感受到了科技的力量。这反过来又强化、巩固、提升了科技在国家工作全局中的地位,科学技术也由此进一步得到重视和加强。江泽民在总结1998年的抗洪抢险救灾胜利的经验时指出,没有水利、气象、水文等方面取得的技术进步,要夺取这样的胜利是难以想象的。2003年"非典"疫情暴发后,胡锦涛深入思考了用科学手段防治疫病、加强公共卫生建设等问题。党中央、国务院就加强应急管理能力建设、提高处置突发公共事件能力作出部署。2008年南方低温雨雪冰冻灾害和汶川特大地震,使党中央认识到提升防灾减灾科技水平的重要性,加大了防灾减灾科技研发力度。

应对突发重大事件,成为科技实现自身价值、发挥社会功能的一个途径。

四、科技发展的新理念、新取向

在科学把握新科技革命发展趋势、深刻总结社会主义现代化建设经验、顺应人民过上美好生活新期盼的基础上,我们党形成了创新为民、科技惠民的科技理念,形成了民生科技、生态科技的新取向。

1. 创新为民、科技惠民的科技价值观

创新为民,是我们党坚持全心全意为人民服务的根本宗旨,坚持以人为本、执政为民的政治理念,着眼最广大人民根本利益而提出的关于科学工作的根本理念。胡锦涛强调,科技工作者要"坚持创新为民,积极促进科技成果造福人民"①。创新为民、科技惠民是我们党科技价值观的集中体现。明确提出

① 中共中央文献研究室编:《十七大以来重要文献选编》下,中央文献出版社2013年版,第976页。

创新为民、科技惠民的科技理念，表明党对科技发展规律的认识又上升到一个新的高度。

以人为本、执政为民是马克思主义政党的生命根基和本质要求，是我们党的性质和宗旨的集中体现，也是我们党一贯的政治主张和执政理念。相信谁、依靠谁、为了谁，是否始终站在最广大人民的立场，是区分历史唯物主义和唯心史观的分水岭，也是判断马克思主义政党的试金石。历史唯物主义认为，人民群众是社会历史的创造者，是社会物质财富和精神财富的创造者，是社会变革的决定性力量。正因为人民群众是历史的创造者，人民群众是我们党的力量源泉和胜利之本，党的一切活动，就必须真心实意地相信群众、全心全意地依靠群众。

以人为本的“人”，是指人民群众。在当代中国，就是以工人、农民、知识分子等劳动者为主体，包括社会各阶层人民在内的中国最广大人民。以人为本的“本”，就是本源，就是根本，就是出发点、落脚点，就是最广大人民的根本利益。坚持以人为本、执政为民，就要尊重人民群众推动历史前进、创造社会财富的实践主体地位和实现自身利益、享有发展成果的价值主体地位，就是要坚持人民主体地位。党的十八大报告把“坚持人民主体地位”作为在夺取中国特色社会主义新胜利八条基本要求的第一条，充分表明了坚持人民主体地位对于坚持和发展中国特色社会主义的重大意义。以人为本、执政为民反映在科技工作中，就是要坚持创新为民、科技惠民，大力发展民生科技。

为谁创新的问题，是科技工作中的一个重大问题，关乎创新的动力来源，关乎创新的发展方向，关乎创新的出发点、落脚点。这个问题不解决，整个创新活动就会失去正确的方向。这个问题不解决，科技成果的投入产出成效，特别是社会效益都可能会大打折扣。

创新为民体现了中国科技事业的发展向度，体现了人民群众的愿景诉求，符合科技自身的发展规律，顺应了人民群众的美好期待。创新为民的含义，就是坚持全心全意为人民服务，坚持以人为本，始终把最广大人民的根本利益作为科技工作的根本出发点和落脚点，坚持发展为了人民、发展依靠人民、发展成果由人民共享。

第一，在为谁创新的问题上，创新为民强调坚持发展为了人民，就是要把实现好、维护好、发展好最广大人民的根本利益，作为科技工作的根本出发点和落脚点，坚持把人民拥护不拥护、赞成不赞成、高兴不高兴、答应不答应作为衡量科技工作的标准，把科技发展的目的真正落实到满足人民需要、实现人民利益、提高人民生活水平上。坚持创新为民，就是要把解决人民群众的切身利益问题放在首位，做到心里装着群众、凡事想着群众、工作依靠群众、一切为了群众，深怀爱民之心、恪守为民之责、善谋富民之策；就是要在科技工作中充分体现和代表人民的意愿，坚持科技发展为了人民，着力依靠科技解决人民群众最关心、最直接、最现实的利益问题，不断让人民群众得到实实在在的利益，使全体人民朝着共同富裕的方向稳步前进。

第二，在靠谁创新的问题上，创新为民强调坚持人民主体地位，发挥人民首创精神，密切联系群众，始终相信群众，紧紧依靠群众，最大限度地集中全社会、全民族的智慧和力量。科技事业只有得到人民群众的真心支持和拥护，才能获得成功；各项方针政策和战略部署，只有得到人民群众的真心支持和拥护，才能切实贯彻执行。充分发挥人民群众中蕴藏着的巨大智慧和创造力，科技改革发展的各项工作才能获得最广泛、最可靠的群众基础和最深厚的力量源泉。需要特别注意的是，科技事业不是少数几个人的事业，而是全党、全民族的事业。科技创新不能只靠少数几个人、少数几个科学家，从根本上说，推动我国科技发展需要一批又一批的科技人才尤其是创新型科技人才，需要激发广大科技人员的创造活力。因此，创新为民特别强调要遵循人才成长规律，积极探索培养创新型科技人才的新思路、新方法，大力提携青年人才，营造宽松和谐、鼓励创新的环境，最广泛地调动广大科技人员的积极性、主动性和创造性，这就要求我们深化科技体制改革，形成符合科技发展规律、人才成长规律的评价与奖励制度，以此引导科技人员尊重科学真理，强化创新意识。要彻底转变“见物不见人”的观念，把积极培养、使用、稳定和吸引人才作为科学和技术发展最重要的目标之一，建立起人才辈出、人尽其才、才尽其用的激励机制，充分激发广大科学技术人员以及全社会劳动者的聪明智慧和创新潜能。

第三，在创新成果为谁服务的问题上，创新为民强调坚持发展成果由人民共享。如果发展成果没有或很少被最广大人民群众享受到，发展为了人民就会落空，发展依靠人民就没有基础。创新为民强调要把科技发展成果体现在不断提高人民的生活质量和健康水平上，体现在不断提高人民的思想道德素质和科学文化素质上，体现在充分保障人民享有的经济、政治、文化、社会、生态等各方面权益上，让科技发展惠及广大人民群众。

坚持创新为民、科技惠民，要求我们必须把以人为本贯穿科技工作始终，让广大人民群众共享科技创新成果，让广大人民生活得更健康、更舒适、更安全、更幸福。在推动科技发展的过程中，要始终做到心里装着人民群众、凡事想着人民群众、工作依靠人民群众，为群众诚心诚意办实事、尽心竭力解难事、坚持不懈做好事，始终把群众的利益放在第一位。要从人民群众最关心、最迫切需要解决的实际问题入手，创新发展理念、拓宽发展思路、破解发展难题，切实提高广大人民群众的生活质量和生活水平。

创新为民、科技惠民作为我们党倡导的科技理念，同时也为科学道德建设和创新文化建设增添了新的内涵。广大科技工作者要自觉践行社会主义核心价值体系，大力弘扬求真务实、勇于创新、团结协作、无私奉献、报效祖国的精神，坚持科技为经济社会发展服务、为人民服务，把自己的事业抱负、科技专长同国家发展、社会进步、人民幸福更加紧密地联系起来，为建设创新型国家、推动经济社会又好又快发展作出新的更大的贡献。

2. 民生科技

民生科技是涉及民生改善的科学技术，是围绕人民群众最关心、最直接、最现实的社会发展重大需求，开展的科学研究、产品开发、成果转化和科技服务。我国已经进入新的发展阶段，工业化、信息化、城镇化和农业现代化同步发展，人民整体生活水平和消费需求提升，公众健康、公共安全、生态环境改善、防灾减灾等重大民生需求将日益紧迫。加快发展民生科技已成为科技工作的重中之重，成为科技服务大局的切入点和重要抓手。

民生科技是我们党将以人为本、执政为民的政治理念运用于科技领域而形成的关于发展科学技术的新主张、新取向。发展民生科技，是科学发展观以人为本的核心立场在科技工作中的反映，是科技创新成果惠及广大人民群众的必然要求。

民生科技这一概念的提出，同时又与我们党提出的构建社会主义和谐社会的重大战略思想息息相关。2004年9月，党的十六届四中全会通过的《中共中央关于加强党的执政能力建设的决定》，明确提出了构建社会主义和谐社会的任务，强调要不断提高构建社会主义和谐社会的能力。2005年底颁布的《国家中长期科学和技术发展规划纲要（2006—2020年）》提出“自主创新，重点跨越，支撑发展，引领未来”的十六字方针中，“重点跨越”就是强调要在关系国计民生和国家安全的关键领域实现跨越式发展。“有利于解决重大公益性科技问题，提高公共服务能力”，成为确定重点领域优先主题的四条原则之一。2006年11月，党的十六届六中全会通过的《中共中央关于构建社会主义和谐社会若干重大问题的决定》，对构建社会主义和谐社会进行了全面部署。2007年10月，党的十八大报告强调要加快推进以改善民生为重点的社会建设，着力保障和改善民生。2010年6月，胡锦涛在中国科学院第十五次院士大会、中国工程院第十次院士大会上的讲话中提出：“我们必须坚持以人为本，大力发展与民生相关的科学技术。”[①]2010年10月，党的十七届五中全会通过的《中共中央关于制定国民经济和社会发展第十二个五年规划的建议》强调：把科技进步与改善民生紧密结合起来。正是由于我们党高度重视加强和改善民生，所以才逐渐形成了“民生科技”的概念。改善民生是社会主义和谐社会建设的重要内容。发展民生科技是构建社会主义和谐社会对我国科技工作提出的新要求。民生科技已成为促进社会和谐发展的重要手段。

加快发展民生科技，是适应新一轮科技革命和产业变革的需要。2008年国际金融危机发生后，世界各国尤其是主要大国纷纷在科技领域展开部署，力图抢占经济科技制高点，谋求发展主动权。为应对国际金融危机，中共中央、国务院对改善民生作出了一系列部署，强调要把改善民生作为保增长的出发点和落脚点，把稳增长、调结构、转方式、惠民生更好结合起来。2009年3月，国务院印发《国务院关于发挥科技支撑作用促进经济平稳较快发展的意见》，围绕“加强重大专项，支撑产业振兴，支持企业创新，发展高新产业，深入基层服务，促进人才建设”，提出了六项科技支撑政策保障条件。这些科技支撑政策成为中央一揽子计划的重要组成部分。2011年7月，科技部印发《关于加快发

① 《胡锦涛文选》第3卷，人民出版社2016年版，第403页。

展民生科技的意见》,正式提出了民生科技的概念,提出了发展民生科技的思路和主要任务。其中指出:“十二五”期间,加快发展民生科技,要把握好我国经济和社会发展的新要求,坚持以人为本、发展为民,强调政府主导和市场需求牵引相结合,充分调动社会各方面积极性,要以企业为技术创新主体,深入推进政产学研用结合,着力加强基础研究和高新技术研究,着力开展民生科技成果的应用推广和产业化示范,着力加强民生科技队伍建设和市场化服务体系建设,加快培育和发展民生科技产业,更好地满足人民群众日益增长的物质和文化需求,为全面建设小康社会提供有力支撑。科技部等部门先后在人口健康、节能减排、公共安全、城镇宜居环境建设等民生领域,重点部署了一批重大技术及产品的研究开发和推广应用,实施了一系列科技惠民计划,极大地推动了民生科技的发展和应用。2012年2月,科技部党组印发《关于加快科技改革发展 增强自主创新能力 充分发挥科技支撑引领作用的意见》,把“着力促进科技惠及民生”作为切实增强科技支撑引领作用的七条要求之一。科技部还陆续举办“科技惠及民生”新闻通气会,介绍民生科技的重大进展及成效。2012年7月中共中央、国务院印发《中共中央 国务院关于深化科技体制改革加快国家创新体系建设的意见》,强调要“注重发展关系民生的科学技术”,“促进民生科技产业发展”。[①]

民生科技凸显了以人为本、执政为民的理念。加快发展民生科技,为科技工作提供了新的价值取向和实践导向。这一新的取向表明:科技工作要把民生摆在优先地位,更加贴近民生,更加关注民生需求,更加重视民生改善,多谋民生之利,多解民生之忧;要使科技创新成果成为惠及人民群众的有效手段,让先进技术广泛而深入地渗透到民生领域,积极促进科技成果造福人民,让广大人民群众共享科技创新成果,努力让人民群众过上更健康、更舒适、更安全、更幸福的生活;要强化科技的民生视野、百姓视角,直面人民群众的期盼和愿景,把人民群众满意与否作为衡量科技工作的重要尺度。“科技面向民生,科技服务民生,加强民生科技”成为科技事业发展的目标追求,创新为民成为科技工作的价值导向,科技惠民成为科技工作者的神圣使命。

---

① 《胡锦涛文选》第3卷,人民出版社2016年版,第600页。

民生科技顺应了世界新科技革命发展的新趋势,反映了我国科技事业发展的新要求,回应了人民群众的期盼和关切,为在新的历史起点上推进科技事业大发展指明了方向。发展民生科技的总体要求是:按照以改善民生为重点加强社会建设的要求,把科技进步和创新与提高人民生活水平和质量、提高人民科学文化素质和健康素质紧密结合起来,着力解决关系民生的重大科技问题,不断强化公共服务、改善民生环境、保障民生安全。发展民生科技,要紧密结合并把握好我国经济社会发展现状,以提高健康水平、促进公共安全、提升环境质量、提高防灾减灾能力等为工作重点,加快推进涉及人口健康、食品药品安全、防灾减灾、生态环境和应对气候变化等领域的科技创新,满足保障和改善民生的重大科技需求;加大投入,健全机制,促进公益性民生科技的研发和应用推广,着力开展民生科技成果的应用推广和产业化示范,着力加强民生科技队伍建设和市场化服务体系建设;坚持政府主导和市场需求牵引相结合,加快培育市场主体,促进民生科技产业发展;完善支持政策,强化民生科技创新平台和基地建设,加强民生科技发展能力建设,加强民生科技的科普宣传和社会服务,营造加快民生科技发展的良好环境。

3. 生态科技

所谓生态科技,是指能够促进整个生态系统保持良性循环、优化生态系统结构、实现经济社会与生态系统协调发展的科学技术系统。有的学者将生态科技称为绿色科技、循环技术、低碳技术、清洁生产技术等。生态科技的实质,就是科技生态化。

发展生态科技,是促进人与自然和谐相处、建设生态文明的必然要求。我国的基本国情是人口多、底子薄,资源相对不足、环境承载能力有限,又处于工业化、信息化、城镇化、农业现代化同步推进的历史阶段。随着经济快速增长和人口不断增加,能源、水、土地、矿产等资源不足的矛盾越来越尖锐,生态环境的形势十分严峻。我国经济社会发展面临越来越突出的资源环境制约。一段时间以来,由环境恶化引发的种种问题制约了经济的可持续发展,重大环境污染事件给人民群众身体健康带来危害,影响了社会的和谐稳定。无论从人类文明发展的历史进程还是从我国转变经济发展方式的迫切需要来看,我们都亟须走生产发展、生活富裕、生态良好的文明发展道路，大力推进生态文明建设。生态文明作为一种新的文明理念，摒弃了人类破坏自然、征服自然、主宰自然的理念和行为，倡导在经济社会发展中尊重自然、保护自然、合理利用自然，实现人与自然的和谐。生态文明理念具有四个特征：在价值观念上，生态文明强调给自然以平等和人文关怀，人类在尊重自然规律的前提下合理利用、保护和发展自然；在实践途径上，生态文明体现为自觉自律的生产生活方式，坚持经济运行生态化，倡导绿色经济、循环经济、低碳经济；在社会关系上，生态文明倡导将生态理念渗透于经济社会发展各个方面，强调建立在人与自然和谐相处基础上的人与人、人与社会的和谐。生态文明建设包含创新生态科技、发展生态经济、培育生态文化、保护生态环境等多方面内容，是一个系统工程。生态科技为生态文明建设提供强大的科技支撑，发展生态科技是生态文明建设的一项基础性、全局性的工作。

发展生态科技，是推进绿色发展、循环发展、低碳发展的必由之路。面对资源、能源和环境危机，国际社会日益认识到，以过度消耗能源资源、破坏生态环境为代价的粗放型发展模式已经难以为继，积极发展低碳技术和循环经济、实现发展模式的绿色化，是实现低能耗、低排放、低污染，建设生态文明的关键环节。在这种思想背景下，国际社会相继探索并提出了一些新的发展理念和发展模式。其中具有代表性的、现在已为国际社会所广泛接受的有绿色发展理念、循环发展理念、低碳发展理念。绿色发展是反映在生态环境容量和资源承载限制的条件下，通过先进理念和合理机制，形成经济社会进步与环境保护和谐统一的发展模式。循环发展是以减量化、再利用、资源化为原则，以低投入、低消耗、低排放、高效率为基本特征的发展模式。低碳发展是指通过降低甚至不消费高碳能源，减少温室气体排放，实现低能耗、低污染、低排放的发展模式。与绿色发展、循环发展、低碳发展理念相对应，国际社会倡导发展绿色技术、循环技术、低碳技术。尤其是在国际金融危机影响深远、世界经济增速减缓，新一轮科技革命和产业革命正在加紧孕育的形势下，各国尤其是主要大国纷纷把新能源、节能环保、低碳技术、绿色经济等作为新一轮产业发展的重点。发展生态技术日益成为世界科技发展的一个重要趋势。

党的十八大报告提出了建设“美丽中国”的战略任务，强调要加强生态文明建设,着力推进绿色发展、循环发展、低碳发展。这就给我国科技工作提出了新的价值目标和实践导向。

第一,必须"大力发展能源资源开发利用科学技术"①。这是缓解资源约束的必然选择。科学技术可以提高能源资源开发利用的效率,同时,科学技术也决定着节约资源的成效。我国以相对不足的资源禀赋,支撑了改革开放以来国民经济多年的快速增长,对巩固农业基础、完善工业体系、加快基础设施建设、推进城镇化和提高人民生活水平发挥了巨大作用。但是也要清醒地认识到,经济社会发展的资源环境约束正在不断强化,资源节约和合理利用面临着严峻形势。因此,必须加强资源节约和管理,落实节约优先战略。这将是我国的一项长期任务。我国基本国情、发展阶段和资源禀赋决定了资源约束将长期存在。我国是世界上人口最多的国家,正处于并将长期处于社会主义初级阶段,在一个有着庞大人口基数的发展中大国实现工业化、城镇化,对资源的巨大需求是其他任何国家都无法比拟的。我国虽然地域辽阔,资源总量大,种类全,但人均少,质量总体不高,地区分布不均衡,资源组合不够合理。此外,我国经济长期较快发展,资源需求呈现更加强劲的增长态势,导致资源刚性需求持续增长、供需矛盾不断加剧。严峻的形势向我们提出了加快资源开发利用方式转变的任务。因此,必须大力发展能源资源开发利用技术、节能减排技术,大幅度提高能源资源利用效率,提升各类资源保障程度。

第二,必须"大力加强生态环境保护科学技术"②。这是加强环境保护和生态建设的必然要求。党中央、国务院高度重视环境保护工作,把环境保护作为贯彻落实科学发展观的重要内容,将污染物减排作为国民经济和社会发展的约束性指标,推动生态文明建设,注重环境质量改善,严格落实环境保护目标责任制,着力解决影响可持续发展和损害群众健康的突出环境问题,环境保护工作取得突破性进展。在看到成绩的同时,也要清醒地认识到,我国环境保护形势仍然严峻,主要表现为:治污减排的压力继续加大,环境质量改善的需求不断提高,环境违法行为时有发生,保障环境安全的不确定因素增多,确保经

① 《胡锦涛文选》第3卷,人民出版社2016年版,第403页。

② 《胡锦涛文选》第3卷,人民出版社2016年版,第405页。

济发展和环境保护和谐并进的难度加大。目前,我国环境污染总体恶化的趋势尚未从根本上扭转,环境矛盾凸显,压力继续加大,主要污染物排放总量大大超过环境容量,生态系统更加脆弱,历史积累的环境问题还未完全解决,新的污染问题又不断产生,突发环境事件的数量居高不下,环境对经济社会发展的制约日益强化,环境问题已成为威胁人体健康、公共安全和社会稳定的重要因素之一。因此,必须加大环境保护力度,加强生态保护和建设。这就要求我们必须大力发展生态环境保护科学技术,大力发展环保产业,积极探索代价小、效益好、排放低、可持续的环境保护和生态建设道路。

总之,建设生态文明对科学技术提出了新的更高的要求。必须大力发展能源资源开发利用科学技术和生态环境保护科学技术,形成节约能源资源和保护生态环境的产业结构、增长方式、消费模式,构建人与自然和谐相处的生态环境保育发展体系,着力推进绿色发展、循环发展、低碳发展。

需要指出的是,生态科技与民生科技作为今后我国科技发展的两个重要取向,两者是相互联系、相互依存的。生态科技与民生科技是交叉重合的。发展生态科技是保障和改善民生的内在要求。生态文明建设直接关系人民生活质量,关系群众身体健康,关系社会和谐稳定。随着经济的发展和生活水平的提高,人民群众对干净的水、新鲜的空气、洁净的食品、优美的环境等方面的需求越来越高。不容忽视的是,环境污染和生态破坏已成为影响人体健康、损害群众利益的重要因素。这就要求我们必须坚持以人为本,着力解决损害群众健康的突出环境问题,大力发展生态科技,切实维护广大人民群众的环境权益、生态权益,使人民群众在天蓝、地绿、水净的美好环境中幸福地生活。生态科技与民生科技的这种关联性、交叉性,要求我们必须将两者结合起来统筹推进,而不能顾此失彼。

结　语｜新科技革命与中国特色社会主义理论体系的内在联系

通过分析新科技革命对中国特色社会主义理论体系形成和发展的影响，我们可以进一步思考新科技革命与中国特色社会主义理论体系之间的内在联系。

第一，中国特色社会主义理论体系有着极为深刻的科技背景和实践基础。

当今世界，和平与发展成为时代主题，世界多极化在曲折中发展，经济全球化步伐加快，科技进步日新月异，思想文化相互激荡，综合国力竞争日益激烈，这就是中国特色社会主义理论体系形成和发展的时代背景。我们党领导的改革开放和社会主义现代化建设的生动实践，是中国特色社会主义理论体系形成和发展的实践基础。中国特色社会主义理论体系是我们党在科学把握国际形势和时代特征、立足改革开放和社会主义现代化建设实践、总结借鉴国内外发展经验教训的基础上，逐步形成和发展起来的。新科技革命是时代背景中的一个重要方面，科技进步日新月异是构成时代特征的一个突出因素，科技工作是社会主义现代化建设实践中的一个重要组成部分。无论是就时代背景还是就实践基础来说，中国特色社会主义理论体系的形成和发展都与世界新科技革命、我国科技工作实践密切相关。从科技的角度看，中国特色社会主义理论体系是我们党在顺应世界科技发展潮流、准确把握新科技革命趋势、立足我国科技工作实践的基础上形成和发展起来的。

新科技革命为中国特色社会主义理论体系的形成和发展提供了新契机。如前所述，中国是在改革开放后，被卷入新科技革命的快车道。但是，由于我们应对有方，抓住了新科技革命的机遇，搭上了新科技革命的快车，因而不仅缩小了与世界先进科技水平的差距，而且在许多方面处于世界领先地位，赢得了发展的主动权。

中国历史悠久，在科技领域曾经有过辉煌的成就。15世纪以前，中国的科学技术在世界上是领先的。但是后来，由于封建统治者故步自封，夜郎自大，关闭了中国与其他国家交往的大门，中国开始在科技领域落后于其他国家。历史上，中国曾经屡次错失世界科技革命的机遇。第一次是在欧洲发生第一次科技革命，科学技术和生产力快速发展时，我们正处于“康乾盛世”。如果抓住第一次科技革命的机遇，以当时中国的经济实力和科技发展水平，中国得到更大的发展是完全有可能的。但是，当时的清朝统治者闭关自守、盲目自尊，将国外的科技发展视为“奇技淫巧”，拒绝学习西方先进的科学技术，以致错失良机。第二次是在1840年鸦片战争后，西方列强的坚船利炮打开了清朝大门，洋务派发动“师夷长技以制夷”的自强运动，但因落后的封建制度和对近代科学技术认识的肤浅终告失败，使中国又一次丧失了参与世界科技革命的机遇。第三次是在20世纪上半叶，由于军阀混战及外敌入侵，中国陷入四分五裂、民不聊生的局面，使中国失去了科学救国和实业救国的机遇。第四次是在“文化大革命”时期，新中国建立的宝贵科学技术基础受到摧残，我们又失去了参与世界新科技革命的机遇，我国与世界先进科技水平已经有所缩小的差距再次拉大。

邓小平清醒地认识到中国与世界先进科技水平的差距，指出：“现在我们的科学技术水平同国际上特别是同西方拉得很长。如果说六十年代，我们的科学技术同西方来比，差距有，但不算太长。由于‘四人帮’的破坏，我们耽误了十一二年的时间。这十一二年的含义，那是世界突飞猛进的时代。不要说差十二年，就是差三、五年，一、二年都很不同。”[①]前事不忘，后事之师。中国再不能与新科技革命失之交臂，再不能错失发展机遇了。痛定思痛，以邓小平为核心的党的第二代中央领导集体实行了改革开放的决策，我国科技事业迎来了大发展的历史新时期。蓬勃兴起的新科技革命，为我国的改革开放和经济

① 科学技术部、中共中央文献研究室编：《邓小平科技思想年谱（1975—1994）》，中央文献出版社、科学技术出版社2004年版，第68页。

发展提供了契机。面对“这一难得的历史机遇”[①],中国共产党坚持不懈地大力发展科学技术,我国整体科技发展水平不断提升。改革开放以来,我国从科学研究理念到科技工作地位、从科技体制机制到科研环境条件、从科研布局到科技实力等各个方面都发生了历史性的深刻变化,涌现出载人航天与探月工程、超级杂交水稻、高性能计算机、超大规模集成电路等一批重大科技成就,科技实力明显增强,科技发展进入重要跃升期。“顺应潮流,乘势而上”[②],正是中国共产党在面对新科技革命挑战时积极进取的真实写照。中国抓住了新科技革命的机遇,抓住了我国科技发展的重要战略机遇期。如果脱离了新科技革命和我国波澜壮阔的科技实践,中国特色社会主义理论科技思想就不可能产生,中国特色社会主义理论体系的内容就不可能如此丰富。可以说,新科技革命为中国特色社会主义理论体系的建构提供了新的生长空间。

第二,新科技革命为中国特色社会主义提供了强大动力,推动了中国特色社会主义理论体系形成和发展的进程;同时,新科技革命又影响着中国特色社会主义理论体系的内容,给中国特色社会主义理论体系增添了富有时代特征的新内涵。

科学技术是经济社会发展中最活跃、最具革命性的因素。当今世界,科学技术作为人类文明进步的基石和驱动力的作用日益凸显,科学技术比历史上任何时期都更加深刻地决定着经济发展、社会进步、人民幸福。蓬勃发展的新科技革命,给中国特色社会主义注入了不竭的动力。从这个意义上可以说,新科技革命是中国特色社会主义理论体系的“加速器”“推动器”。中国特色社会主义就是在科技进步和创新的过程中不断开拓前进的,中国特色社会主义理论体系就是在新科技革命的推动下逐步形成和发展起来的。另一方面,新科技革命又给中国特色社会主义理论体系打上了深深的“科技烙印”。工业化、信息化、城镇化、市场化、国际化深入发展,把一些影响我国经济社会发展的重大问题鲜明而突出地提了出来,比如加快转变经济发展方式,走新型工业化道路,培育战略性新兴产业,发展现代农业,推动文化与科技融合,建设资源节约

① 江泽民:《论科学技术》,中央文献出版社2001年版,第43页。
② 江泽民:《论科学技术》,中央文献出版社2001年版,第101页。

型、环境友好型社会,推进中国特色军事变革,等等。新发明的出现、新技术的产生、新成果的运用,为解决影响我国经济社会发展的重大问题、突破制约我国经济社会发展的瓶颈问题,提供了强大的科技支撑。正是在解决这些关系经济发展、社会进步、民生改善、国家安全的重大科技问题的过程中,中国特色社会主义理论体系不断丰富和发展。新科技革命给中国特色社会主义理论体系提供了鲜活而富有时代感的“素材”“营养”,中国特色社会主义理论体系从新科技革命中吸收了这些“素材”“营养”并使之成为自身“理论细胞”的一部分。随着新科技革命的展开和推进,中国特色社会主义理论体系获得了更多的新活力,获得了更多的新内容。

在中国特色社会主义理论体系奠基、形成、丰富和发展的整个过程中,科学技术都发挥着极为重要的作用。新科技革命迅猛发展,加速了经济社会一体化、科技成果转化为现实生产力的进程,科学技术越来越成为推动经济社会发展的支撑力量、驱动经济社会发展的引领力量。科学技术的重要性越来越突出,科学技术与经济社会发展的关联度越来越高。高度重视和充分发挥科学技术的重要作用,努力以科技发展的局部跃升推动整个经济社会发展,是党推进中国特色社会主义的一条重要经验。改革开放以来,我们党坚持解放思想、实事求是、与时俱进、求真务实,开展了有声有色的科技实践。

实践创新必然引起理论创新。在迎接新科技革命挑战、发展我国科技事业的实践进程中,党不断推进实践基础上的理论创新。以邓小平为核心的党的第二代中央领导集体、以江泽民为核心的党的第三代中央领导集体、以胡锦涛为总书记的党中央,提出科学技术是第一生产力、是先进生产力的集中体现和主要标志,强调要大力实施科教兴国战略、深化科技体制改革、推进科技进步和创新,强调要走中国特色自主创新道路、建设创新型国家,大力实施人才强国战略、创新驱动发展战略,制定一系列推进科技发展的重大方针政策。这些重大的理论创新成果和战略思想,都是准确把握新科技革命发展趋势、立足我国科技实践的基础上作出的,都是党以科学的态度和方法迎接新科技革命挑战的产物。中国特色社会主义理论体系的发展深嵌在科技实践的发展历程中,中国特色社会主义理论体系内容的拓展、深化与世界新科技革命和我国科技实践密切相关。

从中国特色社会主义理论体系形成和发展的过程可以看出，新科技革命不仅深刻地影响着我国科技事业的发展进程，而且还为中国特色社会主义理论体系的建构提供了新的取向。这种新取向主要表现在：科学技术与现代化建设的各个领域更加紧密地结合在一起，科技决策越来越渗透到经济社会发展的各个方面，中国特色社会主义理论体系中的科技因素逐渐增多。

第三，新科技革命之所以能对中国特色社会主义理论体系产生推动和影响作用，关键在于我们党善于发挥主观能动性并进行独特性创造。

新科技革命对中国特色社会主义理论体系的推动和影响作用，绝不是自然而然地发生的，绝不是中国共产党人简单地、纯粹地、被动地应用新科技革命成果的产物。科学技术是人类智慧的伟大结晶，是人类文明的重要成果，科学技术无国界。这决定了我国科技事业的发展不能离开世界文明大道，决定了我们必须借鉴其他国家科技发展的经验。但是，我国特殊的国情和科技发展现状，决定了我们在吸收世界科技成果、借鉴其他国家科技发展经验时，不能简单地照搬复制、亦步亦趋。我们必须正确判断新科技革命发展趋势，深刻把握我国科技发展现状，将科技发展的一般规律与我国基本国情有机结合起来，制定符合我国实际的科技政策和科技发展战略。邓小平、江泽民、胡锦涛总是以宽广的世界眼光和战略意识，密切关注国际形势的发展变化、新科技革命的发展趋势、国内改革开放的发展进程，把科技工作放在国际大背景和国内发展的大局中来思考和谋划。他们关于科技工作的重要论述，既敏锐地认识到新科技革命的发展趋势和巨大影响，又清醒地认识到我国科技发展的现状和不足，并在此基础上制定我国科技发展的方针政策和战略措施，为推进我国科技工作提供了科学的方法论。我们制定的发展科技事业的各种方针政策和战略部署，我们针对经济社会发展重大需求确定的科技重点领域和重点方向，我们立足实际而实施的“科技攻关计划”、“星火计划”、“八六三”计划、“火炬计划”、“攀登计划”、“九七三”计划等，都凝结着中国共产党人的独特思考和创造。正是这种思考和创造，铸就了我国科技事业的“中国特色”。

我们党是如何充分发挥主观能动性并进行独特性创造的呢？主要有以下几点：其一，准确把握新科技革命的发展趋势。作为一个领导着占全人类五分之一人口大国的执政党，如何对世界形势作出正确判断是一切决策的出发点。邓小平、江泽民、胡锦涛高瞻远瞩，科学把握新科技革命的发展趋势，深刻分析新科技革命给我国带来的机遇和挑战，并以此作为形势判断和战略规划的重要依据，带领我们党成功地应对了新科技革命的严峻挑战，牢牢掌握了发展的主动权。其二，始终坚持与时俱进、开拓创新。我们党之所以能提出并实施一系列创新的科技发展战略，从方法论的角度看，在于我们党始终坚持解放思想、实事求是、与时俱进、求真务实，勇于实践、勇于变革、勇于创新，永不僵化、永不停滞，不断有所发现、有所创新、有所前进。实施科教兴国战略、创新驱动发展战略，走中国特色自主创新道路，建设创新型国家等一系列新思想、新观点、新论断，都是我们以创新的精神、创新的办法研究和解决我国经济社会发展面临的一系列重大问题而提出的创新的理论成果。其三，紧密结合我国基本国情，立足我国科技工作实践。迎接新科技革命挑战、推进我国科技事业，须臾离不开我国基本国情和科技工作实践。我国科技工作实践为我们党实现理论创新提供了广阔的平台和丰富的土壤。面对日新月异的新科技革命，我们党始终立足我国科技工作实践，从实践的要求出发运用理论思维，在实践的基础上不断推进理论创新。

第四，在应对新科技革命挑战的过程中，我们党围绕着“发展什么样的科技、怎样发展科技”的基本问题进行了不懈的探索。这种探索形成了紧密联系、相辅相成的实践创新与理论创新：在实践上，开辟了中国特色科技发展道路；在理论上，形成了中国特色社会主义科技思想。

我们党应对新科技革命挑战的过程，直接地表现为推动我国科技事业发展的过程。迎接新科技革命挑战，发展我国科技事业，最根本的是要清醒认识和科学回答“发展什么样的科技、怎样发展科技”这个基本问题。邓小平、江泽民、胡锦涛关于科技工作的重要论述，就是从不同的角度对这个基本问题所作的探索和解答。对这个基本问题的探索和解答，促成了我国科技工作实践和理论的双重创新。中国特色科技发展道路，是中国特色社会主义道路在科技领域中的反映，同时它又以自己独特的探索成果不断丰富和发展了中国特色社会主义道路。中国特色科技发展道路，是在同新科技革命相联系而不是相脱离的进程中，在借鉴国际科技发展经验、与中国国情相结合的基础上，发展我国科技事业的道路。这是一条充满艰辛、充满探索的道路。以邓小平为核心的党的第二代中央领导集体提出“科学技术是第一生产力”,开创了中国特色科技发展道路;以江泽民为核心的党的第三代中央领导集体提出实施科教兴国战略,丰富和发展了中国特色科技发展道路;以胡锦涛为总书记的党中央提出建设创新型国家,把中国特色科技发展道路推进到一个新的阶段。三个阶段的探索层层递进,分别形成了贯穿和体现于邓小平理论中的科技思想、贯穿和体现于“三个代表”重要思想中的科技思想、贯穿和体现于科学发展观中的科技思想。它们汇集起来,就形成了中国特色社会主义理论体系关于科学技术的思想,即中国特色社会主义科技思想。

中国特色社会主义科技思想是中国特色社会主义理论体系在科技领域中的反映,它在形成之后又发挥着理论指导的作用。中国特色社会主义理论体系凝结着几代中国共产党人不懈探索实践的智慧和心血,其中就包含着推进我国科技工作的探索实践。中国特色社会主义科技思想是中国特色社会主义理论体系在科技工作中的展开和具体化,是我们党在推进我国科技工作进程中提出的新思想、新观点、新论断的理论结晶和体系化形态,反映了我们党对我国科技发展规律的深刻认识和科学总结。理论源于实践,又指导实践。理论只有回到实践中去,才能得到证实,才能具有生命力。我国科技工作的发展,为中国特色社会主义科技思想提供了实践基础。中国特色社会主义科技思想来源于我国科技工作实践,反过来又指导我国科技工作实践。中国特色社会主义科技思想对我国科技工作发挥指导作用的过程,同时也是中国特色社会主义科技思想在实践中接受检验、得到证实并不断深化的过程。我国科技工作越发展,取得的成就越巨大,就越能证明中国特色社会主义科技思想的科学性、指导性,就越能证明我们党应对新科技革命的决策的正确性、举措的有效性,从而也就越能证明中国特色社会主义理论体系的说服力和生命力。

第五,新科技革命在参与中国特色社会主义理论体系建构的同时,科学技术自身也受中国特色社会主义影响而发生了变化。我们党深化了对科学技术社会功能的认识,我国科技发展有了更加明确的新理念、新取向。

随着科学技术越来越深刻地渗透于中国特色社会主义各个领域、各个方面,我们党对科学技术社会功能的认识也在逐渐深化。随着科技作用的凸显,科学技术在中国特色社会主义中的地位也在发生“质变”,从传统的“推动器”

"支撑器",逐步转变为"驱动器""引领者"的角色。创新驱动、引领未来,是我们党在深刻总结世界科技发展经验和我国科技工作实践的基础上,作出的一个重大战略判断。这一新判断深刻揭示了科学技术的发展规律,表明我们党对科学技术社会功能的认识上升到一个新的高度。科学技术是经济社会发展中最活跃、最具革命性的因素,是驱动人类文明进步的决定性力量。在当代中国,科学技术日益承担起驱动引领经济社会发展、服务国家重大需求、应对突发重大事件的职能。

在推进我国科技事业发展的进程中,我们党形成了创新为民、科技惠民的理念。创新为民、科技惠民体现了我们党全心全意为人民服务的根本宗旨,体现了我们党以人为本、执政为民的政治理念,集中体现了我们党的科技价值观。民生科技彰显了创新为民的科技理念,大力发展民生科技体现了我们党关于发展科学技术的新主张、新取向,同时也是构建社会主义和谐社会、加强和改善民生对科技工作提出的新要求。建设生态文明是关系人民福祉、关乎民族未来的长远大计。大力发展生态科技,是大力推进生态文明、建设美丽中国的必然要求,给我国科技工作提出了新的价值目标和实践导向。

第六,新科技革命与中国特色社会主义理论体系的内在联系,彰显了科学技术在中国特色社会主义建设中的重要作用,也给我们提出了提升科技治理能力的时代课题。提升科技治理能力,既是新科技革命背景下推进我国科技实践创新的必然要求,同时更是在新的起点上推进理论创新的客观需要。

党的十八届三中全会通过的《中共中央关于全面深化改革若干重大问题的决定》提出了全面深化改革的总目标:完善和发展中国特色社会主义制度,推进国家治理体系和治理能力现代化。科技工作是党和国家工作大局的一个重要组成部分,国家治理体系和治理能力必然包括科技治理体系和科技治理能力。推进科技治理体系和科技治理能力现代化是推进国家治理体系和治理能力现代化的题中应有之义。

党的科技治理能力,就是党正确研判科技形势,制定科技发展战略,统筹协调科技活动及关系,运用科技推动经济社会发展、提升治国理政效能的本领。从"科技管理"到"科技治理",虽然仅一字之差,但理念迥异,内涵外延均有巨大变化。科技治理是科技活动主体的多向度相互影响,是各主体对于科技事务的平等参与、互动。从主体看,科技治理的主体是多元的。从客体看,科技治理的对象是全面的,包括科技系统的各个方面及科技活动的各个环节。从手段看,科技治理的手段是多样化、综合化的。从目标看,狭义的科技治理目标是有效组织科技活动、推动科技工作健康发展,广义的科技治理目标还包括运用科技推动经济社会发展、提升治国理政效能。本书就是从广义的角度来研究科技治理能力的。因而,必须着重从两个维度把握党的科技治理能力:一是党推动科技发展的能力,二是运用科技治国理政的能力。这二者紧密联系、相互依存,共同构成党的科技治理能力。

科技治理能力是一个综合性的概念,具体体现在科技工作各方面和全过程。在指导思想方面,体现为推动理论创新、用科学理论指导科技工作的能力。这就要求我们高举中国特色社会主义理论伟大旗帜,坚持以邓小平理论、"三个代表"重要思想、科学发展观为指导,坚持解放思想、实事求是、与时俱进、求真务实,不断推进实践基础上的理论创新,丰富和发展中国特色社会主义科技思想。在科技发展战略方面,体现为研究制定科学规划、实施国家重大科技战略的能力。这就要求我们坚持自主创新,重点跨越,支撑发展,引领未来的指导方针,科学制定并组织实施国家科技发展规划、科技计划,深入实施科教兴国战略、创新驱动发展战略、人才强国战略,推动建设创新型国家。在科技进步和创新上,体现为增强自主创新能力、着力解决重大科技问题的能力。这就要求我们坚持走中国特色自主创新道路,把增强自主创新能力作为战略基点,下大气力解决影响我国未来发展的重大科学和关键技术问题,推动经济社会持续健康发展。在科技体制改革方面,体现为深化科技改革、加快国家创新体系建设的能力。这就要求我们整体谋划、有序推进科技体制改革,建成适应社会主义市场经济体制、符合科技发展规律的中国特色国家创新体系,提高国家创新体系的整体效能。在科学普及工作方面,体现为推动科普工作、提高全民族科学文化素质的能力。这就要求我们切实把科学普及放在与科技创新同等重要的位置,创新科普工作方式方法,在全社会进一步形成讲科学、爱科学、学科学、用科学的浓厚氛围和良好风尚,激发全社会的创新活力。在党的领导方面,体现为党组织领导、管理科技工作的能力。科技治理能力还体现在其他一些方面,比如促进科技对外交流与合作能力、科技法制建设能力等。

我国正处于经济社会发展的关键时期，国际经济环境严峻复杂，新科技革命日新月异，我国发展中不平衡、不协调、不可持续问题突出。在这种形势下，积极推进科技治理体系和治理能力现代化，通过科技创新推动中国特色社会主义发展，意义十分重大。

提升科技治理能力，必须加强科技改革发展战略的顶层设计和总体规划。要以战略思维、全局视野和长远眼光，统筹考虑科技改革发展的总体思路、优先顺序、关键领域、重点任务，积极稳妥地推进科技工作；坚持尊重实践、尊重科学，在实践中大胆探索；坚持问题导向，紧紧抓住重大问题，把科技进步和创新与国家发展战略、经济社会发展目标、人民日益增长的物质文化需要紧密结合起来。

科技治理的难点和关键是创新科技治理方式。必须遵循刚性治理与柔性治理、科技服务与科技管理、科学精神与人文关怀、治标与治本有机结合的“四大原则”，以“四个治理”即系统治理、依法治理、源头治理、综合治理的方式推进科技治理创新。

科技治理的着力点是激发各类科技主体的创新活力。必须完善科技治理体制，深化科技体制改革，构建党委领导、政府科技部门负责、社会科技组织协同、各类主体参与的科技治理新格局。

第七，中国特色社会主义理论体系中的重大战略思想和决策，凝聚着科技界的心血和智慧。高度重视和加强国家科学技术思想库建设，是推进中国特色社会主义理论体系、中国特色社会主义科技思想不断进行理论创新的一条宝贵经验。必须大力加强中国特色新型科技智库建设，努力建设一批高端科技智库、一大批高水平科技创新智库，推进科技决策的科学化、民主化。

随着新科技革命日新月异的发展，科学技术以其支撑、驱动、引领经济社会发展的功能，越来越多地进入国家决策层面，成为国家战略决策不可或缺的重要因素。在当今时代，研究、制定中国未来发展战略，不能单纯着眼于政治、经济、文化、军事、外交等某一个具体领域，而应该将科技决策纳入各领域决策的视野，实现经济社会发展各领域决策与科技决策的深度融合。国内外的经验表明，思想库、智库不仅仅提供决策咨询、研究政策，更重要的是创造思想、制定未来发展战略，在某种程度上决定着一个国家、一个民族的未来走向。科技界是我国的国家科学技术思想库。长期以来，科技界充分发挥人才、专业、智力、组织等方面的突出优势，深入调查研究，开展决策咨询，积极建言献策，为国家作出重大决策提供了科学依据和建议。实施科教兴国战略、建设创新型国家、实施创新驱动发展战略、加快培育和发展战略性新兴产业、实施人才强国战略……中国特色社会主义理论体系中的重大战略思想，凝聚着科技界的心血和智慧。可以说，科技界提出的对策和建议，不仅影响到中国特色社会主义的实践进程，而且还影响到中国特色社会主义理论体系的理论内容。因此，充分调动广大科技工作者的积极性、主动性、创造性，大力加强国家科学技术思想库建设，既关系到提升科技治理能力，更关系到中国特色社会主义理论体系的理论创新。

中国特色新型智库是党和政府科学民主依法决策的重要支撑，承担着咨政建言、理论创新、舆论引导、社会服务、公共外交等重要职能。当前，我国正处于全面深化改革的攻坚期和经济增长阶段的转换期，世情、国情、党情发生深刻变化，所面临的发展机遇和严峻挑战前所未有，无论是改革方案还是重大政策制定的社会利益相关性、复杂性都不亚于以往任何时期，党中央、国务院对科学决策、民主决策、依法决策及决策正确度的要求越来越高。必须统筹推进党政部门、党校行政学院、高校、军队、科研院所和企业、社会智库协调发展，形成定位明晰、特色鲜明、规模适度、布局合理的中国特色新型智库体系。科技智库是中国特色新型智库体系的一个重要组成部分。必须大力加强中国特色新型科技智库建设，努力建设一批高端科技智库、一大批高水平科技创新智库。高端科技智库是指中国科学院、中国工程院、中国科协等科技智库。要充分发挥中国科学院、中国工程院、中国科协等在推动科技创新方面的优势，在国家科技战略、规划、布局、政策等方面发挥支撑作用，使其成为创新引领、国家倚重、社会信任、国际知名的高端科技智库。科技创新智库是指科研院所及企业等智库。要大力支持科研院所、企业兴办产学研用紧密结合的新型智库，重点面向行业产业开展决策咨询研究，促进科技创新与经济社会发展深度融合。

20世纪以来，世界上两大潮流引人注目，一是新科技革命，二是经济全球化。经济全球化是社会生产力和科学技术发展的客观要求和必然结果。随着生产力的发展和科学技术的进步,技术创新、知识应用、贸易投资和金融活动日益国际化,各国经济的相互交流、相互依存日益加深。没有科学技术的进步,就没有经济全球化。新科技革命加速了经济全球化进程。加入世界贸易组织,是我国参与经济全球化的重大标志,是我国对外开放进入新阶段的重大标志。

由此看来,我国参与了新科技革命进程,融入了经济全球化大潮。这为我国发展赢得了广阔的发展空间,对中国特色社会主义产生了重大而深远的影响。

新科技革命对中国特色社会主义的影响过程,其实质是我国融入新科技革命进程,实现社会主义与新科技革命结合的过程。这种结合,使社会主义获得了新的生机和活力,使社会主义与时俱进,使社会主义紧跟时代潮流,使社会主义富有时代特色。而正是在这种结合中,我们所提出的一系列应对举措,又显示了鲜明的中国特色。所以说,我们在两个维度上坚持和发展了中国特色社会主义:一是社会主义赶上了新科技革命的时代潮流,与时代发展同步;二是社会主义在融入时代潮流中不仅没有失去自身特色、失去民族特色,反而凸显、展现了中国特色。因此,中国参与新科技革命的过程,实际上也就是体现中国特色、展现中国特色并丰富中国特色的过程。

中国特色社会主义理论体系,就是这一过程和结果的理论形态。中国特色社会主义道路,就是这一过程和结果的实践形态。

主要参考文献

《马克思恩格斯选集》第1—4卷，人民出版社1995年版。

《邓小平文选》第1—3卷，人民出版社1994年版、1993年版。

《江泽民文选》第1—3卷，人民出版社2006年版。

江泽民：《论中国信息技术产业发展》，中央文献出版社、上海交通大学出版社2009年版。

《胡锦涛文选》第1—3卷，人民出版社2016年版。

《习近平谈治国理政》，外文出版社2014年版。

《习近平谈治国理政》第2卷，外文出版社2017年版。

李鹏：《李鹏论科教兴国》，中国电力出版社、中央文献出版社2010年版。

中共中央文献研究室编：《三中全会以来重要文献选编》，人民出版社1982年版。

中共中央文献研究室编：《十八大以来重要文献选编》上，中央文献出版社2014版。

中共中央文献研究室编：《新时期科学技术工作重要文献选编》，中央文献出版社1995年版。

中共中央党校哲学教研部编：《马克思主义经典作家论科学技术和生产力》，中共中央党校出版社1991年版。

科学技术部、中共中央文献研究室编：《邓小平科技思想年谱（1975—1994）》，中央文献出版社、科学技术文献出版社2004年版。

中国科学院编：《邓小平论科学技术》，科学出版社1997年版。

中共中央办公厅调研室编：《新科技革命的趋势和对策》，法律出版社1991年版。

宋健主编：《现代科学技术基础知识》，科学出版社、中共中央党校出版社1994年版。

李学勇主编：《自主创新》，人民出版社、党建读物出版社2011年版。

当代中国研究所:《中华人民共和国史稿》,人民出版社、当代中国出版社2012年版。

路甬祥主编:《邓小平与中国科学院》,江西教育出版社1999年版。

中国科学院编:《邓小平科技思想学习纲要》,科学出版社1997年版。

本书编写组编:《"三个代表"与科学技术》,科学出版社2002年版。

中国科学院编:《江泽民与中国科学院》,科学出版社2012年版。

科学技术部编:《"三个代表"重要思想科技理论学习纲要》,中央文献出版社2004年版。

国家科学技术委员会编:《中国科学技术政策指南》,科学技术文献出版社1986年版。

国家科学技术委员会编:《中国科学技术政策指南》,科学技术文献出版社1987年版。

国家科学技术委员会编:《中国科学技术政策指南》,科学技术文献出版社1989年版。

国家科学技术委员会编:《中国科学技术政策指南》,科学技术文献出版社1990年版。

国家科学技术委员会编:《中国科学技术政策指南》,科学技术文献出版社1992年版。

国家科学技术委员会编:《中国科学技术政策指南》,科学技术文献出版社1995年版。

国家科学技术委员会编:《中国科学技术政策指南》,科学技术文献出版社1997年版。

国家科学技术委员会编:《中国科学技术政策指南》,科学技术文献出版社1998年版。

中华人民共和国科学技术部编:《中国科学技术政策指南》,中国科学技术出版社2000年版。

《中国科技发展研究报告》研究组:《中国科技发展研究报告(1999)》,经济管理出版社1999年版。

《中国科技发展研究报告》研究组:《中国科技发展研究报告(2000):科技全

球化及中国面临的挑战》,社会科学文献出版社2000年版。

中国科技发展战略研究小组:《中国科技发展研究报告(2001):中国技术跨越战略研究》,中共中央党校出版社2002年版。

中国科技发展战略研究小组:《中国科技发展研究报告(2002):中国制造与科技创新》,经济管理出版社2003年版。

《经济参考》编辑部科技组编:《世界新的技术革命与对策》,科学普及出版社1984年版。

哈尔滨工业大学自然辩证法研究室编:《新技术革命资料选辑》,哈尔滨工业大学出版社1984年版。

《世界经济》编辑部编:《新的技术革命与世界经济发展趋势》,经济科学出版社1984年版。

马洪主编:《2000年的中国》,中国社会科学出版社、上海人民出版社、经济日报出版社1989年版。

杨维哲主编:《2000年中国的科学技术》,中国社会科学出版社、上海人民出版社、经济日报出版社1988年版。

本书编委会编:《春天长在,丰碑永存——邓小平同志与中国科技事业》,科学技术文献出版社2004年版。

刘亚东等著:《春颂——邓小平同志与中国科技事业》,科学技术文献出版社2004年版。

朱丽兰等编:《科教兴国:中国迈向21世纪的重大战略决策》,中共中央党校出版社1995年版。

朱光亚主编:《中国科学技术前沿》(中国工程院版),上海教育出版社1998年版。

中国科技促进发展研究中心编:《信息化——历史的使命》,电子工业出版社1987年版。

万钢主编:《中国科技改革开放三十年》,科学出版社2008年版。

陈筠泉、殷登祥主编:《科技革命与当代社会》,人民出版社2001年版。

黄顺基等主编:《科学技术哲学引论》,中国人民大学出版社1991年版。

刘大椿、段伟文:《转型驱动力:现代科技革命与社会变革》,江西高校出版社2002年版。

李景治:《科技革命与大国兴衰》,华文出版社2000年版。

何亚平:《现代科学技术革命与邓小平理论》,浙江人民出版社1998年版。

许先春、林振义:《江泽民科技思想研究》,浙江科学技术出版社2002年版。

金芳、黄烨青:《创新型国家建设:进程、障碍与出路》,上海人民出版社2007年版。

李正风、胡钰:《建设创新型国家——面向未来的重大抉择》,人民出版社2007年版。

顾肃:《第四次科技革命》,江苏人民出版社2003年版。

吴光宗、戴桂康主编:《现代科学技术革命与当代社会》,北京航空航天大学出版社1995年版。

李鸣生:《中国863》,山西教育出版社1998年版。

[美]约翰·奈斯比特等:《高科技 高思维》,尹萍译,新华出版社2000年版。

[美]迈克尔·G.泽伊:《擒获未来:21世纪的科技与人类生活》,王剑南、邵宇宾译,生活·读书·新知三联书店1997年版。

[美]杰里米·里夫金:《第三次工业革命》,张体伟、孙豫宁译,中信出版社2012年版。

后　记

本书是国家社科基金项目“新科技革命与中国特色社会主义理论体系的形成和发展”的最终研究成果。

中国共产党科技思想是我一直关注的领域。从科技角度解读中国特色社会主义理论体系，是我一直研究的重点。作为“中国共产党科技思想研究”系列之一，本书研究的时间段是1978年至2012年。关于2012年党的十八大以来的科技理论政策、科技决策部署研究，我以“提高党的科技治理能力研究”为题，申报了国家社科基金课题，已被列为2015年度国家社科基金重点项目（批准号15ADJ006）。在我的研究计划中，它是“中国共产党科技思想研究”系列之二，目前正在进行。

万事开头难。“新科技革命与中国特色社会主义理论体系的形成和发展”既是一个需要进行微观研究的课题，也是一个需要从宏观角度研究的课题。开始写作时，我就遇到一个棘手的难题：如何从学理上具体地、历史地梳理我们党对新科技革命的认识和应对过程，并将它展现出来。20世纪70年代末、80年代初，世界性的新科技革命浪潮风起云涌、席卷全球，此时中国国门刚刚打开，对外开放刚刚起步，很快就被这场新科技革命卷入其中。那时，国内将这场新科技革命称为新的技术革命。面对日新月异的新技术革命，中国共产党最初是如何认识的？其间经历了怎样的思想过程？采取了哪些应对措施？

为了回答这些问题，我查阅了大量文献资料，包括当时全社会对新技术革命的讨论、有关单位编辑介绍新技术革命的内部材料等。这些文献资料反映了当时全党、全国对新技术革命的初步认识与探索，展现了人们对新技术革命由知之不多到主动参与的态度转变。比如，面对新技术革命，我们有“两种可能、两种前途”：一种可能是时机利用得好，抓紧应用新的科技成果，发展我们自己的经济，使我们同发达国家在经济技术上的差距缩小；另外一种可能是处理不当或者漠然视之，那就会使我们同发达国家、同世界先进水平的差距扩大，有可能被甩得更远。应当努力争取第一种可能、避免第二种可能，这是中央经过分析、研究，并在综合国内外关于新技术革命讨论的基础上作出的重大决策，这也表明了我们党面临重大挑战时的忧患意识和战略取向。我从各种资料中，梳理了以邓小平为核心的党的第二代中央领导集体应对新科技革命挑战的若干关键环节与重大举措，撰写了论文《第二代中央领导集体是怎样认识和应对新科技革命的》，经过专家评审，获得中央文献研究室个人课题一等奖。

沿着这样的思路，我进一步研究新科技革命如何影响邓小平理论的形成与发展，如何给邓小平理论增添了富有时代特色的新内容，并由此分析新科技革命与邓小平理论的关系，探究邓小平理论内在的科技逻辑。随后，我又系统研究了新科技革命与“三个代表”重要思想、科学发展观的关系，并从中国特色社会主义理论体系的重大战略思想和决策等方面展开论述，撰写了多篇学术论文。这些研究，构成了本课题的“四梁八柱”。

本课题初稿于2013年写成后，又沉淀了一段时间，作了一些修改。2014年结项后，本想进一步完善书稿，但是由于各种原因，一度搁置。及至2016年初，根据组织安排，我到四川泸州挂职锻炼。在四川工作、学习的两年里，我有幸接触基层科技单位、基层科技战线的同志，对党和国家科技政策在地方的贯彻落实、地方科技创新工作等有了更多的了解。这也促使我在2018年返京后，对课题又作了一些修改。由于正逢机构改革，我到了新组建的部门，作为一个新兵必须重新开始学习、充电，因而对本书的修改只能利用工作之余以及加班时间进行，这使得一些思考还显得很零散，对全书的基本框架也没有作太大的改动，但其中的一些学术观点、研究方法却是一以贯之的。现在呈献给大家的，就是我的一些思考和体会。囿于认识和水平，书中肯定存在不少疏漏之处，恳请广大读者批评指正。

本书在写作过程中，得到很多领导、师长、专家和同事的指导。从课题申报、立项到结项、修改完善，他们都给予了各种形式的帮助。很多思想火花、感悟，来源于他们的点拨、启发。没有他们的关心，课题不会顺利完成。他们对我的鼓励和支持，难以一一尽述，在此谨致诚挚的谢意！

我还要感谢家人们的支持，正是他们的默默奉献，令我能潜心钻研。特别是95后的孩子们，求知欲强，接受新生事物快，对新科技革命的重大突破及应用十分关注。我对“制云雾”、“移大山”、共享经济等方面的最初了解和认知，就是来自与他们愉快而又激动人心的思想交流。

浙江人民出版社多年来一直重视学术著作的出版。出版社的领导和编辑们对本书提出了许多宝贵的修改意见，完善了书稿内容，付出了辛勤的劳动。他们的敬业精神、专业水准，令我感动和钦佩，在此一并致谢！

许先春

2019年8月于北京

图书在版编目（CIP）数据

新科技革命与中国特色社会主义理论体系 / 许先春著. —杭州 ：浙江人民出版社，2020.5
ISBN 978-7-213-09655-6

Ⅰ. ①新… Ⅱ. ①许… Ⅲ. ①新科技革命-关系-中国特色社会主义理论体系-研究 Ⅳ. ①D610

中国版本图书馆CIP数据核字(2020)第022709号

新科技革命与中国特色社会主义理论体系
许先春 著

出版发行	浙江人民出版社（杭州市体育场路347号 邮编 310006） 市场部电话:(0571)85061682 85176516
责任编辑	傅 越 郦鸣枫
责任校对	陈 春 朱 妍
责任印务	刘彭年
封面设计	张合涛 厉 琳
电脑制版	杭州兴邦电子印务有限公司
印 刷	浙江新华数码印务有限公司
开 本	710毫米×1000毫米 1/16
印 张	28.75
字 数	438千字
插 页	5
版 次	2020年5月第1版
印 次	2020年5月第1次印刷
书 号	ISBN 978-7-213-09655-6
定 价	128.00元

如发现印装质量问题，影响阅读，请与市场部联系调换。